东南大学规划教材

# 电子商务物流管理
## E-Commerce Logistics Management

吴清烈　编著

东南大学出版社
·南京·

## 内 容 提 要

本书从电子商务应用视角思考电子商务类专业学生和物流管理类专业学生对电子商务物流知识的需求，设计本书框架体系，紧密结合电子商务物流实践，安排教材内容。在综合介绍电子商务物流技术和管理基础知识的基础上，分别从 B2B 电子商务与物流管理、B2C 电子商务与物流管理、C2C 电子商务与物流管理、跨境电子商务与物流管理和农村电子商务与物流管理等方面讨论电子商务物流管理中的实际问题。

与同类教材比较，本书不是按照传统物流运作的思路介绍物流运作管理，而是思考电子商务物流实践中面临的管理问题，理论联系实践，关注不同电子商务应用模式下物流服务需求的特殊性，引导学生对电子商务物流服务需求、发展现状、服务模式和面临的挑战等问题的思考。本书的体系、内容和结构新颖，强调理念、方法与技术运用，结合电子商务应用场景讨论电子商务物流管理问题，充分体现了作者多年来对电子商务人才培养的思考，也包含作者及其研究团队的一些原创性研究成果。

本书可作为电子商务类或物流管理类专业教材，也可作为从事电子商务和物流管理人员的参考书。

**图书在版编目(CIP)数据**

电子商务物流管理/吴清烈编著. ——南京：东南大学出版社，2022.1
ISBN 978-7-5641-9963-0

Ⅰ.①电… Ⅱ.①吴… Ⅲ.①电子商务—物流管理 Ⅳ.①F713.365.1

中国版本图书馆 CIP 数据核字(2021)第 267363 号

东南大学出版社出版发行
(南京四牌楼 2 号　邮编 210096)
责任编辑：张绍来　封面设计：顾晓阳　责任校对：张万莹　责任印制：周荣虎
全国各地新华书店经销　丹阳兴华印务有限公司印刷
开本：787 mm×1092 mm　1/16　印张：15.75　字数：410 千字
2022 年 1 月第 1 版　2022 年 1 月第 1 次印刷
ISBN 978-7-5641-9963-0
印数：1—2 000 册　定价：46.00 元
本社图书若有印装质量问题，请直接与营销部联系调换。电话(传真)：025-83791830

# 前　言

人类已经进入电子商务和互联网经济时代,网上购物已经成为人们的消费习惯,"互联网+"已经成为中国商界和政界的流行词汇。对当今的企业来说,不是要不要电子商务,也不是如何看待电子商务,而是如何应用电子商务。电子商务是21世纪商务领域的新理念和新技术,越来越多的企业把电子商务应用看作获取核心竞争力和超越竞争对手的战略机会。各国政府尤其是发达国家政府把电子商务作为国家经济政策的一个重要方面,并希望利用它来提升整个国家的竞争力。据中国互联网络信息中心(CNNIC)发布的第48次《中国互联网络发展状况统计报告》,截至2021年6月,中国网民规模达10.11亿,普及率为71.6%,其中,手机网民规模已达10.07亿,网民通过手机上网的比例高达99.6%。很显然,电子商务是互联网革命的必然产物。随着云计算、物联网、大数据、区块链、人工智能、社交网络和移动互联网等新兴技术的不断发展,网络化与数字化浪潮冲击着社会的方方面面,商业领域中的电子商务变革不断对产业、企业和市场产生巨大影响。中国互联网和电子商务应用有着很好的发展前景。

电子商务迅速发展迫切需要培养电子商务专业人才。目前很多所高校都已设立电子商务本科专业。如何培养社会急需的电子商务专业人才是电子商务教育共同面对的问题。电子商务在中国发展非常迅速,但是电子商务教育与电子商务实践脱节非常严重。在所有问题中,教材是重中之重。电子商务应用常常离不开物流服务,高水平的物流服务对电子商务应用的成功至关重要。同时,电子商务应用也大大促进了物流服务业的发展,电子商务物流是基于电子商务应用催生的新兴服务业,已成为专业物流服务的一大领域。"电子商务物流管理"是电子商务或物流管理类专业都应该开设的重要专业基础课程;作为教材编著者,本人深感责任之重大。目前的《电子商务物流管理》教材已有不少,存在一个共同的问题是:没有结合电子商务实践讲述物流管理,虽然名称是电子商务物流管理,实际上讲的是传统物流管理,与电子商务专业人才培养需求不一致。电子商务物流是物流的一个重要专业领域,有着自身的特点,在不同的电子商务应用模式下物流的服务需求也有所不同,因而对物流模式和物流策略的选择也不同。本书侧重根据不同电子商务应用的物流服务需求讲述电子商务物流管理。

本书对电子商务物流管理相关理念的思考源于作者十多年来在东南大学参与电子商务专业人才培养与专业建设工作。东南大学2002年设立电子商务本科专业,2004年成立电子商务系,2015年成立电子商务与互联网经济研究中心。东南大学一直致力于电子商务应用创新人才培养以及一流电子商务专业建设,不断跟踪社会对电子商务专业人才需求走势,积极探索我国电子商务专业人才的培养模式,在国内较早提出电子商务专业核心能力问题以及区分电子商务专业岗位和普通岗位的必要性,并一直呼吁在重视电子商务专业教育的同时,也要重视电子商务普及教育。

本书在写作过程中,得到东南大学电子商务与互联网经济研究中心张灿、陈文娟、伍万坤、陈方鑫、公晓璐、王斐、赵炫、丁锦城等研究生的大力支持,他们在本人确定本书详细框架后承担了部分初稿的撰写工作。尽管本书的大部分内容在修改过程中已被重新组织或改写,但对他们所做的辛苦工作还是深表谢意。

东南大学重视实施教材精品战略,充分发挥教材在提高人才培养质量中的基础性作用。本书是东南大学规划立项建设教材,作者对东南大学教务处和经济管理学院给予的大力支持表示真诚的感谢。另外,在本书的编写过程中,参考了国内外大量相关文献,并引用其中的一些概念和观点,在此,对被引用文献的作者也表示衷心的感谢。由于作者水平有限,书中的缺点和错误在所难免,恳请广大读者和专家们批评指正。

电子商务物流管理是一个崭新而又在不断发展的新兴领域,本人期待与感兴趣的同行做进一步的交流,为本书进一步完善和修改提出宝贵建议。欢迎需要教辅资料的教师与本人联系:电子邮箱:wql@sina.com;微博(微信):@水青风扬。

吴清烈

2021年10月于南京

# 目　　录

**1 电子商务与现代物流概述** ……………………………………………………… 1
  1.1 电子商务的概念与内涵 …………………………………………………… 1
      1.1.1 电子商务的概念 ……………………………………………………… 1
      1.1.2 电子商业与电子商务的区别 ………………………………………… 4
      1.1.3 电子商务的本质内涵 ………………………………………………… 5
      1.1.4 电子商务应用的根与本 ……………………………………………… 6
  1.2 电子商务典型应用模式 …………………………………………………… 7
      1.2.1 B2B 电子商务应用 …………………………………………………… 7
      1.2.2 B2C 电子商务应用 …………………………………………………… 7
      1.2.3 C2C 电子商务应用 …………………………………………………… 7
      1.2.4 C2B 电子商务应用 …………………………………………………… 8
      1.2.5 O2O 电子商务应用 …………………………………………………… 8
      1.2.6 其他电子商务应用 …………………………………………………… 8
  1.3 电子商务的产生与发展 …………………………………………………… 9
      1.3.1 电子商务产生与发展现状 …………………………………………… 9
      1.3.2 电子商务发展的未来趋势 …………………………………………… 13
  1.4 现代物流的概念与内涵 …………………………………………………… 14
      1.4.1 物流概念的发展 ……………………………………………………… 14
      1.4.2 物流与 Logistics ……………………………………………………… 15
      1.4.3 对现代物流的理解 …………………………………………………… 18
  1.5 物流的分类与基本活动 …………………………………………………… 18
      1.5.1 物流的分类 …………………………………………………………… 18
      1.5.2 物流的基本活动 ……………………………………………………… 20
  1.6 物流系统及其分析方法 …………………………………………………… 23
      1.6.1 物流系统及其分类 …………………………………………………… 23
      1.6.2 物流系统分析方法 …………………………………………………… 24
  1.7 电子商务与物流的关系 …………………………………………………… 26
      1.7.1 物流对电子商务应用的支持 ………………………………………… 26
      1.7.2 电子商务对物流发展的促进 ………………………………………… 26
  思考与练习 ……………………………………………………………………… 28

**2 电子商务物流的技术基础** …………………………………………………… 29
  2.1 电子商务物流技术概述 …………………………………………………… 29
      2.1.1 物流技术与电子商务物流技术 ……………………………………… 29
      2.1.2 电子商务物流技术的主要分类 ……………………………………… 30
  2.2 电子商务物流信息技术 …………………………………………………… 31
      2.2.1 物流信息技术发展概述 ……………………………………………… 31
      2.2.2 典型的物流信息技术 ………………………………………………… 32
      2.2.3 电子物流、电子供应链与智能物流 ………………………………… 38
  2.3 电子商务物流包装技术 …………………………………………………… 40
      2.3.1 包装与包装技术概述 ………………………………………………… 40
      2.3.2 典型的物流包装技术 ………………………………………………… 41
  2.4 电子商务物流运输技术 …………………………………………………… 49
      2.4.1 运输与运输技术概述 ………………………………………………… 49
      2.4.2 典型的物流运输技术 ………………………………………………… 50
      2.4.3 不合理运输与运输合理化 …………………………………………… 55
  2.5 电子商务物流仓储技术 …………………………………………………… 57

>     2.5.1 仓储与仓储技术概述 ⋯⋯⋯⋯⋯⋯⋯⋯⋯⋯⋯⋯⋯⋯⋯⋯⋯⋯⋯⋯⋯⋯ 57
>     2.5.2 典型的物流仓储技术 ⋯⋯⋯⋯⋯⋯⋯⋯⋯⋯⋯⋯⋯⋯⋯⋯⋯⋯⋯⋯⋯⋯ 59
>   思考与练习 ⋯⋯⋯⋯⋯⋯⋯⋯⋯⋯⋯⋯⋯⋯⋯⋯⋯⋯⋯⋯⋯⋯⋯⋯⋯⋯⋯⋯⋯⋯⋯ 64

# 3 电子商务物流的管理基础 ⋯⋯⋯⋯⋯⋯⋯⋯⋯⋯⋯⋯⋯⋯⋯⋯⋯⋯⋯⋯⋯⋯⋯⋯ 65
## 3.1 电子商务物流管理概述 ⋯⋯⋯⋯⋯⋯⋯⋯⋯⋯⋯⋯⋯⋯⋯⋯⋯⋯⋯⋯⋯⋯⋯ 65
### 3.1.1 电子商务物流管理的概念与内涵 ⋯⋯⋯⋯⋯⋯⋯⋯⋯⋯⋯⋯⋯⋯⋯⋯⋯ 65
### 3.1.2 电子商务物流管理的主要内容 ⋯⋯⋯⋯⋯⋯⋯⋯⋯⋯⋯⋯⋯⋯⋯⋯⋯⋯ 67
### 3.1.3 电子商务物流管理的主要特点 ⋯⋯⋯⋯⋯⋯⋯⋯⋯⋯⋯⋯⋯⋯⋯⋯⋯⋯ 68
## 3.2 电子商务物流信息管理 ⋯⋯⋯⋯⋯⋯⋯⋯⋯⋯⋯⋯⋯⋯⋯⋯⋯⋯⋯⋯⋯⋯⋯ 69
### 3.2.1 电子商务物流信息概述 ⋯⋯⋯⋯⋯⋯⋯⋯⋯⋯⋯⋯⋯⋯⋯⋯⋯⋯⋯⋯⋯ 69
### 3.2.2 电子商务物流信息化管理思路 ⋯⋯⋯⋯⋯⋯⋯⋯⋯⋯⋯⋯⋯⋯⋯⋯⋯⋯ 71
### 3.2.3 电子商务物流信息的管理原则 ⋯⋯⋯⋯⋯⋯⋯⋯⋯⋯⋯⋯⋯⋯⋯⋯⋯⋯ 72
### 3.2.4 电子商务物流信息系统的主要功能 ⋯⋯⋯⋯⋯⋯⋯⋯⋯⋯⋯⋯⋯⋯⋯⋯ 72
## 3.3 电子商务物流成本管理 ⋯⋯⋯⋯⋯⋯⋯⋯⋯⋯⋯⋯⋯⋯⋯⋯⋯⋯⋯⋯⋯⋯⋯ 73
### 3.3.1 电子商务物流成本概述 ⋯⋯⋯⋯⋯⋯⋯⋯⋯⋯⋯⋯⋯⋯⋯⋯⋯⋯⋯⋯⋯ 73
### 3.3.2 电子商务物流成本的构成 ⋯⋯⋯⋯⋯⋯⋯⋯⋯⋯⋯⋯⋯⋯⋯⋯⋯⋯⋯⋯ 74
### 3.3.3 电子商务物流成本的影响因素 ⋯⋯⋯⋯⋯⋯⋯⋯⋯⋯⋯⋯⋯⋯⋯⋯⋯⋯ 76
### 3.3.4 电子商务物流成本管理的内容与作用 ⋯⋯⋯⋯⋯⋯⋯⋯⋯⋯⋯⋯⋯⋯⋯ 77
### 3.3.5 电子商务物流成本管理的目标和原则 ⋯⋯⋯⋯⋯⋯⋯⋯⋯⋯⋯⋯⋯⋯⋯ 78
### 3.3.6 降低电子商务物流成本的具体措施 ⋯⋯⋯⋯⋯⋯⋯⋯⋯⋯⋯⋯⋯⋯⋯⋯ 79
## 3.4 电子商务物流战略管理 ⋯⋯⋯⋯⋯⋯⋯⋯⋯⋯⋯⋯⋯⋯⋯⋯⋯⋯⋯⋯⋯⋯⋯ 81
### 3.4.1 企业战略与物流战略概述 ⋯⋯⋯⋯⋯⋯⋯⋯⋯⋯⋯⋯⋯⋯⋯⋯⋯⋯⋯⋯ 81
### 3.4.2 电子商务物流战略的概念与内涵 ⋯⋯⋯⋯⋯⋯⋯⋯⋯⋯⋯⋯⋯⋯⋯⋯⋯ 83
### 3.4.3 电子商务物流战略的管理过程 ⋯⋯⋯⋯⋯⋯⋯⋯⋯⋯⋯⋯⋯⋯⋯⋯⋯⋯ 83
### 3.4.4 电子商务中的典型物流战略 ⋯⋯⋯⋯⋯⋯⋯⋯⋯⋯⋯⋯⋯⋯⋯⋯⋯⋯⋯ 84
## 3.5 电子商务物流服务管理 ⋯⋯⋯⋯⋯⋯⋯⋯⋯⋯⋯⋯⋯⋯⋯⋯⋯⋯⋯⋯⋯⋯⋯ 89
### 3.5.1 电子商务物流服务概述 ⋯⋯⋯⋯⋯⋯⋯⋯⋯⋯⋯⋯⋯⋯⋯⋯⋯⋯⋯⋯⋯ 89
### 3.5.2 电子商务物流服务的主要内容 ⋯⋯⋯⋯⋯⋯⋯⋯⋯⋯⋯⋯⋯⋯⋯⋯⋯⋯ 90
### 3.5.3 电子商务物流服务管理的主要内容 ⋯⋯⋯⋯⋯⋯⋯⋯⋯⋯⋯⋯⋯⋯⋯⋯ 93
### 3.5.4 电子商务物流服务管理的基本原则 ⋯⋯⋯⋯⋯⋯⋯⋯⋯⋯⋯⋯⋯⋯⋯⋯ 94
### 3.5.5 电子商务物流服务管理的工作流程 ⋯⋯⋯⋯⋯⋯⋯⋯⋯⋯⋯⋯⋯⋯⋯⋯ 95
## 思考与练习 ⋯⋯⋯⋯⋯⋯⋯⋯⋯⋯⋯⋯⋯⋯⋯⋯⋯⋯⋯⋯⋯⋯⋯⋯⋯⋯⋯⋯⋯⋯⋯ 97

# 4 B2B 电子商务与物流管理 ⋯⋯⋯⋯⋯⋯⋯⋯⋯⋯⋯⋯⋯⋯⋯⋯⋯⋯⋯⋯⋯⋯⋯ 98
## 4.1 B2B 电子商务应用与发展概述 ⋯⋯⋯⋯⋯⋯⋯⋯⋯⋯⋯⋯⋯⋯⋯⋯⋯⋯⋯ 98
### 4.1.1 B2B 电子商务应用的概念与内涵 ⋯⋯⋯⋯⋯⋯⋯⋯⋯⋯⋯⋯⋯⋯⋯⋯ 98
### 4.1.2 B2B 电子商务平台的主要分类 ⋯⋯⋯⋯⋯⋯⋯⋯⋯⋯⋯⋯⋯⋯⋯⋯⋯ 99
### 4.1.3 B2B 电子商务应用的经营模式 ⋯⋯⋯⋯⋯⋯⋯⋯⋯⋯⋯⋯⋯⋯⋯⋯⋯ 103
### 4.1.4 B2B 电子商务应用的发展前景 ⋯⋯⋯⋯⋯⋯⋯⋯⋯⋯⋯⋯⋯⋯⋯⋯⋯ 105
### 4.1.5 B2B 电子商务应用的关键问题 ⋯⋯⋯⋯⋯⋯⋯⋯⋯⋯⋯⋯⋯⋯⋯⋯⋯ 109
## 4.2 B2B 电子商务物流的需求分析 ⋯⋯⋯⋯⋯⋯⋯⋯⋯⋯⋯⋯⋯⋯⋯⋯⋯⋯⋯ 111
### 4.2.1 B2B 电子商务的物流服务概述 ⋯⋯⋯⋯⋯⋯⋯⋯⋯⋯⋯⋯⋯⋯⋯⋯⋯ 111
### 4.2.2 B2B 电子商务物流的典型服务需求 ⋯⋯⋯⋯⋯⋯⋯⋯⋯⋯⋯⋯⋯⋯⋯ 111
## 4.3 B2B 电子商务物流的主要特点 ⋯⋯⋯⋯⋯⋯⋯⋯⋯⋯⋯⋯⋯⋯⋯⋯⋯⋯⋯ 114
### 4.3.1 相对于 B2B 传统商务物流的主要特点 ⋯⋯⋯⋯⋯⋯⋯⋯⋯⋯⋯⋯⋯⋯ 114
### 4.3.2 相对于 B2C 电子商务物流的主要特点 ⋯⋯⋯⋯⋯⋯⋯⋯⋯⋯⋯⋯⋯⋯ 115
## 4.4 B2B 电子商务物流的服务模式 ⋯⋯⋯⋯⋯⋯⋯⋯⋯⋯⋯⋯⋯⋯⋯⋯⋯⋯⋯ 115
### 4.4.1 B2B 电子商务的仓储服务模式 ⋯⋯⋯⋯⋯⋯⋯⋯⋯⋯⋯⋯⋯⋯⋯⋯⋯ 115
### 4.4.2 B2B 电子商务的运输服务模式 ⋯⋯⋯⋯⋯⋯⋯⋯⋯⋯⋯⋯⋯⋯⋯⋯⋯ 116
### 4.4.3 B2B 电子商务的配送服务模式 ⋯⋯⋯⋯⋯⋯⋯⋯⋯⋯⋯⋯⋯⋯⋯⋯⋯ 118
## 4.5 B2B 电子商务与物流典型案例 ⋯⋯⋯⋯⋯⋯⋯⋯⋯⋯⋯⋯⋯⋯⋯⋯⋯⋯⋯ 118

    4.5.1　阿里巴巴：让天下没有难做的生意 …………………………………… 119
    4.5.2　找钢网：链接钢铁产业链的一切 …………………………………… 120
    4.5.3　安吉物流：数字驱动的全供应链服务商 …………………………… 122
    4.5.4　怡亚通物流：一站式综合物流服务平台 …………………………… 123
    4.5.5　宝供物流：供应链解决方案引领者 ………………………………… 124
    4.5.6　货拉拉：互联网物流商城 …………………………………………… 125
  思考与练习 ………………………………………………………………………… 127

# 5　B2C电子商务与物流管理 …………………………………………………………… 128
  5.1　B2C电子商务应用与发展概述 ……………………………………………… 128
    5.1.1　B2C电子商务应用的概念与内涵 …………………………………… 128
    5.1.2　B2C电子商务平台的主要分类 ……………………………………… 129
    5.1.3　B2C电子商务应用的经营模式 ……………………………………… 131
    5.1.4　B2C电子商务网站的收入模式 ……………………………………… 133
    5.1.5　B2C电子商务平台的发展趋势 ……………………………………… 134
  5.2　B2C电子商务物流的需求分析 ……………………………………………… 138
    5.2.1　B2C电子商务的物流服务概述 ……………………………………… 138
    5.2.2　B2C电子商务物流的典型服务需求 ………………………………… 139
  5.3　B2C电子商务物流的主要特点 ……………………………………………… 142
    5.3.1　相对于B2C传统零售物流的主要特点 ……………………………… 142
    5.3.2　相对于B2B电子商务物流的主要特点 ……………………………… 143
  5.4　B2C电子商务物流的服务模式 ……………………………………………… 144
    5.4.1　B2C电子商务的仓储服务模式 ……………………………………… 144
    5.4.2　B2C电子商务的运输服务模式 ……………………………………… 144
    5.4.3　B2C电子商务的配送服务模式 ……………………………………… 145
  5.5　B2C电子商务与物流典型案例 ……………………………………………… 146
    5.5.1　淘宝＋天猫：影响力巨大的网购零售商圈 ………………………… 146
    5.5.2　菜鸟网络：打造物流基础设施 ……………………………………… 147
    5.5.3　京东：为用户打造极致购物体验 …………………………………… 148
    5.5.4　顺丰速运：快递物流综合服务商 …………………………………… 153
    5.5.5　EMS：邮政的快递物流服务 ………………………………………… 155
  思考与练习 ………………………………………………………………………… 160

# 6　C2C电子商务与物流管理 …………………………………………………………… 161
  6.1　C2C电子商务应用与发展概述 ……………………………………………… 161
    6.1.1　C2C电子商务应用的概念与内涵 …………………………………… 161
    6.1.2　C2C电子商务应用的主要分类 ……………………………………… 162
    6.1.3　C2C电子商务应用的主要特点 ……………………………………… 163
    6.1.4　C2C电子商务应用的发展前景 ……………………………………… 163
    6.1.5　C2C电子商务应用的主要问题 ……………………………………… 164
    6.1.6　C2C电子商务平台的盈利模式 ……………………………………… 164
  6.2　C2C电子商务物流的需求分析 ……………………………………………… 165
    6.2.1　C2C电子商务的物流服务概述 ……………………………………… 165
    6.2.2　C2C电子商务物流的典型需求 ……………………………………… 166
  6.3　C2C电子商务物流主要特点 ………………………………………………… 166
  6.4　C2C电子商务物流的服务模式 ……………………………………………… 167
  6.5　C2C电子商务与物流典型案例 ……………………………………………… 167
    6.5.1　eBay：全球线上拍卖及购物平台 …………………………………… 167
    6.5.2　拍拍：京东旗下二手交易平台 ……………………………………… 169
    6.5.3　瓜子：二手车直卖与租车平台 ……………………………………… 171
    6.5.4　闲鱼：阿里旗下闲置交易平台 ……………………………………… 172
    6.5.5　四通一达：家喻户晓的民营快递 …………………………………… 173

思考与练习·················································································· 175

## 7 跨境电子商务与物流管理·········································································· 176
### 7.1 跨境电子商务应用与发展概述·························································· 176
　　7.1.1 跨境电子商务应用的概念与内涵·············································· 176
　　7.1.2 跨境电子商务应用的主要分类·················································· 177
　　7.1.3 跨境电子商务应用的关键问题·················································· 180
　　7.1.4 跨境电子商务发展的政策环境·················································· 183
　　7.1.5 跨境电子商务应用的发展现状·················································· 192
### 7.2 跨境电子商务物流的需求分析·························································· 197
　　7.2.1 跨境电子商务的物流服务概述·················································· 198
　　7.2.2 跨境电子商务物流的特殊服务需求··········································· 198
### 7.3 跨境电子商务物流的主要特点·························································· 199
### 7.4 跨境电子商务物流的服务模式·························································· 200
　　7.4.1 海外仓储模式··········································································· 200
　　7.4.2 保税仓储模式··········································································· 202
　　7.4.3 专线物流模式··········································································· 203
　　7.4.4 邮政包裹模式··········································································· 203
　　7.4.5 国际快递模式··········································································· 204
### 7.5 跨境电子商务与物流典型案例·························································· 204
　　7.5.1 国际站与速卖通：阿里旗下跨境电商平台································ 204
　　7.5.2 敦煌网：全球中小零售商一站式贸易平台································ 206
　　7.5.3 兰亭集势：全球在线零售公司·················································· 207
　　7.5.4 燕文物流：跨境电商物流综合服务商······································· 208
　　7.5.5 锦程物流：跨境电商物流综合服务商······································· 209
　　思考与练习·················································································· 211

## 8 农村电子商务与物流管理·········································································· 212
### 8.1 农村电子商务应用与发展概述·························································· 212
　　8.1.1 农村电子商务应用的概念与内涵·············································· 212
　　8.1.2 农村电子商务应用的主要分类·················································· 213
　　8.1.3 农村电子商务应用的关键问题·················································· 214
　　8.1.4 农村电子商务发展的政策环境·················································· 217
　　8.1.5 农村电子商务应用的发展现状·················································· 221
### 8.2 农村电子商务物流的发展现状·························································· 227
　　8.2.1 农村电子商务的物流服务概述·················································· 227
　　8.2.2 农村电子商务物流的总体现状·················································· 227
　　8.2.3 典型农村物流所面临主要问题·················································· 228
### 8.3 农村电子商务物流的主要特点·························································· 229
### 8.4 农村电子商务物流面临的挑战·························································· 230
### 8.5 农村电子商务与物流典型案例·························································· 233
　　8.5.1 农村淘宝：阿里巴巴千县万村计划··········································· 233
　　8.5.2 汇通达：立足于农村市场的产业互联网平台··························· 235
　　8.5.3 中粮我买网：打造网上食品专业大卖场··································· 236
　　8.5.4 沱沱工社：垂直生鲜电子商务平台··········································· 238
　　8.5.5 义乌：国家级电子商务进农村综合示范县······························· 239
　　思考与练习·················································································· 241

## 参考文献································································································· 242

# 1 电子商务与现代物流概述

**【内容概要】**

这一章,首先介绍电子商务的基本概念与内涵、电子商务的典型应用模式以及电子商务发展的现状和未来趋势;然后,介绍现代物流的基本概念和内涵,并讨论物流的主要分类和基本活动以及物流系统的概念和分析方法;最后,讨论电子商务与物流间的相互关系。

**【学习目标】**

(1) 掌握电子商务的基本概念与内涵。
(2) 掌握电子商务的典型应用模式。
(3) 了解电子商务发展的现状与未来趋势。
(4) 掌握现代物流的基本概念和内涵。
(5) 了解物流的主要分类和基本活动。
(6) 掌握物流系统的概念和分析方法。
(7) 了解电子商务与物流间的相互关系。

**【基本概念】**

电子商务,电子商业,现代物流,物流系统,电子商务物流。

## 1.1 电子商务的概念与内涵

随着电话、电报、计算机和互联网的诞生,信息技术在不断地改变我们的世界。互联网的发明被称为人类历史上迄今为止的最伟大的发明之一。互联网对人类社会的影响是革命性的,所产生的影响不仅在技术层面,也体现在商业和社会的各个方面。互联网的发展从根本上改变了人类的生活方式、商业模式和思维方式。随着互联网技术的迅速发展和广泛应用,电子商务已经成为颇为人们关注的新型商务方式和新兴学科领域。这一节对电子商务定义和电子商务相关概念的讨论,目的在于准确理解电子商务的本质内涵。

### 1.1.1 电子商务的概念

尽管在亚马逊和阿里巴巴等大型电子商务平台出现前,大多数人对电子商务是比较陌生的,但电子商务在某种程度上并非是新事物。早在1839年,人们就开始了运用电子手段进行商务活动的讨论。电子商务最早产生于20世纪60年代,在20世纪90年代开始迅速发展,尤其是3G和4G移动通信技术的出现,进一步促进了移动电子商务应用的普及。如今,人们已经进入了电子商务时代。

下面,我们从概念讨论什么是电子商务。不同人对电子商务概念的理解可能会有所差别。

电子商务的英文是 Electronic Commerce，简记 E-Commerce、eCommerce 或 EC。在概念上，电子商务有广义与狭义之分。广义的电子商务，就是运用电子化信息技术手段开展商务活动的方式。这样的电子商务应用开始于 20 世纪 70 年代早期，如电子资金传输（EFT）和电子数据交换（EDI），甚至电话、电报、传真等参与的商务活动都称为电子商务。狭义的电子商务，一般是指通过互联网来实现商品、服务和/或信息的购买、销售与交换。

对很多人来说，E-Commerce 还是一个比较新的概念，并且有很多与其相关的概念，如 E-Business、E-Market、E-Transaction、E-Trade、E-Shopping 等，至今都没有一个统一的定义。不同的国际组织、国家或地区政府机构对电子商务的描述有所不同，不同的企业对电子商务的理解也有差别。

联合国经济合作和发展组织对电子商务的定义：电子商务（E-Commerce）是发生在开放网络上的包含企业之间（Business to Business）、企业和消费者之间（Business to Consumer）的商业交易。全球信息基础设施委员会电子商务工作委员会对电子商务的定义：电子商务是运用电子通信作为手段的经济活动，通过这种方式人们可以对带有经济价值的产品和服务进行宣传、购买和结算。这种交易的方式不受地理位置、资金多少或零售渠道的所有权影响，公有和私有企业、政府组织、各种社会团体、一般公民、企业家都能自由地参加广泛的经济活动，其中包括农业、林业、渔业、工业、私营和政府的服务业。电子商务能使产品在世界范围内交易并向消费者提供多种多样的选择。联合国国际贸易法律委员会对电子商务的定义：电子商务（EC）是采用电子数据交换和其他通信方式增进国际贸易的职能。

欧洲议会在"电子商务欧洲动议"中给出的定义是：电子商务（E-Commerce）是通过电子方式进行的商务活动。它通过电子方式处理和传递数据，包括文本、声音和图像。它涉及许多方面的活动，包括货物电子贸易和服务、在线数据传递、电子资金划拨、电子证券交易、电子货运单证、商业拍卖、合作设计和工程、在线资料、公共产品获得等。它还包括了产品（如消费品、专门设备）和服务（如信息服务、金融和法律服务）、传统活动（如健身、教育）和新型活动（如虚拟购物、虚拟训练）等。

1997 年 11 月 6 日至 7 日在法国首都巴黎，国际商会举行的世界电子商务会议给出了电子商务最权威的概念阐述：电子商务（E-Commerce），是指对整个贸易活动实现电子化。从涵盖范围方面可以将其定义为：交易各方以电子交易方式而不是通过当面交换或直接面谈方式进行的任何形式的商业交易；从技术方面可以将其定义为：一种多技术的集合体，包括交换数据（如电子数据交换、电子邮件）、获得数据（共享数据库、电子公告牌）以及自动捕获数据（条形码）等。

美国政府在其《全球电子商务纲要》中，比较笼统地指出，电子商务（E-Commerce）是通过 Internet（互联网，又称因特网）进行的各项商务活动，包括广告、交易、支付、服务等活动，全球电子商务将涉及世界各国。加拿大电子商务协会给出了电子商务的较为严格的定义：电子商务是通过数字通信进行商品和服务的买卖以及资金的转账，它还包括公司间和公司内利用电子邮件（E-mail）、电子数据交换、文件传输、传真、电视会议、远程计算机联网所能实现的全部功能（如市场营销、金融结算、销售以及商务谈判）。

通用电气公司对电子商务的定义：电子商务（E-Commerce）是通过电子方式进行商业交易的活动，分为企业与企业间的电子商务和企业与消费者之间的电子商务。企业与企业间的电子商务，以 EDI 为核心技术，以增值网（VAN）和互联网为主要手段，实现企业间业务流程的电子化，配合企业内部的电子化生产管理系统，提高企业从生产、库存到流通（包括物资和资金)各个环节的效率。企业与消费者之间的电子商务,以 Internet 为主要服务提供手段,实现公众消费和服务相关的付款方式的电子化。

IBM 公司提出的 E-Business 概念包括三个部分:企业内部网、企业外部网、电子商务。它所强调的是在网络计算环境下的商业化应用,不仅仅是硬件和软件的结合,也不仅仅是我们通常意义下的强调交易的狭义电子商务,更是把买方、卖方、厂商及其合作伙伴在互联网、企业内部网和企业外部网结合起来的应用。

HP 公司提出 E-Commerce、E-Business、E-Consumer 和 E-World 概念。它对电子商务的定义是:通过电子化手段来完成商业贸易活动的一种方式。电子商务使我们能够以电子交易为手段完成物品和服务等的交换,是商家和客户之间的联系纽带。HP 公司提出的 E-Commerce 包括两种基本形式:商家之间的电子商务及商界与最终消费者之间的电子商务。对 E-Business 的定义:一种新型的业务开展手段,通过基于 Internet 的信息结构,使公司、供应商、合作伙伴和客户之间,利用 E-Business 共享信息。E-Business 不仅能够有效地增强现有业务进程的实施,而且能够对市场等动态因素做出快速响应并及时调整当前业务进程。更重要的是,E-Business 本身也为企业创造出了更多、更新的业务动作模式。对 E-Consumer 的定义:人们使用信息技术进行娱乐、学习、工作、购物等一系列活动,使家庭的娱乐方式越来越多地从传统电视向互联网转变。HP 所描述的 E-World 不仅仅是一种理想的企业运作和经营模式,同时展示了在未来高度信息化的社会环境下人们的工作和生活方式。E-world 概念可以概括为"一个基础,三个基本点",即以现代扩展型企业为信息技术基础结构,由 E-Commerce、E-Business、E-Consumer 为基本组成,构成 E-World。

对于电子商务,也有不少学者从不同角度给出定义。比如美国著名电子商务学者拉维·卡拉科塔(Ravi Kalakota)和安德鲁·温斯顿(Andrew B. Whinston)认为电子商务是一种现代商业方法,他们从如下几个不同角度来定义电子商务:

(1) 从通信角度看　电子商务是指在计算机网络上或借助其他电子媒介进行商品、服务与信息的递送或支付。

(2) 从在线角度看　电子商务提供在互联网上购买与销售商品和信息的能力或其他在线服务。

(3) 从流程角度看　电子商务是指技术在商业交易和工作流自动化中的应用。

(4) 从服务角度看　电子商务是设法达成企业、消费者与管理人员在改善客户服务水平和提高交付速度的同时削减服务成本愿望的一种工具。

西安交通大学李琪教授认为,客观上存在着两类或三类依据内在要素不同而对电子商务的定义。第一,广义电子商务,是指电子工具在商务活动中的应用。电子工具包括从初级的电报、电话到 NII(National Information Infrastructure)、GII(Global Information Infrastructure)和互联网等工具。现代商务活动是从商品(包括实物与非实物、商品与商品化的生产要素等等)的需求活动到商品的合理、合法的消费除去典型生产过程后的所有活动。第二,狭义电子商务,是指在技术、经济高度发达的现代社会里,掌握信息技术和商务规则的人,系统化运用电子工具,高效率、低成本地从事以商品交换为中心的各种活动的全过程。

维基百科上对电子商务的定义为:电子商务(E-Commerce)是指在互联网、企业内部网和增值网上以电子交易方式进行交易活动和相关服务活动,是传统商业活动各环节的电子化、网络化。

## 1.1.2 电子商业与电子商务的区别

电子商业(E-Business)和电子商务(E-Commerce)是目前社会用得最多的两个"E化"术语,很多人很难区分这两个术语。下面,我们讨论一下两者之间的区别。一般认为,E-Commerce 是指比较狭义的电子交易,而 E-Business 除了买、卖商品和服务外,还包括客户服务、与商务伙伴之间的合作、网上学习、企业内部的电子交易等。很多学者认为 E-Commerce 是 E-Business 的子集,也有学者认为 E-Business 只是企业内部的 IT 应用;国内很多学者把 E-Business 译为电子商业,另外也有很多学者把 E-Business 和 E-Commerce 都译为电子商务。

国内也有学者把 E-Business 译为电子业务、电子(化)企业或者电子企务。应该说,国内不少学者把 E-Business 和 E-Commerce 都译为电子商务,不是非常合适,至少从概念上要有所区分,因为 E-Business 与 E-Commerce 在英文中还是有区别的。

中国人难以区分 E-Business 和 E-Commerce 源于难以理解 Business 和 Commerce。查英汉词典,Business 和 Commerce 似乎都可译为商业或商务。根据《柯林斯高阶英汉双解学习词典》,Business 可用作不可数名词:"Business is work relating to the production, buying, and selling of goods or services."。Business 也用作可数名词:"A business is an organization which produces and sells goods or which provides a service."。Commerce 一般用作不可数名词:"Commerce is the activities and procedures involved in buying and selling things."。

在一些国际学术会议中,E-Business 与 E-Commerce 通常是作为两个不同的研究方向列出的。国外对 E-Business 与 E-Commerce 的关系的认识也不尽一致,如大卫·范胡斯(David Vanhoose)认为,区分 E-Business 与 E-Commerce 很重要:E-Business 是"指在一个组织的内部对电子网络的使用";E-Commerce 是指"通过以计算机为媒体的电子网络在市场的交易各方之间进行的产品和服务的交换"。E-Commerce 可能会伴随 E-Business 发生但不同于 E-Business。詹姆斯·奥布赖恩(James A. O'Brien)和乔治·马拉卡斯(George M. Marakas)认为,E-Business 是应用互联网及其他网络和信息技术来支持 E-Commerce、企业通信与协作和 Web 方式下的企业内部业务流程以及企业与客户、业务伙伴间的业务流程。E-Commerce 是通过各种各样的计算机网络,实现产品、服务和信息的买卖、营销与服务。拉维·卡拉科塔与玛西亚·罗宾森(Marcia Robinson)认为,E-Business 是运用电子信息技术使各个商业过程、各种应用程序、各个商业系统实行全商业范围的集成。朱迪·斯特劳斯(Judy Strauss)与雷蒙德·弗罗斯特(Raymond Frost)给出了如下关于 E-Business 和 E-Commerce 的公式:EB=EC+BI+CRM+SCM+ERP。其中,BI—商业智能,CRM—客户关系管理,SCM—供应链管理,ERP—企业资源规划。

事实上,E-Business 和 E-Commerce 看问题的角度有所不同。E-Business 强调电子化信息技术对企业主体商业活动(Business)的支持,是指企业如何运用电子信息技术工具来支持自身以及与外部主体间的业务活动。而 E-Commerce 强调电子化信息技术对商业活动主体参与交易过程(Commerce)的支持,一般意义的 E-Commerce 是指企业在外部与客户或者供应商进行产品或服务交易。E-Commerce 的角度可以是一个交易主体之外的角度,E-Commerce 是一个相对宏观视野下的商务行为(方式)。所以,政府一般对 E-Commerce 提得比较多,而企业通常会对 E-Business 提得比较多。对 E-Commerce 与 E-Business 的理解,我们可以用图 1-1 表示。

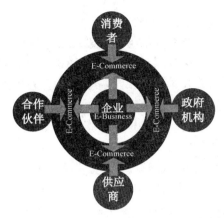

图 1-1 对 E-Commerce 与 E-Business 的理解

一个企业的 E-Business 可以不仅是 E-Commerce 活动，也未必就是 E-Commerce 活动。但企业要参与 E-Commerce，就必须考虑 E-Business——如何运用电子信息技术工具来支持自身以及与外部主体间的业务活动。在 E-Commerce 时代，E-Commerce 事实上形成了企业的无可选择的商务环境。企业不可能用完全传统的商业活动和商业模式参与 E-Commerce。所以，一个企业考虑 E-Commerce 应用实际上就是在考虑 E-Business 应用，尽管 E-Business 应用有可能是局部范围的。

如果我们把客户等交易主体的概念内部化，E-Commerce 的概念有时也可以泛指运用电子化信息技术支持企业与内部员工间的信息交流与服务互动；这时，企业 E-Commerce 概念的范围就很接近 E-Business，但这两个概念的角度还是不一样的。国内有学者把 E-Business 与 E-Commerce 区分为"电子商务活动"和"电子商务交易"。

E-Business 和 E-Commerce 的概念也可应用到非商业性的机构和组织，这时"交易"活动中的企业或公司就可用一般意义上的"组织"来代替。对非商业性的机构和组织而言，E-Business 译为"电子业务"比较合适。

在本教材中，E-Commerce 可指比较广义的电子商务，但与 E-Business 在概念上还是有所不同。另外，对"电商"的理解，在不同场合，可能也有所不同。E-Commerce 意义的"电商"，不是电也不是商；E-Business 意义的"电商"，可以指一种业务或一个企业。

## 1.1.3 电子商务的本质内涵

对电子商务的很多定义，虽然具体表达有所差异，但有一点是共同的，那就是对电子商务过程和内容的直观描述。虽然，很多学者强调电子商务是商务，但很难从比较深的层次来理解电子商务的内在本质。

著名的 Commerce Net 公司对电子商务所下的定义与上述定义有所不同："电子商务即是用互相连接的计算机网络去创造和变革商业关系。"它进一步解释："其最普遍的用途是通过互联网将买卖信息、产品和服务连接起来，但它也在机构内部通过内部网传输和共享信息，从而改善决策过程和消除重复的劳动。电子商务的新范例并非仅建立在交易上，还与建立、维护和改善现存和潜在的关系休戚相关。"

在 2000 年,许多".com"公司的纷纷倒闭,"E 化"经济泡沫的破灭,促使人们反思电子商务。电子商务核心是商务,电子商务更多要关注商务本身。上述定义强调商业关系的创造和变革。电子商务不是简单地将传统商务电子化或搬到互联网上。企业电子商务应用的重点是建立起与传统商务不一样的商业关系,新的商业关系可能是从无到有的创造,也可能是在传统基础上的变革。新的商业关系在技术基础和商业理念上已发生很大的变化。

Commerce Net 公司对电子商务下的定义指出了电子商务的本质:运用电子化互联网络创造和变革商业关系。同时,本书作者认为,在实践中,电子商务不仅是基于电子化互联网络创造和变革商业关系的活动,也是创新和发展业务能力的电子化互联网络应用过程。电子商务在本质上是运用电子化互联网络创造和变革商业关系、创新和发展业务能力的过程,它所建立的支持业务创新的商业关系,无论对客户还是对企业,都会创造新的商业价值。

所以,我们可以从更一般意义上来定义电子商务:电子商务是基于电子化互联网络创造和变革商业关系、创新和发展业务能力的过程,是运用电子化互联网络为不同商业主体创造商业价值的活动。电子商务支持的业务活动,除交易外,还包括服务、沟通和协作等。

著名管理大师彼得·德鲁克认为,信息革命的真正革命性影响才刚刚被人们感觉到,而激起或助长这一影响的不是信息,不是人工智能,也不是计算机和数据处理对决策、政策决定或战略所发生的作用,而是电子商务,即互联网作为推销渠道的出现。电子商务对信息革命的意义类似铁路对工业革命的意义。铁路是工业革命中真正革命性的组成部分。在铁路所创造的新态地理学中,人们征服了距离。而在电子商务的新态地理学中,距离被消除了。只存在一种经济,也只存在一个市场。电子商务的应用使互联网成为创造和变革商业关系、服务和创新业务过程的商务技术,对人类社会正在产生真正革命性的影响。

对电子商务本质内涵的认识具有重要的实践指导意义。电子商务在本质上是运用电子化互联网络创造和变革商业关系、创新和发展业务能力的过程。首先,必须形成商业关系创新支持业务创新的理念。那么,应该如何创造和变革企业与客户(或合作伙伴)间的商业关系?商业关系建立的基础是什么?客户体验和客户感知价值的变化对建立新的商业关系有什么影响?其次,用什么商业模式支持创新的商业关系?电子商务应用总离不开商业模式设计,简单地把传统商业模式搬到互联网上,企业电子商务很难成功。那么如何才能建立以网络为媒介的商业关系?商业模式的正确选择对电子商务的成功十分重要。最后,用什么商务技术支持商业模式和业务能力的创新和发展?商务技术是基于 IT 的商务支持技术,在线商务需要与离线商务不一样的商务支持技术。比如业务流程优化带来的效率对电子商务的成功是至关重要的。从技术层面说,我们可以说,电子商务是商业领域的高科技,因为电子商务的成功总离不开创新的商务技术。但我们不能简单把电子商务理解为一般的信息技术。

### 1.1.4 电子商务应用的根与本

电子商务与具体业务的纽带是服务,电子商务是对业务基础服务的创新,电子商务应用并不能改变业务本质。在实际的电子商务应用中,一定要明白电子商务应用的根与本。根与本有时候并不完全一样。

电子商务应用的根是互联网。在任何电商应用中,互联网是基础,互联网是电商应用的根,所有电商应用业务都是扎根于互联网的,业务运营的基础是互联网。电子商务应用的本是商业逻辑。在任何电商应用中,不同的业务,具体的商业逻辑不一样;零售的商业逻辑与贸易的商业逻辑不一样;即使都是零售,卖服装和卖鞋子的商业逻辑也会有差异。

## 1.2 电子商务典型应用模式

不同的文献,对企业电子商务模式的理解不完全相同。广义地说,电子商务模式可分为电子商务商业模式、电子商务管理模式、电子商务应用模式等。所以,有的文献把 B2B 和 B2C 称为不同的电子商务模式,但准确地说,B2B 和 B2C 应该是电子商务应用模式。在概念上,电子商务商业模式、电子商务管理模式、电子商务应用模式显然是不同的。这一节重点介绍几种目前比较典型的电子商务应用模式。

### 1.2.1 B2B 电子商务应用

B2B 电子商务,就是商家对商家(Business to Business)的电子商务应用。这类电子商务是电子商务应用最重要和最受企业重视的形式。商家可以使用互联网或其他网络为每笔交易寻找最佳合作伙伴,完成从订购到结算的全部交易行为,包括向供应商订货、签约、接受发票和使用电子资金转移、信用证、银行托收等方式进行付款,以及在商贸过程中发生的其他问题如索赔、商品发送管理和运输跟踪等。商家对商家的电子商务经营额大,所需的各种硬软件环境较复杂,但在 EDI 商务成功的基础上发展得最快。

### 1.2.2 B2C 电子商务应用

B2C 电子商务,就是商家对消费者(Business to Consumer)的电子商务应用。这类电子商务是消费者利用互联网直接参与经济活动的形式。随着万维网(WWW)的出现,网上销售迅速地发展起来。目前,在互联网上有许许多多各种类型的虚拟商店和虚拟企业,提供各种与商品销售有关的服务。通过网上商店买卖的商品可以是实体的,例如书籍、鲜花、服装、食品、汽车、电视等等;也可以是数字的,如新闻、音乐、电影、数据库、软件及各类基于知识的商品;还有提供的各类服务,如安排旅游、在线医疗诊断和远程教育等。

### 1.2.3 C2C 电子商务应用

C2C 电子商务,就是消费者对消费者(Consumer to Consumer)的电子商务应用。这类电子商务是指消费者与消费者之间进行的电子商务或网上事务合作活动。这类电子商务借助一些特殊网站在个人之间开展事务合作或商业交易,比如网上拍卖、网上事务合作、网上广告、网上跳蚤市场等。这里所指的消费者可以是自然人也可以是商家。这类电子商务是近来电子商务发展的一个热点。在中国,各大门户网站,如新浪、搜狐等门户网站都设立过网上跳蚤市场,方便消费者之间的网上旧货交易。通常的网上二手货市场一般都是 C2C 电子商务。eBay(易贝)曾是 C2C 电子商务的成功例子。

### 1.2.4　C2B 电子商务应用

C2B 电子商务,就是消费者对商家(Consumer to Business)的电子商务应用。这类电子商务是消费者驱动的商务活动。真正的 C2B 应该先有消费者需求的产生而后有生产或采购,即先有消费者提出需求,后有商家按需求组织生产或采购。C2B 的交易过程是:由客户选择自己消费需求,然后由商家来决定是否接受客户的要求,商家的行为应用是消费者驱动的。假如商家接受客户的要求,那么交易成功;假如商家不接受客户要求,那么就是交易失败。Priceline 是美国人杰·沃克(Jay Walker)在 1998 年创立的一家基于 C2B 商业模式的旅游服务网站,是目前美国最大的在线旅游公司。海尔是国内率先引入 C2B 定制模式的家电企业,消费者可以选择容积大小、调温方式、门体材质、外观图案。马云认为,C2B 是电子商务的未来,未来的世界由数据驱动,生意将是 C2B 而不是 B2C 模式,用户改变企业,而不是企业向用户出售商品。

### 1.2.5　O2O 电子商务应用

O2O 电子商务,就是线上对线下(Online to Offline)的电子商务。这类电子商务是线上服务于线下实体的电子商务应用,将线下的商务机会与互联网结合,让互联网成为线下交易的前台。这个概念最早来源于美国。在 O2O 电子商务应用中,线上平台为消费者提供消费指南、优惠信息、便利服务(预订、在线支付、地图等)和分享平台,而线下商户则专注于提供服务。但是,实际应用中的伪 O2O 不少,人们往往把 O2O 理解成"O+O"。传统实体开个网店并不是 O2O 了,O2O 需要服务理念。O2O 电子商务可以广泛应用于旅游和生活服务等领域。O2O 曾经是一个热点创业领域,做成功的不多,但是,O2O 仍然是未来电子商务的发展方向。携程是比较典型的 O2O 电子商务例子。

### 1.2.6　其他电子商务应用

除了上述典型模式之外,还有其他的电子商务应用模式,比如:①企业与政府间(Business to Government,即 B2G)的电子商务,支持企业与政府之间的商业事务办理,如纳税和报关等。②企业内部(Intra-business)电子商务。这类电子商务是指组织内部的所有互动活动,包括商品、服务和信息等在组织内各部门及个人之间的交换。比如,向员工销售产品、在线培训和合作设计等。③企业与员工间(Business to Employee,即 B2E)的电子商务。这类电子商务是组织向员工传递服务、信息或产品。其中一类主要的员工是在外流动工作的员工,如区域代表,支持这类员工的电子商务也称为 Business to Mobile Employee,即 B2ME。甚至还有一些电子商务应用模式,参与交易的对象有时可能不是人或组织。比如:A2A (Agent to Agent)模式是搜索引擎之间的交易;D2D(Device to Device)模式是相互作用的两个设备之间相互搜寻、传递和交换信息,甚至完成交易。

电子商务应用,还可以按产业或行业分类,如工业电子商务、农业电子商务、零售电子商务;或者按地域分类,如农村电子商务、城市电子商务、县域电子商务等。

## 1.3 电子商务的产生与发展

本章的前两小节对电子商务概念与内容、商业模式以及分类做了比较深入的讨论。为了对电子商务发展有一个比较全面的了解,这一节重点介绍电子商务的产生、发展现状以及未来的发展趋势。

### 1.3.1 电子商务产生与发展现状

目前人们所说的电子商务多指在网络上开展的商务方式,即通过内部网(Intranet)、外部网(Extranet)和互联网进行的电子商务。其实,并非计算机技术及网络技术产生之后才有电子商务。从技术的角度来看,人类利用电子通信的方式进行贸易活动已有很久的历史了。1837年美国人塞缪尔·莫尔斯发明了电报;1843年英国人亚历山大·贝恩发明了传真;1876年苏格兰人(后移居美国)亚历山大·贝尔[又一说是1863年意大利人(后移居美国)安东尼奥·梅乌奇]发明了电话。实际上,当电报刚出现的时候,人们就开始运用电子手段进行商务活动了,当买卖双方在贸易过程中的意见交换、贸易文件等开始以莫尔斯码形式在电线中传输的时候,就有了电子商务的萌芽。

美国是电子商务的发源地。计算机、互联网的产生和不断发展,促使电子商务应用不断得到发展和普及。20世纪40年代,开始了第三次科技革命的新时代,与工业革命相比发展速度更快,对社会生产力和人类工作、生活方式的影响也都更为深入和广泛。1946年美国宾夕法尼亚大学研制成了世界上第一台可运行程序的电子计算机。电子计算机诞生至今70多年来,由于构成其基本部件的电子器件发生了重大的技术革命,它得到了突飞猛进的发展,突出表现为计算机的体积越来越小,而速度越来越快,成本却越来越低。1981年,美国IBM公司研制成功了IBM-PC机,并迅速发展成为一个系列。微型计算机采用微处理器和半导体存储器,具有体积小、价格低以及通用性和适应性方面的能力强、可靠性高等特点。随着微型计算机的出现,计算机开始走向千家万户。

20世纪60年代,美国军方最早开发了作为保障战时通信的因特网技术,把单个计算机连接起来应用,计算机开始了网络化的进程。进入20世纪60年代末,当时的美国政府和军方出于冷战的需要,设想将分布在美国本土东海岸的四个城市的计算机联系起来,使它成为一个打不烂、拖不垮的网络系统。美国国防部构想的这个系统叫ARPANET。但当时的计算机厂商们生产的计算机,无论是硬件还是软件都是不一样的,要组成这样的网络,就必须把很多不同的计算机硬件和软件通过某种方式连接起来。于是在20世纪70年代初出现了一个关于计算机网络互联的共同协议——TCP/IP协议,这个协议达成之后,ARPANET取得比较大的扩展:从美国本土联到了其在欧洲的军事基地。20世纪80年代初,美国科学基金会发现这种方式非常实用,于是把这几个地区的计算机联结起来,并接进大学校园,参加因特网技术开发的科研和教育机构开始利用因特网,这便是今天Internet的雏形。

20世纪60年代末70年代初,电子数据交换(Electronic Data Interchange,简称EDI)和电子资金转账(Electronic Funds Transfer,简称EFT)作为企业间电子商务应用的系统雏形,已经出现。多年来,大量的银行、航空公司、连锁店及制造业单位已建立了供方和客户间的电子通信和处理关系。这种方式加快了供方处理速度,有助于实现最优化管理,使得操作更有效率,并提高了对客户服务的质量。

20世纪90年代,当因特网技术被发现有极其广泛的市场利用价值,而政府无法靠财政提供因特网服务时,美国政府的政策开始转向开放市场,由私人部门主导。1991年,美国政府解除了禁止私人企业为了商业目的进入因特网的禁令,并确定了收费标准和体制。从此商业网成为美国发展最快的因特网络:个人、私人企业和创业投资基金成为美国因特网技术产业化、商业化和市场化的主导力量。

1991年9月,美国田纳西州的民主党参议员戈尔在为参议院起草的一项法案中,首次把作为信息基础设施(National Information Infrastructure,英文缩写为NII)的全国性光导纤维网络称为"信息高速公路"。美国国家信息基础设施的建成,为人类打开了信息世界之门。美国国家信息基础设施主要由高速电信网络、数据库和先进计算机组成,包括Internet、有线、无线与卫星通信网以及各种公共与私营网络构成的完整网络通信系统。随着NII对公众的开放以及各类网络的联网,个人、组织机构和政府系统都可以利用NII进行多媒体通信,各种形式的信息服务也得到了极大的发展。克林顿1992年入主白宫后,为占领世界信息竞争制高点,重振美国经济,提高美国竞争力,维持美国在世界经济、政治、军事等领域中的霸主地位,适时发布了一系列框架性文件,表明了美国占领全球因特网经济制高点的行动纲领。1993年9月,制定并发布了《国家信息基础设施:行动纲领》的重大战略决策。"国家信息基础设施"是"信息高速公路"的正式名称,它的实质是以现代通信和计算机为基础,建设一个以光缆为主干线的覆盖全美国的宽带、高速、智能数据通信网,以此带动美国经济与社会的信息化进程,促进经济的发展。美国的目标是确保其在全球信息基础设施建设的领先地位。

1994年9月,美国在建设本国信息高速公路的基础上,又提出了建立全球信息基础设施(Global Information Infrastructure,简称为GII)计划的倡议,呼吁各国把光纤通信网络和卫星通信网络连接起来,从而建立下一代通信网络。1997年7月,发布《全球电子商务框架》,明确美国将主导全球电子商务,并制定了九项行动原则。《全球电子商务框架》确立了五大原则:私人部门应作为主导;政府应该避免对电子商务不恰当的限制;当政府需要介入时,它的目标应该是为商务提供并实施一个可预见的、简洁的、前后一贯的法制环境;政府应当认清因特网的独特性质;应当立足于全球发展因特网上的电子商务。

在1999年初,美国政府又提出发展"数字地球"的战略构想。这是国际信息领域发展的最新课题,以信息基础设施和空间数据基础为依托的信息化发展的第三步战略。1999年11月29日,克林顿政府成立电子商务工作组,由商务部领导,主要负责以下两项事务:①识别出可能阻碍电子商务发展的联邦、州或政府法律与管制;②建议如何改进这些法律以利于电子商务的发展。美国政府的这一系列政策极大地促进了网络经济的发展。

一般认为,电子商务产生和发展的重要条件主要体现在如下五个方面:

(1) 计算机的广泛应用　近30年来,计算机的处理速度越来越快,处理能力越来越强,价格越来越低,应用越来越广泛,这为电子商务的应用提供了基础。

(2) 网络的普及和成熟　由于Internet逐渐成为全球通信与交易的媒体,全球上网用户呈指数增长趋势,快捷、安全、低成本的特点为电子商务的发展提供了应用条件。

(3) 信用卡的普及应用　信用卡以其方便、快捷、安全等优点而成为人们消费支付的重要手段,并由此形成了完善的全球性信用卡计算机网络支付与结算系统,使"一卡在手,走遍全球"成为可能,同时也为电子商务中的网上支付提供了重要的手段。

(4) 安全交易协议制定　1997年5月31日,由美国VISA和MasterCard国际组织等联合制定的 SET(Secure Electronic Transfer Protocol)即《电子安全交易协议》的出台,以及该协议得到大多数厂商的认可和支持,为在开发网络上的电子商务提供了一个关键的安全环境。

(5) 政府的支持与推动　自 1997 年欧盟发布了《欧洲电子商务倡议》,美国随后发布《全球电子商务纲要》,电子商务受到世界各国政府的重视,许多国家的政府开始尝试"网上采购",这为电子商务的发展提供了有力的支持。

应该说,中国互联网和电子商务应用与美国等发达国家差不多是同时起步的。1993 年,美国白宫和联合国总部接入 Internet;1994 年,中国国家计算机与网络设施正式接入 Internet;1994 年,第一家网上银行 First Virtual 开始营业;1994 年,美国硅谷的 20 家大 IT 公司开始共同建立 Commerce Net 公司;1995 年,Yahoo! 公司创立;1995 年,Amazon.com 公司开张;1995 年,eBay.com 公司创立;1995 年,美国安全第一网络银行(SFNB)正式营业;1996 年,联合国国际贸易法委员会通过《电子商务示范法》(Model Law on Electronic Commerce);1996 年中国国际电子商务中心正式成立,并于 1997 年创建中国国际电子商务网;1998 年全球最大的华人门户网站新浪网站开通;1999 年,马云与另外 17 人在中国杭州市创办了阿里巴巴网站,为中小型制造商提供了一个销售产品的贸易平台;1999 年全球最大的中文网上书店当当网开通;2003 年阿里巴巴集团投资成立淘宝网。

2008 年和 2009 年在中国互联网和电子商务发展史上是具有里程碑意义的两个年份。据 2008 年 7 月公布的《中国互联网络发展状况统计报告》,2008 年 6 月底,我国网民数量达到了 2.53 亿,首次大幅度超过美国,跃居世界第一位,如图 1-2 所示。

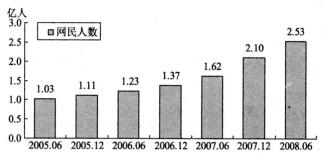

图 1-2　2008 年 6 月,中国网民 2.53 亿,居全球第一

2009 年,我国开始由互联网大国向互联网强国冲刺。"强"意味着在量与质两个方面的提高。在量上,互联网营收规模、网民数量、域名数量均在进一步增长;在质上,互联网诞生了以腾讯为代表的互联网优秀公司、电子商务的快速发展强化了互联网的多元化、网民通过互联网广泛参与到社会生活当中。中国的互联网向着愈发完善和健康的方向发展,它将在中国大国崛起的道路上,发挥越来越重要的作用。

2009 年是中国 3G 元年。3G 牌照颁布以后,移动运营商竞争形势发生改变,运营商纷纷投入巨资,拓展 3G 产业。3G 的用户规模得到了一定发展,产业积极性空前高涨。2013 年是中国 4G 元年。4G 的出现给移动电子商务注入了新的动力。4G 网络的出现解决了农村网络连接速度过慢的问题,提高了人们消费的便利性、空间选择和随时购物的可能性。移动电子商务是移动信息服务和电子商务融合的产物。随着 3G 的普及和 4G 网络的引入,人们的消费理念和商家的传统理念都在不断地转变。手机上网成为现代人们生活中一种重要的上网方法,人们正逐渐利用手机等移动智能终端设备进行网上支付、个人信息服务、网上银行业务、网络购物、手机订票、娱乐服务等。2019年是中国5G元年。5G的广泛应用，将会在更大范围内更深层次上促进电子商务应用的快速发展。

阿里巴巴淘宝天猫每年的"双11"交易额不断攀升，是中国电子商务不断迅速发展的最好见证。据中国互联网络信息中心（CNNIC）发布的第48次《中国互联网络发展状况统计报告》，截至2021年6月，中国网民规模达10.11亿，普及率为71.6％，其中，手机网民规模已达10.07亿，网民通过手机上网的比例高达99.6％；我国网络购物用户规模达8.12亿，占网民整体的80.3％。我国电子商务领域首部法律《电子商务法》于2019年1月1日起正式实施，国家市场监督管理总局发布的《网络交易监督管理办法》于2021年5月1日起施行，国家互联网信息办公室等七部门联合发布的《网络直播营销管理办法（试行）》于2021年5月25日起施行，这对促进我国电子商务应用持续健康发展具有重大意义。

电子商务是我国数字经济重要组成部分，线上线下协同发展是电子商务产业发展的必然趋势。近年来，大数据、云计算、区块链等数字信息技术快速发展，产业数字化加速推进，推动电商服务业效率不断提升，为电子商务创造了丰富的应用场景，正在驱动新一轮电子商务产业创新。在经历多年高速发展后，网络消费市场逐步进入提质升级的发展阶段，供需两端"双升级"正成为行业增长新一轮驱动力。在供给侧，线上线下资源加速整合，社交电商、品质电商等新模式不断丰富消费场景，带动零售业转型升级；大数据、区块链等技术深入应用，有效提升了运营效率。在需求侧，消费升级趋势保持不变，消费分层特征日渐凸显，进一步推动市场多元化。

随着互联网的不断发展，网络化与数字化浪潮冲击着社会的方方面面。商业领域中的电子商务变革将不断对产业、企业和市场产生巨大影响。不可否认，我们已进入电子商务时代。对如今的企业来说，不是要不要电子商务，也不是如何看待电子商务，而是如何应用电子商务。当前，电子商务已成为各个国家和各大公司争夺的焦点。现在在各国都在积极发展电子商务。所以，把电子商务作为迎接经济全球化的关键手段并不为过。在今天，电子商务应用的发展前景已是毋庸置疑的。我们可以想象，正如目前的任何企业不可以离开电话开展商务活动一样，所有的企业的商务活动还会越来越离不开互联网和电子商务应用。在不久的将来，任何企业都会拥有自己的门户网站，并且绝大多数业务在电子商务平台上进行。正如阿里巴巴前CEO马云2005年所说的"20年后世界上80％的生意都将在网站上进行，网下只不过是商品流通而已"。

电子商务已经不仅仅是经济问题，还是关系到社会转型时期国家生存与发展的关键问题，信息化和电子商务的发展将决定在新经济中一个国家或一个地区的地位和今后发展的命运。电子商务不但会带动信息产业和信息服务业的发展，而且会从根本上实现对传统产业的结构性改造升级，促进国民经济结构的调整，扩大内需，从而对经济发展起到巨大的推动作用。全球电子商务呈现出竞相发展的态势。美国凭借其高度发展的信息技术优势，竭力推动全球电子商务。电子商务在美国信息技术行业领先的各大公司中，已经成为主体方式；在用信息技术改造传统产业中，也已经成为主导方式。

通过对美、韩两国电子商务发展趋势研究，电子商务增长高峰期都处于互联网网民普及率在30％～60％快速增长期间。很显然，中国电子商务发展已步入黄金时期。2015年，"互联网＋"已被写入政府工作报告，从而上升为国家战略。在"互联网＋"战略驱动下中国电子商务和互联网经济发展，已经成为社会各界关注的热点。

电子商务是网络化的新型经济活动,正以前所未有的速度迅猛发展,已经成为主要发达国家增强经济竞争实力,赢得全球资源配置优势的有效手段。电子商务还能为企业有效地节省成本,令企业更具竞争力,特别是目前全球经济衰退的环境下,电子商务更能体现其无与伦比的优势。

## 1.3.2 电子商务发展的未来趋势

从 2009 年我国互联网和电子商务应用的发展,可以看到,中国电子商务应用已经步入比较快速发展的轨道。中国电子商务市场至少还需要 5 年才可能进入成熟期。未来几年,网上购物将是发展最快的产业,也会带来越来越多传统企业进军电子商务。电子商务将成为人类生活中一个最重要的组成部分。正如阿里巴巴前副总裁梁春晓所说,中国电子商务已进入大规模发展与运营阶段。而随着电子商务大规模发展,电子商务的平台化、个性化和生态化特征越来越明显。

在中国,未来电子商务应用的总体发展趋势主要体现在如下 9 个方面:

(1) 电子商务应用规模化趋势　越来越多的传统企业开展电子商务应用,电子商务应用的规模越来越大;B2C 应用的趋势是大而全的超级卖场;C2C 应用的趋势是基于买卖的超级社区。

(2) 电子商务应用专业化趋势　由于专一化网站的不可替代性,及较稳定的网民基础,个性特点很强的专一化网站将会大量增加;面向电子商务应用的专业化服务平台越来越受到个人和企业的关注;电子商务服务业迅速发展,将催生新行当——电子商务应用服务商。第三方电子商务应用服务,将为中小企业电子商务应用提供更大的便利,中小企业只要专注于做好自己的产品和服务便可。

(3) 电子商务应用智能化趋势　智能化技术在电子商务应用中的运用将成为发展趋势。智能化电子商务的出现成为中国电子商务的最新亮点,特别是智能型电子商务应用平台是以"交易门户网站＋智能导购机器人"的产品孵化模式,颠覆了传统的电子商务运用理念和运作模式,在未来网络海量数据资源里,将以智能导购机器人的主动运作模式代替人工不可为的工作方式。

(4) 电子商务应用客户化趋势　随着电子商务的发展,以客户为中心提供个性化的产品、个性化的服务逐渐成为电子商务的发展趋势之一。提供个性化产品和服务是电子商务应用的最高境界。马云认为客户化 C2B 模式一定会成为电子商务产业升级的未来。客户化 C2B 以消费者为导向,把消费者融入产品研发、产品创新的过程中,定制生产个性化产品,满足不同消费者的不同需求,同时网络销售的商品让生产厂家的利润提高,价格战减少,中间渠道消失。反过来,卖家的信用更加具有透明度,更受消费者尊重。

(5) 电子商务应用生态化趋势　走向生态化是一个产业逐步走向成熟的标志之一,如今的电子商务服务产业就正在经历这一过程。事实上,经过十多年的发展,中国电子商务服务产业环境和产业内部,已经初步形成了近乎全过程和多层次的商业生态环境。电子商务平台内部、平台与用户之间以及用户群体内部,都出现了大规模协作现象,同时用户的自我服务体系也逐步走向了产业化。

(6) 电子商务应用社交化趋势　社会化商务在 2006 年以后成为一个热点关注领域,原因在于之前的 web2.0 体系的沉淀积累,从 web2.0 理念到应用都为社会化商务的应用自然而然浮出水面创造了日渐成熟的环境。目前,国内微博和微信已不仅是社交媒体,也在开始与电子商务结合,已出现微博钱包和微信支付,基于朋友圈的微商也开始受到人们的广泛关注。微博和微信等社会化媒体已经成为电子商务应用的重要工具,出现专门的社交媒体职业岗位,同时也出现了不少新兴购物社交网站,如蘑菇街等。近年来出现的直播电商和社区团购,也属于社交化电子商务范畴。

(7) 电子商务应用本地化趋势　本地化电子商务按字面的意思是地方性的电子商务,现在比较被看好的是地方论坛、地方性门户网站这类转化成的电子商务。本地电子商务通常采用O2O模式,具有很大的发展潜力,是未来电子商务发展模式之一。本地化电子商务很有发展潜力,主要是因为这种电子商务模式瞬间拉近了消费者与商家的距离,它把本地商家带到了电子商务世界,本地商家能够对消费者触手可及,拉近了商家和具有消费能力和消费冲动的人之间的距离,使得线上虚拟经济与线下实体经济得到很好的融合。这个市场无疑是巨大的,具有很广阔的空间,本地电子商务前景广阔,是未来电子商务新的趋势。

(8) 电子商务应用移动化趋势　移动电子商务(Mobile E-Commerce),由电子商务(E-Commerce)的概念衍生出来,现在的电子商务以PC机为主要界面,是"有线的电子商务";而移动电子商务,则是通过手机、PDA(个人数字助理)这些可以装在口袋里的终端与我们谋面,无论何时、何地都可以开始。近年来移动设备及移动互联网的发展和普及速度令人惊讶,随之也带来了全新的用户习惯和消费模式。电子商务优化平台Mobify的首席执行官Igor Faletski(伊戈尔·法莱茨基)列举了一些电子商务能够崛起的五个原因:①平板电脑使用者成为电商消费的主力军;②消费者在使用移动设备时有更强的购买欲;③移动设备的广告点击率比桌面搜索要高;④夜间移动购物带来的商机;⑤移动互联网拥有巨大的潜力。美国KPCB风投公司合伙人约翰·杜尔(John Doerr)第一次提出了"SoLoMo"这个概念。他把最热的三个关键词Social(社交)、Local(本地化)和Mobile(移动)组合到一起形成"SoLoMo"。SoLoMo被一致认为是互联网的未来发展趋势。

(9) 电子商务应用普及化趋势　电子商务应用已全面覆盖经济各个方面,电子商务应用,将会越来越普及化与常态化。电子商务应用的普及化类似于如今电脑的普及化。电子商务正在成为我国经济增长的新动力。电子商务应用的根本目的是支持业务的创新和发展。服务创新是电子商务的灵魂。随着电子商务的不断发展,电子商务产业不仅是作为一个产业得到发展,同时也是几乎所有产业电子商务化发展。

## 1.4　现代物流的概念与内涵

物流活动从人类社会开始有产品交换行为时就存在了。只不过人们从来没有像今天这么关注物流。物流伴随社会经济活动的全过程。可以说,在我们所知道的社会和经济生活领域,都会发生或伴随发生物流活动。这一节重点介绍物流概念的发展,并讨论人们对物流内涵的不同理解和认识。

### 1.4.1　物流概念的发展

国外对物流活动的研究,从20世纪初的物流起源至现在,已经历经将近一个世纪的发展过程,如今物流逐渐被社会认识和关注,形成了当今十分重要的产业和新兴研究领域。

美国从20世纪开始,就出现一系列与物流相关的概念和观点。1901年,约翰·F.克罗威尔(John F. Crowell)在给美国政府的一份报告《产业委员会关于农产品流通报告》中,首次论述了对农产品流通产生影响的各种因素和费用。1922年,著名营销专家弗莱德·E.克拉克(Fred E. Clark)在其著作《市场营销的原则》中,将市场营销定义为商品所有权转移所发生的各种活动以及包括物流在内的各种活动,确认物流在市场营销中的作用。美国市场营销协会(AMA)定义委员会在1948年对物流所下的定义是:货物从生产地到消费地或使用地的转移和处理。1954年,在第26次波士顿流通会议上,鲍尔·D.康柏斯所做的题为"市场营销的另一半"的演讲成为物流管理发展的里程碑。20世纪60年代,物流在美国经历了很大的发展。1961年,爱德华·西密卡(Edward Smykar)等写出第一部关于物流管理的著作。1962年,彼得·F.德鲁克(Peter F. Drucker)发表文章《经济的黑暗大陆》,指出配送在美国的重要性。1963年,National Council of Physical Distribution Management(NCPDM,即美国实物配送协会)成立。NCPDM在成立的时候将物流定义为:在生产制造和商业流通过程中,为有效地将产成品从生产线的末端转移到客户手中,有时还包括将原材料从供应点转移到生产线始端所从事的一系列活动。这些功能性活动包括:产成品的运输、仓储、物料搬运、防护包装、存货控制、工厂和仓库选址、订单处理、市场预测和客户服务等。

从汉语字面上,人们很容易认为"物流是指物品的流动"。但"物流"最初的含义不是指Material Flow,而是指Physical Distribution(PD)。"物流"概念来源于美国,却又产生于日本。1956年,日本生产率本部流通技术考察团赴美考察,其主题是流通技术(Distribution Technique),结果便将当时美国的"Physical Distribution"术语带回了日本,并直接引用"PD"统称物流活动与物流管理。到1964年下半年日本出现"物理性流通",简称"物流"(日本学者平原直最早提出"物流"一词),从而逐渐取代了PD。当时对物流的理解是"在连接生产和消费间对物资履行保管、运输、装卸、包装、加工等功能,以及作为控制这类功能后援的信息功能,它在物资销售中起了桥梁作用"。一般认为,运输与仓储的概念早于物流的概念。中国20世纪70年代末才从日本引进物流的概念。

日本学者认为在流通领域出现了商流与物流的分离。物流是流通功能的物理性侧面。经济包括三大领域:生产、流通、消费。物流在经济中确实使商品得到流动,同时也包含为流通而采取的方式方法。所以,建立物资分送的物流体制或系统非常重要。物流落后常常是经济不发达、饥荒、物资匮乏的原因。

1981年,日本综合研究所编著的《物流手册》中对物流的定义是:物流是物质资料从供给者向需求者的物理性移动,是创造时间性、场所性价值的经济活动。

1988年,美国物流管理协会对物流的重新定义是:"物流是供应链流程的一部分,是针对物品、服务和相关信息的流通与储存,从起源点到消费点进行有效率和有效果的规划、执行与管理,以达成客户的需求。"

我国国家标准《物流术语》(GB/T 18354—2001)对物流给出了如下界定:"物品从供应地向接收地的实体流动过程。根据实际需要,将运输、储存、装卸、搬运、包装、流通加工、配送、信息处理等基本功能实施有机结合。"

### 1.4.2 物流与Logistics

与物流(Physical Distribution)相关的另外一个重要概念是Logistics。Logistics在英汉

字典中的意思是"后勤学,后勤",在日语中被译为"兵站"。1927年美国学者布索迪(R. Borsodi)在《流通时代》一文中首次用Logistics。第二次世界大战(简称"二战")期间,美国军事后勤活动的组织为人们对Logistics的认识提供了重要的实证依据。二战中美国对部队后勤供给的管理、调配称为Physical Distribution(PD),译为汉语是"货物配送"或"实物分配"。之后美国军队建立了现代军事后勤理论,这里的"后勤"指战争期间物资的生产、采购、运输和配给等活动。事实上,在海湾战争中,高效、迅速的物资和人员配送也是美军取得胜利的重要原因。军事后勤运作证明:配送活动如何被整合为一个单一的系统,推动了战后对Logistics活动的研究以及实业界对Business Logistics或Marketing Logistics的重视,"后勤"(Logistics)一词被人们广泛应用于商业贸易活动中(如生产过程及流通过程)。

1985年,美国物流管理协会(CLM)对Logistics的定义为:是以满足客户需求为目的,以有效且经济的手段来组织原料、在制品、制成品以及相关信息从供应到消费的运动和存储的计划、执行和控制的过程。1991年,CLM将1985年定义中的"原料、在制品、制成品"修改为"产品、服务"。1998年,CLM又在1991年定义的开头加上"Logistics是供应链过程的一部分"。Logistics的定义是:Logistics是供应链过程的一部分,是以满足客户需求为目的,以有效且经济的手段来组织产品、服务以及相关信息从供应到消费的运动和存储的计划、执行和控制的过程。CLM 2002年1月新的Logistics定义:Logistics是供应链过程的一部分,是以满足客户要求为目的,对货物、服务和相关信息在产出地和消费地之间实现有效且经济的正向和反向的流动和储存所进行的计划、执行和控制的过程。现在,欧美国家的物流一词均使用Logistics而不是PD。

今天,亚洲地区(包括我国)所说的"物流",其英文译法为"Logistics"。从汉语字面上,人们很容易认为"物流是指物品的流动"。但汉语"物流"却不是由"Logistics"翻译过来的,实际上,"物流"一词最初是引自日本对PD的翻译。日本学者称Logistics为物流一体化系统,认为物流一体化系统的功能是:把必要的商品,在必要的时候,通过必要的方式,做必要的供给(图1-3)。物流一体化系统是提高企业竞争力的重要手段,因而又有学者称之为战略物流。物流一体化系统既不是单纯的物流系统的别称,也不是物流发展的一种形式。物流一体化系统是以实际需要为出发点,对采购、生产、销售中的物流进行整体控制。

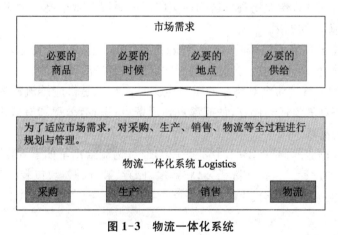

图1-3 物流一体化系统

美国学者认为Physical Distribution与Logistics在内涵上有很大不同。Logistics包含Physical Distribution主要作业活动(运输、库存、搬运、包装等),但Logistics考虑问题的角度和追求目标发生了很大的变化。Physical Distribution 与 Logistics 的主要区别是管理决策理念的不同。正如军事后勤绝对不仅要追求效率，还要为战略目标服务。Logistics 是企业经营的一种管理理念和方法，其目的是以最低的成本达到满意的客户服务水平。

日本学者认为 Logistics 蕴含着"物流"不能够完全表达的意思。Logistics 是本质上与物流完全不同的管理模式，并非在物流延长线上存在着 Logistics。从搬动零部件、原材料、成品及商品的过程来看，不管物流也好，Logistics 也好，似乎有相同之处，如有物流中心，并通过卡车、火车等运输等。但是，同样的物流中心，对物流和 Logistics 而言，有很大的不同。在物流方面，一般包含着认为商品能够卖掉的心理在做保管和运输；而 Logistics 则可以尽可能地排除心理作用实施保管和运输作业，竭力排除保管和运输滞留产品的活动的发生。企业中，"毫无意义的库存移动"是造成物流浪费的主要原因。于是要求：不再生产不知是否可以销售出去的商品，不再做多余采购，不做无谓的移动管理。这就是 Logistics。Logistics 的真正含义在于(尽可能)做到"无须保管""无须周转"，为满足客户需求发生物流活动，不发生不需要的物流活动。因为无论什么物流活动，一旦发生，就会产生成本。

Logistics 的内涵在不断发展，出现了许多 Logistics 管理理念，如有效客户响应(ECR)、快速反应(QR)、供应链管理(SCM)、电子物流、3PL、4PL 等。供应链管理的理念使 Logistics 内涵进一步得到发展。为了实现最终的低成本物流，出现了供应链 Logistics 的概念。2005 年美国 CLM 改名为 CSCMP(Council of Supply Chain Management Professionals)。

事实上，物流理念的进化过程可分成四个阶段，如图 1-4。第一阶段是 20 世纪 60 年代以前，物流活动处于离散状态。第二阶段从 20 世纪 60 年代到 70 年代，离散的物流活动逐步整合成生产制造之前的物料管理(Materials Management)和生产制造之后的实物分配(Physical Distribution)这两大功能性活动。第三阶段从 20 世纪 80 年代到 90 年代，物料管理和实物分配又逐步整合为物流(Logistics)。第四阶段从 21 世纪开始，经过 20 世纪 90 年代物流与战略规划、信息技术、市场营销和销售等功能的再整合，美国物流进入了供应链管理(Supply Chain Management)的时代。

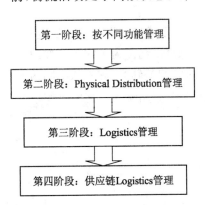

图 1-4 物流理念的进化过程

(资料来源：日通综合研究所)

目前国内已有比较多的学者把 Logistics 翻译为物流，但不得不承认这是一个错误。"物流"最初的概念是指 Physical Distribution(PD)。显然，从汉语"物流"的角度很难正确理解 Logistics 的真正内涵。其实，Logistics 在商业领域的内涵与军事领域的内涵是相近的，强调对客户需求响应的支持和企业战略目标的支持。

台湾地区学者近年来用"运筹"来翻译管理决策层面的 Logistics。Logistics 管理被称为运筹管理。但大陆已有"运筹学"的概念。台湾地区的学者经常称 Global Logistics 为"国际物流全球运筹"。另外，台湾地区成立有台湾运筹管理学会(Taiwan Logistics Management Association)，台湾地区的很多学校一般设立运筹管理学系，如台湾的高雄海洋科技大学运筹管理系等。

美国 CLM 于 2002 年 1 月对 Logistics 下的定义，特别强调 Logistics 是以满足客户要求为目的，对货物、服务和相关信息流动和储存所进行的计划、执行和控制。本书作者认为可以考虑将 Logistics 中文译为：营应、营应学。营应与 Logistics 的后勤含义比较一致。Logistics

理念下的物流,可称为营应物流。称 Logistics Management 为营应管理应该比运筹管理更贴切一些。

### 1.4.3 对现代物流的理解

国内有学者将 Logistics 译为"现代物流",显然有很多不妥的地方。因为"现代"是个时间概念。Logistics 的具体内涵也在不断发展。美国从推崇 PD 理念,到推崇 Logistics 理念,再到推崇 SCM 理念,体现了现代信息技术和管理理念的发展所导致的企业经营环境的变化、竞争理念的变化。

企业的物流与物流管理的理念无疑也在不断变化。我们认为,现代物流是随着现代信息技术和管理理念的发展所出现的物流新形态。事实上,许多企业正在利用各种现代物流新形态建立企业竞争优势,并在不断创造新的现代物流形态。如 3PL 物流、4PL 物流、IT 物流等等。现代物流的显著特点可以体现在如下七个方面:战略驱动、客户导向、模式创新、管理创新、服务创新、技术支持、专业运营。

现代物流不仅需要掌握物流运作的技能、方法和工具,更要具有现代的物流管理理念。现代物流的发展要求物流人才不仅要具备物流的基础知识和丰富的实战经验,还要具备 IT、人力资源管理、技术集成等全方位的知识和能力。

## 1.5 物流的分类与基本活动

人类社会中的物流活动无处不在。各个领域的物流,虽然基本要素都存在相同之处,但由于物流对象、物流目的和物流范围的不同,所以形成不同类型的物流活动。为了比较全面地了解物流类型和物流活动,这一节在上一节讨论物流基本概念和内涵的基础上,首先从不同角度讨论物流的不同分类,然后讨论物流运作一般包含的基本活动。

### 1.5.1 物流的分类

目前,对物流的分类标准还没有具体统一的方法,主要的分类方法有以下几种:
1)按照物流活动的范围分
按照物流活动涉及的空间和范围不同,可以将物流分为国际物流和区域物流。
(1)国际物流  国际物流是现代物流系统发展快、规模大的一个物流领域,国际物流是伴随和支撑国际间经济交往、贸易活动和其他国际交流所发生的物流活动。
(2)区域物流  相对于国际物流而言,一个国家范围内的物流、一个城市的物流和一个经济区域的物流,可称之为区域物流。当然,也可具体称为国内物流和城市物流等。
2)按照物流系统性质分
如果按照物流系统的性质对物流进行分类,又可以将物流分为社会物流、行业物流和企业物流等。
(1)社会物流  社会物流是物流的主要研究对象,是指以全社会为范畴、面向广大用户的超越一家一户的物流。社会物流涉及在商品的流通领域所发生的所有物流活动,因此社会物流带有宏观性和广泛性,所以也称之为大物流或宏观物流。伴随商业活动的发生,物流过程通过商品的转移,实现商品的所有权转移这是社会物流的标志。

(2) 行业物流　顾名思义,在一个行业内部发生的物流活动被称为行业物流。当然,也可具体称为农业物流、工业物流、零售物流等。

(3) 企业物流　企业物流就是在生产和流通企业的生产经营过程中,物品的采购供应、生产、销售以及废弃物的回收及再利用所发生的物流活动。从企业物流内部视角来看,企业物流是由生产经营活动中的供应物流、生产物流、销售物流三部分及生产过程中所产生的回收物流和废弃物流所组成。

3) 按照在社会再生产过程中的作用分

按照在企业经营过程的不同阶段中物流所起的作用,可以将物流分为供应物流、销售物流、生产物流、回收物流、废弃物流等不同的种类。

(1) 供应物流　供应物流是指为生产企业提供原材料、零部件或其他物品时,物品在提供者与需求者之间所构成的物流。企业供应物流不仅应保证及时供应,而且还应满足成本最低、消耗最少的组织供应物流活动的需要。

(2) 销售物流　销售物流是指生产企业、流通企业出售商品时,物品在供方与需方之间所构成的物流。销售活动通常就是通过包装、送货、配送等一系列物流方式实现销售的。

(3) 生产物流　生产物流是指产品生产过程中,原材料、在制品、半成品、产成品等物料,在企业内部运动所构成的物流。生产物流是生产型企业生产工艺过程不可缺少的组成部分。企业生产物流不仅表现为伴随生产加工过程各个环节而存在和运动,更重要的是在生产加工过程中表现为具有自身特性的系统运动。

(4) 回收物流　回收物流是指不合格物品的返修、退货以及周转使用的包装容器从需方返回到供方所形成的物品实体流动。企业在生产、供应、销售的活动中总会产生各种边角余料和废料,这些东西的回收是需要伴随物流活动的。如果回收物品处理不当,往往会影响整个生产环境,甚至影响产品的质量,占用很大空间,造成浪费。

(5) 废弃物流　废弃物流是指将经济活动中失去原有使用价值的物品,根据实际需要进行收集、分类、加工、包装、搬运、储存等,并分别送到专门处理场所时所形成的物品实体流动。如炼钢生产中的钢渣、工业废水、废弃的电脑、废弃电池以及其他各种无机垃圾等。这些废弃物对企业已没有再利用的价值,但如果不加以妥善处理,就地堆放会妨碍生产甚至造成环境污染。对这类废弃物进行处理的过程就产生了废弃物流。

4) 按照物流活动的主体分

按照物流活动的主体不同,可将物流分为:自营物流、专业子公司物流、第三方物流、第四方物流。

(1) 自营物流　自营物流是指企业自身经营物流业务,建设全资或是控股物流子公司,完成企业物流配送业务,即企业自己建立一套物流体系。自营物流具有以下优势:有利于企业掌握控制权,可以利用企业原有资源,降低交易成本,避免商业秘密泄露,提高企业品牌价值,推进客户关系管理。自营物流具有以下弱势:投资多,风险大,增加企业管理难度等。

(2) 专业子公司物流　专业子公司物流,是指为了执行母公司的全部物流活动或部分物流活动而设立专业子公司,由专业子公司为母公司的经营活动提供物流服务。

(3) 第三方物流　第三方物流(Third Party Logistics,简称 3PL 或 TPL),也称作委外物流(Logistics Outsourcing)或是合约物流(Contract Logistics),是指由供方与需方以外的企业提供物流服务的业务模式,是物流的实际需求方(第一方)和物流的实际供给方(第二方)之外的第三方部分地或全部利用第二方的资源通过合约向第一方提供的物流服务。

（4）第四方物流　第四方物流（Fourth Party Logistics,简称 4PL 或 FPL）是一个供应链的集成商,它对公司内部和具有互补性的服务供应商所拥有的不同资源、能力和技术能进行整合和管理,并提供一整套供应链解决方案。埃森哲公司最早提出了第四方物流的概念。第四方物流专门为第一方物流、第二方物流和第三方物流提供物流规划、咨询、物流信息系统、供应链管理等服务。第四方物流为物流业者提供一个整合性的物流服务,包括：金融、保险、多站式物流配送的安排。和第三方物流的差别在于：第三方物流只单纯地提供物流服务,第四方物流则是整合性的,例如可协助进出口关税问题、收款等。第四方物流是提供物流系统设计与整合者。

5）按照物流对象的特殊性分

按照物流对象的特殊性分为一般物流和特殊物流。

（1）一般物流　一般物流是指物流活动具有共同点和一般性,物流活动的一个重要特点是涉及全社会、各企业,因此物流系统建立及物流活动开展必须有普遍适用性。

（2）特殊物流　特殊物流是指专门范围、专门领域、特殊行业,在遵循一般物流规律基础上,带有特殊制约因素、特殊应用领域、特殊管理方式、特殊劳动对象、特殊机械装备特点的物流。如水泥物流、石油及油品物流、煤炭物流、腐蚀化学物品物流、危险品物流等皆属于特殊物流。

### 1.5.2　物流的基本活动

物流在运作层面的基本活动主要包括：包装、运输、仓储、采购、配送、流通加工、物料搬运、库存控制、物流通信、客户服务、需求预测、订单履行、设施选址、退货处理、废料处理、零部件与服务支持等。

1）包装

包装是指在流通过程中保护产品,方便储运,促进销售,按一定的技术方法所用的容器、材料和辅助物等的总体名称；也指为达到上述目的在采用容器、材料和辅助物的过程中施加一定技术方法等的操作活动。包装履行两个基本功能——营销和物流。从营销角度看,包装承担促销和广告的作用。在物流中,包装充当双重角色：首先,包装防止产品损坏；其次,适宜的包装能使产品的储存和移动更容易,减少物料搬运成本。

2）运输

运输是指用特定的设备和工具,将物品从一个地点向另一个地点运送的物流活动,它是在不同地域范围内,以改变物的空间位置为目的对物进行的空间位移。交通运输活动涉及产品移动管理,并且包括选择运输方式(航空、铁路、水路、管道、汽车、联运等),选择专门路径,遵守各种运输法规,以及了解国内外的运输需求。物流中的运输是指产品从原产地到消费地的移动或流动以及可能发生的产品退货的物流过程。运输常常是物流过程中最大的单项成本。因此,它是一个必须得到有效管理的重要因素。

3）仓储

仓储是指通过仓库对物资进行储存、保管以及仓库相关储存活动的总称。它随着物资储存的产生而产生,又随着生产力的发展而发展。仓储是商品流通的重要环节之一,也是物流活动的重要支柱。仓储在物流系统中起着缓冲、调节和平衡的作用,是物流的另一个中心环节。

仓储的目的是克服产品生产与消费在时间上的差异，使物资产生时间效用。它的内容包括储存、管理、保养、维护等活动。由于仓库一般储存的物资非常繁多，因此在管理过程中需要使得仓储合理化。

4) 采购

采购是指个人或单位在一定的条件下从供应市场获取产品或服务作为自己的资源，为满足自身需要或保证生产、经营活动正常开展的一项经营活动。要想从资源市场获取资源，就必须通过采购的方式。也就是说，采购的基本功能，就是帮助人们从资源市场获取他们所需要的各种资源。采购的职能一般包括选择供应源的位置、决定材料的获取形式、安排购买的时机、决定价格以及质量控制。

5) 配送

配送是以现代送货形式实现资源最终配置的经济活动；按用户订货要求，在配送中心或其他物流结点进行货物配备并以最合理方式送交用户。由于大吨位、高效率运输力量的出现，干线运输无论在铁路、海运抑或公路方面都达到了较高水平，长距离、大批量的运输实现了低成本化。但是，在所有的干线运输之后，往往都要辅以支线或小搬运，这种支线运输及小搬运成了物流过程的一个薄弱环节。这个环节有和干线运输不同的许多特点，如要求灵活性、适应性、服务性，致使运力往往利用不合理、成本过高等问题难以解决。采用配送方式，从范围来讲将支线运输及小搬运统一起来，加上上述的各种优点使输送过程得以优化和完善。

6) 流通加工

流通加工是指流通过程中的加工活动，是物品在生产地到使用地的过程中，根据需要施加包装、切割、计量、分拣、刷标志、拴标签、组装等简单作业的总称。流通加工是流通中的一种特殊形式，它是在物品从生产领域向消费领域流动的过程中，为了促进销售、维护产品质量和提高物流效率，对物品进行的加工，使物品发生物理、化学或形状的变化。流通加工是为了提高物流速度和物品的利用率，在物品进入流通领域后，按客户的要求进行的加工活动。目前，许多国家和地区的物流中心或仓库经营中都大量存在流通加工业务，在日本、美国等物流发达国家则更为普遍。

7) 物料搬运

物料搬运是指在同一地域范围内进行的、以改变物的存放状态和空间位置为主要内容和目的的活动，具体说，包括装上、卸下、转移、拣选、分类、堆垛、入库和出库等活动。物料搬运对仓库作业效率的提高是很重要的，物料搬运也直接影响到生产效率。物料搬运的目标是：在任何可能的地方消除搬运；使行走距离最短；使在制品最少；提供无瓶颈的均衡流动；尽量减少由于浪费、破损、变质和偷盗所造成的损失。每次搬运物品时，企业就要发生相应成本。由于通常搬运不为产品产生附加价值，它应被控制在最低限度。

8) 库存控制

库存控制又称库存管理，是对制造业或服务业生产、经营全过程的各种物品、产成品以及其他资源进行管理和控制，使其储备保持在经济合理的水平上。由于库存管理必须维持产品的充足供应以满足客户和制造两方面的需求，库存控制活动显得非常关键。原材料和零部件、在制品以及制成品的库存都会消耗物理空间、人员的时间和资产。库存占用的资金无法用于别的地方。库存管理涉及持有库存水平与高水平的客户服务之间的平衡，这里通常要考虑库存持有成本，包括库存占用的资金、仓储成本和过期报废成本。成功的库存控制应确定获得期望客户服务水平所必需的库存水平。

9) 物流通信

物流通信是指与物流活动有关的一切信息沟通。组织、组织供应商和客户之间,组织的职能部门之间,每种物流活动之间,一种物流活动的各个方面之间,供应链各个成员之间,通常都离不开通信。通信是整个物流活动顺利进行所不可缺少的,可以加速提高货物和车辆运营的工作效率、利润率和运营效率。通信在整个物流过程和企业客户之间极其重要,准确和及时的通信是成功物流管理的基础。企业的通信系统可以是复杂的计算机化的通信系统,也可以是简单的个体之间的口头沟通。沃尔玛的成功部分可归功为其先进的计算机通信系统,供应商可及时根据需求信息进行规划,及时为沃尔玛补货。

10) 客户服务

客户服务是指物流企业为促进其产品或服务的销售,发生在顾客与物流企业之间的相互活动。物流部门与营销部门在以下几个方面合作:确定客户对服务的反应;设定客户服务水平等。研究表明,现代物流管理的实质就是在顾客满意的基础上,向物流需求方高效、迅速地提供产品。也就是说,现代物流管理是以顾客满意为第一目标,在企业经营战略中首先应确立为客户服务的目标,然后通过客户服务来实现差别化的战略。客户服务被看作统一物流活动的重要力量。物流系统的每一组成部分都会影响顾客是否在适当的时间、适当的地点,以适当的条件、适当的价格收到适当的产品。

11) 需求预测

需求预测是根据物流市场过去和现在的需求状况以及影响物流市场需求变化的因素之间的关系,利用一定的经验判断、技术方法和预测模型,应用合适的科学方法对有关反映市场需求指标的变化以及发展的趋势进行预测。物流需求预测的意义在于指导和调节人们的物流管理活动,以便采取适当的策略和措施,谋求最大的利益。近期预测一般以周、旬为时间单位,因为时间较近,所以预测结果比较准确,主要是预测物料或是零部件的需求量,以保持生产过程的连续性和稳定性。

12) 订单履行

订单履行是指客户订单的接受、处理优化、物品拣选、订单整合和包装的过程。它包括对物品的物理操作和相应的信息处理。客户订单触发物流过程并且指导企业采取行动以满足订单需求。企业订单处理活动的速度和准确性与公司提供的客户服务水平有着很大的关系。因为订单处理周期是客户与组织接口的关键领域,会对客户对服务的感知和由此产生的满意度产生很大的影响。订单履行是实现配送中心功能的关键环节,它决定了订单执行的效率、准确性并负责反馈库存可得性,最终决定了客户的满意度,是配送企业的核心竞争力之所在。

13) 设施选址

设施选址是指通过确定配送中心、仓库以及生产设施的地理位置,提高物流系统的有效性和效率。物流设施的选址是一项复杂的活动,需要运用各种方法,主要分为单一设施选址和多设施选址。物流设施的选址程序一般分为三个阶段,即准备阶段、地区选择阶段和具体地点选择阶段。选址第一个要考虑的因素是企业目标市场定位,客户需求和原材料、零部件、组件的位置也是主要的因素,其他因素包括:劳动力价格、运输服务、土地成本及公用事业的可用性等。物流管理人员非常关心选址决策,运输成本通常是选址决策中非常重要的因素。

14) 退货处理

退货处理是指对已采购但验收不合格的原材料和零部件的退货以及与已售出商品的退货有关的运输、验收和保管活动。在许多行业,客户会因保修、调换、再改造或再循环等原因退货。

15）废料处理

废料处理是指将失去使用价值的物品，根据实际需要进行收集、分类、加工、包装、搬运、储存等，并分送到专门处理场所所形成的活动。废品和废料处理已经成为物流中很重要的一部分。

16）零部件与服务支持

在产品发给客户后，物流的职责并没有结束。企业还需要向客户提供售后服务，包括在产品发生故障时提供替换的零部件。无论何时只要售后服务是企业营销努力的一部分，充足的备件和服务支持就极为重要。

## 1.6 物流系统及其分析方法

在现代物流管理中，系统思维和系统方法非常重要。这一节，首先介绍物流系统的概念和分类，然后介绍常用的物流系统分析方法。

### 1.6.1 物流系统及其分类

所谓系统是指由若干个相互联系、相互作用的要素所构成，具有一定结构和功能的有机整体。日本学者认为，为实现物流目标而建立的组织，就是物流系统。这一系统包括物流相关的一切活动。物流系统是提高效率、减少浪费、减少损耗的经营组织。

系统方法在物流中是一个很重要的概念。物流系统是指由两个或两个以上的物流功能单元构成，以完成物流服务为目的的有机集合体。物流系统的"输入"，即指采购、运输、储存、流通加工、装卸、搬运、包装、销售、物流信息处理等物流环节所需的劳务、设备、材料、资源等要素，由外部环境向系统提供的过程。物流系统的成功要素是使物流系统整体优化以及合理化，并服从或改善社会大系统的环境。

物流系统基本模式和一般系统一样，具有输入、转换及输出三大功能，通过输入和输出使系统与社会环境进行交换，使系统和环境相依而存，而转换则是这个系统带有特点的系统功能。一般来讲物流系统的输入是指物流成本，而物流系统的输出是由企业效益、竞争优势以及客户服务三部分组成。

物料管理与实物配送之间的不同物流需求可能对一个组织物流系统的设计有重要影响。从进货和出货物流要求出发，一般可将企业物流系统分成4种不同类型：

1）对称系统

一些企业在物流系统的进出货方面是一种合理的平衡流，从位于不同位置的不同供货商处接收供应并运送到不同位置的不同客户处。对于生产消费品的企业而言，进货物流与出货物流都重要。

2）偏进货型

一些企业的进货流非常繁忙，但出货流比较简单，如飞机制造公司。飞机制造公司使用由几百个供应商生产的数千种零部件来组装和生产成品飞机，飞机完工并经过测试后，直接将飞机开到订购的客户那里就可以了。汽车制造商也类似，出货系统也没有进货系统复杂。

3）偏出货型

一些企业的进货系统比较简单，而出货系统也就是实物配送比较复杂，如化学制品公司,原材料进货比较简单,生产的各种工业品和消费品需要储存、包装和运输到最终客户那里。

4) 逆向系统

一些企业物流系统的出货方面有逆向物流,如生产耐用品的企业。用户可能会因以旧换新、维修或废弃物处理而需要逆向物流系统。如计算机、复印机等生产企业就具有这种特征。

### 1.6.2 物流系统分析方法

物流系统分析作为一种决策工具,其主要目的在于为决策者提供直接判断和决定最优方案的信息和资料。在物流管理中,常用的系统分析方法包括:成本中心分析、节和链分析、最优化等级等。

1) 成本中心分析

许多企业都包括物流领域内的管理活动,即运输、仓储、存货、物料搬运和工业包装。我们同样强调这些活动是高度相关的。通过将这些活动作为成本中心来考察,人们能够分析它们之间的效益悖反,这可能会带来更低的总成本或更好的服务。

将物流细分为各种成本中心或活动中心也是物流系统分析的常用方法。由于减少总物流成本和改善服务最常发生在对两个活动中心的权衡中,企业通常将物流细分为成本中心或活动中心来分析物流系统。例如,用快捷的汽车运输取代铁路运输所带来的库存成本降低会抵消掉昂贵的汽车运费,如表1-1所示。另一种可能是,增加仓库数量会增加仓库和库存成本,但是减少的运输和销售丧失成本可能足以使总成本降低,如表1-2所示。

表1-1 转向较高成本运输方式的总成本分析

| 成本中心 | 铁路成本/美元 | 汽车成本/美元 |
| --- | --- | --- |
| 运输 | 3.00 | 4.20 |
| 存货 | 5.00 | 3.75 |
| 包装 | 4.50 | 3.20 |
| 仓储 | 1.50 | 0.75 |
| 销售丧失成本 | 2.00 | 1.00 |
| 总成本 | 16.00 | 12.90 |

表1-2 增加仓库数目时的总成本分析

| 成本中心 | 系统1 | 系统2 |
| --- | --- | --- |
| | 三个仓库成本/美元 | 五个仓库成本/美元 |
| 运输 | 850 000 | 500 000 |
| 存货 | 1 500 000 | 2 000 000 |
| 仓储 | 600 000 | 1 000 000 |
| 销售丧失成本 | 350 000 | 100 000 |
| 总成本 | 3 300 000 | 3 600 000 |

另外，总成本概念(Total Cost Concept)是现代物流管理中十分重要的概念。物流管理的目标应是降低物流活动的总成本，而不是单独考虑各个活动。物流成本由支撑物流过程的活动引起，主要物流成本一般可分为六大类：客户服务、运输、仓储、订单处理及信息、批量和库存持有。

2）节和链分析

节和链分析也是企业物流系统分析的常用方法，如图1-5。节是确定的用于储存和处理商品的空间点。每个节点一般用来表示企业储存生产原材料和销售给客户的产成品的工厂（用P表示）和仓库（用W表示）。

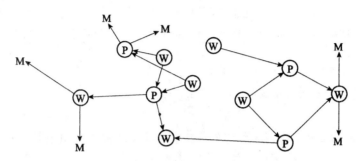

W—仓库；P—工厂；M—市场。

图1-5 物流系统中的节和链

在图1-5中，系统的另一部分是链，是指连接物流系统的节的运输网络。这个网络可以由单独的运输方式(铁路、公路、航空、水运或管道)组成，也可以由各种不同方式组合而成。从节与链的角度看，物流系统是非常复杂的。节与链的角度，在分析物流系统的两个基本要素时，便于寻找可能的系统改善。

3）最优化等级

最优化等级是企业物流系统分析的另一种常用方法。我们把企业看成一个系统，物流仅仅是企业的一个子系统，除物流外，还有财务、生产、销售及其他子系统（图1-6）。显然，企业不应当以牺牲其他领域为代价使物流最优化。整个企业应当是一个最优化的系统。企业可能不得不次优化内部子系统来实现企业系统的总体最优。

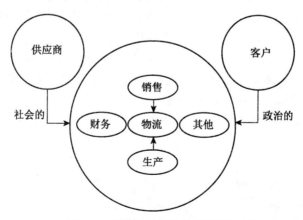

图1-6 经济环境中的最优化等级

另外，如果从供应链角度看，企业只能看成一个子系统，有必要实现较高级别的供应链系统的优化。如果企业决策的外部效应需要进一步考虑社会的和政治的因素，显然，系统优化需要考虑更高的最优化等级。也就是说，为了实现较高级别的供应链系统的最优化或企业决策外部效应的最优化，企业物流系统也许只能次优化。

## 1.7 电子商务与物流的关系

电子商务发展对现代物流业的发展产生了多方面的影响，使现代物流业规模迅速扩张，现代化水平迅速提高，使得全社会的物流基础设施设备不断完善，促进现代物流业提升从业人员服务素质，也使现代物流业与国际接轨的步伐加快。电子商务与物流间的关系是互相促进和共同发展的关系。

### 1.7.1 物流对电子商务应用的支持

电子商务应用的发展不能没有物流的支持。许多电子商务应用企业把主要精力用于基于网络平台的业务运作，常把电子商务相关的物流服务对外分包给专业物流服务商。物流服务在电子商务应用中非常重要。仓储与配送、库存管理、订单履行与信息管理等都是物流服务的内容。电子商务运营是在电子商务环境下履行客户订单，将投入的各类资源要素通过相关流程转化为客户实际需要的产品和服务的职能活动。电子商务运营管理的目的就是提高企业电子商务运营能力。物流是为满足客户要求对货物、服务和相关信息在产出地和消费地之间实现流动、储存的职能活动。物流的目标就是在正确时间将正确数量的物品送到正确地点。通常企业物流的主要活动包括：产成品的运输、仓储、物料搬运、防护包装、存货控制、工厂和仓库选址、订单处理、市场预测和客户服务等。

很显然，无论是传统商务还是电子商务，具体业务的运营都不能没有物流的支持。事实上，客户的地域分散化和需求个性化是电子商务应用的一大特点，电子商务应用企业的业务竞争优势本质上就在于其服务的个性化与经营的规模化。电子商务应用企业要求的商品存储量一般都很大，并要及时将商品配送到在线购物的客户手里。尽管客户可以在网上商店选择要购买的商品并可在线支付货款，但是，除了一些程序软件等纯数字化产品以外，网上商店并不可能完全直接在网上来完成商品进货与配送，必须通过物流相关活动来完成。所以，在整个电子商务应用中，物流是起关键作用的不可缺少的核心环节。

我们难以想象一个不重视物流的电子商务应用企业的业务能够运营成功。事实上，许多成功的电子商务应用企业都很重视物流服务能力。例如：亚马逊等为了能够及时响应客户需求建立自己的仓储与配送服务中心，并因此建立自己的竞争优势。在今天的电子商务应用实践中，许多人都认识到了物流的重要性。在未来的商务产业链中，物流服务甚至比电子商务网站还要重要。

### 1.7.2 电子商务对物流发展的促进

电子商务应用为物流提供了巨大的市场需求和发展机会。电子商务的出现和迅速发展为我国物流服务业提供了发展机会。政府为促进电子商务应用，也从政策上支持快递物流业的发展。与传统商务相比,电子商务扩大了物流服务的需求。尤其是网络零售对物流配送的需求大大促进了我国快递服务业的发展,"四通一达"以及顺丰等快递公司都是随着我国电子商务发展而不断发展起来的。快递业是我国的一个新兴行业,随着电子商务及信息科技的发展,快递业迅速发展。在快递业的发展历程中,我国的行业格局发生了较大的变化。以前,中国邮政快递服务业几乎承担了所有的快递服务业务,但现在出现了国有企业、民营企业、外资企业三足鼎立的局面。

另外,电子商务也为物流服务创新发展创造了条件。电子商务物流是电子商务应用业务运营中的物流,在很多方面有别于传统商务物流。网络和信息技术在物流领域的广泛应用,尤其是电子物流与物流电子商务的出现,大大提高了物流信息管理能力和物流服务能力以及物流服务质量,从而能够更好地支持电子商务应用。如今,物流服务不仅是电子商务运营需要依靠的支持服务,而且也成了电子商务应用的一大领域。物流业的发展也可以运用互联网思维和电子商务方式,事实上,现在已经出现很多的互联网物流服务平台,互联网物流和物流电子商务正在促进我国物流新业态的形成。作为互联网科技公司,菜鸟网络专注于以物流网络平台服务的方式,通过大数据、智能技术和高效协同,一起搭建全球性物流网络,加快商家库存周转,降低社会物流成本,从而提高物流效率,提升消费者的物流体验。

【本章小结】

(1) 电子商业(E-Business)和电子商务(E-Commerce)看问题的角度有所不同。E-Business 强调电子化信息技术对企业主体商业活动(Business)的支持,是指企业如何运用电子信息技术工具来支持自身以及与外部主体间的业务活动。而 E-Commerce 强调电子化信息技术对商业活动主体参与交易过程(Commerce)的支持,一般意义的 E-Commerce 是指企业在外部与客户或者供应商进行产品或服务交易。E-Commerce 的角度可以是一个交易主体之外的角度,也是一个相对宏观视野下的商务行为(方式)。政府一般对 E-Commerce 提得比较多,而企业通常会对 E-Business 提得比较多。

(2) 在实践中,电子商务不仅是基于电子化互联网络创造和变革商业关系的活动,也是创新和发展业务能力的电子化互联网络应用过程。电子商务在本质上是运用电子化互联网络创造和变革商业关系、创新和发展业务能力的过程,所建立的支持业务创新的商业关系,无论对客户还是对企业,都会创造新的商业价值。我们可以从更一般意义上来定义电子商务:电子商务是基于电子化互联网络创造和变革商业关系、创新和发展业务能力的过程,是运用电子化互联网络为不同商业主体创造商业价值的活动。电子商务支持的业务活动,除交易外,还包括服务、沟通和协作等。

(3) 在实际的电子商务应用中,一定要明白电子商务应用的根与本。根与本有时候并不完全一样。电子商务应用的根是互联网。在任何电商应用中,互联网是基础,互联网是电商应用的根,所有电商应用业务都是扎根于互联网的,业务运营的基础是互联网。电子商务应用的本是商业逻辑。在任何电商应用中,不同的业务,具体的商业逻辑不一样;零售的商业逻辑与贸易的商业逻辑不一样;即使都是零售,卖服装和卖鞋子的商业逻辑也会有差异。

(4) 电子商务模式可分为电子商务业务模式、电子商务管理模式、电子商务应用模式等。电子商务典型应用模式包括:B2B、B2C、C2C、C2B、O2O 等,除了上述典型模式之外,还有其他的电子商务应用模式,如 B2G、B2E、Intra-business、A2A、D2D 等。

(5) 随着互联网的不断发展,网络化与数字化浪潮冲击着社会的方方面面,商业领域中的电子商务变革将不断对产业、企业和市场产生巨大影响。不可否认,我们已进入了电子商务时代。对如今的企业来说,不是要不要电子商务,也不是如何看待电子商务,而是如何应用电子商务。

(6) 未来电子商务应用总体发展趋势体现在如下九个方面:①电子商务应用规模化;②电子商务应用专业化;③电子商务应用智能化;④电子商务应用客户化;⑤电子商务应用生态化;⑥电子商务应用社会化;⑦电子商务应用本地化;⑧电子商务应用移动化;⑨电子商务应用普及化。

(7) 物流活动从人类社会开始有产品交换行为时就存在了。从汉语字面上,人们很容易认为"物流是指物品的流动"。但"物流"最初的含义不是指 Material Flow,而是指 Physical Distribution(PD)。"物流"概念来源于美国,却又产生于日本。与物流(Physical Distribution)相关的另外一个重要概念是 Logistics。Logistics 是本质上与物流完全不同的管理模式,并非在物流延长线上存在着 Logistics。

(8) Logistics 的具体内涵也在不断发展。美国从推崇 PD 理念,到推崇 Logistics 理念,再到推崇 SCM 理念,体现了现代信息技术和管理理念的发展所导致的企业经营环境的变化、竞争理念的变化。企业的物流与物流管理的理念无疑也不断在变化。现代物流是随着现代信息技术和管理理念的发展所出现的物流新形态。现代物流的显著特点可以体现在如下七个方面:战略驱动、客户导向、模式创新、管理创新、服务创新、技术支持、专业运营。

(9) 人类社会中的物流活动无处不在。各个领域的物流,虽然基本要素都存在相同之处,但由于物流对象、物流目和物流范围的不同,所以形成不同类型的物流活动。物流在运作层面的基本活动主要包括:包装、运输、仓储、采购、配送、流通加工、物料搬运、库存控制、物流通信、客户服务、需求预测、订单履行、设施选址、退货处理、废料处理、零部件与服务支持等。

(10) 第三方物流(Third-Party Logistics,简称 3PL 或 TPL),也称作委外物流(Logistics Outsourcing)或是合约物流(Contract Logistics),是指由供方与需方以外的企业提供物流服务的业务模式,是物流的实际需求方(第一方)和物流的实际供给方(第二方)之外的第三方部分地或全部利用第二方的资源通过合约向第一方提供的物流服务。

(11) 在现代物流管理中,系统思维和系统方法非常重要。物流系统是指由两个或两个以上的物流功能单元构成,以完成物流服务为目的的有机集合体。物流系统分析作为一种决策工具,其主要目的在于为决策者提供直接判断和决定最优方案的信息和资料。在物流管理中,常用的系统分析方法包括:成本中心分析、节和链分析、最优化等级等。

(12) 电子商务发展对现代物流业的发展产生了多方面的影响,使现代物流业规模迅速扩张,促进现代物流业提升从业人员服务素质,也使现代物流业与国际接轨的步伐加快。电子商务与物流间的关系是互相促进和共同发展的关系。电子商务应用为物流提供了巨大的市场需求和发展机会。另外,电子商务也为物流服务创新发展创造条件。

**思考与练习**

1. 电子商业(E-Business)和电子商务(E-Commerce)有何区别?
2. 如何理解电子商务本质内涵?电子商务应用的根与本有何区别?
3. 在物流概念中,Physical Distribution 与 Logistics 两者有何区别?
4. 有人讨论电子商务中信息流、资金流、物流间的关系,错在哪?
5. 区分如下三个概念:电子商务物流、电子物流和物流电子商务。
6. 访问网站 https://www.cainiao.com/,分析菜鸟网络的服务模式。

# 2 电子商务物流的技术基础

【本章概要】
　　这一章,首先介绍电子商务物流技术的概念和作用以及电子商务物流技术的评价与选用,然后讨论电子商务物流技术的主要分类。在此基础上,分别从信息技术、包装技术、运输技术和仓储技术四个方面重点介绍电子商务物流的技术基础。

【学习目标】
　　(1) 掌握电子商务物流技术的概念与作用。
　　(2) 了解电子商务物流技术的评价与选用。
　　(3) 掌握电子商务物流中的主要信息技术。
　　(4) 掌握电子商务物流中的主要包装技术。
　　(5) 掌握电子商务物流中的主要运输技术。
　　(6) 掌握电子商务物流中的主要仓储技术。

【基本概念】
　　物流技术,信息技术,包装技术,运输技术,仓储技术。

## 2.1 电子商务物流技术概述

　　电子商务与现代物流都比较强调技术的运用。在电子商务环境下的物流运作,除了需要传统商务环境下的物流技术,还需要结合互联网和电子商务应用的特点,在物流技术上做进一步的创新。这一节,我们首先介绍电子商务物流技术的概念和内涵,然后讨论电子商务物流技术的主要分类。

### 2.1.1 物流技术与电子商务物流技术

　　现代物流运作离不开技术的运用。从一般意义上说,物流技术是指人们在物流活动中所使用的各种工具、装备、设施和其他物质手段,以及由力学知识和劳动经验发展而形成的各种方法、技能和作业程序等。物流技术是综合的,融合了很多现代技术,物流技术制造出的产品是一种服务,是无形的产品。物流技术包括各种操作方法、管理技能等。现代物流技术已成为集机械设计、计算机科学、管理学和自动化控制技术于一身的综合技术。物流技术被广泛地应用于社会生产的各个领域,有力地推动了社会经济的发展。
　　人们大多说电子商务应用离不开物流活动。电子商务物流是面向电子商务应用的物流活动。所以,从概念上说,电子商务物流技术是电子商务环境下的物流技术,是指在电子商务物流活动中所采用的各种工具、方法以及设施、设备、装置与工艺的总称。物流技术是与现实物流活动全过程紧密相关的,电子商务物流技术水平的高低直接关系到电子商务物流活动功能的完善和有效实现。电子商务物流技术涵盖了与电子商务物流要素活动有关的所有专业技术,既包括传统物流技术领域中的各种操作方法、管理技能,也包括许多现代信息技术在物流领域中的应用。

电子商务物流技术的作用主要体现在如下三个方面:

(1) 提高物流服务水平　一方面,通过先进信息技术的应用,可以模拟物流活动,有助于物流选择最佳的方式、方法和程序,降低货物库存,提高物流作业效率;另一方面,通过物流作业技术的应用,可以提高物流作业的水平、服务质量和运作效率。

(2) 降低物流运作成本　物流技术的应用,不仅可以使物流资源得到合理的运用,而且可以减少物流作业过程中的货物损失,从而可以有效地降低物流运作的成本。

(3) 提升客户的满意度　通过物流技术的应用,企业可以建立快速反应,能及时响应客户需求,将货物保质保量迅速送到客户所指定的地点,从而提高客户的满意度。

电子商务物流技术评价与选用一般遵循三个标准:

(1) 先进性标准　先进性标准是在采用电子商务物流技术时,应尽可能采用先进的电子商务物流技术。对电子商务物流技术先进性的评价,不仅要从技术功能性、稳定性、可靠性上进行评价,而且要从技术是否具有拓展性、是否安全等方面进行评价。

(2) 经济性标准　经济性标准是指在采用电子商务物流技术时,要考虑电子商务物流技术在经济上的合理性,不能为技术而技术。物流技术评价和选用,一是要考虑采用某项电子商务物流技术时的投资规模,投资规模不能脱离企业的财务现实;二是要考虑企业的物流规模和发展方向;三是要考虑电子商务物流技术在应用过程中的费用问题。

(3) 适用性标准　适用性标准是指电子商务物流技术的应用应适合物流的现实经济状况,能够带来实际效益。因此,技术的先进性必须同经济上的合理性相结合,只有这样,物流技术的应用才能给社会经济带来最佳的经济效益,物流技术才有其价值。

## 2.1.2　电子商务物流技术的主要分类

1) 按范围进行划分

按范围进行划分,可分为狭义的物流技术和广义的物流技术。狭义的物流技术主要是指物流活动所涉及的技术;广义的物流技术不仅包括物流活动过程中的有关物流技术,而且包括其他相关的物流技术和物流技术的发展规律。

2) 按内容进行划分

按内容进行划分,分为物流信息技术和物流作业技术。物流信息技术是现代信息技术在物流各个作业环节中的综合应用,是现代物流区别传统物流的根本标志,也是物流技术中发展最快的领域,尤其是计算机网络技术的广泛应用使物流信息技术达到了较高的应用水平。物流信息技术的发展也改变了企业应用供应链管理获得竞争优势的方式,成功的企业通过应用信息技术来支持它的经营战略并选择它的经营业务。物流作业技术,也叫物流实体作业技术,是物流作业流程中的具体支持技术。

3) 按领域进行划分

按领域进行划分,分为物流硬技术和物流软技术。物流硬技术是指组织实施电子商务物流过程所需要的各种物流设施、物流机械装备、物流材料和物流技术手段,既包括传统的物流硬技术和装备,也包括典型的现代物流硬技术手段和装备。物流硬技术主要包括:①基础设施。②机械设备。③材料技术。物流软技术是指为组织实现高效率的物流所需要的计划、分析、评价等方面的技术和管理方法等,它包括物流系统化、物流标准化、各种物资设备的合理调配使用、库存、成本、操作流程、人员、物流路线的合理选择,以及为物流活动高效率而进行的计划、组织、指挥、控制和协调等。物流软技术主要包括:①规划技术。②运用技术。③评价技术。在现代物流中,物流软技术越来越重要。

4) 按实物运作过程进行划分

按实物运作过程进行划分,分为包装技术、运输技术、仓储技术、配送技术、装卸搬运技术和流通加工技术等。应该说,电子商务应用的每一个具体物流实物运作一般都离不开包装、运输、仓储、配送以及装卸搬运和流通加工等物流基本活动,通过具体物流技术工具和手段的运用,可以提高电子商务物流的服务质量和运作效率。

5) 按其科学原理划分

按其科学原理划分,分为物流机械技术、物流信息技术、物流自控技术、物流数学方法。物流运作中离不开机械技术工具的运用,如包装设备、装卸设备、运输设备和仓储设备等。物流信息技术指的是现代信息技术在物流各作业环节中的应用,是物流现代化的重要标志。物流信息技术是物流技术中发展最迅猛的领域,从数据采集技术到物流信息系统都发生了日新月异的变化,计算机、网络技术的飞速发展,进一步促进了物流产业的信息化进程,从而从真正意义上提高了现代物流技术和管理水平。物流自控技术是指物流作业过程的设备和设施自动化控制技术。如自动识别系统、自动检测系统、自动分拣系统、自动存取系统、自动跟踪系统等。另外,物流运作中的很多管理决策通常也离不开数学方法的运用,如物资调运方案优化等。

## 2.2 电子商务物流信息技术

电子商务离不开信息技术,现代物流也离不开信息技术,甚至有人认为"在物流领域,顶尖高手和平庸之辈的差距往往就在于企业物流信息技术的能力"。各种信息技术已经被广泛应用于物流活动的各个环节,对物流活动产生了深远的影响。物流信息技术是物流现代化的重要标志,也是物流技术中发展最快的领域。这一节重点讨论电子商务物流常用的信息技术。

### 2.2.1 物流信息技术发展概述

传统的物流活动被分散在不同的经济部门或者是一个企业内部不同职能部门。在从生产到消费的整个过程中,物流活动被分解为若干个阶段和环节来进行。由于没有信息技术支持,物流信息也被分散在不同环节和不同职能部门之中。

从 20 世纪 50 年代到 70 年代,发达国家的企业就围绕自己的生产经营活动特别是商品的采购和产品的销售,开始注重和强化对物流活动的科学管理。围绕这些环节形成相应的物流信息管理系统,物流效率得到提高。到了 90 年代以后,随着计算机、互联网等很多信息技术的突破,而且这些技术开始被广泛应用到企业管理特别是物流管理活动中之后,物流活动发生很多根本性的变化。物流信息不再局限于某一个环节,在整个物流供应链上,所有企业、所有管理者,都能够很透明地看到这些信息,同时根据这些进行必要的管理、协调和组织工作。这个时候,信息共享超越企业边界,超越一个企业内部不同职能的边界,信息资源共享使得物流活动可以与原有生产过程或者商品销售过程分离开来,成为一种独立的经济活动。进入90年代以后,大量的第三方物流企业的出现,实际上是跟这种现代信息技术的广泛应用结合在一起的。

物流信息技术主要包括:条形码及射频技术、计算机网络技术、多媒体技术、地理信息技术、全球卫星定位技术、智能标签技术、信息交换技术、电子数据交换、数据库技术、数据仓库技术、数据挖掘技术、Web技术等。在这些信息技术支撑下,移动通信、资源管理、监控调度管理、自动化仓储管理、业务管理、客户服务管理、财务处理等多种业务集成的物流信息系统形成了。

沃尔玛公司是美国的一家世界性连锁企业。沃尔玛之所以成功,很大程度上是因为它较竞争对手至少提前10年将尖端科技和物流系统进行了巧妙搭配。早在20世纪70年代,沃尔玛就开始使用计算机进行管理,其建立的物流管理信息系统(MIS),负责处理系统报表,加快了运作速度;20世纪80年代初,沃尔玛又花费4亿美元购买了商业卫星,实现了全球联网。20世纪90年代,采用全球领先的卫星定位系统(GPS),控制公司的物流,提高配送效率,以速度和质量赢得用户的满意度和忠诚度。沃尔玛所有的系统都基于一个叫作UNIX的配送系统,并采用传送带和非常大的开放式平台,还采用产品代码,以及自动补货系统和激光识别系统,所有这些为沃尔玛节省了相当多的成本。沃尔玛一直崇尚采用最现代化、最先进的系统,进行合理的运输安排,通过电脑系统和配送中心,获得最终的成功。沃尔玛在全球第一个实现集团内部24小时计算机物流网络化监控,使采购库存、订货、配送和销售一体化。例如,顾客到沃尔玛店里购物,然后通过POS机打印发票,与此同时负责生产计划、采购计划的人员以及供应商的电脑上就会同时显示信息,各个环节就会通过信息及时完成本职工作,从而减少很多不必要的时间浪费,加快物流循环。2004年,沃尔玛公司要求其前100家供应商,在2005年1月之前向其配送中心发送货盘和包装箱时使用无线射频识别(RFID)技术,2006年1月前在单件商品中投入使用。2005年到2007年,沃尔玛供应商每年使用50亿张电子标签,沃尔玛公司每年可节省83.5亿美元。沃尔玛的业务之所以能够迅速增长,并且成为知名公司之一,是因为沃尔玛在节省成本以及在物流配送系统与供应链管理方面取得了巨大的成就。

### 2.2.2 典型的物流信息技术

物流信息技术是指用于物流各个环节中的信息技术,几乎所有的信息技术在现代物流中都能找到具体运用,并且不断有新兴的信息技术被运用到物流运作及其管理活动中,尤其是电子商务物流,更需要运用各种信息技术来满足用户的服务信息化需求。下面,我们主要介绍一些比较典型的物流信息技术。

1) 条码技术

条码技术是在计算机应用实践中产生和发展起来的一种自动识别技术。条码技术是20世纪发展起来的自动识别技术,是集条码理论、光电技术、计算机技术、通信技术、条码印制技术于一体的综合性技术。条码技术具有制作简单、信息收集速度快、准确率高、信息量大、成本低和条码设备方便易用等优点,从生产到销售的流通转移过程中,条码技术起到了准确识别物品信息和快速跟踪物品历程的重要作用。

条码技术在物流的数据采集、快速响应、运输的应用上极大地促进了物流业的发展。条码技术是物流自动跟踪的有力工具,是实现 POS 系统、EDI、电子商务、供应链管理的技术基础,是物流管理现代化的重要技术手段。条码技术的应用解决了数据录入和数据采集的"瓶颈"问题,为供应链管理提供了有力的技术支持。在供应链物流领域,从产品的生产到成品下线、销售、运输、仓储、零售等各个环节,都可以应用条码技术,进行方便、快捷的管理。行业应用方面,比如在我国的邮政速递行业,条码技术的应用已经涉及邮政速递物流的各个环节,包括包裹的接收、仓储、运输、分拣、递送、查询等环节都在采用条码技术。

2) RFID 射频识别

RFID 是射频识别(Radio Frequency Identification)的缩写。射频识别技术是 20 世纪 90 年代兴起的自动识别技术。射频识别技术是一种非接触式的自动识别技术,它通过射频信号自动识别目标对象并获取相关数据,识别工作无须人工干预,可工作于各种恶劣环境。一套完整 RFID 系统由阅读器(Reader)与应答器(Transponder)两部分组成,其动作原理为由 Reader 发射一特定频率之无限电波能量给 Transponder,用以驱动 Transponder 电路将内部的 ID Code 送出,此时 Reader 便接收此 ID Code。Transponder 的特殊在于免用电池、免接触、免刷卡,所以不怕脏污,且晶片密码为世界唯一,无法复制,安全性高、寿命长。与条码技术相比,RFID 的优点是无方向性,不局限于视线,识别距离远;射频识别卡可具有读写能力,可携带大量数据,难以伪造,智能化;一次能读取数个至数千个标签识别码及数据,加快了信息采集和流程处理速度,增强作业的准确性和快捷性。

RFID 技术的应用非常广泛,目前典型应用有汽车晶片防盗器、门禁管制、停车场管制、生产线自动化、物料管理等。RFID 技术有助于解决零售业两个最大的难题:商品断货和损耗。高速公路的收费站口通过使用 RFID 技术可以实现不停车收费,铁路系统使用 RFID 技术记录货车车厢编号,物流公司也将 RFID 技术用于物流管理中。

3) 地理信息系统

地理信息系统(Geographic Information System,简称 GIS)是为描述和处理相关地理信息而产生的软件系统。GIS 以计算机为工具,对具有地理特征的空间数据进行处理,能以一个空间信息为主线,将其他各种与其有关的空间位置信息结合起来。GIS 的诞生改变了传统的数据处理方式,使信息处理由数值领域步入空间领域。GIS 技术把地图这种独特的视觉化效果和地理分析功能与一般的数据库操作(例如查询和统计分析等)集成在一起。这种能力使 GIS 与其他信息系统相区别,从而使其在广泛的公众和个人企事业单位解释事件、预测结果、规划战略等中具有实用价值。随着 Internet 技术的不断发展和人们对地理信息系统的需求,产生了基于 Internet 技术的地理信息系统 WebGIS。

GIS 用途十分广泛,例如交通、能源、农林、水利、测绘、地矿、环境、航空、国土资源综合利用等。地理信息系统对现代物流,尤其是电子商务发展至关重要。基于 GIS 的物流配送系统主要有下列功能:①车辆和货物跟踪。②运输路线规划和导航。③信息查询。④模拟与决策。

4) 全球定位系统

全球卫星定位系统(Global Positioning System,简称 GPS)是由美国历时 20 年耗资 200 亿美元于 1994 年完成整体部署的。GPS 的原始思维理念是将参考的定位坐标系搬到天际上去,可在任何时候、任何地方提供全球范围内三维位置、三维速度和时间信息服务。现在 GPS 与现代通信技术相结合使得测定地球表面三维坐标的方法从静态发展到动态,从数据后处理发展到实时的定位与导航,极大地扩展了它的应用广度和深度。GPS系统由三大部分组成,包括GPS卫星星座、地面监控系统和信号接收系统。

GPS在物流领域可以应用于汽车自定位、跟踪调度以及铁路运输等方面的管理,也可用于军事物流。使用GPS,可以利用卫星对物流及车辆运行情况进行实时监控。可以实现物流调度的即时接单和即时排单,以及车辆动态实时调度管理。同时,客户经授权后也可以通过互联网随时监控运送自己货物车辆的具体位置。如果货物运输需要临时变化线路,也可以随时指挥调动,大大降低货物的空载率,做到资源的最佳配置。GPS不仅能够提供物流配送和动态调度功能,还可以提供货物跟踪、车辆优选、路线优选、紧急救援、预约服务、铁路运输管理、军事物流等功能。

5)电子数据交换

电子数据交换(Electronic Data Interchange,简称EDI)俗称"无纸贸易"。国际标准化组织将EDI定义为一种电子传输方法,这种方法首先将商业或行政事务处理中的报文数据按照一个公认的标准,形成结构化的事务处理的报文数据格式,进而将这些结构化的报文数据经由网络,从计算机传输到计算机。EDI的基础是信息,这些信息可以由人工输入计算机,但更好的方法是通过扫描条码获取数据,速度快、准确度高。EDI的标准包括EDI网络通信标准、EDI处理标准、EDI联系标准和EDI语义语法标准等。

所谓物流EDI是指供货方、物流公司以及需求方,通过EDI系统进行物流数据交换,并以此为基础实施物流作业活动的办法。EDI是一种信息管理或处理的有效手段,它可以对物流供应链上物流信息进行有效运作,比如传输物流单证等。物流技术中的条码包含物流过程所需多种信息,与EDI相结合,方能确保物流信息的及时可得性。EDI在物流运作中的目的是充分利用现有计算机及通信网络资源,提高交易双方信息的传输效率,降低物流成本。

6)数据库技术

数据库技术将信息系统中大量数据按一定的模型组织起来,提供存储、维护、检索数据的功能,使信息系统可方便地、及时地、准确地从数据库中获得所需的信息,并依此作为行为和决策的依据。

物流管理信息系统中的信息绝对数量多、分布广,许多信息具有传递性和要求一致性。物流中心信息系统中,采购进货管理、销售发货管理、库存储位管理、财务会计管理、运营业绩管理等子系统都包含着信息的上传下达,都要通过数据库和共享信息来完成物流系统的信息管理。因此,物流系统数据库在物流管理中起着举足轻重的作用。

7)数据仓库

数据仓库(Data Warehousing,简称DW)是一个面向主题、集成化、稳定、包含历史数据的数据集合,它用于支持经营管理中的决策制定过程。与数据库比较,数据仓库中的信息是经过系统加工、汇总和整理的全局信息,而不是简单的原始信息;同时系统记录的是企业从过去某一时点到目前的各个阶段的实时动态信息,而不仅是关于企业当时或某一时点的静态信息。数据仓库的根本任务是将信息加以整理归纳,并及时提供给相应的管理决策人员,支持决策过程,对企业的发展历程和未来趋势做出定量分析和预测。

现代物流系统是一个庞大复杂的系统,每个环节的数据信息流量十分巨大。为了解决业务数据量的不断增加导致传统物流决策支持系统很难满足企业要求的问题,越来越多的业内人员提出将数据仓库和数据挖掘技术引入物流系统。数据仓库技术能够帮助企业在物流系统中从庞杂的信息里提取有用的数据,通过公正客观的统计分析,快速而且正确地得知企业经营信息,找出销售模式,准确掌握未来的经营动态。

8）数据挖掘

信息技术的迅速发展,使数据资源日益丰富。但是,"数据丰富而知识贫乏"的问题至今还很严重。数据挖掘(Data Mining,简称 DM)也随之产生。DM 又译为资料探勘、数据采矿。DM 是一个从大型数据库浩瀚的数据中,抽取隐含的、从前未知的、潜在有用的信息或关系的过程。DM 通常与计算机科学有关,并通过统计、在线分析处理、情报检索、机器学习、专家系统(依靠过去的经验法则)和模式识别等诸多方法来实现上述目标。

DM 技术能帮助企业在物流信息管理中,及时、准确地搜集数据并对其进行分析。DM 技术在物流业中的应用不断普及,更多的物流企业意识到数据挖掘对于决策支持的重要性,尤其在对市场预测、解决选址、仓储、配送和客户分析等问题方面发挥出很大的作用。

9）互联网技术

互联网(Internet),又称网际网络,或音译因特网。互联网始于 1969 年美国的阿帕网。是网络与网络之间所串连成的庞大网络,这些网络以一组通用的协议相连,形成逻辑上的单一巨大国际网络。通常 internet 泛指互联网,而 Internet 则特指因特网。这种将计算机网络互相连接在一起的方法可称作"网络互联",在这基础上发展出覆盖全世界的全球性互联网络称互联网,即互相连接的网络结构。

互联网在现实生活中应用很广泛。在互联网上可以聊天、玩游戏、查阅东西等。更为重要的是在互联网上还可以进行广告宣传和购物。互联网给现实生活带来很大的方便。互联网不仅作为一种技术手段,还作为一种思维方式,深刻影响着物流行业。物流业与互联网深化融合,"互联网+物流"开始起步,开辟了物流产业发展的新路径。

10）Web 技术

Web 技术是网络社会中具有突破性变革的技术,是 Internet 上最受欢迎、最为流行的技术之一。采用超文本、超媒体的方式进行信息的存储与传递,能把各种信息资源有机地结合起来,具有图文并茂的信息集成能力及超文本链接能力的信息检索服务程序。Web 页面的描述由标识语言(Hyper Text Markup Language,简称 HTML)发展为可扩展的标识语言(Extensible Markup Language,简称 XML),External Hypertext 使得 Internet 上可以方便地定义行业数据的语义。

Web 的本意是蜘蛛网和网的意思,在网页设计中称为网页的意思。对于普通用户来说,Web 仅仅是一种环境——互联网的使用环境、氛围、内容等;而对于网站制作、设计者来说,它是一系列技术的复合总称(包括网站的前台布局、后台程序、美工、数据库领域等技术概括性的总称)。WWW 的含义是环球信息网(World Wide Web),是由欧洲核子物理研究中心(CERN)研制的。WWW 用于描述 Internet 上的所有可用信息和多媒体资源。互联网并不等同于万维网,万维网只是一种基于超文本相互链接而成的全球性系统,且是互联网所能提供的服务之一。

随着互联网和电子商务的不断普及应用,很多物流管理系统和在线物流服务也是基于 Web 技术的应用,例如:利用浏览器就可以使用基于 Web 技术的仓库管理系统和订单管理系统等应用软件,无须下载和安装。

11）移动通信

所谓移动通信,就是指通信双方至少有一方处于运动状态中进行信息交换。例如,运动着的车辆、船舶、飞机或行走着的人与固定点之间进行信息交换,或者移动物体之间的通信都属于移动通信。移动互联网，就是将移动通信和互联网二者结合起来，成为一体，是互联网的技术、平台、商业模式和应用与移动通信技术结合并实践的活动的总称。移动通信的运用离不开智能终端，智能终端拥有接入互联网能力，通常搭载各种操作系统，可根据用户需求定制各种功能。生活中常见智能终端包括移动智能终端、车载智能终端、智能电视、可穿戴设备等。

移动电子商务就是利用手机、掌上电脑等无线终端进行的电子商务，它将因特网、移动通信技术、短距离通信技术及其他信息处理技术完美的结合，使人们可以在任何时间、任何地点进行各种商贸活动，实现随时随地、线上线下的购物与交易、在线电子支付以及各种交易活动、商务活动、金融活动和相关的综合服务活动等。

因为物流运作具有动态性，其中使用无线通信技术居多，所以移动通信技术对物流技术的发展十分重要。移动通信技术作为物流的主流通信技术，是物流节点之间数据传输的主要工具。目前，移动通信技术大部分应用在如下几个方面：第一是物流运输过程中移动通信技术充当物品流动信息的传输工具；第二是作为仓储管理平台中数据通信的桥梁；第三是作为智慧物流供应链中重要的数据传输技术。

12) 物联网技术

物联网是新一代信息技术重要组成部分，英文名称是 Internet of things(简称 IoT)。物联网就是物物相连的互联网。这有两层意思：其一，物联网的核心和基础仍然是互联网，是在互联网基础上的延伸和扩展的网络；其二，其用户端延伸和扩展到了任何物品与物品之间，进行信息交换和通信，也就是物物相连。物联网以智能感知、识别技术与普适计算等通信感知技术，被广泛应用于网络的融合中，也因此被称为继计算机、互联网之后世界信息产业发展的第三次浪潮。

物联网是互联网的应用拓展，与其说物联网是网络，不如说物联网是业务和应用。物流业是物联网早就落地的行业之一，很多物流系统采用了红外、激光、无线、编码、认址、自动识别、传感、RFID、卫星定位等高新技术，已经具备了信息化、网络化、集成化、智能化、柔性化、敏捷化、可视化等先进技术特征。新信息技术在物流系统的集成应用就是物联网在物流业应用的体现。

13) 云计算技术

云计算(Cloud Computing)基于互联网相关服务的增加、使用和交付模式，通常涉及通过互联网来提供动态易扩展且经常是虚拟化的资源。云是网络、互联网的一种比喻说法。过去在图中往往用云来表示电信网，后来也用来表示互联网和底层基础设施的抽象。云计算可以认为包括如下几个层次的服务：基础设施即服务(简称 IaaS)；平台即服务(简称 PaaS)；软件即服务(简称 SaaS)。

云计算是物流系统中的一个使能技术，在充分发展以后，云计算会为各个层面提供信息，把各个物流功能模块中的信息集中起来，进行全方位、大范围的物流信息共享，并反作用于物流运行的控制与指挥，成为物流系统的中枢神经。云物流是云计算在物流行业的应用服务，即云计算派生出云物流。云物流利用云计算的强大通信能力、运算能力和匹配能力，集成众多的物流用户的需求，形成物流需求信息集成平台。

14) 大数据技术

大数据(Big Data)，指无法在一定时间范围内用常规软件工具进行捕捉、管理和处理的数据集合，是需要新处理模式才能具有更强的决策力、洞察发现力和流程优化能力来适应海量、高增长率和多样化的数据资产。现在的社会是高速发展的社会，科技发达，信息流通，人们之间的交流越来越密切,生活也越来越方便,大数据就是这个高科技时代的产物。

大数据的应用越来越广泛,对各行各业的发展产生了巨大的影响,也推动了物流业的发展。大数据在物流企业中的应用贯穿了整个物流企业的各个环节,即运输、仓储、搬运装卸、包装及流通加工等物流环节中涉及的数据、信息等。物流大数据应用主要表现在物流决策、物流企业行政管理、物流客户管理及物流智能预警等过程中。通过大数据分析可以提高运输与配送效率、减少物流成本、更有效地满足客户服务要求。

15) 虚拟现实

虚拟现实(Virtual Reality,VR)技术是一种可以创建和体验虚拟世界的计算机仿真系统,它利用计算机生成一种模拟环境,通过一种多源信息融合的交互式的三维动态视景和实体行为的系统仿真,使用户沉浸到该环境中。虚拟现实技术主要包括模拟环境、感知、自然技能和传感设备等方面。虚拟现实是多种技术的综合,包括实时三维计算机图形技术,广角(宽视野)立体显示技术,对观察者头、眼和手的跟踪技术,以及触觉/力觉反馈、立体声、网络传输、语音输入输出技术等。

VR 技术作为一种全新的人机交互手段,已经被逐渐应用到各行各业中去。VR 技术可以把真实的物流场地、流程、物品、突发事件模拟出来,因而在物流领域也已得到广泛应用,如物流园区规划、仓储空间设计、运输路线规划以及物流人才培训等。

16) 增强现实

增强现实(Augmented Reality,AR)技术,是一种实时地计算摄影机影像的位置及角度并加上相应图像、视频、3D 模型的技术,这种技术的目标是在屏幕上把虚拟世界套在现实世界并进行互动。这种技术由美国 VPL 公司创建人杰伦·拉尼尔(Jaron Lanier)在 20 世纪 80 年代初提出。

随着随身电子产品 CPU 运算能力的提升,增强现实的用途将会越来越广。增强现实技术,不仅展现了真实世界的信息,而且将虚拟的信息同时显示出来,两种信息相互补充、叠加。在视觉化的增强现实中,用户利用头盔显示器,把真实世界与电脑图形多重合成在一起。AR 是虚拟与现实的连接入口,与 oculus 头盔等设备主张的虚拟世界沉浸不同,AR 注重虚拟与现实连接,是为了达到更震撼的现实增强体验,如谷歌眼镜。目前主流 AR 是指通过设备识别判断(二维、三维、GPS、体感、面部等识别物)将虚拟信息叠加在以识别物为基准的某个位置,并显示在设备屏幕上,可实时交互虚拟信息。增强现实技术为我们看到的任何实物增加额外的有价值的信息。

随着安卓和 iOS 全面支持 AR 后,企业之间无须再等待低成本 AR 眼镜的出现,仅仅通过智能手机或平板电脑便可使用 AR 技术。AR 技术有望给制造业、物流和技术行业带来根本性的改变。物流中的 AR 技术应用已受到 DHL 等物流公司的高度关注。增强现实技术能够对物流供应链中的仓储业务、运输优化、最后一公里派送、最后一公里导航、提升附加值服务进行显著改善。

17) 人工智能

人工智能(Artificial Intelligence,AI),是研究、开发用于模拟、延伸和扩展人的智能的理论、方法、技术及应用系统的一门新的技术科学。人工智能是计算机科学的一个分支,它企图了解智能的实质,并生产出一种新的能以与人类智能相似的方式做出反应的智能机器,该领域研究包括机器人、语言识别、图像识别、自然语言处理和专家系统等。从 Siri、微软小冰到度秘、Google Allo 的相继诞生,不难发现,聊天机器人的研发重心已不是满足日常聊天,而是逐渐转为向用户提供智能服务。未来,度秘们、谷歌助理们的强大功能将陆续渗透到各类硬件和互联网生态系统中,为用户提供更全面的私人化智能服务,推动全球智能生活快速来临。

人工智能的技术在物流行业的影响主要聚焦在:智能搜索、推理规划,以及智能机器人等领域。人工智能的技术可以帮助实现物流货物的可视化、互动化和智能化,物流行业对自动化、智能化的需求与日俱增。

18) 区块链技术

区块链(Blockchain)诞生自中本聪发明的比特币系统。自 2009 年以来,出现的各种各样的类比特币的数字货币,都是基于公有区块链的。区块链是比特币的底层技术,像一个数据库账本,记载所有的交易记录。区块链本质上是一种分布式加密共识技术,这项技术因其安全、便捷的特性逐渐得到了银行与金融业的关注。区块链是分布式数据存储、点对点传输、共识机制、加密算法等计算机技术的新型应用模式。区块链同时也是去中心化组织结构的基础架构,同时也是互联网治理机制的一个底层协议。

区块链在物流领域可以天然结合。一直以来,金融和物流领域被认为是最适合区块链技术的应用场景。《中国物流与区块链融合创新应用蓝皮书》调查显示,区块链在物流领域的应用大致可分为流程优化、物流追踪、物流金融、物流征信四个方向,涵盖结算对账、商品溯源、冷链运输、电子发票、供应链金融、资产证券化等重要领域。上述四个方面的区块链技术应用试图解决商品所有权转移过程中各个主体间的信任摩擦。

在流程优化方面,通过区块链与电子签名技术,单据流转和签收全程实时上链,全程无纸化,信息流与单据流合二为一。待到计费对账时,账单或异常调账等关键信息均在区块链上,通过智能合约完成自动对账。在物流追踪方面,区块链技术与物联网技术的结合,实现商品生产、加工、运输、销售等全流程闭环的透明化可追溯。前者保证数据存放真实可靠,后者则保证数据在收集过程中的真实可信。在物流征信方面,是将区块链上可信的交易数据,包括服务评分、配送时效、权威机构背书等信息录入,将过往的物流数据沉淀下来,结合行业标准评级,为物流参与方进行信用评级。物流金融的应用则依托区块链上的征信评级、应收账款、资产等信息,核查真实的贸易背景,帮助金融机构完善中小型企业的 KYC 画像,规避金融风险,解决中小型企业融资难的问题。

随着区块链的应用和发展,巨大的区块链数据集合将包含庞大的物流流通信息,不同物流场景区块链数据的融合也进一步扩大数据规模的丰富度,有利于物流信息数据单向流通的突破,逐步推动形成基于全球化的数据整合。

## 2.2.3 电子物流、电子供应链与智能物流

现代物流是随着现代信息技术和管理理念的发展所出现的物流新形态,信息技术的发展促进现代物流不断演化。随着上述物流信息技术的广泛运用,整个物流行业不断被颠覆创新。下面,我们进一步探讨一下电子物流、电子供应链与智能物流。

电子物流就是利用电子化的手段,尤其是利用互联网技术来完成物流全过程的协调、控制和管理,实现从网络前端到最终客户端的所有中间过程服务,最显著的特点是各种软件技术与物流服务的融合应用。电子物流的功能十分强大,它能够实现系统之间、企业之间以及资金流、货物流、信息流的无缝链接,而且这种链接同时还具备预见功能,可以在上下游企业间提供一种透明的可见性功能,帮助企业最大限度地控制和管理库存。通过全面应用客户关系管理、

商业智能、计算机电话集成、地理信息系统、全球定位系统、互联网、无线互联技术等先进的信息技术手段，以及运用优化调度、动态监控、智能交通、仓储优化配置等物流管理技术和物流模式，电子物流提供了一套先进的、集成化的物流管理系统，从而为企业建立敏捷的供应链系统提供了强大的技术支持。

基于互联网的电子供应链管理系统（e-SCM），实质上已将整个世界连接成为一个巨大的价值链。互联网的出现极大地推动了在线营销与邮购等各类基于 Web 的业务发展，但其中增长最为迅猛的则是供应链中的 B2B 交易领域。电子供应链可实现多方交易处理，使买方能够将多家供应商的订单最终集成至一个高效、统一的后勤服务体系中。同时，借助智能门户系统，客户还可以及时获取对其至关重要的相关产品的信息。

智能物流是利用集成智能化技术，使物流系统能模仿人的智能，具有思维、感知、学习、推理判断和自行解决物流中某些问题的能力。智能物流的未来发展将会体现出四个特点：智能化、一体化和层次化、柔性化、社会化。在物流作业过程中的大量运筹与决策的智能化；以物流管理为核心，实现物流过程中运输、存储、包装、装卸等环节的一体化和智能物流系统的层次化；智能物流的发展会更加突出"以顾客为中心"的理念，根据消费者需求变化来灵活调节生产工艺；智能物流的发展将会促进区域经济的发展和世界资源优化配置，实现社会化。智能物流已经成为每个人和世界发生连接的重要方式。

智能物流离不开物联网技术应用。在某种程度上，智能物流就是把条形码、射频识别技术、传感器、全球定位系统等先进的物联网技术通过信息处理和网络通信技术平台广泛应用于物流业运输、仓储、配送、包装、装卸等基本活动环节，实现货物运输过程的自动化运作和高效率优化管理，提高物流行业的服务水平，降低成本，减少自然资源和社会资源消耗。物联网为物流业将传统物流技术与智能化系统运作管理相结合提供了一个很好的平台，进而能够更好更快地实现智能物流的信息化、智能化、自动化、透明化。智能物流在实施的过程中强调的是物流过程数据智慧化、网络协同化和决策智慧化。

智能物流在功能上要实现六个"正确"，即正确的货物、正确的数量、正确的地点、正确的质量、正确的时间、正确的价格。在技术上要实现：物品识别、地点跟踪、物品溯源、物品监控、实时响应。概括起来，目前相对成熟的物联网应用主要体现在四大领域：

（1）产品的智能可追溯网络系统　目前，在医药、农产品、食品、烟草等行业领域，产品追溯体系发挥着货物追踪、识别、查询、信息采集与管理等方面的巨大作用，已有很多成功应用。

（2）物流过程的可视化智能管理系统　这是基于 GPS 卫星导航定位技术、RFID 技术、传感技术等多种技术，在物流过程中实时实现车辆定位、运输物品监控、在线调度与配送可视化与管理的系统。目前，初级的应用比较普遍。

（3）智能化的物流配送中心　这是基于传感、RFID、声、光、机、电、移动计算等各项先进技术建立的全自动化的物流配送中心。借助配送中心智能控制、自动化操作的网络，可实现商流、物流、信息流、资金流的全面协同。目前一些先进的自动化物流中心，基本实现了机器人队码垛，无人搬运车搬运物料，分拣线上开展自动分拣，计算机控制堆垛机自动完成出入库，整个物流作业与生产制造实现了自动化、智能化与网络化系统。这也是物联网的初级应用。

（4）企业的智慧供应链　在竞争日益激烈的今天，面对着大量的个性化需求与订单，怎样能使供应链更加智慧？怎样才能做出准确的客户需求预测？这些是企业经常遇到的现实问题。这就需要智慧物流和智慧供应链的后勤保障网络系统的支持。打造智慧供应链，是 IBM 智慧地球解决方案重要的组成部分，目前也有一些应用案例。

从智慧大脑、智能仓储、无人分拣到无人机、无人车等新兴事物,从人工智能、物联网、大数据到人脸识别、区块链等前沿技术,智能物流正在由"新"到"兴",服务于每天上亿包裹的生产送达,为每个普通人的生活注入新鲜体验。

以智能仓储为代表的新兴物流科技正变得越来越重要;自动驾驶技术商用来临,已有不少企业推出基于自动驾驶技术的各种产品,包括无人重卡、无人配送车以及外卖机器人等。围绕运输、仓储、装卸、加工、整理、配送等环节,各企业自主研发的智能物流设备越来越多,与消费者的紧密度也越来越高,比如无人仓、无人车、无人机、无人中转站、智能快递柜、智能快递盒等等,不断推陈出新。

随着机器人被更多地应用在智能物流行业,新的人机关系也正在形成。2018年,"人机CP"成为物流行业不得不提的关键词之一。通过各种核心科技的辅助应用,人机搭档成为提高仓储处理效率的利器。

快递包裹收来送往、物流车辆川流不息、仓储系统昼夜运转,智能物流既连接生产流通,也服务终端消费者,逐渐成为城市核心的基础设施。越来越多的政府在宏观层面将智能物流体系纳入城市基础设施建设,企业也开始为城市智能物流规划出策出力。而在更多的基础设施上,连接无人机和无人机的无人中转站、由配送机器人组成的智能配送站、配合无人车进行车路协同的智能路灯等等——涌现,都在成为城市新的基础设施。

## 2.3 电子商务物流包装技术

在电子商务应用中,任何实物配送的商品都离不开包装(Packaging),可见包装是电子商务物流的一个重要领域。这一节,我们主要讨论电子商务物流包装技术。首先总体介绍包装与包装技术,然后分别介绍18种典型的电子商务物流包装技术。

### 2.3.1 包装与包装技术概述

在电子商务物流中,包装是十分重要的内容。何谓包装?按照中国国家标准GB/T 4122.1—2008的定义,包装是指为在流通过程中保护商品、方便运输、促进销售,按照一定技术方法而采用的容器、材料及辅助物等的总体名称,也指为了达到上述目的而采用容器、材料和辅助物的过程中施加一定技术方法等的操作活动。简言之,包装是包装物及包装操作的总称。电子商务物流中任何实物配送的商品一般都离不开包装。

包装是一古老而现代的话题,也是人们自始至终在研究和探索的课题。从远古的原始社会、农耕时代,到科学技术十分发达的现代社会,包装随着人类的进化、商品的出现、生产的发展和科学技术的进步而逐渐发展,并不断地发生一次次重大突破。从总体上看,包装大致经历了原始包装、传统包装和现代包装三个发展阶段。

包装一般处于生产过程的末尾和物流过程的开头,既是生产的终点又是物流的始点。在现代物流观念形成以前,包装被天经地义地看成生产的终点。包装的设计往往主要从生产终结的要求出发,因而常常不能满足流通的要求。物流的研究认为,包装与物流的关系,比之与生产的关系要密切得多,其作为物流始点的意义比之作为生产终点的意义要大得多。因此,包装应进入物流系统之中,这是现代物流的一个新观念。

包装具有三大特性和四大功能。包装的三大特性:保护性、单位集中性及便利。包装的四大功能是：保护商品、促进销售、方便物流和方便消费。承装没有进入流通领域物品的用品，只称为"包裹""箱子""盒子""容器"等，一般不能称为包装。因为包装除了有包裹盒承装的功能外，对物品进行修饰，使之获得受众的青睐才是包装的重要作用。广义地说，一切进入流通领域的拥有商业价值的事物的外部形式都是包装。

现代产品品种繁多，性能和用途是千差万别的，对包装要求的目的、功能、形态、方式也各不相同。通常，不同产品采用的包装形式，可以分为如下几类：

（1）按包装层次分　有第一次包装（内包装）、第二次包装（如中包装）、第三次包装（如外包装）、第四次包装（如托盘或集装箱等）。外包装又称运输包装或大包装，是指商品的最外层包装。

（2）按包装功能分　主要有运输包装、销售包装。此外还有贮藏包装、分散包装、集合包装、保护包装等。

（3）按包装抗变形能力分　有硬包装、半硬包装、软包装。

（4）按包装材料分　有纸制品包装、塑料制品包装、木质容器包装、金属容器包装、玻璃陶瓷容器包装、纤维容器包装、复合材料包装等。

（5）按包装产品种类分　食品包装、液体包装、药品包装、金属包装、机电包装、粉末包装、化妆品包装、危险品包装等。

（6）按包装技术或方法分　有防腐包装、防潮包装、防湿包装、防水包装、防锈包装、防虫包装、防震包装、真空与充气包装、无菌包装、泡罩与贴体包装、收缩与拉伸包装等。

（7）按产品形态分　有固体包装（粉末、颗粒、块状）、流体包装（液体、半液体、黏稠体等）、气体包装。

（8）按包装适用广泛性分　有专用包装、通用包装。

（9）按运输方式分　有火车运输包装、汽车运输包装、船泊运输包装、飞机运输包装和人力运输包装等。

（10）按数量或质量分　有单件包装、组合包装、集合包装或小包装、中包装、大包装。

除了上述分类，还有其他的包装分类，例如：一次性包装和回收性包装；军用包装和民用包装；国内包装和出口包装。

包装技术是在包装活动中所采用的一切技术手段和方法、知识、经验、技能的总和。包装离不开相关技术的运用。现代包装技术源于西方工业发达国家，其产生伴随着现代工业的发展与进步。随着科学技术的飞速发展，商品包装已成为促进销售、增强竞争力的重要手段。许多新技术、新工艺、新思维已被应用于包装设计、包装工艺、包装设备、包装新材料、包装新产业等方面。所以，电子商务物流包装中涉及很多技术的运用，广义的包装技术是包装涉及的各种技术，包括很多内容，如包装材料技术、包装设计技术、包装加工技术、包装保护技术、包装操作技术等。狭义的包装技术一般是指包装中的技术和方法，如防震包装技术、防破损包装技术、防虫包装技术等。

### 2.3.2　典型的物流包装技术

现代物流业的不断发展，也进一步促进了现代包装业的发展。包装是一个很大的领域，已经形成了一个很大的产业，现代包装技术发展迅速，并且很多大学开设了包装工程专业培养包装技术人才。接下来，我们重点讨论电子商务应用中18种典型的物流包装技术。

1）充填技术

将物品按要求的数量装入包装容器的操作称为充填。充填按照充填物的不同,一般有两种不同的方法。

(1) 固体充填物充填方法　固体充填物充填方法有称重充填法和容积充填法两种。称重充填法是将内装物品用秤进行计量后填到容器中的包装方法。容积充填法是用容器计量,然后充填到容器中的方法。

(2) 液体物品的充填方法　液体物品的充填,又称为灌装。其方法按原理可分为:①重力灌装方法,利用液体自身重力充填容器的方法。②等压灌装,适用于含气液体,如啤酒、汽水等,生产时采用加压的方法使液体内含有一定量的气体,而在灌装时为了减少气体的进出和灌装的顺利进行,必须先在空瓶中充气,使瓶内气压与储液缸内气压相等,然后进行液体灌装。③真空灌装,将容器中的空气抽出后灌装液体的方法,如灌装果汁、糖浆、牛奶、酒精等。④机械压力灌装,对黏度大的半流体充填物,如牙膏、香脂、油墨等,采用机械压力进行充填的方法。

2）装箱技术

箱作为包装容器,通常用于运输包装,属于外包装。按制箱材料,箱可分为:木板箱、胶合板箱、纤维板箱、硬纸板箱、瓦楞纸箱、钙塑瓦楞箱和塑料周转箱等。装箱技术是指为了使已完成小包装的产品在运输过程中不受损坏,便于储运而将小包装的产品按一定方式装入箱内,并把箱口封好的技术。装箱可采用手工操作、半自动或全自动机械操作两种方式,其方法有装入式装箱法、套入式装箱法和裹包式装箱法等。

3）裹包技术

裹包是用较薄的柔性材料将产品或经过原包装的产品全部或大部分包起来的方法。绝大部分裹包属于销售包装。裹包的形式很多,按裹包形式可分为两类:折叠式裹包和扭结式裹包;按操作方式可分为三类:手工操作、半自动操作和全自动操作。柔性包装材料包括各种软性的袋、包装内衬物、裹包用的材料以及防震材料(部分)等。裹包机的种类很多:有通用的和专用的,有低、中、高和超高速的,有半自动和全自动的。它们可以单独使用也可以连在生产线中使用。

4）封口技术

封口是指将产品装入包装容器后,封上容器开口部分的操作。封口方法主要有黏合方法、用堵塞物封口方法。不同容器的封口有所不同:

(1) 瓶罐容器的封口　一般预制与被封容器相配合的封合物(盖),然后在专用的封口机上实施封合。

(2) 纸塑类软包装容器的封口　一般直接将包装容器口、壁部分材料以热熔、黏结、扭结等方法实施封口。通常在相应裹包或装袋设备封口工位上直接完成,不再另设封口机。

(3) 纸盒、纸箱等容器的封口　用外加辅助材料(金属钉、线、胶带等)将已封盖或未完全封盖的容器封合,可由专用设备或手工完成。

食品包装对封口的一般要求为:外观平整、美观;封口快捷、可靠、启封方便;封口材料安全无毒,符合食品卫生要求。

5）捆扎技术

捆扎是将产品或包装件用适当的材料扎紧、固定或增强的操作。捆扎技术是最古老的一门包装技术。一直到今天,捆扎技术仍是一门应用最广泛的重要的包装技术。捆扎技术一般包括如下三个方面:

(1) 捆扎材料　捆扎材料是用于捆扎包装件的材料。捆扎材料应用范围极广,几乎应用于所有行业的产品包装中。捆扎材料一般有聚丙烯带、尼龙带、聚酯带、钢带等。

(2) 捆扎方法　不同的产品或包装件,通常有不同的捆扎方法,如线绳捆扎、纸箱捆扎、包袋捆扎、螃蟹捆扎、十字捆扎、菱形捆扎、工字捆扎、米字捆扎、多件商品组合捆扎等。

(3) 捆扎工具与设备　捆扎通常需要工具与设备,是指利用捆扎带捆扎包装件完成捆扎作业的机器。如塑料带捆扎机、铁皮带捆扎机和塑料绳捆扎机,这些捆扎机有手动的、半自动的和全自动的。

上面几种包装技术是大多数物流包装中通用的,一般可称为通用包装技术。

6) **防潮包装**

防潮包装是指用具有一定隔绝水蒸气能力的防潮包装材料对产品进行包封,隔绝外界湿度对产品的影响,同时使包装内的相对湿度满足产品需求。防潮包装技术一般有如下5种形式:①刚性容器密封包装。②柔性材料容器加干燥剂密封包装。③热收缩薄膜包装。④贴体包装。⑤泡罩包装。

为了防潮,可以用低透湿或不透湿材料将产品与潮湿大气隔绝,以避免潮气对产品的影响。为此,在进行防潮包装时可采用下列方法:

(1) 选用合适的防潮材料　防潮材料是影响防潮包装质量的关键因素。凡是能延缓或阻止外界潮气透入的材料,均可用来作为防潮阻隔层以进行防潮包装。符合这一要求的材料有金属、塑料、陶瓷、玻璃,及经过防潮处理的纸、木材、纤维制品等,而使用最多的是塑料、铝箔等。防潮材料的选用主要从环境条件、包装等级、材料透湿度和经济性等几方面因素综合考虑。

(2) 设计合理的包装造型结构　试验表明,包装结构对物品的吸湿情况影响甚大,包装容器底面积越大,包装及内装物的吸湿性也越大,越接近底部,含水量越大,因此,在设计防潮包装造型结构时,应尽量缩小底面积。此外,包装容器的尖端凸出部位也易吸湿,应使这些部位尽可能变成圆角。

(3) 对易于吸潮材料进行防潮处理　有些包装材料,如纸制品,其防潮性能较差,若用于防潮包装,须经防潮处理,其方法有下列几种:

① 蜡涂布:蜡是一种很好的防潮材料,将蜡熔融,使纸浸渍于蜡液中即可。

② 涂料涂布:涂料主要有清油、清漆等,操作前先在纸面刷一道淀粉浆,再施以涂料。

③ 塑料涂布:主要原料为聚乙烯醇缩丁醛,属热固性塑料,将其溶于乙醇,尔后用胶辊涂布,再烘干即成。

(4) 添加合适的防潮衬垫　在易受潮的包装内加衬一层或多层防潮材料,如沥青纸、牛皮纸、蜡纸、铝箔、塑料薄膜等。

(5) 用防潮材料进行密封包装　采用防潮性能极好的材料,如金属、陶瓷、玻璃、复合材料等制成容器,包装干燥产品,然后将容器口部严格密封,潮气再不能进入。

(6) 加干燥剂　在密封包装内加入适量的干燥剂,使其内部残留的潮气及通过防潮阻隔层进入的潮气均为干燥剂所吸收,从而使内装物免受潮气的影响。需要注意的是,这类包装需用透湿性小的防潮材料,否则适得其反。

7) **防水包装**

防水包装是为防止水分浸入包装物影响内装物质量而采取一定防护措施的包装。在运输、装卸、储存过程中,为防止外界雨、淡水、海水等渗入包装内,影响内装物资质量,采用某些防水材料作阻隔层,并用防水黏结剂或衬垫、密封等措施,以阻止水浸入包装内部。

包装内衬常使用的材料有石油沥青油毡、石油沥青纸、防潮柏油纸、蜡剂浸渍纸等纸类；低密度聚乙烯、聚氯乙烯、聚苯乙烯、聚氨酯、聚乙烯醇、聚偏二乙烯等薄膜塑料类和铝箔、铝型复合膜、布塑复合膜等金属、复合材料类。密封常使用压敏胶带、防水胶粘带、防水胶粘剂以及密封用橡胶皮等。内衬密封涂抹防水涂料常使用石蜡和清漆等。

防水包装应注意以下四个问题：
① 包装容器装填内装物后要严加密封，保证水不会透过而侵害内装产品。
② 要求防雨保护的大型包装箱，要开通风孔。
③ 覆盖油毡等防水材料需要钉钉。
④ 对纸箱要用涂蜡或刷防水清漆的办法进行防水处理。

防水包装属于外包装，一些具有保护性的内包装，例如防潮包装、防锈包装、防霉包装、防震包装等，可以与防水包装结合考虑，但不能代替。进行防水包装时，需要了解流通环境的降雨气候特点，例如降雨强度情况、降雨分布、持续降雨日数情况。在空投物资时，包装件可能会在水中浸泡一定的时间，这时就要求包装件具有相当的浸水能力。

8）防霉包装

防霉包装是防止包装和内装物霉变而采取防护措施的包装。在运输包装内装运食品和其他有机碳水化合物货物时，货物表面可能生长真菌，在流通过程中如遇潮湿，真菌生长繁殖极快，甚至伸延至货物内部，使其腐烂、发霉、变质，因此要采取特别防护措施。包装防霉腐变质措施，通常采用冷冻包装、真空包装、高温灭菌方法、使用防霉剂、气相防霉处理等。

(1) 冷冻包装　冷冻包装的原理是减慢细菌活动和化学变化的过程，以延长储存期，但不能完全消除食品的变质。

(2) 真空包装　真空包装法也称减压包装法或排气包装法。这种包装可阻挡外界的水汽进入包装容器内，也可防止在密闭着的防潮包装内部存有潮湿空气，在气温下降时结露。采用真空包装法，要注意避免过高的真空度，以防损伤包装材料。

(3) 高温灭菌法　高温灭菌法可消灭引起食品腐烂的微生物，可在包装过程中用高温处理。有些经干燥处理的食品包装，应防止水汽浸入，可选择防水汽和气密性好的包装材料，采取真空和充气的方法进行包装。

(4) 使用防霉剂　防止运输包装内货物发霉，还可使用防霉剂，防霉剂的种类甚多，用于食品的必须选用无毒防霉剂。

(5) 采用气相防霉处理　气相防霉处理，主要有多聚甲醛、充氮包装，充二氧化碳也具有良好的效果。

防霉包装的结构形式有密封包装和非密封包装两大类。密封包装的关键是要高度阻隔外界气候条件参数的渗透。非密封防霉包装对外界不是封闭的，包装容器内的温度和相对湿度随着外界环境条件的变化而变化，适用于盛装对长霉敏感性低或经防霉处理过的内装物，可采用包装容器开启通风窗口和内装物经防霉处理等两种包装方法。

9）防破损包装

缓冲包装有较强的防破损能力，因而是防破损包装技术中有效的一类。此外还可以采取以下几种防破损保护技术：

(1) 捆扎及裹紧技术　捆扎及裹紧技术的作用，是使杂货、散货形成一个牢固整体，以增加整体性，便于处理及防止散堆来减少破损。

(2) 集装技术　利用集装，减少与货体的接触，从而防止破损。

（3）选择高强保护材料　通过外包装材料的高强度来防止内装物受外力作用而破损。

其中，在集装技术和选择材料方面，各企业和物流领域的专家已经给出了无数优化的方案，目前讨论较多的是设备的应用改善，如在裹膜、套膜方向做更多的优化。

10）防震包装

防震包装又称缓冲包装。产品从生产出来到开始使用要经过一个复杂的过程，涉及运输、保管、堆码和装卸等诸多环节。而在每个环节，都会有力作用在产品之上，有可能使产品发生机械性损坏。为了防止产品损坏，就要设法减小外力的影响，防震包装即是一个有效措施，主要有以下三种方法：

（1）全面防震包装方法　主要是指内装物和外包装之间全部用防震材料填充进行防震的包装方法。

（2）部分防震包装方法　对于整体性好的产品和有内装容器的产品，仅在产品或内包装的拐角或局部地方使用防震材料进行衬垫即可。所用包装材料主要有泡沫塑料防震垫、充气型塑料薄膜防震垫和橡胶弹簧等。

（3）悬浮式防震包装方法　对于某些贵重易损的物品，为了有效地保证其在流通过程中不受损害，往往用坚固的外包装容器，把物品用带子、绳子、吊环、弹簧等物吊在外包装中，使之不与四壁接触，从而减少损坏。这些支撑件起着弹性阻尼器的作用。

目前包装设备市场提供的缓冲防护技术主要涉及第一种和第二种，对应的设备是：气泡垫（柱）生产设备、牛皮纸成型设备、纸皮膨切设备，及发泡（聚氨酯）成型设备。从成本角度来说，气泡垫类更具优势；从环保角度来说，纸类包装更具优势；从保护特性来说，发泡成型类更为可靠。

11）保鲜包装

保鲜包装技术是随着保鲜包装材料和包装技术的发展而产生的。所谓保鲜包装，是一种新型的包装技术，它能保持各类食品一定的新鲜度，使产品在储运、销售过程中免受各种生物、微生物及环境因素的影响，在色、香、味等方面保持食品的原味，增加食品的保质期。但各种食品新鲜程度的概念是不一样的，采用的保鲜包装技术各不相同。

气调包装是食品保鲜的常用方法。气调包装（Modified Atmosphere Packaging，MAP）也称置换气体包装，可定义为"在能阻止气体进出的材料中调节食品的气体环境的技术"。气调包装的原理是把包装物内的空气采用特殊气体进行置换的一种包装方式，气调包装可以根据食物的种类采用不同的气体比例进行包装，一般采用氮气、氧气、二氧化碳等气体，当然据最新的研究也可以适当地用一些氩气和一氧化碳等气体作为包装气体，总之气调包装是在不影响食材口感、品质、色泽等前提下抑制细菌繁殖，尽量延长食物的保鲜期。气调包装在一些产品上的应用已经比较成熟，已经广泛应用于果蔬和净菜的保鲜。另外，气调保鲜技术还应用在冷鲜肉与水产品的包装上。

真空包装也称减压包装，是将包装容器内的空气全部抽出密封，维持袋内处于高度减压状态，空气稀少相当于低氧效果，使微生物没有生存条件，以达到果品新鲜、无病腐发生的目的。目前应用的有塑料袋内真空包装、铝箔包装、玻璃器皿包装、塑料及其复合材料包装等。可根据物品种类选择包装材料。真空包装避免了物品氧化、霉变，同时某些松软的物品，经全自动真空包装机包装后，可缩小包装体积，便于运输和贮存。由于果品属鲜活食品，尚在进行呼吸作用，高度缺氧会造成生理病害，因此，果品类使用真空包装的较少。真空包装只需要完成两个动作即可，抽空气和封口，严格意义上只能称作隔氧包装，主要运用在一些休闲食品上。

12）贴体包装

贴体包装就是近年来流行于国际市场上的一种包装新形势，也是一种新颖的包装技术。贴体包装就是把透明的塑料薄膜加热到软化程度，然后覆盖在衬有纸板的商品上，从下面抽出空气，使加热软化的塑料薄膜按商品的形状黏附在其表面，同时也黏附在承载商品的纸板上，冷却成型后成为一种新颖的包装物体。

由于贴体包装使商品被一层完全透明的塑料薄膜裹覆，被包装的商品能整齐、牢固、透明、美观、色彩鲜艳、形体清楚地呈现在"货架"上，更富有魅力。若贴体包装的纸板上印上五彩缤纷的图案和文字，更能增加产品的吸引力。商品不仅一目了然，而且商品的形状手感颇佳。顾客触摸外表，对商品产生一种亲切感和安全感。这种包装已广泛用于五金、百货、工具、元器件、工艺品、医疗器械、旅游纪念品上。

13）泡罩包装

泡罩包装是指"将产品封合在用透明塑料薄片形成的泡罩与底板（用纸板、塑料薄膜或薄片、铝箔或它们的复合材料制成）之间的一种包装方法"。这种包装方法是20世纪50年代末德国发明并推广应用的，首先是用于药片和胶囊的包装，当时是为了解决玻璃瓶、塑料瓶等瓶装药片服用不便，包装生产线投资大等问题，加上剂量包装的发展，药片小包装的需要量越来越大。人们在服药时用手挤压泡罩包装的药片，药片便可冲破铝箔而出，故有人称它为发泡式或压穿式包装。

泡罩包装具有质量轻，运输方便；密封性能好，可防止潮湿、尘埃、污染、偷窃和破损；能包装任何异形品；装箱不另用缓冲材料以及外形美观、方便使用、便于销售等特点。此外药片包装还有不会互混服用、不会浪费等优点。所以这种包装方式近年来发展很快。泡罩包装的泡罩有大有小，形状因被包装物而异。同时泡罩包装机种类也较多，所以泡罩包装方法有多种。其操作方法主要有手工操作、半自动操作和全自动操作三种。

14）防虫包装

防虫包装是为保护内装物免受虫类侵害而采取一定防护措施的包装。如在包装材料中掺入杀虫剂，有时包装容器中也使用驱虫剂、杀虫剂或脱氧剂，以增强防虫效果。防虫包装技术是通过各种物理的因素（如光、热、电、冷冻等）或化学药剂作用于害虫的肌体，破坏害虫的生理机能和肌体结构，劣化害虫的生活条件，促使害虫死亡或抑制害虫繁殖，以达到防虫害的目的。

防虫包装方法一般包括如下几种：

（1）高温防虫害包装技术　高温防虫害包装技术是指利用较高的温度来抑制害虫的发育和繁殖。当周围环境温度上升至40~45℃时，一般害虫的活动就会受到抑制；当温度上升至45~48℃时，大多数害虫将处于昏迷状态（夏眠）；当温度上升至48℃以上时，大多数害虫将会死亡。高温杀虫包装技术可以采用烘干杀虫、蒸汽杀虫等方法来进行。

（2）低温防虫害包装技术　低温防虫害包装技术是指用低温抑制害虫的繁殖和发育，甚至致其死亡。仓虫一般在环境温度为8~15℃时开始停止活动，4~8℃时处于冷麻痹状态，如果这种状态延续时间较长，仓虫就会死亡。－4℃一般是害虫致死的临界点。一般仓虫在气温下降到7℃时就不能繁殖，大部分开始死亡。各种冷冻设备，如冷冻机、低温冷藏库等都能将温度降到0℃以下，足以达到防虫害的目的。

（3）电离辐射防虫害包装技术　电离辐射防虫害包装技术是利用X射线、γ射线等的杀伤能力，使害虫死亡或者不育，从而达到防虫害的目的。

（4）微波与远红外线防虫害包装技术　微波是指波长为1毫米至1米的电磁波。含水和含脂肪的物质吸入微波能量以后,能将其转换为热量。微波杀虫是指在高频电磁场作用下,害虫体内的水分、脂肪等物质生成大量的热能,使虫体内部温度迅速上升(可达60℃以上),致使害虫死亡。

（5）化学药剂防虫害包装技术　通常所用的杀虫剂有很多种类,但到目前为止还没有一种杀虫剂能防治所有种类的害虫。害虫也有耐药性,从而使杀虫剂的杀虫效率降低。杀虫剂的杀虫机制与适用场合各不相同。其中最常用的杀虫剂是从除虫菊中提取的除虫菊酯,它是一种神经毒剂。它在较高的温度条件下会快速分解,因此对于具有较高体温的鸟类和哺乳类动物等的毒性较低。除虫菊酯中毒症状为兴奋、痉挛、麻痹及死亡,这是典型的神经毒剂中毒现象。除虫菊酯具有快速击倒害虫的效能,多种害虫触及后在几秒钟内就会死亡。除虫菊酯对人畜几乎无毒性,使用安全。

15）无菌包装

无菌包装是指产品、包装容器、材料或包装辅助器材经灭菌后,在无菌的环境中进行充填和封合的一种包装方法。无菌包装技术包括包装产品的无菌、包装材料的无菌、包装环境的无菌和包装后完整的封合四个要素。"无菌"表明了产品中不含任何影响产品质量的微生物,"完整封合"表明了经过适当的机械手段将产品封合到一定容积的包装内,能防止微生物和气体或水蒸气进入包装。无菌包装材料一般有金属罐、玻璃瓶、塑料容器、复合罐、纸基复合材料、多层复合软包装等几种。

无菌包装是指根据产品要求,在无菌状态下,把经过灭菌处理的物料,装进事先灭菌或经无菌处理的包装容器内,让其储存于不透风、不透气甚至不透光的特定环境中,在常温下无须冷藏也能保持较长的时间而品质不变。无菌包装与传统的灌装工艺和其他所有的食品包装的不同之处在于食品单独连续灭菌,包装也单独灭菌,两者相互独立。任何一个环节未能彻底灭菌都将影响产品的无菌效果,因而进行无菌包装应注意各个环节的灭菌操作。与传统的包装技术相比,无菌包装具有能更好地保持农产品食品原有营养与风味(色、香、味)、节约能源、降低包装成本、延长商品货架期等优点。

16）收缩包装

收缩包装就是用收缩薄膜裹包物品(或内包装件),然后对薄膜进行适当加热处理,使薄膜收缩而紧贴于物品(或内包装件)的包装技术方法。收缩包装始于20世纪60年代中期,70年代得到迅速发展,已在一些经济发达国家广泛应用。

在塑料薄膜制造过程中,对于在聚合物的玻璃化温度以上拉伸并迅速冷却得到的塑料薄膜,若重新加热,则能恢复到拉伸前的状态。收缩包装技术就是利用薄膜的这种热收缩性能发展起来的,即将大小适度(一般比物品尺寸大10%)的热收缩薄膜套在被包装物品外面,然后用热风烘箱或热风喷枪短暂加热,薄膜会立即收缩,紧紧裹包在物品外面。物品可以是单件,也可以是有序排列的多件罐、瓶、纸盒等。

收缩包装具有如下特点：①收缩包装能包装一般方法难以包装的异形产品,如蔬菜、水果、鱼肉等。②薄膜本身具有缓冲性和韧性,能防止运输过程中因振动和冲击而损坏产品。③收缩包装的收缩薄膜一般具有透明性,热收缩后紧贴产品,可显示产品外观造型。由于收缩比较均匀,且材料有一定的韧性,棱角处不易撕裂。④有良好的密封、防潮、防污、防锈作用,便于露天堆放,节省仓库面积。⑤可以把零散的多种产品方便地包装在一起,有时借助浅盘可以省去包装盒。⑥包装工艺和设备较简单,有通用性,便于实现机械化,节省人力和包装费用,并可部分代替瓦楞纸箱和木箱。⑦可采用现场收缩包装方法来包装体积庞大的产品,如赛艇和小轿车等,工艺和设备均很简单。⑧可延长食品的保鲜期,便于贮藏。

17) 拉伸包装

拉伸包装是利用可拉伸的塑料薄膜,在常温下对薄膜进行拉伸,用来裹包产品或包装件的一种方法。拉伸包装始于1940年,主要为满足超级市场销售禽类、肉类、海鲜产品、新鲜水果和蔬菜等的拉伸裹包。由于薄膜在包装过程中不需要进行热收缩处理,消耗的能源只有收缩包装的二十分之一,因此适合于某些不能受热产品的包装,并有利于节省能源,便于集装运输,降低运输费用。拉伸包装在托盘运输方面可代替收缩包装,是一种很有前途的包装技术。

拉伸包装具有如下特点:①因为不需要热收缩设备,所以节省了设备投资、能源和设备维修费用。②因为不加热,很适合包装怕热的产品,如鲜肉、蔬菜和冷冻食品等。③可以准确地控制裹包力,防止产品被挤碎。④薄膜是透明的,可以看到商品,便于选购和清点商品。⑤防潮性比收缩包装差,在运输包装中堆积的商品顶部需要另外加一块薄膜,会使操作不便。⑥因为拉伸薄膜有自黏性,当许多包装件堆在一起,搬运时会因黏结而损伤。

18) 防伪包装

防伪包装技术是以包装达到防伪目的的技术,是对包装设计保护功能的补充与完善,是建立在包装的保护功能之上的防止商品被假冒或伪造的技术,主要以商品为对象,它是防伪技术和包装技术的综合体。目前,防伪包装技术集中于以下几个方面:

(1) 油墨防伪设计技术  油墨防伪技术是利用化学物质在光、电等特定条件下所产生的特殊的化学变化现象来辨别包装的真伪。防伪油墨有:遇水变色防伪油墨、高档UV胶印、丝印四色油墨、无色荧光防伪油墨系列、有色荧光防伪油墨系列、温变油墨系列、多彩变色系列、折光油墨系列、夜光防伪油墨系列等。防伪油墨使用简单、成本低、隐蔽性好,所以多用于包装设计印刷防伪。

(2) 材料防伪设计技术  材料防伪技术是利用材料的特殊性,或者利用内外产品包装材料的难以仿制性的特点来达到防伪的目的。常见的防伪材料有各种防伪纸,加工过程中在纸张中加入特殊的材料,以起到防伪作用。

(3) 印刷防伪设计技术  印刷防伪是一种传统的防伪技术,涉及制版、印刷方式、设备、承印物、工艺等方面。印刷工序越复杂,印刷难度越大,防伪性能越好。采用多种印刷方式组合的印刷防伪技术,是目前产品包装印刷类多采用的防伪方法。如平凸合印、平丝合印。另外,采用专用的设计软件制作的特别复杂、高分辨率的印刷底纹,用人工、照排、扫描都难以复制。

(4) 产品包装防伪技术  采用特殊的纸类、特殊的工艺制作包装盒及盒体结构,是包装防伪技术的主要方式。如采用压纹纸材料,同时采用特殊的撕裂线等。内包装设计常采用破坏性防伪包装结构,如破坏性盒盖、盒底,黏合封底式等结构。同时,还可以把喷码防伪技术、条形码防伪技术、电话号码防伪技术、全息图防伪技术等,用于包装设计中。

(5) 综合防伪技术  为了提高商品的防伪力度,通常会采用两种或者两种以上的防伪技术。一种为多功能防伪技术,例如激光全息防伪标志,揭开表面复合的激光全息膜,底层还有一个图文标志;另一种为组合防伪包装设计技术,即同时采用多种防伪技术,增加产品包装的防伪力度。如采用特殊的印刷网点工艺,采用包装盒设计外表面整体防伪底纹安全设计和安全印刷技术等。现在很多的白酒包装采用这样的防伪技术。

上述介绍的是18种典型的物流包装技术,实际应用中,还会有很多具体的包装技术,并且,还会出现一些智能化的包装新技术,如:①带电子芯片的销售包装;②智能化微波食品包装;③可追踪性运输包装。

## 2.4 电子商务物流运输技术

任何产品从生产出来到最终消费,都必须经过一段时间、一段距离的货物运输活动。运输是电子商务物流的中心环节之一,是现代物流活动最重要的一个功能,是物流系统功能的核心,一般将运输称为物流的"动脉"。这一节,我们主要讨论电子商务物流运输技术。首先总体介绍运输与运输技术,然后分别介绍13种典型的电子商务物流运输技术。

### 2.4.1 运输与运输技术概述

从概念上说,运输是指用特定的设备和工具,将物品从一个地点向另一个地点运送的物流活动,它是在不同地域范围内,以改变物的空间位置为目的对物进行的空间位移,实现其使用价值,满足社会的不同需要。运输是运动中的活动,它和静止的保管不同,要靠大量的动力消耗才能实现这一活动,而运输又承担大跨度空间转移之任务,所以活动的时间长、距离长、消耗也大。运输消耗的绝对数量大,其节约的潜力也就大。在社会物流费用中,运输费占接近50%的比例,有些产品运费高于产品的生产费。由于运输总里程大,运输总量巨大,通过体制改革和运输合理化,可大大缩短运输吨公里数,从而获得比较大的节约。

物流的运输则专指"物"的载运及输送,它是在不同地域范围间(如两个城市、两个工厂之间,或一个大企业内相距较远的两车之间),以改变"物"的空间位置为目的的活动,是对"物"进行的空间位移。陆地、海洋和天空都可以作为运输活动的空间,所以,物流运输的主要方式有以下几种:

1) 铁路运输

铁路运输是使用铁路列车运送客货的一种运输方式。铁路运输主要承担长距离、大数量的货运,在没有水运条件的地区,几乎大批量货物都是依靠铁路,是在干线运输中起主力运输作用的运输形式。铁路运输优点是速度快,运输不大受自然条件限制,载运量大,运输成本较低。主要缺点是灵活性差,只能在固定线路上实现运输,需要其他运输手段的配合和衔接。铁路运输经济里程一般在200千米以上。

2) 公路运输

公路运输主要使用汽车,也使用其他车辆(如人、畜力车)在公路上进行货客运输的一种方式。公路运输主要承担近距离、小批量的货运,水运、铁路运输难以到达地区的长途运输,大批量货运及铁路、水运优势难以发挥的短途运输。由于公路运输有很强灵活性,近年来,在有铁路、水运的地区,较长途的大批量运输开始使用公路运输。公路运输主要优点是灵活性强,公路建设期短,投资较低,易于因地制宜,对收发站设施要求不高。公路运输可以采取"门到门"运输形式,即从发货者门口直到收货者门口,而不需转运或反复装卸搬运。公路运输可作为其他运输方式的衔接手段。公路运输的经济半径,一般在200千米以内。

3) 水运运输

水运运输主要用于大数量、长距离的运输,是在干线运输中起主力作用的运输形式。在内河及沿海,水运也常作为小型运输工具使用,担任补充及衔接大批量干线运输的任务。水运的主要优点是成本低,能进行低成本、大批量、远距离的运输。但是水运也有显而易见的缺点,主要是运输速度慢,受港口、水位、季节、气候影响较大,因而一年中中断运输的时间较长。水运有以下四种形式:①沿海运输是使用船舶通过大陆附近沿海航道运送客货的一种方式,一般使用中、小型船舶。②近海运输是使用船舶通过大陆邻近国家海上航道运送客货的一种运输形式,视航程可使用中型船舶,也可使用小型船舶。③远洋运输是使用船舶跨大洋的长途运输形式,主要依靠运量大的大型船舶。④内河运输是使用船舶在陆地内的江、河、湖、川等水道进行运输的一种方式,主要使用中、小型船舶。

4) 航空运输

航空运输是使用飞机或其他航空器进行运输的一种形式。航空运输的单位成本很高,因此,主要适合运载的货物有两类:一类是价值高、运费承担能力很强的货物,如贵重设备的零部件、高档产品等;另一类是紧急需要的物资,如救灾抢险物资等。航空运输的主要优点是速度快,不受地形的限制。在火车、汽车都达不到的地区也可依靠航空运输,因而有其重要意义。

5) 管道运输

管道运输是利用管道输送气体、液体和粉状固体的一种运输方式。其运输形式是靠物体在管道内顺着压力方向循序移动实现的,和其他运输方式重要区别在于,管道设备是静止不动的。管道运输的主要优点是,由于采用密封设备,在运输过程中可避免散失、丢失等损失,也不存在其他运输设备本身在运输过程中消耗动力所形成的无效运输问题。另外,运输量大,适合于大且连续不断运送的物资。

物流运输离不开相关技术手段和工具的运用。运输技术是以运输行业为研究对象,以运输效益为研究课题产生的科学技术。运输技术是为进行运输生产而积累的有关专业知识、技能和创造的物质手段的总和。一般说来,物流运输技术主要包括运输设施技术和运输作业技术两大类。运输设施技术属于运输硬技术,包括运输基础设施、运输工具和装载技术;运输作业技术属于运输软技术,包括运输管理技术、运输信息技术、运输优化技术等。

物流运输设施技术有广义和狭义之分。广义的物流运输设施技术包括交通设施、运输工具和装载技术等,可以进一步分为公路运输技术、铁路运输技术、水路运输技术、航空运输技术和管道运输技术等。狭义的物流运输设施技术主要指运输工具和装载技术,如运输中的机车(俗称火车头)、车辆等,集装箱、油罐、油管等。

运输作业技术也有广义与狭义之分。广义的运输作业技术包括运输作业中采用的所有工具、方法、技术和手段,如整车运输、零担运输、拖挂运输、联合运输、运输线路优化、运输合理化方法以及运输信息技术等。狭义的运输作业技术主要指运输作业中的支持技术,如运输工具使用、运输线路优化、运输管理方法等。

物流运输技术可以从很多角度进行分类和讨论,针对不同行业或产品的运输,通常有不同的运输技术,并且随着现代科学技术的不断发展,物流运输技术也在不断发展,如智能运输系统(Intelligent Transportation System,简称ITS),就是先进的信息技术、计算机技术、数据通信技术、传感器技术、电子控制技术、自动控制技术、运筹学、人工智能等学科成果在交通运输领域中的综合运用。

### 2.4.2 典型的物流运输技术

现代物流业的发展,离不开现代物流技术的运用。物流运输是一个很大的领域,涉及很多产业和细分领域,并且不断有新的物流运输技术涌现。接下来,我们重点讨论电子商务应用中13种典型的物流运输技术。

1) 汽车运输

汽车运输是指借助汽车这一运载工具,沿着公路将旅客和货物运送到目的地的一种运输技术。载货汽车一般可分为重型、中型、轻型、微型四个种类。其中,重型和中型载货汽车核发大型货车号牌(俗称黄牌);轻型和微型载货汽车核发小型货车号牌(俗称蓝牌)。汽车运输专用车辆包括:厢式车、敞车、平板车、罐式挂车、冷藏车、高栏板车、特种车等。牵引车和挂车是汽车运输中常用的,按照司机室的形式不同,牵引车可分为平头式和长头式;按拖带挂车的方式不同,挂车可分为半拖挂方式、全托挂方式和双联拖挂方式。

2) 火车运输

火车运输是指利用机车、车辆等技术设备沿着铺设轨道运行的一种运输技术。火车也叫列车,是指在铁路轨道上行驶的车辆,通常由多节车厢所组成。载货火车,也叫货运列车或货运火车,区别于客运列车,是指用来运输货物的火车或列车,亦有客运和货运在一起的客货车。货运列车拖动的是货车载货车厢。载货车厢有多种,现代最常见的是货柜(集装箱)车。有些国家的货柜车厢采用附带方式,货柜车可以把货柜连拖架驶上列车车厢上,到达目的地后直接由货柜车头把货柜开走。其他的货车车厢包括:运送车辆的平车、散装货物的敞车、冷冻食物的冷藏车、运送猪或牛等动物的棚车、运送煤炭矿物谷类的漏斗车、运送汽油等液体的罐车以及运送其他特殊货物的专用车等。

3) 航空运输

航空运输是指使用飞机及其他航空器运送人员、货物、邮件的一种运输技术。目前航空运输的工具主要是飞机。按用途划分,飞机有民用航空飞机和国家航空飞机之分。国家航空飞机是指军队、警察和海关等使用的飞机,民用航空飞机主要是指民用飞机和直升机,民用飞机指民用的客机、货机和客货两用机。航空货运,也叫空运,是现代物流中的重要组成部分,其提供的是安全、快捷、方便和优质的服务。航空运输主要有班机运输、包机运输、集中托运和航空快递业务。航空集装运输是指利用航空集装设备装载货物、行李和邮件的运输。使用集装设备后,成组装机、卸机,简化了货物交接手续,减少了货物装卸次数,货物的差错率、破损率明显降低,有效地提高了运输质量。

4) 船舶运输

船舶运输是使用船舶通过水路运送旅客或货物的一种运输技术,可以分为内河运输、沿海运输和远洋运输。内河运输是指使用船舶通过国内江湖河川等天然或人工水道,运送货物和旅客的运输,通常把国内沿海港口间的海上运输称为沿海运输,而将本国港口与外国港口之间或外国港口与外国港口之间的海上运输称为远洋运输。船舶运输的营运方式分为两种:班轮运输与不定期船运输。班轮运输又分为杂货班轮运输与集装箱班轮运输;不定期船运输又分为航次租船运输与定期租船运输。

船舶是一种主要在地理水中运行的人造交通工具。另外,民用船一般称为船,军用船称为舰,小型船称为艇或舟,其总称为舰船或船艇。运输船舶一般有如下几种:

(1) 杂货船 杂货船又称普通货船,主要用于装载一般包装、袋装、箱装和桶装的件杂货物(简称件货或者杂货,是可以件计量的货物,英文叫 General Cargo,也就是普通货物)。

(2) 干散货船 干散货船又称散装货船,专用于运送煤炭、矿砂、谷物、化肥、水泥、钢铁等散装物资。

(3) 液体汽船　液体汽船所运输的液化气体有液化石油气、液化天然气、氨水、乙烯、液氯等。

(4) 冷藏船　冷藏船是使鱼、肉、水果、蔬菜等易腐食品处于冻结状态或某种低温条件下进行载运的专用运输船舶。

(5) 集装箱船　集装箱船，又称"货柜船"。广义是指可用于装载国际标准集装箱的船舶；狭义是指全部舱室及甲板专用于装载集装箱的全集装箱船舶。

(6) 滚装船　滚装船是指通过跳板采用滚装方式装卸载货车辆的船舶。滚装船的概念起源于军用坦克或车辆登陆艇。

5）集装箱运输

集装箱运输是指以集装箱这种大型容器为载体，将货物集合组装成集装单元，以便在现代流通领域内运用大型装卸机械和大型载运车辆进行装卸、搬运作业和完成运输任务，从而更好地实现货物"门到门"运输的一种新型、高效率和高效益的运输技术。集装箱运输涉及面广、环节多、影响大，是一个复杂的运输系统工程。集装箱运输系统包括海运、陆运、空运、港口、货运站以及与集装箱运输有关的海关、商检、船舶代理公司、货运代理公司等单位和部门。

集装箱，是指具有一定强度、刚度和规格，专供周转使用的大型装货容器。集装箱是能装载包装或无包装货物进行运输，并便于用机械设备进行装卸搬运的一种组成工具。集装箱最大的成功在于其产品的标准化以及由此建立的一整套运输体系。集装箱种类很多，分类方法多种多样，有以下分类方法：

(1) 按所装货物种类分　有干货集装箱、散货集装箱、液体货集装箱、冷藏箱集装箱，以及一些特种专用集装箱，如汽车集装箱、牧畜集装箱、兽皮集装箱等。

(2) 按制造材料分　有钢制装箱、铝合金集装箱、玻璃钢集装箱。

(3) 按结构分　有固定式集装箱、折叠式集装箱、薄壳式集装箱。在固定式集装箱中还可分密闭集装箱、开顶集装箱、板架集装箱等；折叠式集装箱，指集装箱的主要部件(侧壁、端壁和箱顶)能简单地折叠或分解，再次使用时可以方便地再组合起来；薄壳式集装箱，是把所有部件组成一个钢体，它的优点是质量轻，可适应所发生的扭力而不会引起永久变形。

(4) 按总重分　有30吨集装箱、20吨集装箱、10吨集装箱、5吨集装箱、2.5吨集装箱等。

(5) 按规格尺寸分　国际上通常使用的干货集装箱有：外尺寸为20英尺×8英尺×8英尺6英寸(1英尺=304.8毫米,1英寸=25.4毫米)，简称20尺货柜；外尺寸为40英尺×8英尺×8英尺6英寸，简称40尺货柜；外尺寸为40英尺×8英尺×9英尺6英寸，简称40尺高柜。

(6) 按用途分　有冷冻集装箱、挂衣集装箱、开顶集装箱、框架集装箱、罐式集装箱、冷藏集装箱、平台集装箱、通风集装箱、保温集装箱。

集装箱运输的迅速发展带动了集装箱制造业的繁荣。集装箱制造产业主要有干货集装箱、冷藏集装箱及罐式集装箱等其他各类特种集装箱的制造。其中，中国生产的标准干货集装箱占世界产量的95%以上，集装箱产销量十多年来一直保持世界第一。

6）冷藏运输

冷藏运输是指运用冷藏、保温、通风等方法，快速、优质运送易腐货物的运输。冷藏车、冷藏船和冷藏集装箱是进行冷藏运输的主要工具。

冷藏运输物品可根据所运输的货物对温度的要求进行分类：

(1) 保鲜类物品　有蔬菜、鲜花、水果、保鲜疫苗、鲜活水产品、电子元器件，一般温度要求在 $2\sim8°C$。

(2) 冷鲜类物品　有排酸肉品、江海鲜产品、豆制品、疫苗制品、医疗垃圾准运、巧克力等，一般对温度要求是-5～0 ℃之间。

(3) 冷冻类物品　有速冻食品、速冻海鲜江鲜产品、冻肉制品等，一般对温度要求是-18～-10 ℃之间。

(4) 深冷冻类物品　有高级冰激凌、高危险品、高级面包活菌酵母面团，一般对温度要求是-45～-20 ℃之间。

7) 散装运输

散装运输是指运用适当的工具和设备对未包装的颗粒状、粉末状和液体货物进行运输。散装运输是指货物不经包装，基本上以自然形态装载上车船进行运送的运输方法，适用于大宗的块状、粒状、粉状以及液态货物的运输，通常采用的散装运输工具如粮食散装车、水泥散装车、罐车、散装船、气动输送系统、管道、散货集装箱等。

实现散装运输，需要生产、装载、运输、卸载、储存、使用等主要环节设备配套，工作协调。有的运输工具还要具有较好的密封性和较大的载质量。散装设备要能连续输送和准确计量。一些技术先进国家，在货场的装卸、储存、加工、供应过程中，普遍采用工业电视、电话、电脑等监视与遥控系统，与之相适应的计量设备和工艺流程也在不断改进。散装运输有利于实行机械化装卸，加速车船周转；节省包装的物料、人力、财力，提高运输效率；减少货物损失，保证运输质量；减少对环境的污染等。

8) 甩挂运输

甩挂运输是指汽车或列车按预定计划，在各装卸作业点甩下并挂上指定的挂车，继续运行的一种组织方式。甩挂运输可使载货汽车(或牵引车)的停歇时间缩短到最低限度，从而可最大限度地利用牵引能力，提高运输效能。在同样条件下，可比定挂运输有较高的运输效率。

狭义上的甩挂运输定位于道路运输领域，其本质上是一种货运组织形式，是指按一定比例配置牵引车和挂车，在运输停顿过程中牵引车可以甩掉一个挂车，挂上另一个挂车继续空间移动过程的运输组织形式。

广义上的甩挂运输体现于道路运输和多式联运领域，其本质上是一种基于道路货运车辆调度的货运运力资源配置模式。在道路运输环节，牵引车在适当的站点可以甩掉一个(或多个)挂车，挂上另一个(或多个)挂车继续空间移动，以实现门到门运输；在多式联运环节，由道路甩挂运输牵引车拖挂的挂车经过陆路行驶抵达公铁多式联运场站或者水陆多式联运场站后，挂车被接驳到铁路货物列车或者滚装船，经过铁路和水运的大容量干线运输过程后，由道路甩挂运输牵引车继续拖挂这些挂车以实现门到门运输。

9) 零担运输

零担运输是指当一批货物的质量或容积不够装一车的货物(不够整车运输条件)时，与其他几批甚至上百批货物共享一辆货车的运输技术。托运一批次货物数量较少时，装不足或者占用一节货车车皮(或一辆运输汽车)进行运输在经济上不合算，而由运输部门安排和其他托运货物拼装后进行运输，运输部门按托运货物的吨公里数和运价率计费。

零担货运灵活机动、方便简捷，适合数量小、品种杂、批量多的货物运输，适应商品经济发展的需要。装运零担货物的车辆称为零担车。

10) 整车运输

整车运输是指托运一批次货物至少占用一节货车车皮(或公路运输的一辆运货汽车)进行铁路或公路运输。整车货物运输需要一辆或一辆以上铁路货车装运，简称整车。整车货物运输通常是一车一张货票、一个发货人。

整车运输包括两种形式：①整车直达，按货车载重标准吨数和运输里程向托运单位收费。②整车分卸，即起运站和运输方面相同，到达站不同的货物拼凑成整车，在不同到达站分别卸货。运输部门按货车载重标准吨数和到达站最远里程数向托运单位收费。

11）多式联运

多式联运是指从装运地到目的地的运输过程中包含两种以上的运输方式——海、陆、空、内河等。多式联运这种由两种及其以上的交通工具相互衔接、转运而共同完成的运输过程也称为复合运输。

《联合国国际货物多式联运公约》对国际多式联运所下的定义是：按照多式联运合同，以至少两种不同的运输方式，由多式联运经营人把货物从一国境内接运货物的地点运至另一国境内指定交付货物的地点。

《中华人民共和国海商法》所称的多式联运合同，是指多式联运经营人以两种以上的不同运输方式，其中一种是海上运输方式，负责将货物从接收地运至目的地交付收货人，并收取全程运费的合同。多式联运是在集装箱运输的基础上发展起来的，这种运输方式并没有新的通道和工具，而是利用现代化的组织手段，将各种单一运输方式有机地结合起来，打破了各个运输区域的界限，是现代管理在运输业中运用的结果。

12）无人机运输

无人机运输是指通过自备的程序控制或无线电遥控设备，操纵无人机进行货物运送的过程。依据运输距离、运载质量及续航时间区分为支线无人机运输和末端无人机配送等类型。支线无人机运输用于大载重、中远距离的送货，直线距离一般在100～1 000 千米，吨级载重，续航时间达数小时。末端无人机配送的空中直线距离一般在10 千米以内（对应地面路程可能达到20～30 千米，受具体地形地貌的影响），载质量在5～20 千克，单程飞行时间在15～20 分钟（受天气等因素影响）。

无人机作为物流配送黑科技，与人力配送相比，具有智能化、信息化、无人化的特点，配送效率更高，因此，受到快递、电商等企业的关注，被认为是快递业末端配送未来布局的三大支点之一。物流无人机适用于小批量、高频次运输，也是农村、山区等偏远地区以及紧急件派送的最佳选择之一。在快递物流市场中无人机有着距离短、成本低、速度快、效率高的优势，可被用于快递配送和仓储环节，帮助企业减少人力、物力成本。

使用无人机送货的概念最早是美国亚马逊公司在2013 年提出的。2015 年，圆通速递则实现了国内无人机配送的首秀，随后顺丰、邮政、京东、苏宁、菜鸟、饿了么等快递、电商、外卖平台纷纷试水并布局物流无人机配送。

13）无人车运输

无人车运输是指通过无人驾驶货运车进行运输。从"无人超市"到"无人餐厅"再到"无人驾驶物流车"，人工智能已成功注入我们生活的方方面面，且正在一步步改变着我们的生活方式。无人驾驶物流车必将成为未来物流行业的发展趋势。在物流领域，无人驾驶可以应用在长途卡车运输、封闭道路的配送上，以及同城运送上。为了解决快递"最后一公里"的配送难题，众多电商企业巨头同时锁定了无人驾驶物流车，阿里菜鸟、京东、苏宁都纷纷开始加码对无人驾驶物流车的研发。

随着无人驾驶技术日趋成熟，无人驾驶汽车逐渐普及，这都将为物流行业创造巨额效益，为行业带来巨大机遇。借助无人驾驶技术和人工智能，装卸、运输、收货、仓储等物流工作逐渐被无人驾驶汽车和机器人代替,产品交付速度预计提高60%。车辆自动驾驶,机器人代替人,物流成本越来越低,物流总成本从现在占GDP20%左右降为6%左右。

上述介绍的是13种典型的物流运输技术,实际应用中,还会有很多具体的运输技术,如运输优化技术等,尤其是现代信息技术在物流运输中的运用。接下来,我们简单讨论一下常见的不合理运输以及运输合理化问题。

### 2.4.3 不合理运输与运输合理化

不合理运输是在现有条件下可以达到的运输水平而未达到,从而造成了运力浪费、运输时间增加、运费超支等问题的运输形式。通常不合理运输形式有如下几种:对流运输、迂回运输、过远运输、重复运输、无效运输、返程或起程空驶、运力选择不当、托运方式选择不当。

(1) 对流运输　对流运输指的是同种货物以不同的发送点同时或先后做面对面的运输,并且彼此重复对方旅程的全部或一部分。对流运输是最明显的不合理运输,是对运力的纯浪费。在同一交通线上发生的相向运输成为明显的相向运输,它易于被识别出来,若相向运输发生在走向大致平行,距离不远的线路上,则称之为隐蔽的相向运输,在做城市和区域布局规划的客货流分析时,必须予以注意。

(2) 迂回运输　迂回运输是舍近取远的运输,一般是指可以选取短距离进行运输而不选取,却选择路程较长路线进行运输。在交通网发达,特别是拥有环状交通线时,迂回运输是最容易出现的。在环状线路条件下,货物调运的重要原则是:收点和发点间的货物走行公路数,不应该超过整个环状线路总长度的一半,即必须小于或等于环形圆长的二分之一。根据上述原则,在规划货流时,可以编出现状交通线的最短路径图。

(3) 过远运输　过远运输是一种舍近求远的物资运输。从产生的根源来看,过远运输有两类:一类是由于产销计划和运输计划不当,人为造成的物资调拨不合理,从而引起的货物运行距离的加大;另一类是由生产力布局所造成的。

(4) 重复运输　重复运输是指同一批货物由产地运抵目的地,没经过任何加工和必要的作业,也不是为联运及中转需要,又重新装运到别处的现象。重复运输引起运量的重复计算,造成多余的中转、倒装,虚耗装卸费用,增大了货损,增加了作业量。

(5) 无效运输　无效运输是指没有任何经济社会效益的"不合理运输"。无效运输常指物资中所包含的无使用价值的那部分杂质的运输。如煤炭中的矸石、原油中的水分、矿石中的石头等。无效运输不仅浪费车船运力,且使消费单位不能得到保质保量的产品。减少无效运输的办法是:物资生产部门要重视产品质量,特别是采矿部门,要尽可能配置洗选设备;运输部门要优先输送精料,不运或少运粗料;产品实行按质论价,低质产品就地消费,不做长途调运。

(6) 返程或起程空驶　空车或无货载行驶,可以说是不合理运输最严重形式。在实际运输组织中,有时候必须调运空车,从管理上不能将其看成不合理运输,但是,因调运不当、货源计划不周、不采用运输社会化而形成的空驶,则是不合理运输的表现。

(7) 运力选择不当　运力选择不当是指未考虑各种运输工具的优缺点而进行不适当的选择造成不合理的运输。不同的运输工具各有其缺点,故在运输过程中,应根据各种交通工具取长补短、相互协作、综合利用的原则进行选择,否则就会形成不必要的浪费。

(8) 托运方式选择不当　托运方式选择不当是指,对于货主而言,可以选择最好的托运方式而未选择,造成运力的浪费及费用支出加大的一种不合理运输。如该整车运而零担运,该直达而选择中转等不合理运输在实践中要在物流系统中做出综合判断,避免效益背反现象的出现。

影响运输合理化的外部因素主要有四个方面因素,分别是资源分布状况、国民经济结构的变化、运输网布局的变化、运输决策的参与者。而影响运输合理化的内部因素则是运输距离、运输环节、运输工具、运输时间、运输费用。因此,结合上述影响运输合理化的因素,可以采用以下措施来提高运输的合理程度:

(1) 提高运输工具实载率　实载率有两个含义:一是单车实际载重与运距之乘积和标定载重与行驶里程之乘积的比率,这在安排单车、单船运输时,是判断装载合理与否的重要指标;二是车船的统计指标,即一定时期内车船实际完成的货物周转量(以吨公里计)占车船载重吨位与行驶公里之乘积的百分比。在计算时车船行驶的公里数,不光包括载货行驶,也包括空驶。提高实载率的意义在于:充分利用运输工具的额定能力,减少车船空驶和不满载行驶的时间,减少浪费,从而求得运输的合理化。在铁路运输中,采用整车运输、合装整车、整车分卸及整车零卸等具体措施,都是提高实载率的有效措施。

(2) 减少动力投入,增加运输能力　运输的投入主要是能耗和基础设施的建设,在运输设施固定的情况下,尽量减少能源动力投入,从而大大节约运费,降低单位货物的运输成本,达到合理化的目的。如:在铁路运输中,在机车能力允许的情况下,多加挂车皮;在内河运输中,将驳船编成队行,由机运船顶推前进;在公路运输中,实行汽车挂车运输,以增加运输能力等。

(3) 发展社会化的运输体系　运输社会化的含义是发展运输的大生产优势,实行专业化分工,打破物流企业自成运输体系的状况。单个物流公司车辆自有,自我服务,不断形成规模,且运量需求有限,难于自我调剂,因而经常容易出现空缺、运力选择不当、不能满载等浪费现象,且配套的接发货设施、装卸搬运设施也很难有效的运行,所以浪费颇大。实行运输社会化,可以统一安排运输工具,避免迂回、倒流、空驶、运力选择不当等多种不合理运输形式,不但可以追求组织效益而且可以追求规模效益,所以发展社会化的运输体系是运输合理化非常重要的措施之一。

(4) 开展中短距离铁路公路分流,"以公代铁"的运输　减少动力投入,增加运输能力这一措施的要点,是在公路运输经济里程范围内,或者经过论证,超出通常平均经济里程范围,也尽量利用公路。这种运输合理化的表现主要有两点:一是对于比较紧张的铁路运输,用公路分流后,可以使其得到一定程度的缓解,从而加大这一区段的运输通过能力;二是充分利用公路从门到门和在中途运输中速度快且灵活机动的优势,实现铁路运输服务难以达到的水平。我国"以公代铁"目前在杂货、日用百货运输及煤炭运输中较为普遍,公路经济里程为200~500千米。随着高速公路的发展、高速公路网的形成、新型与特殊货车的出现,公路的经济里程有时可达1 000千米以上。

(5) 发展直达运输　直达运输是追求运输合理化的重要形式,其对合理化的追求要点是通过减少中转过载换载,从而提高运输速度,省却装卸费用,降低中转货损。直达的优势,尤其是在一次运输批量和用户一次需求量达到了一整车时表现最为突出。此外,在生产资料、生活资料运输中,通过直达,建立稳定的产销关系和运输系统,也有利于提高运输的计划水平,用最有效的技术来实现这种稳定运输,从而大大提高运输效率。

(6) 发展特殊运输技术和运输工具　依靠科技进步是运输合理化的重要途径。例如:专用散装及罐车,解决了粉状、液状物运输损耗大、安全性差等问题;袋鼠式车皮、大型半挂车解决了大型设备整体运输问题;滚装船解决了车载货的运输问题;集装箱船比一般船能容纳更多的箱体,集装箱高速直达车船加快了运输速度等。

(7) 通过流通加工,使运输合理化　不少产品,由于产品本身形态及特性问题,很难实现运输的合理化,如果进行适当加工,就能够有效解决合理运输问题。例如:将造纸材在产地预先加工成干纸浆,然后压缩体积运输,就能解决造纸材运输不满载的问题;轻泡产品预先捆紧包装成规定尺寸,装车时就容易提高货物装载量;水产品及肉类预先冷冻,就可提高车辆装载率并降低运输损耗。

## 2.5　电子商务物流仓储技术

仓储是每一个物流系统不可缺少的部分。仓储已从物流系统中相对次要的方面发展成为最重要的职能之一。尤其在电子商务物流中,为了满足客户需求,仓储设施和仓储决策越来越重要。这一节,我们主要讨论电子商务物流仓储技术。首先总体介绍仓储与仓储技术,然后分别介绍几种典型的电子商务物流仓储技术。

### 2.5.1　仓储与仓储技术概述

什么是仓储?仓储是指通过仓库对物资进行储存、保管以及仓库相关储存活动的总称。我们可以将仓储(Warehousing)定义为公司物流系统的一部分,它从初始点到消费点存储产品(原材料、零部件、半成品、成品),并提供存储状态、条件和处置等信息。

仓储活动的发生一般是基于下列一个或多个原因:①实现运输的经济性;②实现生产的经济性;③从批量购买折扣和提前购买中获益;④维持供应源;⑤支持公司的客户服务政策;⑥适应市场条件的变化(季节性、需求波动、竞争等);⑦克服生产者和消费者之间存在的时间和空间差异;⑧实现最小的物流总成本,并达到理想的客户服务水平;⑨支持供应商和客户的JIT(准时生产)计划;⑩为客户的每次订购提供产品组合而不是单一产品;⑪为待处置或循环使用的物料提供临时存储(逆向物流)。

仓储随着物资储存的产生而产生,又随着生产力的发展而发展。传统的仓储定义是从物资储备的角度给出的。现代仓储不是传统意义上的"仓库""仓库管理",而是在经济全球化与供应链一体化背景下的仓储,是现代物流系统中的仓储。

仓储首先是一项物流活动,或者说物流活动是仓储的本质属性。仓储不是生产,不是交易,而是为生产与交易服务的物流活动中的一项。这表明仓储只是物流活动之一,物流还有其他活动,仓储应该融于整个物流系统之中,应该与其他物流活动相联系、相配合。现实物流服务中的仓储活动有很多,可以有不同的形式,下面是几种常见的仓储类型。

(1) 直接存储送货与交叉收货　所谓直接存储送货(Direct Store Delivery),就是一些公司在市场上把产品直接卖给零售客户。例如,邮购目录公司,仅在初始点(如销售总部或者车间)利用仓储。另一个就是交叉收货(Cross-docking),也译为接驳式转运。交叉收货,力图缩短产品的存储时间。这里,仓库主要被用作"配送混合中心"(Distribution Mixing Center)。产品成批地到达,立即被拆散,并按照正确的种类和数量进行混装,再送给客户,产品并没有进入仓库。

(2) 公共仓储与自营仓储　大多数公司在工厂和客户的中间点存储产品。当公司决定在现场存储产品的时候,它面临两个仓储选择:租用设施,称作公共仓储;或者个人拥有设施,也叫自营仓储。公司使用公共仓储而不是自营仓储的好处可能包括:①保存资金;②利用空间来满足高峰时的需求;③降低风险;④规模经济;⑤灵活性;⑥税收优惠;⑦了解确切的存储和搬运成本;⑧避免劳动争端。但是公共仓储也存在着以下缺点:①通信问题。有效的通信可能是公共仓储的一个难题,因为并不是所有的计算机终端和系统都是兼容的。仓库管理者可能不愿给一个客户增加又一个终端。②缺乏专门服务。在一个特定地方想要的空间或专门服务可能不是总能得到。许多公共仓储仅仅提供当地服务,这给那些提供区域和全国配送的公司造成了限制。想使用公共仓库提供全国配送的制造商,可能会发现需要与几个不同的仓库所有者打交道和监控几个合同。③缺乏空间。公共仓储空间在公司要使用它的时候或地方可能得不到。在特定市场上缺乏空间可能会周期性地发生,这可能影响公司的物流和营销战略。自营仓储存在以下优点:①易控制;②灵活性;③成本更低;④更好地利用人力资源;⑤税收优惠;⑥无形收益。同时自营仓储的缺点是:①缺乏灵活性;②财务限制;③回报率。

(3) 合同仓储　合同仓储(Contract Warehousing)是公共仓储的一个变种。合同仓储,也称契约式仓储,是仓储服务提供商和使用者之间的一种安排。它被定义为:一种互惠的长期安排,提供针对单一客户的唯一的和专门定制的仓储和物流服务。供应商和客户共同承担运作风险,重点在于生产力、服务和效率,而不是费用和费率结构本身。

仓储一般有三个基本功能,分别是搬运、存储和信息传递。其中搬运功能又可以划分为几种活动,包括:接收、转移或者存放、客户订单分拣/挑选、接驳式转运(交叉收货)、运输(装运)。其中,在客户订单分拣/挑选过程中有以下四种方法:

(1) 全面分拣　全面分拣(Discreet Picking)是挑选货物的一种方法。一个订单分拣员全面负责一个订单,并负责订单从开始到结束的履行过程。

(2) 批处理分拣　批处理分拣(Batch Picking)时,订单分拣员负责一组订单,比如说一打订单。批处理清单包括整个订单组里每种存储单元的物品总数。订单分拣员接收这一批的订单,负责分拣物品并将物品送到站台,然后将它们在各个订单之间进行分配。

(3) 分区分拣　分区分拣(Zone Picking)将各个订单分拣员分派到仓库的指定区域。在分区订单处理计划中,订单分拣员挑选出订单中指定通道中的货物,将其传给下一个分拣员,他挑选出下一个通道上的货物,然后依次传下去。在这个系统中,订单几乎总是由不止一个人来处理。

(4) 分波分拣　分波分拣(Wave Picking)按照一个指定特征划分发货订单,例如:按照同一个承运商来划分发货订单。

存储是仓储的第二个功能,可被临时或半永久地执行。临时存储(Temporary Storage)强调仓库的移动功能,只存储需要补货的产品。不管实际库存周转率是多少,都需要进行临时存储。临时存储的范围依赖于物流系统的设计和前置期及需求的变动性。交叉收货的一个目标就是只利用仓库的临时存储功能。半永久性存储(Semi-permanent Storage)是对正常补货需求之外的存货进行存储。这些存货被当作缓冲器或者安全库存。导致半永久性存储最常见的情况有:①季节性需求;②不确定性需求;③水果和肉之类的产品;④投机或提前购买;⑤数量折扣等特殊交易。

仓储第三个主要功能是信息传递,与搬运和存储同时发生。管理总是需要及时和准确的信息,以有效管理仓储活动。库存水平、产量水平(通过仓库移动的产品数量)、库存位置、输入或输出运输、客户数据、仓库空间的利用等信息对仓库的成功运作至关重要。企业越来越依赖计算机化的信息传递、互联网和条形码来提高信息传递的速度和精度。信息在仓库管理中是非常重要的。准确和及时的信息能使一个企业实现仓库的最小化,改善运输工具的路线和计划,通常还能提高客户服务水平。

现代仓储,与运输等其他物流活动一样,离不开具体技术、手段和工具的运用。仓储技术是现代物流设备与技术的主要应用领域。离开了现代仓储设施设备及信息化技术,也就没有现代仓储。仓储技术,从概念上说,也有广义与狭义之分。广义的仓储技术,是指仓储作业中涉及的所有设施、技术、手段和工具。狭义的仓储技术,主要是指仓储的作业技术和管理技术。仓储技术发展经历了不同的历史时期和阶段,从原始的人工仓储发展到智能仓储。各种高新技术对仓储的支持,使仓储效率得到大幅度提高。仓储技术的发展一般包括五个阶段:人工阶段、机械化阶段、自动化阶段、集成自动化阶段和智能自动化阶段。

在人工仓储技术阶段,物资的输送、存储、管理和控制主要靠人工实现,其实时性和直观性是明显的优点。人工仓储技术在初期设备投资的经济指标上也具有优越性。

在机械化仓储技术阶段,物料可以通过各种各样的传带,工业输送车、机械手、吊车、堆垛机和升降机来移动和搬运,用货架托盘和可移动货架存储物料,通过人工操作机械存取设备,用限位开关、螺旋机械制动和机械监视器等控制设备的运行。机械化满足了人们速度、精度、高度、质量、重复存取和搬运等要求。

在自动化仓储技术阶段,自动化技术对仓储技术和发展起了重要的促进作用。20世纪50年代末至60年代,相继研制和采用了自动导引小车(Automated Guided Vehicle,简称AGV)、自动货架、自动存取机器人、自动识别和自动分拣等系统。70年代至80年代,旋转体式货架、移动式货架、巷道式堆垛机和其他搬运设备都加入了自动控制的行列,但这时只是各个设备的局部自动化并各自独立应用,被称为"自动化孤岛"。随着计算机技术的发展,工作重点转向物资的控制和管理,要求实时、协调和一体化,计算机之间、数据采集点之间、机械设备的控制器之间以及它们与主计算机之间的通信可以及时地汇总信息,仓库计算机及时地记录订货和到货时间,显示库存量,计划人员可以方便地做出供货决策,他们知道正在生产什么、订什么货、什么时间发什么货,管理人员随时掌握货源及需求。信息技术的应用已成为仓储技术的重要支柱。

在集成自动化仓储技术阶段(20世纪70年代末至80年代),自动化技术被越来越多地用到生产和分配领域,显然,"自动化孤岛"需要集成化,于是便形成了"集成系统"的概念。在集成化系统中,整个系统的有机协作,使总体效益和生产的应变能力大大超过各部分独立效益的总和。集成化仓库技术作为计算机集成制造系统(Computer Integrated Manufacturing System,简称CIMS)中物资存储的中心受到人们的重视。虽然人们在20世纪80年代已经注意到系统集成化,但至今我国已建成的集成化仓储系统还不多。集成化系统包括了人、设备和控制系统,前述三个阶段是基础。

在智能自动化仓储技术阶段,人工智能技术推动了自动化技术向更高级的阶段——智能自动化方向发展。现在,智能自动化仓储技术还处于初级发展阶段,在21世纪仓储技术的智能化将具有广阔的应用前景。

## 2.5.2 典型的物流仓储技术

现代物流运营,离不开物流仓储技术的运用。物流仓储是一个很大的领域,与运输类似,也涉及很多产业和细分领域,并且不断有新的仓储技术涌现。接下来,我们重点讨论电子商务应用中几种典型的物流仓储技术。

1) 货架技术

货架即存放货物的架子。在仓库设备中,货架是指专门用于存放成件物品的保管设备。货架的功能应当是完善的,应与机械化、自动化相适应。

按照发展形态分类,货架可分为传统式货架和新型货架。传统式货架包括：层架、层格式货架、抽屉式货架、橱柜式货架、U形架、悬臂架、栅架、鞍架、气罐钢筒架、轮胎专用货架等。新型货架包括：旋转式货架、移动式货架、装配式货架、调节式货架、托盘货架、进车式货架、高层货架、阁楼式货架、重力式货架、屏挂式货架等。按适用性分类,货架可分为通用货架和专用货架。按制造材料属性分类,货架可分为钢货架、钢筋混凝土货架、木质货架和钢木合制货架。按封闭性分类,货架可分为敞开式货架、半封闭式货架和封闭式货架。按结构特性分类,货架可分为层架、层格架、橱架、抽屉架、悬臂架、三脚架和棚型架等类型。按可移动性分类,货架可分为固定式货架、移动式货架、旋转式货架、组合货架、可调式货架和流动储存货架。按高度分类,货架可分为低层货架(高度在5米以下)、中层货架(高度在5~15米)和高层货架(高度在15米以上)。按载质量分类,货架可分为轻型货架(每层货架的载质量在150千克以下)、中型货架(每层货架的载质量在150~500千克)和重型货架(每层货架的载质量在500千克以上)。按载货方式分类,货架可分为悬臂式货架、橱柜式货架和棚板式货架。按构造形式分类,货架可分为组合可拆卸式货架和固定式货架。

2) 托盘技术

托盘是使静态货物转变为动态货物的媒介物,是一种载货平台,而且是活动的平台,或者说是可移动的地面。即使放在地面上失去灵活性的货物,一经装上托盘便立即获得了活动性,成为灵活的流动货物,因为装在托盘上的货物,在任何时候都处于可以转入运动的准备状态中。这种以托盘为基本工具组成的动态装卸方法,就称为托盘作业。

托盘一般是2层铺板之间夹以纵梁,或1层铺板加装支腿,或其上面加装立柱、挡板而构成货箱,是用于集装、堆放、搬运和运输的放置作为单元负荷的货物和制品的水平平台装置。按结构分类,托盘可分为平托盘、箱式托盘、柱式托盘和轮式托盘等,其中平托盘的应用范围最广。托盘的基本功能是装物料,同时还应便于叉车、搬运车和堆垛机的叉取和存放。

3) 装卸搬运技术

装卸搬运技术是指装卸搬运活动中所使用的各种装卸搬运设备和工具,以及由科学理论知识和实践经验发展而成的各种装卸搬运方法、技能与作业程序等,一般由装卸搬运方式的选择、装卸搬运合理化、装卸搬运设备的运用等内容构成。在仓储物流中,常用的装卸搬运技术设备主要包括：叉车、托盘搬运车、自动导引小车、集装箱跨运车、装卸机器人等。

(1) 叉车 叉车是工业搬运车辆,是指对成件托盘货物进行装卸、堆垛和短距离运输作业的各种轮式搬运车辆。叉车广泛应用于港口、车站、机场、货场、工厂车间、仓库、流通中心和配送中心等,在船舱、车厢和集装箱内进行托盘货物的装卸、搬运作业,是托盘运输、集装箱运输中必不可少的设备。仓储叉车主要是为仓库内货物搬运而设计的叉车。叉车是仓库作业必备的设备,无论是自动化立体仓库还是普通平面仓库,都离不开叉车。

(2) 托盘搬运车 托盘搬运车是搬运托盘的专用设备,有搭乘式和步行式两种,适用于距离不远的托盘搬运。托盘搬运车的优点是体积小、质量轻、操作维修方便,驱动轮也为转向轮,结构紧凑,转弯半径小。手动托盘搬运车在搬运站使用时将其承载的货叉插入托盘孔内,由人力驱动液压系统来实现托盘货物的起升和下降,并由人力拉动完成搬运作业。手动托盘搬运车是搬运站托盘运输工具中最简便、最有效、最常见的装卸和搬运工具。

(3) 自动导引小车　自动导引小车(Automated Guided Vehicle,简称 AGV),是指具有磁条、轨道或者激光等自动导引设备,沿规划好的路径行驶,以电池为动力,并且装备安全保护以及各种辅助机构(例如移载、装配机构)的无人驾驶的自动化车辆。通常,AGV 系统是由多台 AGV 与控制计算机(控制台)、导航设备、充电设备以及周边附属设备组成的,在控制计算机监控及任务调度下,AGV 可以准确地按照规定的路径行走,到达任务指定位置后,完成一系列的作业任务,控制计算机可根据 AGV 自身电量决定是否到充电区进行自动充电。AGV 是现代仓储系统的关键装备,目前以激光导引技术最为灵活先进。

(4) 集装箱跨运车　集装箱跨运车是用于码头前沿和堆场水平搬运和堆码集装箱的专用机械。集装箱跨运车是集装箱装卸设备中的主力机型,通常承担由码头前沿到堆场的水平运输以及堆场的集装箱堆码工作。由于具有机动灵活、效率高、稳定性好、轮压低等特点,集装箱跨运车得到普遍的应用。集装箱跨运车作业对提高码头前沿设备的装卸效率十分有利。集装箱跨运车从 20 世纪 60 年代问世以来,经过几十年的发展,已经与轮胎式集装箱门式起重机一样,成为集装箱码头和堆场的关键设备。

(5) 装卸机器人　装卸机器人就是专门用于装卸货物的智能机器人。机器人可在物流仓库中移动并自动装卸和搬运货物,通过两只灵活的机械手,可从货架上移动各种尺寸、形状和质量的货物。采用机器人进行装卸是大趋向所在,用机器人装卸能够代替人工进行货物的装卸工作。机器人装卸对工作环境要求低,可持续作业,有助于提高仓储效率,减低人力成本。目前,已有用于多种应用场景的装卸机器人,如码垛机器人、装车机器人等。不仅有专门用于装卸的智能机械手,而且已研制出智能机器人装卸工。

4) 自动仓储系统

自动仓储系统(Automated Storage and Retrieval System,简称 AS/RS)是指能自动存储和取出物料的系统。自动化仓储系统是由高层立体货架、堆垛机、各种类型的叉车、出入库系统、无人搬运车、控制系统及周边设备组成的自动化系统。利用自动化仓储系统可持续地检查过期或库存的产品,防止不良库存,提高管理水平。自动化仓储系统能充分利用存储空间,通过计算机可实现设备的联机控制,以先入先出的原则,迅速准确地处理物品,合理地进行库存管理及数据处理。自动化仓库技术集高架仓库及规划、管理、机械、电气于一体,是一门综合性的技术。

自动仓储系统这一新技术使有关仓储的传统观念发生了根本性的改变。原来那种固定货位、人工搬运和码放、人工管理、以储存为主的仓储作业已改变为优化选择货位,按需要实现先入先出的机械化、自动化仓库作业。在这种仓库里,在储存的同时可以对货物进行跟踪以及必要的拣选和组配,并根据整个企业生产的需要,有计划地将库存货物按指定的数量和时间要求送到恰当地点,以满足均衡生产的需求。

5) 分拣技术

分拣是指为进行输送、配送,把很多货物按不同品种、不同的地点和单位分配到所设置的场地的一种物料搬运过程,也是一种将物品从集中到分散的处理过程。因此,物品分拣的关键是对物品去向的识别、识别信息的处理和对物品的分流搬运处理。

按分拣的手段不同,可分为人工分拣、机械分拣和自动分拣三大类。人工分拣的主要缺点是劳动量大,效率低,差错率高。机械分拣以机械为主要输送工具,在各分拣位置配备的作业人员看到标签、色标、编号等分拣的标志,便把货物取出。也有在箱式托盘中装入分拣的货物,用叉车等机械移动箱式托盘,用人力把货物放到分拣的位置,或再利用箱式托盘进行分配。自动分拣系统应用于迅速、正确分拣大量物品的情况,现代大型分拣系统的分拣速度可达几万件每小时。分拣技术应用范围越来越广,已经成为物流系统,尤其是配送系统的重要组成部分。自动分拣机种类很多,分类方法也不尽相同,按照它的用途、性能、结构和工作原理,一般分为带式、托盘式、翻板式、浮出式、悬挂式、波柱式等多种类型。自动分拣系统由合流、分拣信号输入、分拣与分流、分运 4 个阶段完成。

6) 仓库管理系统

仓储在企业的整个供应链中起着至关重要的作用,如果不能保证正确的进货和库存控制及发货,就会导致管理费用的增加,服务质量难以得到保证,从而影响企业的竞争力。传统简单、静态的仓储管理已无法保证企业各种资源的高效利用。如今的仓库作业和库存控制作业已十分复杂化多样化,仅靠人工记忆和手工录入,不但费时费力,而且容易出错,给企业带来巨大损失。

仓库管理系统(Warehouse Management System,简称 WMS)所包含的方法和技术为流通中心的仓库完成流通功能提供强大的支持和保证。WMS 通过入库业务、出库业务、仓库调拨、库存调拨和虚仓管理等功能,综合批次管理、物料对应、库存盘点、质检管理、虚仓管理和即时库存管理等功能综合运用的管理系统,有效控制并跟踪仓库业务的物流和成本管理全过程,实现完善的企业仓储信息管理。该系统可以独立执行库存操作,与其他系统的单据和凭证等结合使用,可提供更为完整全面的企业业务流程和财务管理信息。上述虚仓管理是指与赠品仓和代管仓等仓存业务相关的单据的新增及其他相关处理,包括虚仓入库、虚仓出库、虚仓调拨及虚仓业务报表处理。

7) 智能仓储

为了提高仓储效率,降低人力成本,仓储技术逐步进入智能化的领域。智能仓储是物流过程的一个环节,智能仓储的应用,保证了货物仓库管理各个环节数据输入的速度和准确性,确保企业及时准确地掌握库存的真实数据,合理保持和控制企业库存。通过科学的编码,还可方便地对库存货物的批次、保质期等进行管理;利用库位管理功能,更可以及时掌握所有库存货物当前所在位置,有利于提高仓库管理的工作效率。

现代仓储系统内部不但物品复杂、形态各异、性能各异,而且作业流程复杂,既有存储又有移动,既有分拣又有组合。因此,以仓储为核心的智能物流中心,经常采用的智能技术有以下几类:物联网感知技术、自动控制技术、智能机器人堆码垛技术、智能信息管理技术、移动计算技术、云计算技术、大数据挖掘技术等。

上述讨论的是几种主要的电子商务物流技术。实际电子商务应用中的物流技术还有不少其他方面的技术,如仓储商品养护技术等。尤其是随着现代网络信息技术的发展,会不断有新的物流技术出现,如基于区块链的溯源新技术将会更好地支持电子商务物流服务的创新和发展,电子商务技术本身也会支持物流服务的创新和发展。总之,电子商务物流的发展,离不开很多技术工具的支持,现代物流技术的创新和发展是电子商务物流服务创新和发展的基础。

【本章小结】

(1)物流技术是指人们在物流活动中所使用的各种工具、装备、设施和其他物质手段,以及由力学知识和劳动经验发展而形成的各种方法、技能和作业程序等。物流技术是综合的,融合了很多现代技术,物流技术制造出的产品是一种服务,是无形的产品。物流技术包括各种操作方法、管理技能等。物流技术分为物流信息技术和物流作业技术。

(2) 电子商务物流技术是电子商务环境下的物流技术,是指在电子商务物流活动中所采用的各种工具、方法以及设施、设备、装置与工艺的总称。电子商务物流技术涵盖了与电子商务物流要素活动有关的所有专业技术,既包括传统物流技术领域中的各种操作方法、管理技能,也包括许多现代信息技术在物流领域中的应用。

(3) 电子商务离不开信息技术,现代物流也离不开信息技术。物流信息技术是现代信息技术在物流各个作业环节中的综合应用。物流信息技术主要包括:条码及射频技术、地理信息技术、全球定位技术、电子数据交换、数据库技术、数据仓库技术、数据挖掘技术、互联网技术、Web 技术等。在这些信息技术支撑下,移动通信、资源管理、监控调度管理、自动化仓储管理、业务管理、客户服务管理、财务处理等多种业务集成的物流信息系统形成了。

(4) 电子物流就是利用电子化的手段,尤其是利用互联网技术来完成物流全过程的协调、控制和管理,实现从网络前端到最终客户端的所有中间过程服务,最显著的特点是各种软件技术与物流服务的融合应用。基于互联网的电子供应链管理系统(e-SCM),实质上已将整个世界连接成为一个巨大的价值链。电子供应链可实现多方交易处理,使买方能够将多家供应商的订单最终集成至一个高效、统一的后勤服务体系中。智能物流是利用集成智能化技术,使物流系统能模仿人的智能,具有思维、感知、学习、推理判断和自行解决物流中某些问题的能力。

(5) 包装技术是在包装活动中所采用的一切技术手段和方法、知识、经验、技能的总和。包装离不开相关技术的运用。随着科学技术的飞速发展,商品包装已成为促进销售、增强竞争力的重要手段。许多新技术、新工艺、新思维已被应用于包装设计、包装工艺、包装设备、包装新材料、包装新产业等方面。电子商务物流包装中涉及很多技术的运用,广义的包装技术是包装涉及的各种技术,包括很多内容,如包装材料技术、包装设计技术、包装加工技术、包装保护技术、包装操作技术等。狭义的包装技术一般是指包装中的技术和方法,如防震包装技术、防破损包装技术、防虫包装技术等。

(6) 物流运输离不开相关技术手段和工具的运用。运输技术是以运输行业为研究对象,以运输效益为研究课题产生的科学技术。运输技术是为进行运输生产而积累的有关专业知识、技能和创造的物质手段的总和。一般说来,物流运输技术主要包括运输设施技术和运输作业技术两大类。运输设施技术属于运输硬技术,包括运输基础设施、运输工具和装载技术;运输作业技术属于运输软技术,包括运输管理技术、运输信息技术、运输优化技术等。

(7) 不合理运输是在现有条件下可以达到的运输水平而未达到,从而造成了运力浪费、运输时间增加、运费超支等问题的运输形式。通常不合理运输形式有:对流运输、迂回运输、过远运输、重复运输、无效运输、返程或起程空驶、运力选择不当、托运方式选择不当。

(8) 仓储技术是现代物流设备与技术的主要应用领域。离开现代仓储设施设备及信息化技术,也就没有现代仓储。仓储技术,从概念上说,也有广义与狭义之分。广义仓储技术,是指仓储作业中涉及的所有设施、技术、手段和工具。狭义的仓储技术,主要是指仓储的作业技术和管理技术。仓储技术发展经历了不同的历史时期和阶段,从原始的人工仓储发展到智能仓储。各种高新技术对仓储的支持,使仓储效率得到大幅度提高。仓储技术的发展一般包括五个阶段:人工阶段、机械化阶段、自动化阶段、集成自动化阶段和智能自动化阶段。

**思考与练习**

1. 何谓物流技术?电子商务物流技术的作用主要体现在哪几个方面?
2. 为什么说物流顶尖高手和平庸之辈的差距就在于物流信息技术能力?
3. 驱动电子商务物流智能化发展的前沿技术有哪些?列举5个以上。
4. 为什么在电子商务物流中包装很重要?列举8种以上典型包装技术。
5. 为什么在电子商务物流中运输很重要?列举8种以上典型运输技术。
6. 为什么在电子商务物流中仓储很重要?列举5种以上典型仓储技术。
7. 选择3家电子商务物流企业,分析比较各自电子商务物流技术优势。

# 3 电子商务物流的管理基础

**【本章概要】**

这一章,首先介绍电子商务物流管理的概念和内涵、主要内容和主要特点等,然后,分别讨论电子商务物流信息管理、电子商务物流成本管理、电子商务物流战略管理和电子商务物流服务管理的基本内容。

**【学习目标】**

(1) 掌握电子商务物流管理的概念和内涵。
(2) 了解电子商务物流管理的内容和特点。
(3) 掌握电子商务物流信息管理基本内容。
(4) 掌握电子商务物流成本管理基本内容。
(5) 掌握电子商务物流战略管理基本内容。
(6) 掌握电子商务物流服务管理基本内容。

**【基本概念】**

电子商务物流管理,物流信息管理,物流成本管理,物流战略管理,物流服务管理。

## 3.1 电子商务物流管理概述

无论是电子商务应用企业,还是电子商务物流服务企业,都存在电子商务物流管理问题。没有有效的电子商务物流管理,就不会有高效的电子商务物流服务。这一节,首先介绍电子商务物流管理的概念和内涵,然后重点讨论电子商务物流管理的主要内容和主要特点。

### 3.1.1 电子商务物流管理的概念与内涵

在概念上,电子商务物流管理有广义和狭义两种不同的理解。广义的电子商务物流管理是指电子商务环境下的物流管理,狭义的电子商务物流管理是指对电子商务物流中的管理。本教材中讨论的电子商务物流管理是指狭义的电子商务物流管理。

所谓电子商务物流管理,就是为满足电子商务应用业务中的客户需求,对货物、服务和相关信息在产出地和消费地之间实现有效、高效流动和储存所进行的一系列管理活动。电子商务物流管理的根本目的就是以有效和高效的电子商务物流服务满足客户需求。所以,电子商务物流管理的本质是面向电子商务的物流能力管理。

面向电子商务的物流能力包括两个方面:一是对电子商务应用业务运营的有效支持能力;二是尽可能降低电子商务应用业务运营总成本的能力。电子商务物流管理,从层次上,可分为战略层次的物流管理、职能层次的物流管理和作业层次的物流管理。作业层次的物流管理是最基本的管理活动,是直接对运输、仓储、物料搬运等电子商务物流作业活动的管理。

如果电子商务物流完全由电子商务应用企业负责,电子商务物流管理就是电子商务应用企业的物流管理。由于许多电子商务应用企业通常是将网上销售商品的仓储与配送等物流服务全部或部分对外分包给仓储与配送服务商来做的,因此电子商务物流管理包括两个层面的管理问题:一是电子商务应用企业物流管理;二是物流企业电子商务物流管理。这两个层面的管理问题就如同工程项目建设方与施工方所面临的项目管理问题。电子商务应用企业物流管理的主要内容包括:物流战略管理、物流信息管理、物流服务管理。物流企业电子商务管理的主要内容包括:战略管理、能力管理、运作管理、质量管理、信息管理等。

电子商务物流管理是电子商务物流的重要方面,有效和高效的电子商务物流服务离不开电子商务物流管理。电子商务物流管理是对电子商务物流活动以及可利用资源进行计划、组织、协调和控制,使各项物流活动实现最佳协调和配合,降低物流成本,提高物流的效率和效益,满足客户对电子商务物流服务的需求。电子商务物流管理是贯穿于电子商务物流整个过程、各个环节和各个方面的管理活动。

电子商务物流管理不仅仅是对电子商务中物料流动的管理,电子商务物流包括货物、服务和相关信息的流动和储存,所以不能简单地把物流管理理解为对物的管理或对物的流动的管理。电子商务物流是一个发生在线上和线下的经济活动,虽然离不开物的流动和储存以及工具运用,但是更离不开人的作业活动和管理活动。所以,只有正确理解了物流和电子商务物流,才能正确理解物流管理和电子商务物流管理的内涵。

电子商务物流管理由一系列相互关联、连续进行的工作活动构成。电子商务物流管理工作要从效率和效果两个方面来衡量,目的就是获取、开发和利用各种资源来确保组织效率和效果双重目标的实现。电子商务物流管理是服务于组织目标的有意识、有目的的活动。

电子商务物流管理和其他企业管理活动类似,也包括如下一些具体的职能活动:

(1) 计划与决策　计划职能是管理的首要职能,一般是指根据内外部的实际情况,权衡客观的需要和主观的可能,对未来一定时期内的活动进行规定和安排。电子商务物流的计划主要是编制和执行年度电子商务物流的供给和需求计划、月度供应作业计划、电子商务物流各环节的具体作业计划(如运输、仓储等)、物流营运相关的经济财务计划等。决策是指为了达到一定的目标,从两个以上的可行方案中选择一个合理方案的分析判断过程。电子商务物流管理中通常有很多决策问题,如电子商务物流中适宜的运输方式决策、订购量和订购时间决策、库存设置点决策等。

(2) 组织与激励　组织是指为了实现既定的目标,将生产经营活动的各个要素、各个环节,从时间上、空间上科学地组织起来,使每个成员都能接受领导、协调行动,从而产生新的、大于个人和小集体功能简单加总的整体职能。电子商务物流的组织工作内容有:确定电子商务物流系统的机构设置、劳动分工和定额定员;配合有关部门进行物流组织的设计;对电子商务物流中的各项职能进行合理分工,使各个环节的职能进行专业化协调。电子商务物流中的激励职能主要是电子商务物流系统内职员的挑选与培训、绩效的考核与评估、工作报酬与福利、激励与约束机制的设计。

(3) 协调与控制　协调就是指正确处理企业内外的各种关系,为企业正常运转创造良好的条件,使企业的一切工作都能和谐地进行,促进企业取得成功。这对电子商务物流尤其重要,除电子商务物流业务运作本身的协调功能外,更需要进行物流与商流以及物料流、资金流、信息流之间的协调,才能满足电子商务用户的服务要求。控制是为确保既定目标的顺利完成,对组织的各种活动进行检查、监督、纠偏等管理活动。控制是电子商务物流过程的基本保证，包括对物流活动的各个要素、各个环节的情况进行检查、监督，发现偏差，及时矫正等。电子商务涉及面广，其物流活动参与人员众多、波动大，所以，物流管理标准化、标准执行与督查以及偏差发现与矫正等控制非常重要。

### 3.1.2 电子商务物流管理的主要内容

电子商务是伴随互联网信息技术应用和用户需求创新的发展而出现的商务新技术和新模式。由于电子商务所独具的电子化、信息化等特点以及廉价、灵活等诸多好处，电子商务交易和服务已逐渐成为现代商务的主流模式。

在电子商务应用中，客户对物流服务的不同要求使电子商务物流的内容和范围都发生了很大的变化，因而电子商务的物流管理也有别于传统商务的物流管理。电子商务物流不仅是线下的物流作业活动，还是一个线上和线下结合的经济信息活动。现代物流本质上是满足客户要求的服务，现代物流管理就表现为对物流服务能力的管理。电子商务物流管理的目标并非简单的送货和库存，而是对整个物流系统的优化设计及对物流服务全过程的科学管理，以期达到在满足电子商务用户要求的前提下，实现整个物流服务总成本最小化，从而提高物流的运作效率和经济效益。

电子商务物流管理是电子商务管理的重要组成部分。尽管物流包括许多具体的作业活动，如包装、运输、仓储、加工、配送等，但是我们比较倾向于从总体上思考电子商务物流管理。电子商务物流管理的主要内容从总体上可以分成如下七个方面：

1) 电子商务物流信息管理

电子商务物流信息管理包括物流服务信息化和物流信息系统管理。在物流服务中，信息管理是非常重要的内容，尤其在电子商务物流中，线上、线下以及线上与线下的协同都离不开信息技术的运用，互联网环境下的物流服务信息化已成为电子商务物流服务的标配。物流信息管理要考虑如何运用信息技术管理企业内部与外部物流信息为物流运作和物流决策服务以及如何为客户提供哪些物流信息服务。

2) 电子商务物流成本管理

电子商务物流成本是人们在进行电子商务物流活动中，所耗费的活劳动与物化劳动的货币表现。电子商务物流成本管理就是对电子商务物流成本所进行的计划、协调、优化和控制，其目的是降低成本，提高效率和经济效益。电子商务物流成本管理是电子商务物流管理的重点，合理的物流成本对电子商务应用至关重要。太高的物流成本，不仅影响电子商务业务的营利性，甚至会影响电子商务业务的可行性。

3) 电子商务物流战略管理

电子商务物流战略管理是电子商务物流管理的核心内容，是其他子战略得以实现的基础支撑性战略。物流战略是指为寻求物流的可持续发展，就物流发展目标以及达成目标的途径与手段而制定的长远性、全局性的规划与谋略。物流战略管理主要考虑电子商务应用的具体物流战略问题，如：为增强业务竞争能力需要什么样的物流服务能力，自建哪些物流服务，外包哪些物流服务。

4) 电子商务物流服务管理

物流服务管理又包括服务设计管理、服务运作管理、服务外包管理与服务质量管理等。服务设计管理考虑物流服务水平设计、物流服务方案设计、物流服务流程设计等问题;服务运作管理考虑如何对电子商务应用企业的物流运作活动进行管理;服务外包管理考虑如何选择物流服务商以及如何对外包物流运作活动进行管理。服务质量管理考虑如何建立合理的物流服务质量管理体系,研究物流服务质量控制方案和改进措施,不断提高客户对物流服务的满意度。

5) 电子商务物流技术管理

电子商务物流技术管理是对电子商务物流中技术运用和技术创新的管理。电子商务物流离不开各种技术设备和技术工具的运用,电子商务物流与传统商务物流相比,会更多地运用互联网信息技术支持物流服务的创新和发展。但是,电子商务物流中新技术的运用,也不是越多越好,技术的先进性必须同经济上的合理性相结合,所以,电子商务物流技术管理也是电子商务物流管理不可缺少的内容。

6) 电子商务物流作业管理

电子商务物流作业管理是对具体物流作业活动的管理,常见的主要物流作业活动包括运输、仓储保管、装卸搬运、包装、协同配送、流通加工以及物流信息传递等。每一个具体的物流作业领域,都有很多具体的管理问题,如运输管理、仓储管理等,这些管理可以从上述几个方面来思考。

7) 电子商务物流协同管理

电子商务物流协同管理也是电子商务物流管理的重要方面。电子商务物流服务涉及多个物流作业部门甚至多个企业,所以,不同部门之间的协同以及不同企业之间的协同,在电子商务物流管理中也就特别重要。

上面七个方面是电子商务物流管理的主要内容,鉴于在第二章已经比较详细讨论了物流技术,具体的物流作业领域的管理问题一般可以从信息管理、成本管理、战略管理、服务管理等几个方面思考,协同管理在后面也会讨论到,这一章的后面4节分别重点讨论电子商务物流的信息管理、成本管理、战略管理和服务管理。

### 3.1.3 电子商务物流管理的主要特点

电子商务物流具有分散化、客户化和网络化等与传统物流不同的鲜明特点。所以,电子商务物流管理也具有一些与传统物流管理不同的特点。

1) 物流管理的问题更加复杂

电子商务物流管理覆盖的领域多,涉及商务、物流、信息、技术等领域的管理,从管理的范围看,不仅涉及人、财、物、时间、信息等要素,而且也涉及众多参与企业,以及物流网络的各个环节等;从管理的方式、方法看,需要兼容传统的管理方法和借助信息、网络进行的过程管理、虚拟管理、在线管理等。电子商务物流管理问题的复杂性必然使管理手段、制度和方法等需要更多的创新和技术支持。

2) 信息服务的管理更加重要

电子商务物流的发展与信息技术密切相关,以电子商务技术应用为代表的信息革命,为物流信息管理提供了非常丰富的技术手段和解决方案。在电子商务中,不仅物流企业需要物流信息管理为企业运营决策提供信息服务,买家用户也需要物流信息管理为物流跟踪和订单查询提供信息服务。

3）线上与线下需要协同管理

电子商务物流是由在线的订单驱动的,线下的物流作业要与线上的订单处理一致。另外,电子商务物流管理也可能运用电子商务的方式整合分散的物流资源来满足电子商务物流服务需求,买家用户也要通过线上平台及时了解订单处理和订单履行的状态信息,所以,电子商务物流管理在线上线下协同方面至关重要。

4）物流管理系统需要网络化

在电子商务应用中,客户是通过互联网下单的,客户分布在地理上是分散的,为了更好地为电子商务交易提供物流服务,电子商务物流一般需要网络化的仓储和运输,所以电子商务物流管理系统也应该是网络化的。

5）物流管理技术趋向智能化

在电子商务应用中,基于互联网的交易数据和客户数据越来越多,基于移动通信以及GPS和GIS的应用也可以方便企业获取仓储物流和运输物流的实时数据。数据分析,可以为电子商务物流提供智能化的管理技术。

## 3.2 电子商务物流信息管理

在电子商务物流管理中,物流信息越来越重要,越来越多的信息技术被应用到物流领域,电子商务物流信息管理是电子商务物流管理的重要内容。这一节,首先对电子商务物流信息做一总体讨论,然后分别讨论电子商务物流信息化管理以及物流信息管理问题。

### 3.2.1 电子商务物流信息概述

电子商务物流信息管理是信息管理在电子商务物流领域的应用。下面,我们先讨论电子商务物流信息的概念,然后进一步讨论电子商务物流信息的特点、组成和作用。

1）电子商务物流信息的概念

从字面上理解,电子商务物流信息就是电子商务中的物流信息。通常,物流信息的概念,可从狭义、广义两个角度来考察。

从狭义来看,物流信息是指与物流活动(如运输、存储、包装、装卸搬运、流通加工等)有关的信息,是物流作业活动中图像、数据、文件等的总称。物流活动的管理与决策,都需要详细和准确的物流信息,因为物流信息系统对运输管理、库存管理、订单管理、仓库作业管理等物流活动具有支持保证的功能。

从广义来看,物流信息不仅指与物流活动有关的信息,而且包含与其他流通活动有关的信息,如商品交易信息和市场信息等。商品交易信息是指与买卖双方的交易过程有关的信息,如销售和购买信息、订货和接受订货信息、发出货款和收到货款信息等。市场信息是指与市场活动有关的信息,如消费者的需求信息、竞争者或竞争性商品的信息、促销活动信息、交通通信等基础设施信息。在企业经营管理活动中,物流信息与商品交易信息、市场信息相互交叉、融合,有着密切的联系。物流信息在企业经营战略中占有越来越重要的地位。建立物流信息系统,提供迅速、准确、及时、全面的物流信息是企业获得竞争优势的必要条件。

2）电子商务物流信息的特点

在电子商务环境下,根据物流过程的客观规律,物流信息具有以下几个特点:

(1) 信息量大且分散　物流系统中的运输、存储、包装、装卸搬运、流通加工等每一个子系统都会产生大量的物流信息,随着企业之间合作的增加和信息技术的发展,其信息量会越来越大。而在物流企业采集信息的过程中由于物流信息量大、分散,往往会造成信息采集的不完全,从而给物流企业的经营管理带来一定的影响。

(2) 信息不断在变化　在现代物流过程中,每个子系统在实际运行过程中产生的信息都在不断变化,如货物装卸数量、配送订单的接单和处理等每天甚至每小时都在发生变化。

(3) 信息来源多样化　现代物流采用了大量的新技术、新装备,并且与企业之间加强了联系,还要关注市场需求的变化。物流信息不仅来自物流企业内部及相关的电子商务企业,而且还来自相关的市场、政府部门等。从信息载体来看,不仅有传统的口头信息、报纸、期刊、广播电视,而且更多的来自网络,这就使得物流信息的来源呈现出多样化。

(4) 信息具有滞后性　物流企业对物流信息要进行记录、反馈和分析,然后采取相应的措施,对物流的进程加以控制,这中间的每一个环节都要花费一定的时间,而物流是连续的,因此采集到的信息通常总是落后于物流的实际状态,这就是所谓信息的滞后性。例如,物流企业在收到配送订单后,在拣货、备货过程中才知道库存的商品种类和数量是否能满足客户的要求。如果反映物流过程状态的信息不能及时传递到调度部门,那么就无法对物流过程进行实时的控制,或者造成物流过程的中断。

3) 电子商务物流信息的组成

电子商务物流信息一般包括物流系统内部信息、物流系统与其他系统之间的信息以及与物流活动有关的基础设施信息。

(1) 物流系统内部信息　物流系统内部信息是指物流系统内部经营管理活动发生的信息。它包括物料流转信息、物流控制指令信息、管理层信息、库存信息等。

(2) 物流系统外部信息　物流系统外部信息来自物流系统企业以外的信息,有顾客信息、来购订单信息、交通运输信息、市场信息、政策信息等。目前物流信息通过标准化、电子化、数字化,利用网络进行信息交流,实现系统之间信息资源的分享。

(3) 物流基础设施信息　物流活动要利用仓库、道路、港口、机场等基础设施,为了高效率地完成物流活动,就必须掌握与基础设施有关的信息,如泊位信息、仓储信息等。

4) 电子商务物流信息的作用

物流信息是物流企业管理和决策的前提与基础,是物流企业实现决策目标的重要保证,也是提高物流企业经济效益的重要条件。现代物流已逐渐向商流和信息流一体化的趋势发展,通过构建现代物流企业的信息处理中心这一全新的现代物流体系,使货物流和信息流在物流信息系统的支持下同一时间发生流动,从而提供准确和及时的物流服务。

物流信息对物流企业管理可以产生如下几个方面的影响:

(1) 影响企业管理决策能力　企业的决策者以大量信息为决策的依据,由于复杂的信息管理系统能改变信息的数量和质量,提高信息的传递速度,因此决策者可以更好、更快地利用信息,并辅以人工智能或决策系统来做出决策。

(2) 影响物流管理工作方式　先进的信息管理使得物流企业的管理者不必亲临现场就可以获得及时、准确的信息,也不一定要到办公室才能处理各种管理事务,管理者可以通过网络在家办公,或下达指令。过去由人工排定的计划、方案,现在都可以由计算机、网络来完成,如车辆调配、货物配载、货物报关等。

(3) 改变物流企业组织结构　物流企业的信息系统正在改变企业的组织结构,企业管理的层次在逐渐减少,一些部门被取消,而一些部门,如计算机中心、网络中心这些与信息有关的部门得到了加强。

(4) 影响物流企业经营方式　物流信息也在影响着物流企业的经营方式。电子商务已被越来越多的物流企业所认可,许多物流企业纷纷上网,将各种物流信息通过网络与其他用户、企业进行交流、共享。一些业务也以电子商务形式开展,如网上支付、订单跟踪等。

另外,在电子商务环境下,买家用户一般都希望通过线上平台及时了解订单处理和订单履行的状态信息,在线的物流信息服务对买家用户的购物体验会产生很大的影响。

### 3.2.2　电子商务物流信息化管理思路

物流信息化是指在物流活动中,广泛使用现代物流信息技术,控制和集成物流活动的所有信息,实现物流信息资源共享和有效利用,以提高经济效益。物流信息化程度的高低,是衡量物流发展水平的一个重要标志。物流信息化是全方位和多层次的,不仅包括企业物流的信息化,而且也包括行业、区域及社会物流的信息化。电子商务物流信息化管理具有深刻的内涵,物流信息化管理思路包括如下五个方面:

1) 以现代信息技术支持物流运作

物流信息技术是物流技术中发展最快的领域,从数据采集的条码系统、仓储管理系统到办公自动化系统中的计算机,各种终端设备的硬件、软件等都在日新月异地发展并得到了广泛应用。物流信息化是现代物流信息技术在物流活动中广泛应用的过程。

2) 以物流信息资源开发利用为核心

在物流信息化建设过程中,存在着大量的物流信息及其相关信息,这些物流信息资源是企业最重要的资源之一。企业物流信息资源开发是物流信息化建设的核心任务,既是物流信息化的出发点,又是物流信息化的目标。未来的物流市场竞争,更多的将是物流信息资源的开发和利用效能的竞争。在对物流信息资源进行开发利用时,要收集、掌握、加工、处理、存储、传递、使用和拓展内外物流信息资源,还要在此基础上重新设计物流业务流程,重新定位物流企业内外关系,重新构造物流企业组织架构,重新设计物流制度框架,重新考虑物流企业文化和重新变革管理模式。

3) 物流信息化覆盖物流活动全方面

物流信息化包括运输信息化、仓储信息化、装卸搬运信息化、包装信息化、流通加工信息化、配送信息化等,覆盖了物流企业生产经营活动的各个方面。此外,物流信息化还会引起企业组织结构、企业文化、企业经营管理理念和模式等方面的变化。

4) 物流信息化目的是增强核心能力

物流信息化一旦成功,将会给企业带来巨大的经济效益,这种效益不仅表现在数量上,更表现在质量上。沃尔玛从美国一个小镇的杂货店发展成为今天的全球零售商巨头,一个重要的原因是其率先引进先进的物流信息化系统;中国海尔的强大在很大程度上也是得益于物流信息化。因此,发展物流信息化,根本目的就是增强物流服务的核心能力,从而提高企业经济效益。

5) 物流信息化是一个动态渐进过程

物流信息化不是一朝一夕能够实现的。传统物流企业最初使用信息技术,只是某个物流环节的使用。随着不断向物流活动的各个环节的渗透,才会逐渐体现出战略性影响。在这个过程中,物流信息化从单纯的自动化工具和信息沟通手段,发展为整个企业物流活动的信息化,这是一个渐进的发展过程。物流信息化随着企业的发展而发展,而物流信息化水平的提高又反过来促进企业的发展,形成一个良性循环,从而推动企业不断向前发展。物流信息化的发展速度和水平提高,一方面取决于企业的发展水平,另一方面取决于物流企业员工的信息化知识和水平的高低。因此,大力加强对员工的信息化知识和技术的培训是提高企业物流信息化水平的一个重要条件。此外,企业可以通过学习和借鉴物流信息化建设比较成功的企业,使自己在建设的过程中事半功倍,从而促进物流信息化发展和水平的提高。

### 3.2.3 电子商务物流信息的管理原则

电子商务物流信息管理就是收集、整理、存储、传播和利用物流信息,对物流信息活动中涉及的各种要素,包括人员、技术、工具等进行管理,从而为企业内部和外部物流运作、物流决策和客户提供服务,以实现资源的合理配置。不同企业的物流信息管理由于业务的差异会有不同的具体要求,这里不讨论具体的物流信息管理系统,主要从五个方面讨论物流信息的管理原则。

1) 系统原则

系统原则是以系统的观点和方法来思考和解决问题。物流信息管理最终是通过系统完成的,要有整体性观念,系统规划,统筹兼顾。物流信息管理是多个管理的组合,而不是简单的机械叠加,应分阶段、有计划地实行。

2) 激活原则

激活原则是对所获得的信息进行分析和转换,使信息活化。信息只有被激活,才可能产生对用户有用的价值。众多的物流信息,必须转化为有效信息系统的输入信息,即把物流信息激活,为我所用。

3) 有效原则

为了保证信息收集的质量,必须从准确性、完整性、时效性三个方面保证信息的有效性。重视信息质量是有效信息管理的重要原则。物流信息涵盖面广,信息量大,但是要求高,所以物流信息收集必须确保是有效信息。信息流反映一个物流系统的动态,不准确的信息和作业过程中的延迟都会削弱物流表现。因此,有效原则对有效的物流信息管理至关重要。

4) 安全原则

在信息管理中,必须考虑信息的安全问题,要求信息管理者随时予以防范,这就是信息管理的防范原则,也叫安全原则。一般来说,物流管理信息被本企业获得,则成为物流管理的钥匙,但若为对手企业所获,则成为"致命"的危害。

5) 用户原则

不同物流信息用户有不同的信息管理需求,领导者只关心具体管理结果,而管理者要关心管理信息的来源,但这些信息往往不是表面的数据信息,一般需要通过一定深度的挖掘和数据分析才能得到。

### 3.2.4 电子商务物流信息系统的主要功能

物流信息管理系统是一个由人、计算机网络等组成的能进行物流相关信息的收集传送、储存、加工、维护和使用的系统。由于物流信息管理系统是信息网络和实际物流的有机结合,因此物流信息管理系统不仅是一个管理系统,更是一个网络化、智能化、社会化的系统。

物流系统的不同阶段和不同层次之间通过信息流紧密地联系在一起,因而在物流系统中,总存在着对物流信息进行采集、传输、储存、处理、显示和分析的物流管理信息系统。电子商务物流信息系统的主要功能一般有如下几个方面:

1) 信息收集

信息的收集和录入是整个物流信息系统的基础。一个面向电子商务应用企业的物流信息系统平台的首要任务是对分散在物流系统内外的信息进行收集并记录下来,整理成物流信息系统支持的格式和形式。利用电子商务手段,对信息进行收集的方式更加便捷多样,企业可快速准确得到相关信息,对物流活动进行有效决策。

2) 信息储存

信息存储功能包括物理保存及逻辑组织两方面的要求。物理保存是指安排适当的地点、适当的介质来存放信息。逻辑组织是指把这些信息按照逻辑内在联系及使用方式,组织成合理的结构,从而提高信息查询速度。

3) 信息传输

企业物流信息系统经过采集和存储后,需要把物流信息从一个子系统传送到另一个子系统,或者从一个部门传送到另一个部门。与电子商务结合后的企业物流信息系统可以实现跨地区、跨企业的信息传输,而且信息传输的稳定性与及时性强。

4) 信息加工

企业物流信息系统需要对收集的物流信息进行某些处理,使其更加符合物流信息系统的目标。计算机的信息加工范围很大,从简单的查询、排序、合并、计算,一直到复杂的物流仿真、预测和优化计算等。

5) 信息输出

电商应用企业物流信息系统的服务对象是物流的管理者,因此,必须具备向物流管理者提供信息的手段和机制。信息输出手段是企业物流信息系统与物流管理者的接口或界面,具体根据使用者提供的信息情况以及使用者自身的情况确定。

## 3.3 电子商务物流成本管理

物流被看作企业的"第三利润源泉",在企业销售成本中,物流成本占了很大的比例,物流成本的高低直接关系到企业利润水平的高低。物流管理的重要任务就是要控制各种物流费用,以低成本提高效益。这一节,首先总体介绍电子商务物流成本,讨论物流成本的构成和影响因素,然后讨论电子商务物流管理的内容、作用、目标和原则,最后讨论降低电子商务物流成本的具体措施。

### 3.3.1 电子商务物流成本概述

首先,我们对电子商务物流成本从概念、分布、计算等几个方面做一个总体描述。

1) 物流成本的概念

根据2006年12月1日正式实施的中华人民共和国国家标准《物流术语》(GB/T 18354—2006),物流成本的定义为物流活动中所消耗的物化劳动和活动的货币表现,即产品在事物运动过程中,如包装、运输、储存、流通加工、物流信息等环节所支出人力、财力和物力的总和。物流成本是完成各种物流活动所需的全部费用。电子商务物流成本是在进行电子商务物流活动过程中所发生的人力、财力、物力耗费的货币表现形式。

2）物流成本的分布

完整的物流成本应该包括从原材料供应开始直到商品送达消费者手中的全部物流费用。企业会计的费用项目所反映出来的物流成本一般只是物流成本的一部分,大部分还隐藏在其他费用项目中。因而,"不提出海面下的那部分就不知道真正的物流成本"。日本物流成本计算的理论权威早稻田大学的西泽修教授正是看到这一状况后,提出了"物流成本冰山理论",如图 3-1 所示。

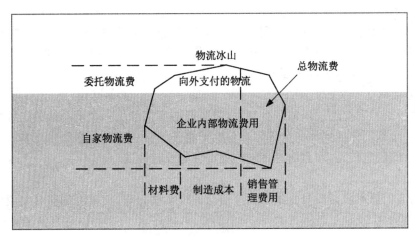

图 3-1 物流成本冰山理论

3）物流成本的计算

物流成本的计算条件包括：物流范围,即物流的起点和终点的长短；物流功能范围,即在众多的物流功能中,把哪几种物流功能作为计算对象；会计科目范围,指在会计科目中,把哪些科目列入计算对象。

一般而言,物流总成本 $T_{LC}$ 主要内容用公式表示如下：

$$T_{LC} = T_C + F_C + C_C + I_C + H_C + P_C + M_C$$

其中：$T_C$ 为运输费用；$F_C$ 为设备费用；$C_C$ 为通信信息费用；$I_C$ 为库存费用；$H_C$ 为搬运费用；$P_C$ 为外包装费用；$M_C$ 为物流链管理费用。

显然,上述物流费用存在着相互作用、相互制约的关系。目前,物流成本计算的方法主要有作业成本法、量本利分析法等。

在通常的企业财务决算表中,物流成本核算的是企业对外部运输业务者所支付的运输费用或向仓库支付的商品保管费用等传统的物流成本,而企业内部与物流中心相关的人员费、设备折旧费等则与企业其他费用共同计算。因而,从现代物流管理的角度看,企业难以正确把握企业的物流成本。在一般物流成本中,物流部门完全无法掌握的成本很多,如保管费、过量进货、过量生产、销售残次品的在库维持及紧急输送等产生的费用,这些都将增加物流成本管理难度。

### 3.3.2 电子商务物流成本的构成

在实际物流管理中,常常从不同的角度来考虑物流成本。下面,我们重点讨论几种不同视角下物流成本的构成。

1) 按照物流费用支出形态考虑物流成本构成

按照支出形态不同,可将物流成本分为直接物流费(即本企业支付的物流费用)和委托物流费(即支付给其他物流服务组织的费用)两大项。直接物流费包括材料费、人工费、管理费、燃料动力费、折旧费等;委托物流费包括包装费、运输费、手续费、保管费等。该种分类的优点是便于检查物流成本用于各项日常支出的数额和所占比例,对比与分析各项成本水平的变化情况。该方法比较适合生产企业和专业物流部门的物流成本管理。

(1) 材料费是指因物料消耗而花费的费用,包括包装材料费、消耗性工具费、低值易耗品摊销、其他物料消耗费。

(2) 人工费是指因人力劳务的消耗而花费的费用,包括工资、奖金、补贴、福利、医药和职工教育培训等费用。

(3) 管理费是指办公费、差旅费、交通费等。

(4) 燃料动力费是指水费、电费、煤气费、夏季降温费、冬季取暖费、绿化费以及其他费用。

(5) 折旧费是指基本折旧费和大修理折旧费。

(6) 其他费用是指劳动保护费、材料损耗费和利息支出等。

2) 按照物流活动的范围考虑物流成本构成

按照物流活动的范围不同分析各阶段物流活动的物流成本情况,物流成本可分为物流筹备费、企业内物流费、销售物流费、退货物流费、废弃品物流费。该种分类方法便于分析物流各阶段的成本花费情况,较适合综合性的物流部门。

(1) 物流筹备费是指物流的计划费、预测费、准备费用。

(2) 企业内物流费是指采购仓储物流费、各种生产性物流费、装卸费、运输费、加工费、包装费。

(3) 销售物流费是指为销售服务的物流费、储存费、运输费、包装费、服务性费用。

(4) 退货物流费是指因退货和换货引起的物流费。

(5) 废弃品物流费指在商品、包装材料、运输容器的废弃过程中产生的物流费用,如垃圾清运费和排污费等。

3) 按照物流的功能不同考虑物流成本构成

按照物流的功能不同,可把物流成本分为物品流通费、信息流通费和物流管理费。该种方法用于分析不同物流功能的物流成本所占的比例,从而发现物流问题的所在。

(1) 物品流通费指完成商品的物理性流通所产生的费用,包括运输费、存储费、包装费、装卸运输费、保管保养费、流通加工费。

(2) 信息流通费指由于处理、传输物流信息所产生的费用,包括与储存管理、订货处理、顾客服务有关的费用。

(3) 物流管理费指进行物流的计划、调整、控制所需的费用,包括作业现场管理费、物流机构管理费。

上述几种物流成本构成及分类是比较常见的。事实上,物流管理人员可以根据企业物流现状及所反映的物流成本的不同侧面,采用不同的分类方法。采用哪种分类方法通常围绕如何加强物流成本管理进行,目的是降低物流成本。

4）按照成本与业务量关系不同考虑物流成本构成

按照成本与业务量的关系不同，物流成本分为固定成本、变动成本和半变动成本。

（1）固定成本是指其总额在一定时期和一定业务范围内，不受业务量增减变动影响而保持不变的成本，如按直线法计算的固定资产折旧、管理人员薪酬、机器设备的租金等。固定成本总额只是在一定时期和一定业务量范围内才是固定的。

（2）变动成本是指其总额随业务量的变动而成正比例变动的成本，如直接材料、直接人工和包装材料等所需的费用。

（3）半变动成本是指其总额受业务量变动的影响，但变动的幅度与业务量的增减不保持比例关系的成本，如辅助材料费和设备维修费等。

5）按照计入营业成本方式不同考虑物流成本构成

按照计入营业成本的方式不同，物流成本分为直接成本和间接成本。

（1）直接成本又称可追溯成本，指与某一特定的成本对象存在直接关系的成本，其之间存在明显的因果关系或受益关系，为某一特定的成本对象消耗。

（2）间接成本是指与某一特定成本对象没有直接联系的成本，为几种成本对象共同消耗，不能直接计入某一特定成本对象的成本，如厂房的折旧等。

6）按照转化为费用的方式不同考虑物流成本构成

按照转化为费用的方式不同，物流成本分为产品成本和期间成本。

（1）产品成本是指可计入存货价值的成本，包括按特定目的分配给一项产品的成本总和。

（2）期间成本是在发生当期不计入产品成本的生产经营成本，在发生当期直接转为费用。

### 3.3.3 电子商务物流成本的影响因素

影响电子商务物流成本的因素很多，主要涉及以下几个方面：竞争性因素、产品因素、环境因素、管理因素等。

1）竞争性因素

竞争性因素主要包括：

（1）订货周期　企业物流系统的高效必然可以缩短企业的订货周期，降低客户的库存，从而降低客户的库存成本，提高企业的客户服务水平和竞争力。

（2）库存水平　存货的成本提高，可以减少缺货成本，即缺货成本与存货成本成反比。

（3）运输　企业采用更快捷的运输方式，虽然会增加运输成本，但是可以缩短运输时间，降低库存成本，提高企业的快速反应能力。

2）产品因素

产品的不同特性，影响物流成本，包括产品价值、产品密度、产品废品率、产品破损率和特殊搬运。

（1）产品价值　产品的价值高低会直接影响物流成本的大小。随着产品价值的增加，每一物流活动的成本都会增加，运费在一定程度上反映货物移动的风险。一般来讲，产品的价值越大，对所使用的运输工具要求越高，仓储和库存成本也随着产品价值的增加而增加。高价值意味着存货中的高成本，以及包装成本的增加。

（2）产品密度　产品密度越大，相同运输单位所装的货物越大，运输成本就越低。同理，仓库中一定空间领域存放的货物也越多，库存成本就会降低。

(3）产品废品率　影响物流成本的一个重要方面还在于产品的质量，即产品废品率的高低。生产高质量的产品可以减少因次品、废品等回收、退货而发生的各种物流成本。

（4）产品破损率　产品破损率较高的物品，即易损性物品，对物流成本的影响是显而易见的。易损性的产品对物流各环节，如运输、包装、仓储等，会提出高的要求。

（5）特殊搬运　有些物品对搬运提出了特殊的要求，例如，长、大物品的搬运，需要特殊的装卸工具，有些物品在搬运过程中需要加热或制冷等，这些都会增加物流成本。

3）环境因素

环境因素包括空间因素、地理位置及交通状况等。空间因素主要指物流系统中企业制造中心或仓库相对于目标市场或供货点的位置关系等。若企业距离目标市场太远，交通状况较差，则必然会增加运输及包装等成本。若在目标市场建立或租用仓库，也会增加库存成本。因此，环境因素对物流成本影响是很大的。

4）管理因素

管理成本与生产和流通没有直接的数量依存关系，但也直接影响物流成本的大小，如节约办公费、水电费、差旅费等管理成本可以相应地降低物流成本总水平。另外，企业利用贷款开展物流活动，必然要支付一定的利息，资金利用率的高低，影响着利息支出的大小，从而也影响着物流成本的高低。

### 3.3.4　电子商务物流成本管理的内容与作用

进入21世纪，物流已经从提供简单的送达服务阶段进入高质量服务阶段，物流服务间的竞争也日趋激烈，便捷、高效、低成本等已经成为物流服务竞相追求的目标。所以，电子商务物流成本管理已成为电子商务物流管理的重要内容。电子商务物流成本管理就是对电子商务物流成本所进行的管理工作，根本目的是降低成本，提高效率和经济效益。

1）电子商务物流成本管理的内容

电子商务物流成本管理的内容包括物流成本的预测、决策、计划、控制、核算、分析及检查等内容。其中，物流成本预测可以提高物流成本管理的科学性和预见性。物流成本决策是从若干个方案中选择满意方案的过程。物流成本计划是以价值形式规定计划期物流各环节的耗费水平。物流成本控制是按照规定的标准调节影响成本的各项因素，将企业各项耗费控制在计划范围以内。物流成本核算是通过一系列的物流费用汇集与分配，计算出各物流活动成本计算对象的实际总成本和单位成本。物流成本分析是在成本核算及其他有关资料的基础上，揭示出物流成本水平的变化趋势，查明影响物流成本变动的各种因素。

上述各项成本管理活动相互依存，构成一个有机整体。成本预测是成本决策的前提。成本计划是成本决策所确定目标的具体化。成本控制是监督成本计划的实施，以保证目标的实现。成本核算与分析是评价目标是否实现。

2）电子商务物流成本管理的作用

互联网及现代信息技术的发展为人们进行电子商务物流成本管理创造了一个非常有利的环境和基础。通过现代化的手段与方法对电子商务物流成本进行管理，人们不仅可以有效地对电子商务物流成本进行实时监控，而且也可以有效地对电子商务物流成本进行模拟，从而降低费用、提高效率和效益。电子商务物流成本管理的作用主要表现在以下几个方面：

（1）可以有效地对物流成本进行实时监控　在电子商务物流中，企业可以通过电子商务系统、信息技术等对电子商务物流过程进行实时监控,及时掌握和了解物流过程的运作情况,从而及时掌握和了解物流成本的实际情况,并根据成本的管理目标及物流的作业目标,通过管理系统及时地做出科学合理的决策,降低物流费用,提高物流效率。

(2) 可以有效地对物流成本进行模拟　在实际运作过程中,电子商务物流成本之间存在背反规律。在物流的运输、仓储保管、装卸搬运、包装、配送、加工、物流信息等基本过程和功能之间,一种功能费用的削减会使另一种功能的费用增多,因为各种费用是互相关联的。在传统的物流运作过程中,一方面,物流的功能被分割,分别隶属于不同的管理部门,缺乏统一的管理;另一方面,由于企业信息系统的不健全,因此难以有效地实现物流整体成本的降低。而在电子商务物流中,通过虚拟方式对物流过程进行模拟,并依据最合理的方法调整物流作业过程和作业方式,促进物流各作业环节的衔接和协调,就能有效地实现物流的合理化运作,降低物流费用,提高效率。

(3) 可以有效地协调各物流成本关系　在电子商务物流中,无论是对于物流企业、商业企业、生产企业以及电子商务网站来说,还是对于消费者来说,都可以通过互联网有效地沟通和交流,协调各方面物流成本,共同实现物流成本的降低,达到多赢的效果。

此外,通过电子商务物流成本管理,可以掌握和了解电子商务物流成本的高低及具体分布情况,从而提高企业内部对物流重要性的认识,并从电子商务物流成本的分布中发现物流活动中存在的问题;可以根据电子商务物流成本的计算结果,制订物流计划,调整物流活动并评价物流活动效果;可以根据电子商务物流成本的计算结果,明确责任,加强物流成本的监督和管理,提高管理效率。

### 3.3.5　电子商务物流成本管理的目标和原则

接下来,我们讨论电子商务物流成本管理的目标以及所要遵循的基本行为准则。

1) 电子商务物流成本管理的目标

电子商务物流成本管理的目标包括基本目标和具体目标。基本目标是企业进行电子商务物流活动时的整体的、长期的、导向性的目标;具体目标是企业进行电子商务物流活动时的局部的、短期的和具有操作性的目标。在此,主要讨论电子商务物流成本管理的基本目标,至于电子商务物流成本管理的具体目标,则由企业根据电子商务物流成本管理基本目标的要求,按照一定时期内企业经营的具体情况和存在的具体问题加以制定和实施。

企业电子商务物流费用管理的基本目标主要受企业财务管理目标和电子商务物流经营活动目标制约,一方面,成本管理是企业财务管理的一个组成部分;另一方面,电子商务物流成本的高低与电子商务规模密切相关。

一般来说企业电子商务物流成本管理的基本目标可以概括为在保证企业经营活动需要的前提下,以最低的物流成本完成电子商务物流活动的运作。

2) 电子商务物流成本管理的原则

电子商务物流成本管理的原则是指企业在电子商务物流成本管理过程中的各环节、各方面所遵循的基本行为准则。从日常表现形式来看,就是处理电子商务物流成本关系的基本行为准则。企业成本管理原则以企业生产经营及财务活动的一般原则为基础和前提,同时电子商务物流成本管理又具有自身的特点。具体来说,企业物流成本管理的原则主要有费用最低原则、保证需要原则、利益兼顾原则及责任明确原则等。

(1) 费用最低原则　在物流成本管理过程中,企业应采取各种对策和措施,积极地降低电子商务物流成本,在尽可能的情况下,使成本最低。

(2) 保证需要原则　在物流成本管理过程中,电子商务物流成本的控制应在保证需要的前提下来进行,不能为了实现物流成本的最低而不考虑客户的需要,从而最终失去市场。

(3) 利益兼顾原则　在物流成本管理过程中,企业应充分考虑各部门的利益,特别是不同部门之间的利益。成本的具体控制应根据电子商务物流各环节的重要程度、工作量规模的大小及市场状况来进行。

(4) 责任明确原则　要有效地进行物流成本管理,除了制定成本标准外,还需要明确责任,实行责任制,进行全过程、全人员的成本管理。

综上所述,对于企业而言,要削减物流成本必须从企业整体成本考虑,且不能影响对客户的物流服务质量。

### 3.3.6　降低电子商务物流成本的具体措施

在企业的物流活动中,企业采取各种方法对日常的物流成本支出进行严格的控制和管理,使物流成本节减到最低限度,以达到预期的物流成本目标。下面,我们讨论在实际物流成本管理中常用的一些降低物流成本的具体措施。

1) 优化供应链系统,共同降低物流成本

作为供应链的参与企业和生产企业在组建供应链的过程中,要积极合作、相互协调,以实现整体电子商务物流成本的降低。这既是电子商务物流的特征,也是挖掘物流潜力、创造"第三利润源泉"的关键。

2) 建立和健全机构,实现物流一体化管理

在企业内部要设立电子商务物流管理机构,企业内部各部门要相互配合、共同采取措施来降低物流成本费用。

3) 坚持服务水平与降低成本相结合的原则

不考虑电子商务物流服务水平,一味地强调降低成本则是毫无意义的。应该在维持电子商务物流服务水平的前提下,通过服务规模化来降低平均服务成本。

4) 推进物流活动的网络化、信息化、系统化、机械化和合理化

电子商务物流所要解决的主要问题是满足客户的送货服务要求。因此,努力推进物流活动的网络化、信息化、系统化、机械化,从而使其流向合理化和包装运输科学化,这必然有助于降低电子商务物流成本。

5) 科学确定物流成本管理对象

相对于生产成本来说,电子商务物流成本具有连续性、不确定性、难以分解的特点。因此,电子商务物流成本费用计算要根据不同的对象来合理确定。在实际过程中,企业可以选取以下几种对象进行。

(1) 以电子商务物流过程为对象　这可以分解为网络物流服务成本费用、实体运动费用及管理成本费用等。

(2) 以物品实体为对象　按照不同物品来计算电子商务物流成本费用等。在实际过程中,既可以按照单件来计算,也可以按照具体规格品种来计算。

(3) 以电子商务物流功能为对象　电子商务物流功能成本费用是指运输、保管、包装、装

卸、情报等功能所产生的电子商务物流成本费用。

（4）以电子商务物流成本费用项目为对象　物流成本费用项目主要包括网络费、运输费、保管费、人工费、折旧费、修理费、材料费、燃料费及管理费。

6）合理制定成本费用标准，实行科学预算管理

虽然物流费用项目繁多，难以分离，但是，只要大体上确定了成本费用对象，就可以实行预算管理，而预算管理的首要条件是要合理制定成本费用标准。

（1）合理制定成本费用标准　通常，物流成本费用标准的制定主要有以下几种类型：①按项目制定标准。电子商务物流成本费用项目，按其与业务量的关系可分为相对固定成本与相对变动成本两项。对于固定成本项目（如折旧费、办公费），可以以历史先进水平或其他企业水平为依据，结合本企业现在的状况与条件，确定合理的标准。而相对变动项目，则着重于根据长期及长远条件和环境变化（如运输能力、仓容能力、运输条件及国家的政策法规）制定出标准。②按功能制定标准。不论是网络服务，还是实体服务，其水平高低主要取决于技术条件、设施水平的高低。因此，应结合生产任务与流转数量等其他因素制定出标准。③按过程制定标准。按电子商务物流过程制定标准是一种综合性技术。它既要以历史水平为依据，又要充分考虑企业内外部因素的变化。例如，退货物流成本标准主要取决于企业产品的质量、信誉及售后服务水平，而供应物流成本标准则主要取决于货物场所的变更及运输方式的改变。

（2）实行科学的预算管理　电子商务物流成本管理标准确定以后，企业应该充分考虑其财力状况，制定出每种成本的资金预算，以确保电子商务物流活动的正常进行。同时，按照成本标准，进行定期与不定期检查、评价与对比，以求控制电子商务物流活动和成本水平，找出问题所在。例如，一个期间结束后，如果发现退货物流费用升高，必然意味产品销路受阻，信誉下降，质量降低，甚至产品过时等，物流部门应迅速反馈到有关部门（生产、销售），以帮助改变此种状况，降低成本。

7）建立部门物流成本管理责任制

要进行有效的物流成本管理，除了制定物流成本标准外，还需要在相关部门实行物流管理责任制，明确责任，赋予权力，实行全过程、全人员的成本管理。

（1）分解落实物流成本指标　不同部门担负着不同的物流成本，按成本发生的地点将成本分解到一定部门，落实其降低成本的责任，并按成本的可控性检查该部门成本降低情况，以作为评价其成绩的依据。

（2）编制记录、计算和积累有关物流成本执行情况的报告　每个部门都应对其负担的物流成本进行记录、计算和积累，并定期编制出业绩报告，以形成企业内部完善的物流成本系统。对一些共同性的成本，则另行计算，最终由企业最高管理机构计入成本总额。

（3）建立物流成本反馈与评价系统　定期将各部门发生的成本实际执行结果与预算（标准）进行对比，评价该部门在成本方面的成绩与不足，以确定奖励还是惩罚。

（4）实行物流成本控制，降低物流成本总水平　物流成本控制包括事前控制、事中控制，依据是成本标准。物流成本控制的主要方法有比较反馈法和事中修改法。通过开展价值工程进行事前控制，要遵循全面控制原则、责权利相结合原则、节约原则、例外管理原则及目标管理原则。

（5）合理运用物流技术，降低物流成本　先进的运输、包装、装卸技术一般能降低电子商务物流成本，但是，先进技术方法的运用也必然具有较高的成本。因此，合理选择运输工具、包装材料、装卸工具、信息技术，也是降低电子商务物流总成本的一个重要方面。

## 3.4 电子商务物流战略管理

电子商务物流战略管理是电子商务物流管理的核心内容,物流战略是企业战略得以实现的支撑性战略。电子商务物流战略管理是着眼于电子商务物流系统的未来,根据电子商务物流系统内部资源和外部环境的变化,对电子商务物流发展而进行的总体谋划。这一节,首先对企业战略与物流战略做一个总体概述,然后讨论电子商务物流战略管理过程,最后讨论常用的一些典型物流战略。

### 3.4.1 企业战略与物流战略概述

在讨论电子商务物流战略管理之前,首先对战略和企业战略做一个简单讨论。

1) 战略与企业战略

任何企业和任何业务的发展都应该有战略方面的思考。战略(Strategy)一词最早是军事术语。战略的特征是发现智谋的纲领。在西方,"Strategy"一词源于希腊语"Strategos",意为军事将领、地方行政长官,后来演变成军事术语,指军事将领指挥军队作战的谋略。在中国,"战略"一词历史久远,"战"指战争,略指"谋略""施诈"。春秋时期孙武的《孙子兵法》被认为是中国最早对战略进行全局筹划的著作。

战略,是一种从全局考虑谋划实现全局目标的规划,战术只为实现战略的手段之一。实现战略胜利,往往有时候要牺牲部分利益。战略是一种长远的规划,是远大的目标,往往规划战略、制定战略、用于实现战略目标的时间是比较长的。战略具有以下特征:①前瞻性。预测未来市场及企业的发展变化趋势,掌握企业的发展能力。②长远性。战略既是企业谋取长远发展要求的需要,也是企业对未来较长时期内生存和发展问题的考虑。③总体性。战略站在企业全局的立场上研究企业总体的行动方向、方法和策略。④纲领性。战略所规定的是企业整体的长远目标、发展方向和重点,是原则性、概括性的规定,是行动纲领。⑤艺术性。战略是一种战斗艺术、行动策略。

企业战略是对企业各种战略的统称,其中既包括总体战略、竞争战略,也包括营销战略、品牌战略、运营战略、融资战略、技术战略、人才战略、物流战略等。企业战略是层出不穷的,例如信息化就是一个全新的战略。企业战略虽然有多种,但基本属性是相同的,都是关于企业的谋略,都是关于企业整体性、长期性、基本性问题的计谋。各种企业战略有同也有异,相同的是基本属性,不同的是谋划问题的层次与角度。总之,无论哪个方面的计谋,只要涉及的是企业整体性、长期性、基本性问题,就属于企业战略的范畴。

2) 物流战略

物流战略的概念来源于企业物流活动的实践。物流战略属于企业战略中的一种,是对企业物流发展在整体性、长期性、基本性问题等方面和系统思考。日本学者角井亮一把 Logistics 理解成"战略物流",美国学者也有战略性物流管理的思考,并有 *Strategic Physical Distribution Management* 和 *Strategic Logistics Management* 这样的著作。

不同的学者或实际工作者由于自身的管理经历和对物流的认识不同,会对物流战略有不同的定义。库珀(Cooper)、英尼斯(Innis)和迪克逊(Dickson)将物流战略定义为:"一个通过提高价值与客户服务而实现竞争优势的统一的、综合的和集成的计划过程。该计划过程通过对物流服务的未来需求进行预测和对整个供应链的资源进行管理(如何实现目标),实现优异的客户满意度(希望实现什么)。这种计划过程是在企业总体目标和计划的背景下进行的。"物流战略通过识别物流过程的相互依赖性将整个物流过程的功能进行优化,并对各个物流功能进行分配。本书认为:物流战略是指为寻求物流能力的可持续发展,就物流发展目标以及达成目标的途径与手段而制定的具有长远性、全局性的规划与谋略。

3) 物流战略与竞争战略的关系

物流战略作为一个职能战略,其作用是在物流管理中取得某种竞争优势以支持企业的经营战略,而不局限于处理和解决物流领域内部的矛盾和问题,其目的是使物流管理成为电子商务企业立足于市场,并获得长期竞争优势的坚实基础。企业战略的制定必须结合物流战略考虑。同时,物流战略是企业的职能战略,为了使物流战略确实有效,必须与企业战略联系在一起,制定的物流战略必须服务于组织的目标。

企业竞争战略包括成本领先战略、差异化战略和重点集中战略,其中重点集中战略是指在一个细分的市场中采用成本领先战略或差异化战略。选择不同的竞争战略就要求不同的职能战略和措施与之相适应。作为重要的职能战略,物流战略也要与企业竞争战略相适应。

如果企业实行总成本领先战略,就要求在物流战略选择上尽可能以低成本为目标,保持低库存水平和成本,采用大批量配送策略,在供应商的选择上主要考虑成本,而时间可能不是其考虑的主要因素。如果选择差异化战略,也可考虑物流服务的差异化,强化企业在市场上的差异化竞争优势。

4) 物流战略的内容及分类

物流战略的具体内容随企业的性质类别及业务的具体内容不同而不同。物流战略规划的具体内容包括物流发展的方向、方法、途径、进度、目标及策略。

根据不同的分类标准,物流战略可以分成各种类型:

(1) 根据物流战略的战略用途,可分为物流发展战略、物流经营战略、物流运作战略、物流竞争战略等;

(2) 根据物流的业务内容,可分为运输战略、采购战略、仓储战略、配送战略、搬运战略、物流信息战略、综合物流战略等;

(3) 根据物流的经营方式,可分为自营物流战略、物流外包战略、第三方物流战略、供应链物流战略、信息化物流战略、高资产型物流战略、低资产型物流战略、无资产型物流战略、独立经营战略、联合经营战略、连锁经营战略等;

(4) 根据物流的发展方式,可分为稳定型发展战略、收缩型发展战略、扩张型发展战略、低成本发展战略、高投资迅速发展战略等;

(5) 根据物流的竞争方式,可分为正面进攻战略、回避退让战略、侧面攻击战略、避强凌弱战略、迂回游击战略、兼并战略和联合战略等;

(6) 根据物流战略的层次,可分为全局性战略、结构性战略、功能性战略及基础性战略。

企业需要在把握各类物流战略要素的基础上,分清自身物流战略优势,实施各种物流战略创新活动。

5) 物流战略的作用

物流战略指明了企业物流发展的方向、进程、目标、发展和经营方式,它为企业发展物流提供有力支持,并保证物流按计划健康顺利发展。物流战略是物流经营计划的依据。物流经营计划按时间分阶段对物流战略进行分解,结合当时当地具体情况进行细化,并实施。物流战略是物流经营和运作的艺术,为企业经营的成功和物流业务的有效运作提供支持。

对大多数企业来说,物流成本都很高,仅次于产品的成本。物流的改善可增加企业竞争优势。企业全球化和国际化经营极大地依赖于物流管理水平和成本。全球化和国际化经营离不开物流的支持。物流活动能显著增加客户价值。不同物流决策会影响供应链不同的客户服务水平。客户不断要求快速、个性化的物流。物流的快速反应可创造企业竞争优势。

### 3.4.2 电子商务物流战略的概念与内涵

对电子商务物流战略,可有不同角度的理解。广义地说,电子商务物流战略就是电子商务下的物流战略,可以有三种理解:①电子商务企业的物流战略,是指电子商务企业关于物流的战略选择;②电子商务的物流战略,是指面向电子商务的物流战略思考;③电子商务物流的战略,是指针对电子商务物流运营的战略。狭义地说,电子商务物流战略就是关于电子商务物流的战略思考。

电子商务物流战略可以是电子商务企业的物流战略,也可以是第三方物流企业的物流战略。对电子商务企业来说,物流战略主要是思考电子商务应用企业的具体物流战略问题,如:为增强业务竞争能力需要什么样的物流服务能力,自建哪些物流服务,外包哪些物流服务。而对第三方物流企业来说,首先要考虑要不要从事电子商务物流服务,也就是自身的业务战略定位问题;其次要考虑如何建立电子商务物流服务竞争优势,也就是自身的业务竞争战略问题。

所以,电子商务企业和第三方物流企业对电子商务物流战略的理解,在概念和内涵上会有一定的差异。电子商务企业是从电子商务运营的视角思考电子商务物流战略;第三方物流企业是从物流服务运营的视角思考电子商务物流战略。

### 3.4.3 电子商务物流战略的管理过程

在制定电子商务物流战略过程中,电子商务企业不仅要了解企业自身的使命、目标,还要分析企业的内外部环境,分析竞争对手的情况,最终才能够确定出比较适合自身的物流战略。电子商务物流战略管理过程,与一般企业战略管理过程类似,也包括战略环境分析、战略设计与选择、战略政策制定、组织结构调整、战略方案实施五个阶段。

1)战略环境分析

战略环境分析是制定战略的基础工作,一般包括电子商务物流的外部环境分析和企业资源评价(也叫内部环境分析)。由于战略环境分析是企业战略制定必须要做的前期工作,因此,电子商务物流战略环境分析,只需要在制定企业战略时所做的战略环境分析的基础上,根据电子商务物流活动的特点,有针对性地做一些诸如竞争对手分析、企业物流资源分析等专项分析即可。企业战略是物流战略的先决因素。企业的三种竞争战略中的每一种战略下的物流战略均有不同。因此,在制定物流战略之前,必须定义和了解企业战略。另外,在一个持续经营的企业特有的运作能力有利于帮助企业选择合适的企业战略,也就是反过来物流战略能够影响企业战略。客户需求是影响物流战略的最显著的外部因素。企业可以通过定价、营销,以及其他市场策略在一定程度上管理和控制需求水平。然而,某些市场变化不能控制或轻易地预测,如由经济波动引起的变化、客户偏好改变,同时顾客也在不断地要求新的产品或不同产品,因此物流规划不仅要考虑客户现有的需求,还要预测其将来的需求。技术因素也会对物流战略产生很大的影响,企业需要不断地关注技术的进步,如机器人技术、计算机技术等,在某种程度上,它们可以决定采取物流战略的实现方式。

2) 战略设计与选择

电子商务物流战略有很多种,企业在选择物流战略方案时,必须在确定自身的经营领域、明确自身竞争优势的前提下,根据物流战略目标的要求,建立评价战略方案的标准,选择适合的物流战略。对电子商务企业和第三方物流企业来说,物流战略设计与选择的具体内容可能不完全一样。根据企业战略和内、外部因素分析结果,企业可以确定物流战略,并制定相应的物流目标。这些目标包括服务速度、库存量、运输成本等,应该尽可能地量化。然后,在运输、库存等方面选择合适的策略,以达到物流发展目标。

3) 战略政策制定

电子商务物流战略政策的全部含义一般要由指导战略实施的详细政策来进一步阐明,包括阶段性的战略目标、战略资源配置、组织结构调整等重要内容。在总体战略目标的基础上,战略政策要根据阶段性的战略目标,阐明当前对资源配置、组织结构、信息沟通、企业文化控制激励制度等方面的调节所采取的行政手段。战略政策只针对阶段性战略目标,当阶段目标实现后,政策也会随之调整。

4) 组织结构调整

电子商务物流战略必须通过组织去贯彻执行,必须建立有效的组织结构。调整组织结构主要是解决组织的集权化问题、组织的专业化问题和组织的刚性问题。组织结构调整的目的在于更好地适应电子商务物流战略实施的需要,以便有效提高电子商务运营能力,或者提升电子商务物流服务能力。

5) 战略方案实施

在战略实施过程中,战略制定和战略实施配合得越好,战略管理就越容易获得成功。而物流战略计划系统则是战略实施的具体化,应该明确战略实施所要解决的一些关键问题。

### 3.4.4 电子商务中的典型物流战略

下面,讨论一些典型的电子商务物流战略,可以广义地将其认为是电子商务下的物流战略。一些物流战略也是传统商务常用的物流战略。

1) 缩短订单时间战略

缩短订单或补给周期时间的物流战略一直是人们关注的焦点。缩短循环时间与三个因素有关:过程、信息和决策。我们可将物流看作一系列的过程,更快地实施那些步骤就会降低循环时间,还会取得效益。改进的物流过程,更快、更准确的信息流和更迅速、更具反响的决策的联合会使前置时间和循环时间有巨大的降低。物流专业人员已经使用了大量的缩短订单时间的积极方法。

另外,其他很多方法,例如"准时制""供应商存货管理"和"连续补货管理"都有助于缩短订单循环时间。使用降低循环时间等大量积极的方法可以改善公司的竞争地位,在效率和效益方面都取得了明显的成效。缩减时间战略,由于能降低成本、改善现金流和提高顾客服务的潜力而成为关注的焦点,同时也使这些公司获得了竞争优势。

2) 延迟战略

在传统物流的运作安排中,运输和储存是通过对未来业务量的预测来进行的,如果将产品的最后制造和配送推迟到收到客户订单后进行,那么,预测风险带来的库存就可以减少或消除。有两种延迟的战略,即生产延迟策略和物流延迟策略。

(1) 生产延迟策略  基本原理是准时化,即在获得客户确切需求和购买意向前,不会过早做准备工作或采购零部件,而在合适的时间严格按照订单生产合适数量、合适品质的产品。

(2) 物流延迟策略  物流延迟包括交货延迟和运输延迟。物流网络中几个主要的中央仓库,根据预测结果存储必要物品,待接到客户订单后,从中央仓库启动物流程序,把物品运送到客户所在地的仓库或直接快运给客户。

3) 集中运输战略

集中运输战略是为实现大批量运输的规模经济而采取的运输战略。为了维持运输成本不变,需要实现运输集中化。从运作的角度来看,通常有三种方法可以实现有效的集中运输:

(1) 区域化集中运输  即把运往某个区域不同客户的货物集中起来运输。

(2) 预定送货  即与客户商定一个运送计划,保证在固定日期前送到,在预定期内有可能集中到较大的运输量。

(3) 第三方联营送货  即由第三方提供运输服务。

4) 多样化分拨战略

不对所有商品提供同样水平的客户服务,企业可在同一商品系列内采用多种分拨战略。在库存地点的选择上同样可实施多样化分拨,每个存储点都包含不同的商品组合。如:批量大的商品,从工厂、供货商或其他供货来源直接供货,其他的商品,从仓库供货;销售慢的商品由中央仓库供货,销售中等的商品由地区性仓库供货,销售快的商品由基层仓库供货。

5) 精益物流战略

精益物流战略,也叫成本主导战略。精益物流战略的目标是用较少的资源,如人力、空间、设备、时间来进行各种操作,有效组织物料的流动,杜绝浪费,使用最短的前置期,使库存和成本最小化。精益战略寻找出消除浪费的途径,典型的方法是对目前的操作进行详细分析,然后取消不增加价值的操作,消除耽搁,简化过程,降低复杂性,提高效率,寻找规模经济,节省运输费用,除去供应链中不必要的环节。

6) 敏捷物流战略

敏捷物流战略,也叫服务主导战略。敏捷物流战略目标是对不同或变化的环境迅速做出反应,向客户提供高品质的服务。敏捷有两个方面的含义:第一是反应速度,敏捷的组织一直在检查客户需求,能对变化做出迅速反应;第二是物流根据不同客户需求而量身定做能力。

7) 合作与联盟战略

物流合作与联盟战略极度重视与供应链其他部分的密切合作,供应商、客户和专业物流提供商建立战略联盟,形成更为有效的供应链,所有成员齐心协力,共享长期合作的成果。物流联盟是介于独立的企业与市场交易关系之间的一种组织形态,是企业间由于自身某些方面发展的需要而形成的相对稳定的、长期的契约关系。物流联盟是以物流为合作基础的企业战略联盟,它是指两个或多个企业之间,为了实现自己物流战略目标,通过各种协议、契约而结成的优势互补、风险共担、利益共享的松散型网络组织。

8) 外包物流战略

所谓物流业务外包,即制造企业或销售企业等为集中资源、节省管理费用、增强核心竞争力,将其物流业务以合同的方式全部或部分委托给专业的物流公司运作。外包是一种长期的、战略的、相互渗透的、互利互惠的业务委托和合约执行方式。

外包物流通常也称为第三方物流(第1章第5节已作详述,此不赘述)。第三方物流一直是物流和供应链管理中最容易被误解的名词。

9) 自建物流战略

自建物流,是指企业自身经营物流业务,建设全资或是控股物流子公司,完成企业物流配送业务,即企业自己建立一套物流体系。自建物流利用已有的物流资源,采用先进的物流管理系统和物流技术,不断优化物流运作过程,为客户提供高效优质服务。

目前,电子商务企业自建物流系统主要有两种情况:一是传统的大型制造企业或批发企业经营的B2B电子商务网站,由于其自身在长期的传统商务中已经建立起初具规模的营销网络和物流配送体系,在开展电子商务时只需对其加以改进、完善,就可满足电子商务条件下对物流配送的要求;二是具有雄厚资金实力和较大业务规模的电子商务公司,在第三方物流公司不能满足其成本控制目标和客户服务要求的情况下,自行建立适应业务需要的畅通、高效的物流系统,并可向其他的物流服务需求方(比如其他的电子商务公司)提供第三方综合物流服务,以充分利用其物流资源,实现规模效益。

10) 垂直一体化物流战略

垂直一体化物流战略是指电子商务企业面向供应链,将产品供应商和客户纳入管理范围,把整个供应链上采购、制造、销售等环节的活动联系起来,对从供应商到客户的整个商品物流过程实现整体性管理,从而降低供应链物流成本、缩短客户订单提前期,最终为企业赢得竞争优势。

垂直一体化物流战略突破了传统的只关注自身企业物流活动的狭隘思维方式,认为只有把供应商、企业和客户的物流活动作为整体加以考虑,才能真正地使物流活动合理化,提高物流管理效率。但垂直一体化物流并不是一件容易的事情,它要求实施该战略的企业将供应商和客户视为合作伙伴,并要与他们建立和发展合作关系。另外,采用垂直一体化物流战略的企业需要采用先进的管理方法和通信技术,实现供应链中货物流、信息流和资金流的整合。

11) 水平一体化物流战略

水平一体化物流战略,也称为横向协作物流战略,是指相同或不同行业的企业之间为了有效地开展物流服务,降低多样化和及时配送所产生的高额物流成本,形成一种通过物流中心集中处理实现低成本物流的系统,而达成协调、统一运营机制的一种物流战略。例如,不同的企业可以用同样的装运方式进行不同类型商品的共同运输。当物流范围相近,而某个时段内物流量较少时,几个企业同时分别进行物流操作显然不经济,于是就出现了一个企业在装运本企业商品的同时,也装运其他企业商品的情况。从企业经济效益上看,它降低了企业物流成本;从社会效益来看,它减少了社会物流过程的重复劳动。

水平一体化物流战略有两种基本实现形式:一是在保留各企业原有配送体系的前提下,对某些商品进行集中配送和处理;二是各企业放弃自有的配送体系,通过共同配送中心的建立来实现物流管理的效率性和集中化。

水平一体化物流战略既能实现物流集中处理的规模经济性,又能有效维护各企业的利益,以及经营战略的有效实施。但是,不同企业的商品物流过程不仅在空间上是矛盾的,而且在时间上也是有差异的。这些矛盾和差异的解决就要依靠企业之间良好的协调与合作,并须有掌握大量物流需求和物流供应能力信息的信息中心。此外,实现水平一体化物流战略的另一个重要的条件,就是要有大量的电子商务企业参与,并且有大量的商品存在,这时企业间的合作才能提高物流效益。当然,产品配送方式的集成化和标准化等问题也是不能忽视的。

12) JIT 物流战略

JIT(Just in Time,准时制生产)是一种产生于日本丰田公司的生产方式,其基本原理是按需供货,其中心内容是"在必要的时间,对必要的产品从事必要的生产或经营",从而削减各种浪费,直至实现零库存。JIT 以顾客订单驱动,采用"订单拉动(Pull)"方式将采购、生产、销售各环节及相应的上下工序紧密地联系起来,强调以恰当数量的物料,在恰当的时间,进入恰当的地点,并生产出消费者需要的恰当质量的产品。

JIT 思想用于物流领域,就是指根据客户需求,将正确的商品以正确的数量在正确的时间送到正确地点,这里的"正确"就是"Just"的意思。因此,JIT 物流战略是指电子商务企业根据顾客所需商品的品种、规格、质量、数量,在物流管理上进行即时采购、即时生产和即时配送到指定的地点,既不多生产或多送,也不少生产或少送,既不早生产或早送,也不晚生产或晚送,所送商品要个个保证质量,不能有任何废品。

实施 JIT 物流战略,对于电子商务企业有三个方面好处:

(1) 零库存　用户需要多少,就供应多少,不会产生库存,不占用流动资金。

(2) 最大节约　用户不需求的商品,就不用采购或生产,可避免因商品积压、过时质变等产生的损失,也可避免装卸、搬运,以及库存等费用支出。

(3) 零废品　JIT 能最大限度地限制废品流动所造成的损失。废品只能停留在供应方,不可能配送给客户。因此,电子商务企业应用 JIT 物流战略既能有效降低物流成本,也能满足客户个性化需求。

当然,我们也必须看到,JIT 物流战略是建立在正常的经济贸易秩序之上的,采购、生产、仓储、运输、配送等任何一个环节出现问题,都会给企业带来巨大的损害。形象一点说,就是其中一个环节中断或脱节,那么就可能使企业破产。因此,只有具备良好的采购、生产、配送等环节整合和控制能力以及良好供应商管理和应急管理能力的企业才有可能应用 JIT 物流战略。

13) 网络化物流战略

网络化物流战略是指电子商务企业利用信息网络,将处在不同地区的生产企业、仓储企业、运输配送企业等连接成为一个相互联系的物流服务网络,并依靠这个在地域上分布极广的网络化物流组织共同为顾客提供物流服务。

由于电子商务客户具有地理位置分布的分散性和不可知性,物流的网络化是进行电子商务活动的必然,也是电子商务物流的主要特征。网络化物流组织不仅是实现电子商务的必要手段,还是电子商务赢得竞争的重要手段。在网络化物流系统中,起决定作用的不是物流设施或设备的处理能力,而是物流信息系统。它是连接物流网络结点的纽带,也是在物流过程中进行信息采集、管理、分析和调度,并根据反馈情况及时进行调整的软系统。

网络化物流的优势主要有以下几点:

(1) 物流节点普遍实行信息化管理　物流连接社会生产、生活的各个部分使之成为一个有机整体,每个参与物流过程的环节构成物流系统中的一个节点,单个节点的信息化是物流系统信息化的基础。信息化管理利用自动化设备收集和处理商流、物流过程中产生的信息,对物流信息进行分析和挖掘,最大限度利用有效信息对物流活动进行指导和管理。

(2) 整个系统具有无限的开放性　整个系统构建在开放的互联网上,所有的物流节点都通过公用网络互相连接以及和合作节点互换信息,协同处理业务。基于互联网的开放性,整个系统也具有无限的开放性和拓展能力。

（3）系统具有明显的规模优势  网络将各个分散的节点连接为紧密联系的有机整体，在一个相当广泛的区域内发挥作用。大规模联合作业降低了系统的整体运行成本，提高了工作效率，也降低了系统对单个节点的依赖性，抗风险能力明显增强。

采用网络化物流战略的电子商务企业不仅可以更大程度地增强公司的物流配送能力和服务水平，还可以与客户进行 24 小时随时随地的互动，提高客户的满意度。

14）全球化物流战略

全球化物流战略就是以满足全球消费者的需求为目标，组织货物在全球的合理流动，也就是发生在全球范围内的物流。具体而言就是在全球范围内，把商品的采购、运输、仓储、加工、整理、配送、销售和信息等方面有机结合起来，选择最佳的方式与路径，以最低的费用和最小的风险，保质、保量适时地将货物从某国的供方运到另一国的需方，为消费者提供多功能、一体化的综合性服务。互联网改变了商业交易的模式，缩短了买卖双方的时空距离，加快了交易的过程，创造出新经济的主角——电子商务。电子商务是无国界的世界，超越国界的交易，也需要超越国界的全球物流，不仅仅是超越区域间的藩篱，更重要的是企业之间不同信息系统的整合和沟通。从原料采购、生产制造、销售配送，一连串的信息传递可以利用互联网的便利达成自动化，但实体的货流，需要运筹物流的参与者来执行。全球化交易的电子商务，需要全球化物流来解决问题。

虽然地区经济一体化、全球商业环境的改变，以及信息技术的发展给全球物流战略提供了有利条件，但是当电子商务企业服务全球市场时，距离远、中间商多等因素导致全球化作业周期较长、库存单位数量增加、物流单证的流转范围更广、存货储备地点数目更多，使得全球物流作业更加复杂。另外，由于广泛传输的通信可供选择的语言及随时处理的灵活性，对信息系统的要求更高，因此，在全球化的运作条件下，物流系统变得更加昂贵和复杂，结果导致订货时间延长和存货水平上升。为此，电子商务企业的全球化物流战略需要了解世界各地顾客的服务需求，并制定有效的制造、市场和后勤战略以满足全球市场需求。例如，在《北美自由贸易协议》达成后，其物流配送系统已不是仅仅从东部到西部的问题，还有从北部到南部的问题，这里面有仓库建设问题也有运输问题。例如，从加拿大到墨西哥，如何来运送货物，又如何设计合适的配送中心，还有如何提供良好服务的问题。另外，较难找到素质较好、水平较高的管理人员，因为有大量牵涉合作伙伴的贸易问题。

现代企业能否成功适应全球市场环境的关键在于能否以合理的、有竞争优势的成本，使自己的产品和服务进入跨越国界的流通。电子商务企业采用全球化物流战略，将全球市场的分销、产品设计、客户满意、生产、采购、供应及库存等整体管理体系紧密地结合起来，打破地理疆界，将有利于客户与企业的供应链组合起来，确立企业的竞争优势。

15）绿色物流战略

物流虽然促进了经济的发展，但是物流的发展同时也会给城市环境带来负面的影响，如运输工具的噪声、污染排放、对交通的阻塞等，以及生产和生活中的废弃物的不当处理所造成的对环境的影响。绿色物流是指在物流过程中抑制物流对环境造成危害的同时，实现对物流环境的净化，使物流资源得到最充分利用。绿色物流主要包含两个方面，一是对物流系统污染进行控制，即在物流系统和物流活动的规划与决策中尽量采用对环境污染小的方案，如采用排污量小的货车车型、近距离配送、夜间运货（以减少交通阻塞、节省燃料和降低排放）等。发达国家倡导绿色物流的对策是在污染发生源、交通量、交通流等三个方面制定相关政策。绿色物流的另一方面就是建立工业和生活废料处理的物流系统。

绿色物流战略就是电子商务企业从环境的角度对物流体系进行改进,形成了一个环境共生型的物流管理系统。这种物流管理系统建立在维护地球环境和可持续发展的基础上,改变原来经济发展与物流、消费生活与物流的单向作用关系,在抑制物流对环境造成危害的同时,形成了一种能促进经济和消费生活健康发展的物流系统。在环保意识日益增强的今天,对于电子商务企业来说,绿色物流战略能带来的优势包括:①有利于企业取得新的竞争优势;②避免资源浪费,增强企业的社会责任感,提高其声誉度。

## 3.5 电子商务物流服务管理

现代物流管理的目的是提供满足客户要求的物流服务。也就是说,现代物流管理以客户满意为第一目标,所有的物流运作和管理都是为了为客户提供物流服务。这一节,首先对电子商务物流服务做一总体概述,然后讨论电子商务物流服务管理的相关问题。

### 3.5.1 电子商务物流服务概述

物流活动的本质是服务。在讨论电子商务物流服务管理之前,首先对物流服务以及电子商务物流服务的概念和特点做一个简单讨论。

1) 物流服务的概念

物流是从接收客户订单开始到将商品送到客户手中并达到客户要求为止所发生的所有活动。物流服务是指接受客户的委托,按照客户的要求,为客户或客户指定方提供服务,完成物流过程中部分环节或全部环节。物流服务是对客户商品利用可能性提供保证,其目的是满足客户需求。物流服务可使交易的产品或服务实现增值。物流服务一般包含如下要素:

(1) 备货保证　拥有客户所期望的商品,保证有货供应。

(2) 输送保证　在客户所期望的时间和地点传递商品,并保证在客户要求的时间内送达所需货物。

(3) 品质保证　符合顾客所期望的质量,保证达到客户要求的货物及配送质量。

(4) 价格优惠　为客户提供价格合理、满足客户要求的物流服务。

物流服务通过运输、保管、配送、装卸搬运、包装、流通加工和信息服务功能要素实现,其中运输、保管和配送是物流服务的中心内容。物流基本服务实现物品的空间效用、时间效用和流通加工效用,提供可靠性和及时性。

2) 物流服务的特性

物流服务的特性包括如下几个方面:

(1) 从属性　由于货主企业的物流需求以商流为基础,伴随商流而发生,因此物流服务必须从属于货主企业物流系统,表现在流通货物的种类、流通时间、流通方式上。提货配送方式都是由货主选择决定的,物流业只是按照货主的需求,提供相应的物流服务。

(2) 即时性　物流服务是属于非物质形态的劳动,它生产的不是有形的产品,而是一种伴随销售和消费同时发展的即时性服务。

(3) 移动和分散性　物流服务以分布广泛、大多数不固定的客户为对象,所以它具有移动性以及面广、分散的特性。它的移动性和分散性会使产业局部的供需不平衡,也会给经营管理带来一定的难度。

(4) 需求波动性　由于物流服务是以数量多而又不固定的客户为对象,因此它们的需求在方式上和数量上是多变的,有较强的波动性,容易造成供需失衡,这成为经营上劳动效率低、费用高的重要原因。

3) 物流服务源于客户服务

客户服务(Customer Service),主要体现了一种以客户满意为导向的价值观,它整合及管理预先设定的最优成本——服务组合中的客户界面的所有要素。广义而言,任何能提高客户满意度的内容都属于客户服务的范围。日本神奈川大学唐泽峰教授提出了划分客户服务要素的方法,即将其分为营销服务、物流服务和信息服务三个领域,并针对不同领域给出了相应的可度量或不可度量的要素。

从理论上讲,物流服务之所以在企业经营中如此重要,是因为:①细分化市场营销时期,物流服务已成为企业销售差别化战略的重要一环;②物流服务水平的确立对经营绩效具有重大影响;③物流服务方式的选择对降低流通成本具有重要意义;④物流服务是有效联结供应商、制造商、批发商和零售商的重要手段。

4) 电子商务物流服务的概念

所谓电子商务物流服务,就是面向电子商务应用的物流服务,是在电子商务交易中从接收客户订单开始到将商品送到客户手中并达到客户要求为止所发生的所有服务活动。电子商务物流服务是在线订单驱动的物流服务,是在互联网环境下的物流服务,甚至可能是互联网驱动的物流服务。所以,电子商务物流服务不仅包括线下的服务,也包括线上的服务。这是电子商务物流服务与传统商务物流服务的最大区别。

5) 电子商务物流服务的特点

与传统商务物流服务相比,电子商务物流服务具有如下几个方面的特点:

(1) 为电子商务服务　电子商务应用需要物流服务,不同的电子商务应用所需要的物流服务一般有所不同。所以,电子商务物流服务,不仅因业务不同而不同,还因电子商务模式的不同而有所不同。

(2) 由在线订单驱动　物流服务是从接收客户订单开始的,电子商务交易的订单一般是在线订单,所以,电子商务物流服务也必然是由在线订单驱动的。

(3) 线下与线上结合　电子商务是基于在线平台的,物流中的实物服务是线下的,但是,电子商务的订单是线上的,客户物流服务要求的表达以及相关信息互动都是线上的,货物流是线下的,信息流是线上的。在电子商务物流服务运营中,线下与线上结合很重要。

(4) 客户要求个性化　在电子商务应用中,客户是分散的,不仅对商品的需求是个性化的,对物流服务的要求也是个性化的。

(5) 服务能力专业化　电子商务物流服务对物流设施和服务能力的要求越来越高,并不是所有的物流服务商都能提供客户满意的电子商务服务。

(6) 服务信息可视化　在电子商务应用中,物流服务信息的可视化逐渐成为标配,客户一般都希望可以在线跟踪和查询订单状态或执行情况。

### 3.5.2　电子商务物流服务的主要内容

电子商务物流服务是面向电子商务应用的物流服务,有很多与传统商务物流服务相同或类似的内容,也有电子商务物流服务特有的一些内容。电子商务物流服务一般包括如下一些主要内容。

1) 物流服务的核心

接受订货是企业物流工作最重要的内容之一,而对订单的服务则是物流服务的重要组成部分。从企业订货周期所经过的阶段来看,订单服务工作可分为下述3个组成部分。

(1) 订单传递服务　指自客户发出订货单到企业收到订单这段时间内发生的一系列工作。加快订单传递速度,缩短客户的订货周期,是改善物流服务的重要内容。近年来,许多企业利用电子化的订单传递方式,如使用电子数据交换系统及电子扫描技术、条形码,提高了订单的传递速度。

(2) 订单处理服务　订单处理是从接受订货到发运交货,包括受理客户收到货物后反映意见的处理等单据处理的全过程。订单处理包括下达指标、备货整装、制单发运3个阶段的工作。按照迅速、准确、服务周到的要求做好订单的处理工作,能使客户产生信赖,缩短订货周期,提高物流服务的满意度,增强客户的忠诚度,持久提高企业的竞争力。因此,订单处理是物流服务的核心工作。

(3) 订单分拣和集合服务　订单分拣和集合职能包括自仓库接到产品出库通知直到将该产品装车外运这段时间内进行的所有活动。完成该阶段的工作后,就完成了订单服务的全部工作。加强对订单服务工作的组织和管理,改善订货处理过程,缩短订货周期,可以大大提高顾客服务水平和顾客满意度。同时,加强订单管理还有利于降低库存水平,节约物流成本,使企业获得竞争优势。

2) 基本物流服务

基本物流服务覆盖全国或一个大的区域,因此,第三方物流服务提供商首先要为客户设计最合适的物流系统,选择满足客户需要的运输方式,然后具体组织网络内部的运输作业,在规定的时间内将客户的商品运抵目的地。除了在交货点需要客户配合外,整个运输过程,包括最后的市内配送都应由第三方物流经营者完成,以尽可能地方便客户。

(1) 储存　电子商务既需要建立互联网网站,同时又需要建立或具备物流中心,而物流中心的主要设施就是仓库和附属设备。需要注意的是,电子商务服务提供商的目的不是要在物流中心的仓库中储存商品,而是要通过仓储保证市场分销活动的开展,同时尽可能减少库存占压的资金,降低储存成本。因此,提供社会化物流服务的公共型物流中心需要配备高效率的分拣、传送、储存和拣选设备。在电子商务方案中,可以利用电子商务的信息网络,尽可能通过完善的信息沟通,将实物库存暂时用信息代替,即将信息作为虚拟内存。

(2) 装卸搬运　加快商品流通速度必须具备的功能——装卸搬运功能。无论是传统的商务活动还是电子商务物流服务,都必须具备一定的装卸搬运能力。第三方物流服务提供商提供更加专业化的装卸、卸载、提升和运送等装卸搬运机械设备,以提高装卸搬运作业效率,降低订货周期,减少作业对商品造成的破损。

(3) 包装　电子商务物流服务的包装作业的目的不是要改变商品的销售包装,而在于通过对销售包装进行组合、拼配和加固,形成有利于物流和配送的组合包装单元。

(4) 流通加工　流通加工的主要目的是方便生产或销售,专业化的物流中心常与固定的制造商或分销商进行长期合作,为制造商或分销商完成一定的加工作业,如贴标签、制作并粘贴条形码等。

(5) 运输　电子商务物流服务的运输功能负责为客户选择满足需求的运输方式,然后具体组织内部的运输作业,在规定的时间内将客户的商品运抵目的地。对运输活动的管理要求是选择经济便捷的运输方式和运输路线,以实现安全、迅速、准时和经济的运输。

(6) 配送　配送功能是物流服务的最终阶段,以配货、发送的形式最后完成社会物流,并最终实现资源配置的活动。配送功能在电子商务物流服务中的作用是非常突出的,它不单是简单的送货运输,更重要的是集经营、服务、社会集中库存、分拣和装卸、搬运于一体。

(7) 物流信息处理　电子商务物流服务作业离不开电子计算机,因此在电子商务物流服务中,对物流作业的信息进行实时采集、分析、传递,并向客户提供各种作业明细信息及资讯信息。

3) 增值性物流服务

电子商务物流服务除提供基本物流服务之外,还提供增值性的物流服务。所谓的增值性物流服务是指在完成物流基本功能的前提下进行的,根据客户需要提供各种延伸业务活动。电子商务物流服务的增值性物流服务主要包括以下内容。

(1) 增加便利性的服务　即解放人的服务。一切能够简化手续、简化操作的服务都是增值性服务。简化是相对于消费者而言的,并不是说服务的内容简化了,而是指为了获取某种服务,以前需要消费者自己做的一些事情,现在则由商品或服务提供商以各种方式代替消费者做了,从而使消费者获得这种服务变得简单。例如,在提供电子商务物流时,一条龙门到门服务、完备的操作或作业提示、省力化设计或安装、代办业务、一张面孔接待客户、24小时营业、自动订货、传递信息和转账以及全过程追踪等都是对电子商务物流服务有用的增值性服务。

(2) 加快反应速度的服务　即让流动过程变快的服务。快速反应已经成为电子商务物流服务的动力之一。传统的观点和做法是将加快反应速度变成单纯对快速运输的一种要求,但在客户对速度的要求越来越快的情况下,它也变成了一种约束,因此必须想其他办法来提高速度。而这正是电子商务物流所要求的,利用电子商务系统来优化物流过程和网络是加快反应速度的必然途径。

(3) 降低物流成本的服务　即发现第三利润源泉的服务。电子商务物流发展的前期,物流成本将会居高不下,有些企业可能会因为根本承受不了这种高成本而退出电子商务领域,或者是选择性地将电子商务物流服务外包出去,这是很自然的事情。因此,发展电子商务物流服务,一开始就应该寻找能够降低物流成本的物流方案。例如,企业可以采取以下方案:第三方物流服务商、电子商务经营者或电子商务经营者与普通经营者联合,采取物流共同化计划。同时,具有一定规模的企业,可以考虑对电子商务物流服务设备进行投资,从长期来看,这有利于降低企业的物流成本,增加物流运作的自主性。

(4) 提供定制化的服务　即满足特定客户需求。企业在实现物流价值方面常常不仅限于快速交货,也包括根据不同客户的要求制定相应的物流方案,为客户提供定制服务。例如,客户想要直接在码头提货,可以为客户自有车辆或其雇佣的运输公司车辆提供回程运输货载,这对双方都有利。企业赢得效率,顾客也减少了车辆的空驶。有时,当客户相信企业有能力把货物准确有效地装到他们的卡车上时,可以采用甩挂方案,即客户的车辆到达企业配送中心时,摘掉挂车,由配送中心的工人装货,司机可原地等待。这样,企业也减少了有关装运、接收与验货等的管理费用和时间。

(5) 延伸服务　延伸服务向上可以延伸到市场调查与预测、采购及订单处理,向下可以延伸到物流配送、物流咨询、物流方案的选择与规划、库存控制决策建议、货款回收与结算、教育与培训、物流系统设计和规划方案的设计等。

(6) 额外的劳动增值服务　电子商务物流服务可以使商品更适于销售给客户。针对特定的目标客户群,在电子商务物流服务中,有时需要采取特殊的包装。例如,饮料制造商将一车货物运到仓库后分解为较小的批量再包装,将不同口味的饮料每若干个一组包装,就会出现多种包装形式、每包不同口味的组合,引起超市货架的变化。制造商是不可能做这种工作的,而这恰恰应该在最可能接近客户的时候完成,通过改变包装内容,物流作业增加了商品的价值以及其对客户的吸引力。

### 3.5.3 电子商务物流服务管理的主要内容

所谓物流服务管理,是以现代物流管理为基础,包括对企业相关的部门和外部客户业务伙伴之间发生的从产品或服务设计、原料和零部件采购、生产制造、包装配送,直到终端客户全过程中的客户服务管理。

现代物流管理以顾客满意为第一目标,应打破"物流的管理就是成本管理"这一传统认识,重新认识和评价对物流服务的管理。电子商务物流服务管理在具体内容上包括服务能力管理、服务设计管理、服务运作管理、服务外包管理与服务质量管理等。

1) 物流服务能力管理

物流服务能力是由物流要素能力(Capacity)和物流运作能力(Capability)综合而成的。物流要素是指输入物流系统的各种资源,包括各种物流机械设备、物流设施、劳动力、资金、信息等。从可评价性的角度讲,物流要素能力主要是指物流机械设备、物流设施面积的能力(机械设备或仓储设施面积的数量、生产率、劳动时间等诸要素的综合)。物流运作能力是指物流管理者采用物流计划、组织与控制等手段,优化配置物流资源,为供应链提供高效率、低成本的物流服务的能力。

物流服务能力水平影响客户满意度,但是,物流服务能力要素水平与客户满意水平并不都是线性关系。根据物流服务能力对客户满意水平的影响程度不同,物流竞争优势的取得越来越依赖于其在竞争中表现出来的物流服务能力,即物流企业是依靠物流服务能力来竞争的。保证具有优势的物流服务水平对一个企业来说是至关重要的,它可以在适当的物流成本下提供最优的物流服务,从而实现企业利益的最大化。

2) 物流服务设计管理

物流服务设计管理考虑物流服务水平设计、物流服务方案设计、物流服务流程设计等问题。电商企业物流要获得竞争优势,一个主要的方法就是提供比竞争者更高水平的物流服务。物流服务水平是对企业物流服务的总体描述,是指物流服务与客户要求相符的程度。物流服务水平不是一成不变的,它应随着市场与企业的经营状况的变化做相应的调整。因此,合理物流服务水平的确定是一个动态的变化过程。物流服务方案设计要从客户角度思考能够满足客户要求的物流服务方案。物流服务流程是指为完成某一目标(或任务)而进行的一系列逻辑相关的物流活动的有序集合,从处理客户订货开始,直至商品送至客户过程中,为满足客户需求,有效地完成商品供应、减轻客户物流作业负荷所进行的全部活动。

3) 物流服务运作管理

物流服务运作管理考虑如何对电子商务应用企业的物流运作活动进行管理。物流服务运作管理的目的是更好满足顾客对物流的要求,它包含了商品除加工制造外的所有活动之和。物流服务运作管理是供应链管理中的一个非常重要的组成部分。根据调查,在不同类型的产品和行业中,物流服务价值都占到整个供应链价值的一半以上,在电商应用企业中同样如此。

物流服务运作管理可以实现物质资源的移动,包括时间、空间和形态的转移,满足生产的需要和顾客的需求;降低运作成本,提供价值增值服务;可以提供信息反馈,进行绩效评估,协调供需矛盾,提高行业的竞争力。物流服务运作管理的内容又包括四个方面:①对物流服务系统要素的管理;②对物流服务功能活动的管理;③对物流服务运作过程的管理;④对物流服务运作关键绩效指标的管理。

4) 物流服务外包管理

物流服务外包管理考虑如何选择物流服务商以及如何对外包物流运作活动进行管理。物流服务外包是发包方或委托方与承包方或受托方之间基于契约合同而产生的一种业务关系。在电子商务时代,物流外包的综合性与复杂性不断增强企业物流外包经历从单一功能外包、综合物流外包及整合集成物流外包的循序渐进的过程,客观上要求建立与之相适应的物流企业运作模式,即逐步形成自组织物流、转包组织物流、战略联盟、虚拟网络、供应链整合运作模式以及各种运作模式并存的物流格局。

企业在进行是否外包物流业务时应就其自身的战略、所处的竞争环境、企业状况、外部的经济因素等情况进行综合分析。物流外包虽然具有成本节约等方面的优势,但同时隐藏着潜在的风险。了解物流业务外包的风险,才能使电子商务企业更好地利用物流外包。

5) 物流服务质量管理

物流的质量水平是企业竞争力的核心因素,是企业获得竞争优势的关键之一。服务质量管理考虑如何建立合理的物流服务质量管理体系,研究物流服务质量控制方案和改进措施,不断提高客户对物流服务的满意度。物流作为一种服务,也有服务质量问题。质量管理工作主要包括两个方面的内容:质量保证和质量控制。对电子商务企业来说,物流服务质量的核心在于客户满意度最大化。任何电子商务企业只要能将物流客户满意度做好,就可获得行业的绝对优势。所以,应该以客户满意度分析为物流服务质量管理体系设计的基础。

PDCA循环是能使任何一项活动有效进行的一种合乎逻辑的工作程序,特别是在质量管理中得到了广泛的应用。PDCA是英语单词Plan(计划)、Do(执行)、Check(检查)和Act(行动)的第一个字母。PDCA循环就是按照这样的顺序进行质量管理,并且循环不止地进行下去的科学程序。

### 3.5.4 电子商务物流服务管理的基本原则

电子商务物流服务管理一般应遵循如下八个基本原则:

1) 以市场为导向

客户服务水平的制定,不能从物流企业的角度出发,而应该充分考虑客户的要求,通过与客户面谈、进行客户需求调查等了解客户最强烈的需求愿望,最后根据经营部门的信息和竞争企业的服务水准制定。

2) 制定多种物流服务组合

客户的需求多种多样,企业要对有限的资源进行合理配置,根据客户的不同类型采取相应的服务。一般而言,根据客户经营规模、类型和对本企业的贡献度来划分,可以采取支援型、维持型、被动型客户服务战略。对本企业贡献率高的企业,由于具有直接的利益相关性,应当采取支援型的策略;而对本企业贡献率低的客户,要根据其规模、类型再加以区分,经营规模小或专业型的客户,由于存在进一步发展的潜力,可采取维持型战略,以维系现有的关系,为将来可能开展的战略调整打下基础。相反,经营规模小且属综合型的客户,将来进一步发展的可能性较小,所以,在服务上可以采取被动型策略,即在客户要求服务的条件下开展服务活动。

3) 开发对比性物流业务

企业在制定客户服务要素和服务水准的同时,应当与其他企业物流服务相比有着鲜明的特色,这是保证高服务质量的基础,也是客户服务战略的重要特征。要实现这一点,就必须收集和分析竞争对手的客户服务信息,以此为依据开展对比性物流服务。

4) 重视客户服务的发展性

客户服务的变化往往会产生新的客户服务需求,所以在客户关系管理中,应当充分重视研究客户服务的发展方向和趋势,例如,虽然以前就已经开始实施在库、进出货、商品到头期、断货信息、在途信息、货物追踪等管理活动,但是随着交易对象简单化、效率化革新、EDI(电子数据交换)的导入、账单格式统一、商品入库统计表制作等信息服务已发展成为客户服务的重要因素,相应的也就要求物流服务提供商能够提供相对应的发展性的客户服务。

5) 建立合适的服务管理体制

客户服务水准根据市场形势、竞争企业的状况、商品特性以及季节的变化而变化,所以,在物流部门建立能把握市场环境变化的客户服务管理体制十分必要。

6) 建立与完善物流中心

物流中心作为客户服务的基础设施,其建立和完善对于保障高质量的客户服务是必不可少的。这是因为物流中心的功能表现为通过集中管理订货频度较高的商品,使其进货时间正确化,提高在库服务率,同时由于缩短商品在库时间,提高了在库周转率,商品入库增多。除此之外,物流中心在拥有对多品种、小单位商品储存功能的同时,还具有备货、包装等流通加工机能,能够实施适当的流通在库管理和有效的配送等物流活动,这些都是高质量客户服务的具体表现。

7) 构建物流服务信息系统

完善的信息系统是企业实现高质量客户服务的有效保证。物流信息系统可以为客户的订单处理提供准确可靠的作业指令,订单处理过程是作业指令的发出和进行具体的生产、运输、仓储、配送等的执行命令过程。有了及时准确的作业命令,才会有准确率高的物流作业活动;先进的物流信息系统可以为建立以顾客为中心的服务战略提供实施依据,从而确立正确的客户服务水平和物流保障系统。通过企业信息系统强化与客户的适时沟通,不断了解客户需求的变化,并且敏感地立即响应,以为客户提供全面的物流信息和个性化客户服务。

8) 不断对客户进行绩效评价

客户服务的实施情况应该每隔一段时间进行核查,其中需要注意销售部门或客户是否对物流现状有无抱怨、有无错误配送、事故破损是否严重等。另外,还需要注意是否向客户做过调查,所设定的服务水准是否得以实现,在服务成本上应保持多大的合理性等。对客户服务绩效进行评估的目的在于不断适应客户需求的变化,及时制定出最佳的客户服务组合。所以,定期了解客户的满意度,完善物流系统是客户服务中心的关键要素。

### 3.5.5 电子商务物流服务管理的工作流程

下面,再进一步讨论电子商务物流服务管理的工作流程。通常,电子商务物流服务管理包括五个工作步骤：信息收集、现状分析、内容制定、机构设立和综合评价,如图3-2所示。

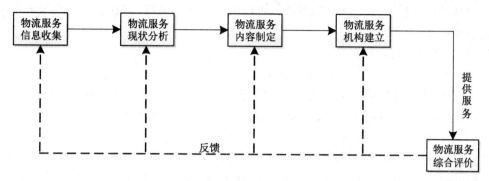

图3-2　物流服务管理工作流程图

1) 物流服务信息收集

通过问卷调查、专访和座谈的形式,收集有关物流服务的信息,了解顾客当前的物流服务需求和竞争对手所提供的物流服务的水平。

2) 物流服务现状分析

对照客户的服务需求,分析目前公司所提供的服务是否适应了客户的需求,与竞争对手相比有无差距,找出待改进的工作环节。

3) 物流服务内容制定

把客户不同的需求,归纳成为不同的类型,按顾客的类型确定物流服务形式。要找出那些影响核心服务的特点,并要考虑公司能否做到,而且还必须考虑对本公司效益的贡献程度,以及顾客的潜在能力等企业经济效益原则。

4) 物流服务机构设立

依据需要为顾客提供的服务内容,成立相应的服务机构,明确各岗位的职责。

5) 物流服务综合评价

在物流服务运行一段时间后,企业的有关部门应对实施效果进行评价。了解顾客满意度,检查顾客有没有投诉、索赔等。通过顾客意见了解所提供的服务是否满足顾客的需求、企业的利润是否增加、成本的合理化达到何种程度、市场是否扩大,并根据所了解的情况判断所提供的服务是否需要调整等。

**【本章小结】**

(1) 无论是电子商务应用企业,还是电子商务物流服务企业,都存在电子商务物流管理问题。所谓电子商务物流管理,就是为满足电子商务应用业务中的客户需求,对货物、服务和相关信息在产出地和消费地之间实现有效、高效流动和储存所进行的一系列管理活动。电子商务物流管理的根本目的是以有效和高效的电子商务物流服务满足客户的需求。电子商务管理的本质是面向电子商务的物流能力管理。面向电子商务的物流能力包括两个方面：一是对电子商务应用业务运营的有效支持能力；二是尽可能降低电子商务应用业务运营总成本的能力。

(2) 电子商务物流管理包括两个层面的管理问题：一是电子商务应用企业物流管理；二是物流企业电子商务物流管理。这两个层面的管理问题就如同工程项目建设方与施工方所面临的项目管理问题。电子商务应用企业物流管理的主要内容包括：物流战略管理、物流信息管理、物流服务管理。物流企业电子商务管理的主要内容包括：战略管理、能力管理、运作管理、质量管理、信息管理等。

（3）电子商务物流管理不仅仅是对电子商务中物料流动的管理，电子商务物流包括货物、服务和相关信息的流动和储存，所以不能简单地把物流管理理解为对物的管理或对物的流动的管理。电子商务物流是一个发生在线上和线下的经济活动，虽然离不开物的流动和储存以及工具运用，但是更离不开人的作业活动和管理活动。

（4）电子商务物流管理的主要内容从总体上可以分成如下七个方面：电子商务物流信息管理、电子商务物流成本管理、电子商务物流战略管理、电子商务物流服务管理、电子商务物流技术管理、电子商务物流作业管理和电子商务物流协同管理。

（5）物流信息是物流企业管理和决策的前提与基础，是物流企业实现决策目标的重要保证，也是提高物流企业经济效益的重要条件。物流信息化程度的高低，是衡量物流发展水平的一个重要标志。物流信息化是全方位和多层次的，不仅包括企业物流的信息化，而且也包括行业、区域及社会物流的信息化。

（6）电子商务物流成本管理的根本目的是降低成本，提高效率和经济效益。电子商务物流成本管理的内容包括物流成本的预测、决策、计划、控制、核算、分析及检查等内容。在企业的物流活动中，企业采取各种方法对日常的物流成本支出进行严格的控制和管理，使物流成本节减到最低限度，以达到预期的物流成本目标。

（7）电子商务物流战略管理是着眼于电子商务物流系统的未来，根据电子商务物流系统内部资源和外部环境的变化，对电子商务物流发展进行的总体谋划。电子商务物流战略可以是电子商务企业的物流战略，也可以是第三方物流企业的物流战略。电子商务物流战略管理过程，与一般企业战略管理过程类似，也包括战略环境分析、战略设计与选择、战略政策制定、组织结构调整、战略方案实施五个阶段。

（8）电子商务物流服务，就是面向电子商务应用的物流服务，是在电子商务交易中从接收客户订单开始到将商品送到客户手中并达到客户要求为止所发生的所有服务活动。电子商务物流服务是在线订单驱动的物流服务，是在互联网环境下的物流服务，甚至可能是互联网驱动的物流服务。

（9）现代物流管理以顾客满意为第一目标，应打破"物流的管理就是成本管理"这一传统认识，重新认识和评价对物流服务的管理。电子商务物流服务管理在具体内容上包括服务能力管理、服务设计管理、服务运作管理、服务外包管理与服务质量管理等。

**思考与练习**
1. 为什么说电子商务物流管理的本质是面向电子商务的物流能力管理？
2. 电子商务应用企业的物流管理与物流企业的电子商务物流管理有何区别？
3. 为什么物流信息化程度的高低是衡量物流发展水平的一个重要标志？
4. 企业可用于降低电子商务物流成本的措施一般有哪些？列出3个以上。
5. 何谓电子商务物流战略？电子商务物流战略管理过程包括哪几个阶段？
6. 电子商务物流服务有哪些特点？电子商务物流服务管理包括哪些内容？
7. 选择两家电子商务企业，分析比较两家电子商务物流战略有何不同。
8. 讨论一下：自建物流战略和外包物流战略各自有什么优缺点？

# 4 B2B 电子商务与物流管理

**【本章概要】**

这一章,首先介绍 B2B 电子商务应用的概念和内涵、主要分类、发展前景以及需要考虑的关键问题,然后讨论了 B2B 电子商务物流的典型服务需求、主要特点以及服务模式,最后讨论 B2B 电子商务与物流的典型案例。

**【学习目标】**

(1) 掌握 B2B 电子商务应用的概念和内涵。
(2) 掌握 B2B 电子商务应用的主要分类。
(3) 了解 B2B 电子商务应用的发展前景。
(4) 了解 B2B 电子商务应用的关键问题。
(5) 了解 B2B 电子商务物流的典型服务需求。
(6) 掌握 B2B 电子商务物流的主要特点。
(7) 掌握 B2B 电子商务物流的服务模式。
(8) 了解 B2B 电子商务与物流典型案例。

**【基本概念】**

B2B 电子商务,电子商务物流,需求分析,服务模式,典型案例。

## 4.1 B2B 电子商务应用与发展概述

B2B 电子商务是电子商务应用中比较早出现的一类电子商务模式。这一节首先讨论 B2B 电子商务的概念和内涵,然后分析讨论 B2B 电子商务平台的主要分类以及 B2B 电子商务应用的发展前景,最后讨论 B2B 电子商务应用发展中所面临的主要问题。

### 4.1.1 B2B 电子商务应用的概念与内涵

在电子商务应用中,有很多不同的应用模式。B2B 电子商务是按交易双方关系分类的一种电子商务应用模式。B2B 电子商务是指商家与商家之间通过专用网络或互联网,进行商品、服务及信息交换,开展商务活动的电子商务应用模式。B2B 电子商务也被称为 eB2B(电子化 B2B)。B2B 中 B 是 Business,即商家(泛指企业),2(two)则是 to 的谐音。B2B(也有写成 BTB),是 Business-to-Business 的缩写。

B2B 电子商务是通过互联网、外联网、内联网或者私有网络,以电子化方式在企业间进行的商务活动。这些活动是在企业和其他企业间进行的。这里的企业一般可以指代任何组织,包括私人的或者公共的,营利性的或者非营利性的。B2B 电子商务的涉及面十分广泛,企业通过信息平台和外部网站,将面向上游供应商的采购业务和面向下游代理商的销售有机地联系在一起,通过网络的快速反应,提高企业间买卖交易的效率,为客户提供更好的服务。

B2B 电子商务是电子商务应用的主流模式之一。B2B 模式通过互联网平台聚合众多的企业商家,形成买卖交易的信息海洋,买家与卖家在平台上选择交易对象,通过在线电子支付完成交易。就目前来看,电子商务在供货、库存、运输、信息流通等方面大大提高了企业的效率。企业与企业之间的交易是通过引入电子商务能够产生大量效益的地方。对于处于流通领域的商贸企业来说,由于没有生产环节,电子商务几乎覆盖整个企业的经营活动。通过电子商务,商贸企业可以更及时、准确地获取市场信息,从而准确定货、减少库存,并通过网络促进销售,以提高效率、降低成本,获取更大的利益。

B2B 电子商务可以在买卖双方之间直接进行,也可通过在线中介(Online Intermediary)进行。B2B 电子商务活动多发生在制造、装配或分销的供应链中。B2B 电子商务的交易类型可以是即期购买或战略性采购。即期购买是指以市场价格来购买产品和服务,价格根据供需动态决定。战略性采购是在买卖双方磋商的基础上建立的长期合作关系。

B2B 电子商务不仅仅是建立一个网上买卖交易群体,也为企业之间战略合作提供基础。任何一家企业,不论它具有多强的技术实力或多好的经营战略,要想单独实现 B2B 是完全不可能的。单打独斗的时代已经过去,企业间建立合作联盟逐渐成为发展趋势。网络使得信息通行无阻,企业之间可以通过网络在市场、产品或经营等方面建立互补互惠的合作,形成水平或垂直形式的业务整合,以更大的规模、更强的实力、更经济的方式运作,真正达到全球运筹管理的模式。

B2B 电子商务是企业运用电子商务推动业务发展的一个最佳切入点。企业电子商务应用最直接的利益是提高运营效率,从长远来看,B2B 电子商务能给企业带来巨额的回报。事实上,早期的电子商务应用主要是 B2B。在目前的电子商务交易中,尽管 B2C 电子商务发展迅速,但从市场交易来看,B2B 的交易额要远大于 B2C。一般来说,B2B 电子商务的主要特点包括如下四个方面:

(1) 交易对象相对固定　不像普通消费者的交易行为比较随意,企业的交易对象一般比较固定。这种固定体现了企业的专一性,也体现了企业之间交易要求内在的稳定性。

(2) 交易金额相对较大　B2B 是企业与其供应商、客户之间大宗货物的交易与买卖活动的电子商务应用,交易金额一般比较大,但交易次数相对较少。

(3) 交易内容比较广泛　B2B 电子商务活动的交易内容可以是任何一种产品,可以是原材料,也可以是半成品或产成品,范围涉及石油化工、水电、运输、仓储、航空、国防、建筑等许多领域。

(4) 交易操作比较规范　B2B 电子商务活动是各类电子商务交易中最复杂的,主要涉及企业间原材料、产品的交易以及相应的信息查询、交易谈判、合同签订、货款结算、单证交换、库存管理和物品运输等,如果是跨国交易还要涉及海关、商检、国际运输、外汇结算等业务,企业间信息交互和沟通非常多。因此交易过程中,对合同及各种单证的格式要求比较严格,操作过程比较规范,同时比较注重法律的有效性。

## 4.1.2　B2B 电子商务平台的主要分类

企业的电子商务应用一般都离不开电子商务平台。在 B2B 电子商务应用中,电子商务平台发挥着主导作用。为了对 B2B 电子商务有一个比较系统的了解,下面从不同的角度来讨论 B2B 电子商务平台的分类。

1) 按照平台控制主体分类

按照平台控制主体的不同,B2B 电子商务平台一般可以分为如下三大类:

(1) 买方控制的 B2B 电子商务平台　买方控制的 B2B 电子商务平台,是以买方为主导的 B2B 电子商务平台,也叫网上采购或者买方市场(Buy-Side Marketplace),是一个买家与多个卖家之间的交易模式。买方发布需求信息(如产品的名称、规格、数量、交货期等),召集供货商前来报价、洽谈和交易。这种模式为买方提供更好的服务,汇总了卖方企业及其产品的信息,让买家能够综合比价,绕过分销商和代理商,从而加速买方的业务开展。企业自建服务本企业的电子采购就是这种模式,以大型企业为主。这种模式,使采购过程公开化、规范化,实现了信息共享,加快了信息流动的速度,扩大了询价比价的范围,节省了交易费用,强化了监督控制体系,提高了整个运营环节的工作效率。

(2) 卖方控制的 B2B 电子商务平台　卖方控制的 B2B 电子商务平台是 B2B 电子商务模式中最常见的一种,也就是网上直销型的 B2B,也叫卖方市场(Sell-Side Marketplace)。它通过基于网络的私有销售渠道(外联网)向企业客户提供商品。在这种模式里,卖方发布欲销售的产品信息(如产品的名称、规格、数量、交货期、价格等),吸引买方前来认购。卖方可以是制造商或分销商,向批发商、零售商等直接销售,即一个卖家对多个潜在买家。这种模式的一个显著特征是卖方主导,比较偏向于为卖方服务。这种模式可以加快企业产品销售的过程,实现新产品推广,降低销售成本,扩展卖方渠道(包括数量、区域)等。

(3) 中介控制的 B2B 电子商务平台　中介控制的 B2B 电子商务平台,也叫第三方主导的 B2B 电子商务平台,采用中立的网上交易市场模式,一般是指由买方、卖方之外的第三方机构投资建立中立的网上交易市场,提供买卖多方参与的竞价撮合服务。这种模式是一对多的卖方集中交易模式和多对一的买方集中交易模式的综合。

2) 按照平台服务特点分类

按照对平台服务特点的不同,B2B 电子商务平台一般又可以分为如下四大类:

(1) 垂直 B2B 电子商务平台　垂直型 B2B 电子商务平台,又称纵向 B2B 电子商务市场,指专门提供某一类产品及其相关产品(互补产品)一系列服务(从网上交流到广告、网上拍卖、网上交易等)的 B2B 电子商务交易网站。垂直型 B2B 电子商务平台之所以被称为"垂直网站",是因为这些网站的专业性很强,平台的业务范围一般定位在一个特定的专业领域内,如电子、化工、医药、钢铁或农业等。

垂直 B2B 电子商务可以分为两个方向,即上游和下游。生产商或商业零售商可以与上游的供应商之间形成供货关系,比如 DELL 电脑公司与上游的芯片和主板制造商就是通过这种方式进行合作的。生产商与下游的经销商可以形成销货关系,比如 Cisco 与其分销商之间进行的交易。

此类 B2B 电子商务的特点:①专。集中全部力量打造专业性信息平台,包括以行业为特色或以国际服务为特色。②深。此类平台具备独特的专业性质,在不断探索中将会产生许多深入且独具特色的服务内容与盈利模式。

垂直型 B2B 电子商务中介平台,一般是通过向客户提供会员资格来收取会员费或按每笔交易收取服务费,并且经常以行业联盟网站的形式出现。行业联盟网站由供应商和其他厂商共同加盟,是行业内的相关企业联合组建的 B2B 电子商务网上交易平台。行业联盟网站是将本行业内的企业联合在一起,实现技术合作和利润共享。行业合作的实现是一件十分困难的事情,联盟技术实现难度大,内部相互利益协调比较困难,一般需要建立行业普遍接受的合作机制。如果行业联盟问题能够得到比较好的解决,那么对促进 B2B 电子商务发展将会起到巨大的推动作用。

(2) 水平 B2B 电子商务平台　水平 B2B 电子商务平台,也叫综合型 B2B 电子商务平台,是将各个行业中相近的交易过程集中到一个网络平台,为产品的采购和供应双方创造交易机会或者提供交易服务,像 Alibaba、河北商贸网、环球资源网和中国制造网等。

这种平台模式之所以被称为水平 B2B 电子商务,是因为利用这种模式的行业广泛、企业众多,很多企业可以在同一个网站上进行商务贸易活动。B2B 电子商务只是企业实现电子商务的一个开始,它的应用将会得到不断发展和完善,并适应所有行业的企业需要。

水平 B2B 平台的优点是品类广、覆盖全,但也不可避免存在广而不深的缺点,尤其对工业品行业而言,它无法提供明晰的辨识度,而平台服务出于综合性考虑,以普众化基础服务为主。这一模式能够获得收益的机会很多,而且潜在的用户群体比较大,所以它能够迅速地获得收益。但是其风险主要体现在用户群是不稳定的,被模仿的风险也很大。

上述按照交易产品涉及领域的专业程度对水平 B2B 电子商务平台与垂直 B2B 电子商务平台的区分是相对而言的。事实上,B2B 电子商务模式也可以进一步细分为:综合 B2B 模式、行业 B2B 模式、小门户+联盟模式、仓单模式。

① 综合 B2B 模式:综合 B2B 模式是指综合多个行业信息和服务的大型化、门户化的 B2B 网站的运行模式。代表网站:阿里巴巴、慧聪网、中国制造网、环球资源网等。

② 行业 B2B 模式:行业 B2B 模式是指专注于某一行业,专门为企业提供该行业的信息和服务的 B2B 网站的运行模式。代表网站:中国化工网、中国服装网等。

③ 小门户+联盟模式:小门户+联盟模式是以专业门户和综合平台共同组成的平台体系为基础形成的一种创新型电子商务服务模式。这种模式实质类似于网站联盟,参与结盟的各行业门户将各自客户发布的供需信息共享给"盟主"网站,"盟主"网站作为公共的查询入口为用户提供查询结果。代表网站:生意宝、行业中国等。

④ 仓单模式:仓单模式是指利用网络平台进行大宗商品的在线交易时,网站以仓单为质押物为买卖双方提供担保,解决贷款融资等问题的 B2B 模式。代表网站:金银岛、广东塑料交易所、浙江塑料网上交易市场等。

(3) 关联 B2B 电子商务平台　关联 B2B 电子商务平台是指为了提升电子商务交易平台信息的广泛程度和准确性,整合综合 B2B 和垂直 B2B 而建立起来的跨行业电子商务平台。关联 B2B 所涉及的行业之间具有很强的关联性,行业之间的合作非常密切,是水平和垂直的完美结合,目的是为同一客户提供一套整合的行业解决方案,这种模式也可以称之为大垂直模式。

塑胶五金网是关联 B2B 电子商务平台的典型代表。塑胶五金网致力于通过互联网络打造塑胶、金属制品工厂集散中心和五金机电贸易中心。两个行业是有着密切关联的行业,大多数生活用品、电子产品等都是塑料跟金属件的组合体。

(4) 自建 B2B 电子商务平台　自建 B2B 电子商务平台,一般是大型龙头企业基于自身的信息化建设程度,搭建以自身产品供应链为核心的行业化电子商务平台。行业龙头企业通过自身的电子商务平台,串联起行业的整条产业链,供应链上下游企业通过该平台实现资讯共享、沟通、交易。此类电子商务平台相对比较封闭,缺少对产业链的深度整合。

3) 按照企业商务关系分类

按照企业之间商务关系的不同，B2B 电子商务平台一般可以分为如下三大类：

(1) 以交易为中心的 B2B 电子商务平台　这种 B2B 平台模式以企业之间的在线交易为主，关注的重点是商品交易本身，而不是买卖双方的关系，其主要形式为：在线产品交易和在线产品信息提供。前者一般以一次性的买卖活动为中心，交易对象为产品、原材料、中间产品或其他生产资料；而后者主要是提供产品的综合信息。这种 B2B 平台模式的优点：可以在大量的供求信息中进行选择，以求获得最大利益。比如在阿里巴巴的网站上，一个学校可以在数百家的书桌供应商的产品目录中挑选最适合的桌椅，而这样的交易不会经常发生，往往在很长一个周期内才可能会出现一次。

(2) 以供需为中心的 B2B 电子商务平台　这种 B2B 平台模式以企业之间的供需关系为主，关注的重点是生产过程与供应链，而不仅仅是商品交易，其主要形式为制造商和供应商所组成的 B2B 供应和采购市场。这种 B2B 平台模式以制造商和供应商的供需活动为中心，以企业之间的合作关系为重点，通过互联网将合作企业的供应链管理、企业资源计划、产品数据管理和客户关系管理等有机地结合起来，从而实现产品生产过程中企业与企业之间供应链的无缝连接。这种 B2B 平台模式一般适用于供应链的上下游企业之间，比如橡胶的生产商、橡胶加工企业与轮胎制造公司，可以采用这种 B2B 平台模式。这时候企业之间的交易一般是长期的，可以建立起稳定的供需关系。这种伙伴关系可以直接迅速地反映整个供应链的供需关系，从而减少库存和反应时间。

(3) 以协作为中心的 B2B 电子商务平台　这种 B2B 平台模式以企业之间的虚拟协作为主，不仅重视生产过程与供应链，而且更加关注协作企业虚拟组织中价值链的整体优化，其主要形式是企业协作平台，业务活动涉及围绕协作而形成的虚拟组织内部价值链的各个环节。在这种 B2B 平台模式中，对产品规划、设计、生产、销售和服务的整个过程，可以在世界范围内产生相关企业间最佳协作的组合，并且通过企业协作平台为整个产品生命周期中的业务活动提供有效的管理环境。而业务活动则通过虚拟组织的形式在全世界范围内同步实施。这种 B2B 平台模式集成了并行设计、敏捷制造、精益生产、大量定制等生产技术和 SCM（供应链管理）、ERP（企业资源规划系统）、PDM（产品数据管理）、CRM（客户关系管理）等管理方法。就如同通用汽车公司的供应链管理那样，通过特殊设计的电子商务协同工具，以电子方式进行通信，与其他的工程师共享信息和协同计划，从而降低产品的生产成本，缩短生产周期。

4) 按照应用发展阶段分类

按照应用发展阶段的不同，B2B 电子商务平台一般可以分为如下三大类：

(1) B2B 电子商务 1.0 平台　B2B 电子商务 1.0 平台以信息检索为主，可以检索出位于特定地区、特定行业、拥有特定认证或其他需要付费才能拥有特权的供应商/采购商的名单；主要聚焦于信息展示，将线下信息转移到互联网上，网站通过收取加盟费和信息推广服务费盈利。B2B 电子商务 1.0 平台兴起于 2000 年前后，彼时阿里巴巴、环球资源网等几大 B2B 平台垄断市场。B2B 电子商务 1.0 平台的主要功能是提供信息黄页，盈利模式是收取会员费和广告费，它成为企业间取得交易信息的在线平台。然而，仅消除信息不对称问题的"黄页"的模式无法深入供应链等主要环节，平台黏性差并且出现诚信度低、营收低效等问题。2012 年，阿里巴巴香港退市，标志了 B2B 电子商务 1.0 时代的终结。

(2) B2B 电子商务 2.0 平台　B2B 电子商务 2.0 平台以在线交易为主，通过人工撮合与互联网技术的有机结合，将信息流、订单流、货物流、资金流通过 B2B 平台实现整合。越来越多的企业开始切入交易,通过系统或人工撮合,进行供需信息匹配和在线交易,力图实现交易闭环。B2B电子商务2.0平台的核心功能在于让采购商发布符合标准的、规范化的采购询盘,而供应商则通过专业化的功能细分,如制造工艺、材料要求、尺寸范围、买家地区等条件搜索满足自身生产能力的采购需求,进而进行买家联络和报价等交易行为。

(3) B2B电子商务3.0平台　目前B2B电子商务市场正进入变革拐点,逐步走进B2B电子商务3.0平台时代。随着云计算、大数据的发展,B2B电子商务将打通供应链,为采购双方提供包括仓储、金融信贷等在内的一系列服务。在B2B电子商务3.0平台时代下,无论是供应链金融、B2B生态圈构建,或者是SaaS服务等,都需依靠平台强大的数据应用能力。大数据应用将会是B2B电子商务平台发展的大方向,事实上,这也对提高实体经济的质量和效率起到举足轻重的作用。

对B2B电子商务平台,还有一些其他分类方法,如按照贸易主体分类,可分为大型企业B2B电子商务交易平台和中小型企业B2B电子商务交易平台;按照贸易类型,可分为内贸B2B电子商务平台和外贸B2B电子商务平台;按照交易市场的服务类型,可分为私有电子交易市场和公共电子交易市场;按照交易机制划分,B2B电子商务可以分为产品目录式、拍卖式、交易所式和社区式。另外,B2B电子商务平台还可分为三种:交易型平台、服务型平台和合作型平台。

### 4.1.3　B2B电子商务应用的经营模式

上述讨论的是比较典型的B2B电子商务应用。但在现实中B2B电子商务应用,有一个不断发展的过程,早期的B2B电子商务网站并非所有都是在线交易模式,尤其是B2B行业网站,许多都没有做在线交易,更多是以交易为目的的网络营销推广和打造品牌知名度。下面是国内B2B电子商务业界人士根据一些比较成功的B2B行业网站分析总结的几种典型B2B电子商务行业网站经营模式。

1) 以提供产品信息服务为主要经营模式

早期的B2B电子商务网站主要提供产品信息服务,重点是建立分类齐全、品种多、参数完善、介绍详细的产品数据库,尤其是要注重产品信息的质量,要不断更新信息,不断有更多最新、最真实、最准确的产品信息及时发布,从而提升用户的采购体验,吸引更多采购商和供应商来网站发布信息、浏览查找信息。这类B2B电子商务网站的盈利方式主要是向中小供应商企业收取会员费、广告费以及竞价排名费、网络营销服务费等。

2) 以提供加盟代理信息服务为主要经营模式

这类B2B电子商务网站是为需要加盟代理的企业提供信息服务。很多产品直接面对消费者的企业,一般会找加盟商、代理商来销售产品。这类企业的经营模式一般为设计＋销售型或设计＋生产＋销售型。此类网站都是围绕品牌公司、经销商的需求来设计功能和页面,比如服装网站,就要做好图库以及行业动态、流行趋势等行业资讯内容,全面收集服装品牌信息,建立数量大、准确度高的加盟商、代理商数据库。这类B2B电子商务网站盈利模式主要是收取品牌企业的广告费、会员费,其中,广告费一般会占大部分。

3) 以提供生产代工信息服务为主要经营模式

这类B2B电子商务网站为生产代工企业服务,主要面向以生产外包服务为主的行业。网站的主要盈利模式为:收取工厂的服务费。为了工厂能够寻找更好的订单,可以提供实地看厂和拍照服务，确保网站发布的工厂生产实力信息尽可能真实、丰富和准确。

4）以提供小额在线批发交易服务为主要经营模式

这类B2B电子商务网站为小额批发提供在线交易服务。这类网站的盈利模式主要就是收取交易佣金。经营这类B2B电子商务网站，要非常了解零售商的需求，要建立完善的在线诚信评价体系和支付服务体系，产品种类要丰富，产品信息要详细。一般来说，综合性的、大行业的网站更易成功。

5）以提供大宗商品在线交易服务为主要经营模式

这类B2B电子商务网站为大宗商品提供在线交易服务。这类B2B电子商务网站的盈利模式主要就是收取交易佣金、提供行业分析报告、举办行业会议等。买卖双方诚信审核、支付的安全性、物流的快捷等，可采用第三方合作伙伴来解决。要进入这类网站首先要选好行业，其次因其门槛比较高，可以在一些新兴的市场发展。

6）以提供企业竞争性情报服务为主要经营模式

这类B2B电子商务网站为企业提供竞争性情报服务。网站的业务团队或核心管理层里要有有行业背景的人，否则找不到信息来源。这类网站适合那些具有一定行业背景的人来开办，其市场需求比较大，很多行业都允许几个网站生存。此类网站盈利来源包括：会员费、报告销售、咨询、期刊、会议、广告费等。

7）以商机频道＋技术社区服务为主要经营模式

这类B2B电子商务网站为商机发现和技术交流提供信息服务。这类网站的盈利来源主要包括：招聘求职服务、技术会议服务、培训学校广告、软件广告服务、设备广告等。它更重要的是为商机栏目增加用户黏性，运营时要服务好技术新手和技术高手，让高手在社区展示自己和产品，并能获得精神满足，让新手能学知识，向技术高手请教，这样技术社区才能有内在的推动力，获得长远的、持续不断的发展。其栏目一般包括：问答、博客、图库、招聘求职、下载、个人空间、微博、会议等。

8）以行业展览和会议服务为主要经营模式

这类B2B电子商务网站主要为行业展览和会议服务。一般这类网站在举办会议的时候，需要与行业高层建立好关系，行业高层包括协会、地方政府、高校、科研院所。举办会议的时候，需要他们捧场，会议才能变得更高端一些，才有更多企业高层参会。可以结合B2B行业社区来运营，通过社区吸引行业用户的关注，然后将这些用户集中在一起开会，解决一些问题。

9）以行业网站＋域名空间＋网站建设＋搜索引擎优化服务为主要经营模式

这类B2B电子商务网站主要是为企业开展电子商务提供网站建设服务。要做好这类B2B电子商务网站，要求团队有企业网站建设操作经验、行业网站运营经验、企业站搜索引擎优化排名经验。一些有企业网站建设背景、企业网络营销推广服务背景的公司选择这种模式来建设B2B行业网站，盈利模式也比较成熟。只是很多公司缺少B2B行业网站运营背景，结果导致B2B行业网站成了一个摆设，并未发挥实质性的推广作用。

根据上述对几种典型B2B电子商务行业网站经营模式的分析，目前B2B电子商务网站主要收入来源可以归纳成如下几个方面：

（1）会员费　用户通过第三方平台参与交易，必须注册为B2B网站的会员，每年要交纳一定的会员费，才能享受网站提供的各种服务。目前，会员费已成为我国B2B网站最主要的收入来源。

（2）广告费　网络广告是门户网站的主要盈利来源,同时也是B2B电子商务网站的主要收入来源。

（3）竞价排名　企业为了促进产品的销售,都希望在B2B网站的信息搜索中自己的排名靠前,而网站在确保信息准确的基础上,根据会员交费的不同对排名顺序作相应的调整。

（4）增值服务　B2B网站除了为企业提供贸易供求信息以外,还会提供一些独特的增值服务,包括企业认证、独立域名、提供行业数据分析报告、搜索引擎优化等。

（5）线下服务　线下服务主要包括展会（英文表述方式：Exhibition,Trade Fair）、期刊、研讨会等。环球资源的展会现已成为重要盈利模式,占其收入的三分之一左右。

（6）商务合作　商务合作包括广告联盟、政府、行业协会的合作,传统媒体的合作等。

（7）按询盘付费　按询盘付费是指参加贸易的企业（包括工厂和贸易中间商等）不是按照时间来付费,而是按推广带来的实际效果,也就是买家实际有效询盘来付费。

（8）交易服务费　平台类电子商务企业通过介入在线交易,将人工撮合与互联网技术有机结合,将信息流、订单流、货物流、资金流通过B2B平台实现整合。随着B2B电子商务的高速发展,其内涵已从在线交易扩展到物流配送、供应链管理、线上线下融合、SaaS服务等范畴。平台企业可以通过撮合交易收取服务费、通过自营交易业务获取折扣和差价、通过供应链管理收取相关服务费等。较为典型的平台有钢银电商、找钢网、科通芯城、欧浦智网、涂多多、卫多多、玻多多等。

### 4.1.4　B2B电子商务应用的发展前景

B2B电子商务的起源基本上可等同于电子商务的起源。在20世纪60年代末,电子数据交换（Electronic Data Interchange,简称EDI）系统以及电子资金传递（Electronic Funds Transfer,简称EFT）系统被用于支持企业与企业之间的交易过程,这一直被看作是整个电子商务的雏形。这些系统被众多企业采用,作为提高企业与客户交易效率的工具。这些系统一般用于企业与企业之间,所以,被认为是B2B电子商务的起源。

美国是全球B2B电子商务起步比较早的国家,其B2B电子商务在全球范围内发展也最为迅速。目前,美国B2B电子商务市场交易额仍占据全球B2B电子商务市场交易额的50%以上,占本国电子商务交易额的80%以上。欧美的一些发达国家的产业发展已经进入相对成熟阶段,产业集中度很高,在各个细分市场几乎已经形成了几个主要的大型垄断企业占据的格局。这些企业规模都比较大,而且都已经在内部实现了完整的ERP系统,两边ERP系统可以直接通过B2B电子商务实现互操作。很多中小企业就是围绕这些大型企业提供一些零配件或上下游支持而展开的。所以,国外B2B电子商务平台主要以大型企业自建为主,通过它自己建立的平台或平台联盟完成上下游制造产业整个生产流程的采购、供应、销售等。典型企业如戴尔、联合包裹、沃尔玛、思科等。思科在全球范围内80%的订单通过网络来处理。

与国外大企业垄断、自建网站为主流的B2B电子商务应用模式不同,作为全球的制造中心,中国的中小企业一般比较发达。中国有3 000万到4 000万中小企业,中小企业B2B电子商务交易规模占B2B电子商务总交易额的比例高达52.6%,成为电子商务市场发展最大的推动力。其中使用第三方电子商务平台的数量占总体中小企业的比例为39.2%。国内电子商务服务企业主要分布在长三角、珠三角一带以及北京等经济较为发达的城市。这主要跟经济较为发达地区对电子商务的扶持力度较大、环境承载能力较强、电子商务配套较为完善等因素有关。

在中国，B2B电子商务应用的发展一般可以分为如下三个阶段：探索阶段、启动阶段和高速发展阶段。

(1) 探索阶段(1999—2003年)　1999年至2003年，中国开始迎合企业信息化发展趋势对传统商务进行改革和创新。在这一阶段，企业对电子商务应用的需求有待挖掘，电子商务发展主要由重点厂商推进。1999年阿里巴巴成立标志着中国B2B电子商务正式开端；在同一时期，也相继有一些B2B平台出现，如中国制造网、中国网库、中国化工网等。

在中国B2B电子商务发展初期，企业对低成本商机获取的需求较为强烈，由于互联网渠道所带来的低成本以及时效性，企业愿意选择B2B电子商务作为其拓展业务的渠道，而满足了企业对商机信息需求的阿里巴巴，在该阶段迅速累积了客户以及知名度。在这一阶段，各B2B电子商务平台主要以信息发布为主要运营模式，通过会员制来实现收入和盈利。

(2) 启动阶段(2004—2014年)　从2004年开始，随着信息技术的迅速发展、个人计算机的普及以及信息化进程的不断推进，企业对电子商务的需求不断增加，越来越多的参与者进入市场，这其中包括慧聪集团、环球资源网、国联资源网等传统企业的进入，也包括敦煌网、马可波罗等创新的B2B综合电商平台的进入。

进入2008年，中国B2B电子商务市场达到第一次顶峰，企业在这一阶段开始大规模使用B2B电子商务平台的各项产品与服务。伴随着市场的火热，如我的钢铁网等垂直品类B2B电子商务应用开始出现。在该阶段内，阿里巴巴、慧聪集团等B2B电子商务平台相继上市，B2B电子商务市场发展迅速，但同时也存在同质化竞争程度加剧、盈利模式单一等潜在问题。随着B2B电子商务市场的迅速发展、网站流量的增加、企业用户信息的积累，互联网搜索引擎也进入了B2B电子商务市场，加速了B2B电子商务市场的拓展和转型，使B2B电子商务市场更丰富。

2009年至2011年，由于国际金融危机的影响，外贸订单数量减少，中国B2B发展中的问题被放大，同质化的服务使得B2B电子商务市场竞争激烈。信息服务已极大程度解决了信息不对称的问题，平台付费会员服务效果逐渐下降，其他运营模式在基于数据存储的探索中慢慢呈现出来。中国B2B电子商务市场在经过2011年的低迷之后，在2012年进行了初步的变革，2013年市场运营模式多元化态势初显，2014年，互联网被广泛应用，信息联通，大数据、云计算等新科技不断被应用。以信息服务、广告服务、企业推广为主的B2B电子商务1.0时代已逐渐褪去，以在线交易、数据服务、物流服务等为主的B2B电子商务2.0新时代已经到来。

(3) 高速发展阶段(2015年至今)　自2015年始，中国B2B电子商务在垂直领域快速崛起。2014年科通芯城在港交所挂牌，2016年找钢网获得11亿元E轮融资，2016年上海钢联按营业收入进入中国500强。以交易为核心的B2B电子商务正在"撬动"中国具备万亿规模的垂直市场，如钢铁、化工、电子元器件、农业、建材等领域。资本市场对B2C电子商务和O2O电子商务的关注度逐渐转移至B2B电子商务垂直交易领域。垂直交易类B2B电子商务平台具备较强的服务"纵深"能力，更加深入产业链上下游，能满足企业多样化需求。垂直交易类B2B电子商务平台的快速崛起，为中国整个B2B电子商务市场带来了新的"增长动力"，也促进了中国B2B电子商务市场的快速发展。

近年来，B2B电子商务市场呈现出稳健增长的态势。一方面，得益于越来越多的中小企业对线上营销推广重视程度的提升，同时B2B电子商务的在线服务趋向标准化和产业链化，为

B2B电子商务迎来了新的机遇。另一方面,由于B2B电子商务平台为中小企业提供信息化管理搭建服务质量的提升,解决了中小企业信息化水平落后的障碍,加上物流水平快速发展、支付系统日渐完善,B2B电子商务正经历着前所未有的突破性发展。与此同时,当前B2B电子商务在很多垂直细分领域仍是蓝海。

移动互联网的迅速扩张和普及,在改变人们生活方式的同时,也在颠覆传统产业的模式。因此,移动互联网不仅是当下炙手可热的领域,更是几乎所有商业发展不可错失的机遇。对于电商交易总额占比70%以上,同时又亟须注入新鲜血液的B2B电子商务行业而言,如果能够借助这个契机来改造整个产业,或者为这个产业提供一些新的维度,那么这无疑将会是B2B前所未有的发展良机。用户行为模式的群体性转变,实际上也意味着一个更新更大市场的出现。相较于传统PC端口的电子商务,移动电子商务更为个性、精准、利于细分市场,能帮助企业高效地提升核心竞争力。

在产业互联网浪潮的助推下,B2B电子商务正快速回暖。目前,全国已经出现不少具有较大影响力的B2B电子商务企业。除互联网企业外,传统制造业对B2B电子商务涉入也将越来越深;互联技术提升,将B2B电子商务带入稳定发展阶段,新的模式必然出现,工业品的特性会促使细分继续发力,在服务深度与高度上形成竞争壁垒。B2B电子商务具体发展趋势主要包括如下几种:

1) B2B电子商务平台呈现寡头垄断格局

随着中国加入世界贸易组织和电子商务应用的发展,B2B电子商务市场规模以几何级数增长,综合类的B2B电子商务平台也得到很好的发展,从注册会员数量、营业收入各项来看,目前综合平台的阿里巴巴以超过50%的市场份额处于寡头垄断地位。这类平台呈现如下特点:①几何级的收益增长和强劲的资本实力,使平台有角逐国际市场的砝码。②超大流量和强大的客户基础形成平台"马太效应"。③几年以来积累的市场与服务经验,让此类B2B平台对未来平台走势非常清晰,必然会带来B2B深度与整合发展。

与此同时,垂直B2B电子商务平台越来越受到风险投资机构的青睐。垂直B2B电子商务平台将成为未来中国B2B电子商务市场发展的后发力量,有着巨大的发展空间。市场已经涌现出众多垂直领域的B2B电子商务平台。在资本的推波助澜下,目前垂直领域电子商务平台主要依靠补贴模式获取流量。

2) 从电子交易平台向综合服务平台演进

目前,B2B电子商务平台正从电子交易平台向综合服务平台演进,未来将会逐步建立起一个网络化、金融化、电子化、智能化的电子商务应用平台,为客户提供全方位、一站式交易以及金融、物流、仓储、加工、资讯等方面的综合服务。在服务多元化的同时,电子商务平台的经营理念也会发生转变,从产品销售演进为向客户提供创新服务的全套解决方案。

3) 从上下游交易的单边模式向多方共存互助的生态圈模式演进

在向客户提供综合服务时,B2B平台的主要使用者已经从原有的上游产品供应企业和下游分销商或者产品使用企业,演进为有多种角色在内的商务生态圈。一方面,众多的企业仍然是围绕着为产品的购买者(即原有的企业客户)提供各种增值服务;另一方面,这些增值服务的提供者之间,也可以相互产生交易和服务的关系。

4) 从企业电子商务到产业电子商务演变

国家鼓励大企业、大集团建设基于供应链管理的企业级电子商务平台,并进一步打造成覆盖同类型企业的行业电子商务平台;支持企业依托产业集群和专业市场,建设集信息、交易、交付、物流等服务于一体的专业类电子商务平台,特别是大宗商品交易平台。

不少产业龙头企业纷纷触网,并由"纯电子商务"向"产业电子商务"转移。例如,晟通(SNTO)采购网,从单纯产品制造向"制造＋服务"转型升级,整合输出运营能力和云服务解决方案;电缆买卖宝,整合电线电缆行业上下游的产品生产、运输、库存、金融等需求,为产业链上下游的制造商、专卖店、终端客户及配送物流服务商等提供一站式的解决方案,实现库存调剂和"平台化 OEM"。

5) 移动技术、社交媒体、大数据充分应用

基于互联网的移动应用、社交媒体、大数据分析,是近期推动电子商务(包括 B2B 和 B2C)应用不断普及、丰富和高效的三个主要因素。随着各类移动端硬件的升级换代,移动商务应用与 B2B 电子商务平台不断融合发展。未来几年,移动商务将高速发展,成为 B2B 电子商务应用的主流模式。

按照著名的 IT 调研与咨询服务公司 Gartner 所做的社会性调查,42%的营销人员认为未来社会营销的首要投资是分析技术,销售商也越来越注重社会性倾听、社会性参与和测量。大数据分析对电子商务的推动,不仅让企业能更加准确、及时地对客户做出判断,数据本身也成为企业的重要资产,形成了数据供应链产业。

6) B2B 电子商务与 B2C 电子商务融合发展

从电子商务平台的技术可能性以及企业和个人需求的匹配性出发,B2B 电子商务平台和 B2C 电子商务平台之间的融合正在进一步加深。2012 年成为这种融合加深的标志年。

2012 年 4 月,亚马逊公司试水 B2B,推出垂直领域 B2B 电子商务平台 Amazon Supply,产品主要有工业原料、机械零部件和五金器具等。

2012 年 5 月,环球资源与京东商城、亚马逊、1 号店、当当网和苏宁易购洽谈合作,帮助这些 B2C 企业寻找优质供应商;线下连锁巨头麦德龙进军 B2B 业务,且在中国开始运营,网上商城将依托门店和物流中心进行全国配送。

2012 年 6 月 6 日,亚马逊中国成为慧聪网采购通会员,同时入驻慧聪网的还有京东商城、当当网等其他 B2C 电子商务企业。

7) 仓储物流、供应链金融的服务能力将是未来竞争焦点

随着用户对互联网的进一步熟悉,供应采购开始呈现自动化趋势。交易环节的仓储物流、金融服务价值的重要性也更为凸显。B2B 电子商务平台真正价值是提供基于交易数据产生的大数据分析、物流服务、金融服务等深入供应链中的服务。而用户在线交易的习惯培养与电子商务平台本身提供的服务存在相互促动作用。

8) B2B 网上分销将成为电子商务发展新趋势

国内电子商务市场不断扩大,互联网正在引发一场消费时代的变革,B2B 的网上分销将成为电子商务发展的新趋势。

(1) 传统分销模式的局限　传统分销模式一般按地域进行,制造商—总代理—区域总代理—地方代理—零售商,经过层层环节后,产品最终流向消费者。在此期间,人员配置、管理缺陷等很多问题凸显出来。网上分销则不具备以上这些局限,不仅突破了地域限制,而且可以将代理商与产品进行信息化、数据化管理。通过数据库企业节约了很多精力,大大减少了人力、物力、财力的投入,节约了很多成本,并且配送也更加简捷、方便。

(2) 网上分销渠道的潜力　通过网上分销系统,企业可以节约很多成本,并且可以利用有限资源,跨过时间、地域限制获得更多利益。在网络上,企业拥有充足空间和市场进行品牌宣

传、产品推广。网上分销可以使企业和消费者直接接触,减少中间环节;可以使企业掌控市场价格,避免价格战及不良竞争;可以使企业开发各种渠道及代理,扩大分销市场。

具有以下条件的企业都可以开展电子商务网上分销:

(1) 传统批发供货商　通过网上分销,一是可以服务原有的下游代理商、分销商、零售商;二是可以拓展渠道范围,开发新的分销商、零售商,即4～6线城市的中端零售商,使得利润渠道更加广阔,长尾收益更加丰富。

(2) 传统连锁性企业　传统连锁性企业,可以通过网上分销整合卖家资源,扩展销售机会。这对上游供应商具有更大的诱惑力。

### 4.1.5　B2B电子商务应用的关键问题

B2B电子商务是电子商务应用发展的重点领域,B2B电子商务有很多具体的应用模式,可以运用于几乎供应链中的所有环节。无论哪种B2B电子商务应用,都有必要深入思考在B2B电子商务应用发展中面临的一些关键问题。

1) B2B电子商务应用的业务逻辑

B2B是一个很传统、很古老的行业。B2B电子商务是基于互联网或其他网络信息技术为企业与企业之间的商务活动提供服务,但不同的业务有不同的场景,有不同的业务逻辑,面向商家(to B)的业务与面向消费者(to C)的业务不一样,内贸业务与外贸业务也不一样。

B2B电子商务平台对具体业务的支持服务,显然要遵循具体的业务逻辑。基于互联网的电子商务能带来服务的创新,但不能改变具体的业务逻辑。如:在B2B交易中,采购交易量不同,价格就不会一样;付款方式不一样,价格也会不一样;现款现货、预付款支付以及不同企业的支付账期都有区别;提货地点不一样,价格也不一样;提货方式不一样,价格也不会一样;价格、采购成本都是企业的核心机密,不能轻易让同行等知晓。这些都是B2B的独特性,既然独特,就无法改变,互联网也不能改变它。

2) B2B电子商务平台的商业模式

任何一个B2B电子商务平台,都应该非常清楚自身的定位:是商品信息服务平台,还是商品交易服务平台? 或是资源整合服务平台? 是面向大型企业,还是面向中小企业? 平台为客户创造怎样的商业价值? 平台如何运营? 平台如何盈利? 对这些问题要思考清楚,才能形成合理的商业模式。

在电子商务应用中,互联网体现最充分的能力是:信息的聚合和传播。如何将互联网信息能力转变成互联网商务能力? 这取决于平台对商业模式的理解和设计。许多B2B电子商务大都以提供商品发布和交易平台的方式提供服务,这种方式对于中小型企业是合适的,因为它们需要借助B2B电子商务平台开拓市场。但大型企业对B2B电子商务的需求与中小企业有着很大的不同,它们通常有着固定的客户和销售渠道。这就需要考虑如何使B2B电子商务商业模式适应大型企业需求。

3) B2B电子商务平台的信息服务

任何商务活动都离不开信息服务。B2B电子商务平台是网络环境的,不仅需要商品的信息发布和分享服务,还需要支持企业之间的互动交流和商务洽谈的服务,也需要支持企业商务决策的信息服务。一些企业对B2B电子商务的认识过于简单,认为在网络上放上公司的主页和产品目录就万事大吉,就可以等着客户的订单了。

事实上，B2B 电子商务作为传统企业贸易在互联网上的延伸，如果没有信息流互动，仅仅是信息的发布（其中很多信息甚至还是过时的），将会使大多数企业失去对 B2B 电子商务的兴趣。B2B 电子商务平台应该建立主动或者辅助的信息互动和决策支持机制，充分满足 B2B 电子商务中不同主体对信息服务的要求。

4）B2B 电子商务平台的安全服务

B2B 电子商务中的交易往往金额相对较大，如果 B2B 电子商务平台存在不安全因素，B2B 电子商务平台的使用就会成为问题。所以，平台安全服务是 B2B 电子商务应用中的重大问题。尽管电子商务安全问题已经得到了很大的改善，但由于各种电脑病毒不断出现，以及各类防护手段的缺乏，许多企业在实施 B2B 电子商务应用时缺乏足够的安全感。同时，不少企业网络基础设施建设比较落后或者没有较为完善的网络安全管理制度和专业的网络维护人员，导致企业网络存在很多的安全漏洞，从而使企业一旦遭受到网络攻击，就有可能会迅速崩溃。

5）B2B 电子商务企业的诚信评估

B2B 电子商务中的企业或参与者彼此之间常常是陌生的，通过网络的方式进行交互。如果 B2B 电子商务平台缺乏对这些企业本身资质、能力、声誉的有效评估，无疑会存在巨大的信用风险。所以，在 B2B 电子商务应用中，对企业或商家的商业诚信评估非常重要。在创业初期，为了吸引客户采取宽松的进入控制是可以理解的。但随着 B2B 电子商务平台的不断壮大和影响力的不断增强，如果不能有效地评估和约束电子商务平台中的企业用户，将会直接影响到 B2B 电子商务平台提供的服务或交易的可信度。

6）B2B 电子商务平台的用户需求

B2B 电子商务应用离不开 B2B 平台，B2B 平台能否满足用户需求，直接关系到 B2B 电子商务应用的有效性。B2B 电子商务平台的用户需求，除了上述的信息服务、平台安全、诚信评估之外，还可能有其他的，如交易洽谈、安全支付、合同签订、订单交付等。B2B 电子商务平台的用户需求应该基于 B2B 交易场景做比较深入的分析。当然，不同类型的 B2B 电子商务平台的用户要求肯定会有很大的差别。

7）B2B 电子商务平台的用户体验

在电子商务应用中，平台的用户体验非常重要。除了平台操作方便性以外，无论是 B2B 用户还是 B2C 用户，业务层面的用户体验大都体现在四个方面：多、快、好、省。但无论是 B2C 还是 B2B，要把这四个字同时做到都不可能，都要做取舍。不同行业、不同规模的企业，在创业的不同阶段，对这四个字的要求是不一样的。同一个行业的两类企业对多、快、好、省的要求往往也不一样，中小企业和大企业也不一样。

8）B2B 电子商务平台的用户激励

在 B2B 电子商务应用中，不能没有平台用户的积极参与。所以，用户激励也是一个非常重要的问题。常用的用户激励方式是建立分类分级的用户会员体系，先分类，后分级，会员等级是可进可退。不同类型和不同等级的用户会员一般可以享有不同的特权、特价和政策。所以，可通过激励机制的设计，来调动 B2B 电子商务平台用户参与交易或使用平台的积极性。

9）B2B 电子商务平台的市场推广

在电子商务应用中，与开发平台的投入相比，平台上线后的推广一般需要比较大的投入，需要做大量的市场推广工作。B2B 电子商务平台光靠网络广告远远不够，往往需要采用传统的人员"地推"方式。对于B2B电子商务平台来说,地推通常是重要的,也是必需的。地推是B2B电子商务平台企业成功推广的关键。这样打造一支高效高质的地推团队,就显得特别重要。

## 4.2 B2B电子商务物流的需求分析

在大部分的B2B电子商务应用中,物流服务至关重要。离开物流服务,基于B2B电子商务的交易订单就不能完成交付。这一节,首先对B2B电子商务的物流服务做一个概述性讨论,然后深入分析B2B电子商务中比较典型的物流服务需求。

### 4.2.1 B2B电子商务的物流服务概述

B2B电子商务的物流服务,从概念上说,就是B2B电子商务应用中面临的物流问题。B2B电子商务是指商家与商家之间通过专用网络或互联网,进行商品、服务及信息交换的电子商务应用。很显然,在B2B电子商务中,如果涉及商品的订单交付,就必须考虑B2B电子商务的物流服务。

如前所述,物流服务是从接收客户订单开始到将商品送到客户手中并达到客户要求为止所发生的所有服务活动。物流服务是对客户商品的利用可能性提供保证,其目的就是满足客户需求。B2B电子商务物流服务,就是在B2B电子商务应用中,从接收客户订单开始到将商品送到客户手中并达到客户要求为止所发生的所有服务活动。B2B电子商务物流服务为B2B订单交付服务,是指在B2B交易的客户要求的时间、要求的地点交付所需要的商品。

B2B电子商务平台,有可能是交易平台,在线完成订单的合同签订;也可能B2B电子商务平台仅是交易信息平台,平台仅是提供撮合服务,订单的合同签订在线下完成。不管是哪种情况,只要B2B交易的订单合同正式签订,都需要提供B2B电子商务物流服务。B2B电子商务物流的具体服务需求一般会在订单合同中做明确规定。

B2B电子商务应用中的两个商家可能是供应商与制造商,也可能是制造商与零售商。所以,对B2B电子商务物流的理解,也有广义和狭义两种。广义的B2B电子商务物流是所有与订单交付相关的物流服务。狭义的B2B电子商务物流是从订单生成开始后将商品送到客户手中的物流服务。广义的B2B电子商务物流服务,不仅包括送达商品的正向物流、退换商品的反向物流,还应该包括售后服务,甚至还包括商品备货。对于订单驱动的制造商而言,还包括零部件与原材料采购以及生产安排。

B2B电子商务物流服务,一般发生在交易的两个商家之间,并且多是供货方主导的,订单交付严格按照合同的规定执行。但是,在物流服务方面,企业可完全依靠自有物流资源进行B2B电子商务物流服务运作,或依靠社会物流资源进行B2B电子商务物流服务运作,还能完全通过第三方物流服务企业进行B2B电子商务物流服务运作。

### 4.2.2 B2B电子商务物流的典型服务需求

B2B电子商务物流是商家与商家之间由互联网平台引发商品交易产生的物流活动。B2B电子商务物流服务的目的是帮助商家完成B2B交易商品的订单交付,并利用物流服务建立基于 B2B 电子商务的竞争优势。下面,重点讨论 B2B 电子商务物流的一些典型服务需求。

1) 订单管理需求

在 B2B 电子商务中,订单是销售、客服和物流等重要商务活动的交点。物流服务一般是由订单驱动的,狭义的 B2B 电子商务物流就是从订单开始的。如何处理订单是电子商务物流服务关键的一步。订单管理是对订单生成、订单履行和订单状态等服务过程和信息数据的管理,包括:订单生成档案管理、订单履行过程管理以及订单状态跟踪管理。B2B 订单生成一般伴随着合同签订,并在合同中对订单履行提出具体需求。订单履行包括从订单生成开始后将商品交付到客户手中的物流服务过程。订单状态反映订单的当前状况,有待审核、待支付、备货中、待移仓、移仓在途、待出库、已出库、配送中、已收货、已退货、客户作废、系统自动作废等状态。所以,B2B 电子商务订单管理的水平在一定程度上决定了 B2B 电子商务物流服务的水平。

2) 采购服务需求

从 B2B 电子商务交易的卖方来看,B2B 采购一般是企业为销售进行商品备货或为生产进行零部件与原材料采购,可以是线上采购也可以是线下采购。另外,从 B2B 电子商务交易的买方来说,B2B 采购就是企业通过 B2B 电子商务平台购买所需的商品,一般需要在双方协商的基础上签订采购合同。由于 B2B 交易中卖方的采购目的是为了销售商品的订单交付,所以,从广义上说,B2B 电子商务中的卖方采购属于 B2B 电子商务物流的一部分。

与个人采购主要关注商品"价格"不同,企业采购业务通常需要从所谓"T(技术)、Q(质量)、R(响应)、D(交付)、C(成本/价格)、S(社会责任)、E(环境保护)"等方面做综合考虑。企业不仅要考虑所采购物料自身的成本,而且还要考虑采购全流程、全生命周期之内的总成本。企业的采购环节上承公司的供应链神经中枢"计划管理体系",下接公司的日常业务运转体系"库存、制造",外连公司的商业合作伙伴(供应商、外协商),既是公司最大的成本中心(花钱大户),也是公司重要的利润之源(节约的每一分钱都是利润)。

B2B 采购业务过程所包含的需求、申请、认证、计划、执行、接收、付款等不同阶段,通常是由企业内不同业务部门、不同业务环节、不同操作人员,基于确定的业务规则与权限,分别负责完成的,这是企业内部专业化分工与职能管理的基本要求。公司的业务规模越大,其专业化的分工就越细,随之而来的内部各部门之间、内部与外部之间的 B2B 业务流程就越复杂,电子商务协同的重要性就越高。

基于采购目的的不同,企业采购可划分为生产物料采购与非生产物料采购,前者企业采购的目的是使之成为自家产品的一部分,例如原材料、辅助材料等,后者企业采购的目的则是主要用于企业自身消费与使用,例如办公用品、仪器设备等。企业的不同采购分类之间,在业务流程、管理重点、控制要素等方面也是有很大差别的。通常来说,对于生产物料采购,更强调供应商的资格认证,及其合作过程的计划性、长期性、协同性等因素;而对于非生产物料采购,则更强调采购流程的便捷性、规范性与可控性等因素。

大型企业需要的是稳定、可靠的产品供给。为了保证供给的稳定性,大型企业通常都会与合作伙伴建立合作关系,很多特殊需求的产品都是找合作伙伴定制研发的。所以大型企业与供应商建立的协同研发、协同生产才是 B2B 电子商务创造价值、提升效率的根本。

上述是对企业采购业务的一般讨论。如果从 B2B 电子商务交易的卖方来看,采购属于 B2B 电子商务物流的一部分,目的是为了 B2B 交易商品的订单交付,这时候的采购服务需求要参考 B2B 订单合同中对商品的质量、技术指标以及交付时间和地点的具体需求。

3) 仓储服务需求

无论是传统商务,还是电子商务,只要销售或采购商品,一般都离不开仓储。从 B2B 电子商务交易的卖方来看,企业为销售进行商品备货或为生产进行零部件与原材料采购一般都要仓储服务。企业可以利用自有仓库或者利用租赁仓库进行 B2B 仓储运作,也可以外包给第三方仓储物流服务企业进行 B2B 仓储运作。另外,从 B2B 电子商务交易的买方来看,B2B 采购的商品也可能需要自营或外包的仓储服务。

B2B 电子商务常常是大宗货物的交易,如:商品一般是能源、基础原材料和农副产品,供需量大,重量沉。大型供应商一般会建有自己的仓库,中小型供应商大多租用公共仓库或者使用外包仓储物流服务。但是,电子商务的客户比传统商务的客户更具分散性,商品在地域上分布不均,为了更近地服务于客户,无论是 B2B 电子商务,还是 B2C 电子商务,分布式仓储都是比较理想的选择,所以,在 B2B 电子商务应用中,即使大型供应商,也需要外包仓储物流服务。

当然,所有的物流公司都希望"货主"能将"仓储物流"外包给自己,并且从"仓储与物流操作"(库房租赁、商品保管、分拣、搬运、包装、拆解等)的作业过程角度来看,物流公司也的确能够提供成本更低、效率更高、操作更为专业的仓内物流作业服务。物流公司也只有通过"仓储物流外包"等能够提供更多附加值的服务(如仓储配送一体化),与企业之间结成相对更为深度、牢固的合作关系,才能避免在门槛很低、竞争惨烈的运输市场靠价格战求生存。

4) 运输服务需求

对电子商务企业来说,大部分的运输业务都是全部或部分外包的,都是交给所谓的第三方物流公司或运输公司来完成的。企业之所以很容易就实现运输业务外包,是因为除了运输外包能聚焦核心业务、大幅度降低成本与管理复杂性之外,还在于运输业务处于企业供应链管理的末端环节,与企业内部其他业务环节的关联性、协同性程度比较低。因此,即使是在企业内部或物流公司与运输领域信息化程度均很低的情况下,一般也并不妨碍企业运输业务外包工作的正常开展。

随着云计算、移动互联网技术的发展,一种基于全新设计理念(社区化+SaaS+移动互联)的运输管理软件平台已经在市场上出现。该类运输平台以将数量广大的"企业(货主)、运输商、货车司机乃至收货人"连接成一个"信息充分共享、业务流程高度协同的整体"为核心诉求,致力于构建一个具有自我扩张能力的、在线的社区化运输生态系统,从而促进运输(物流)行业信息化整体水平的提高。

5) 售后服务需求

一般来说,任何商品的销售都有售后服务问题。售后服务也是 B2B 电子商务物流服务的内容,它包括开具发票、退换货处理、设备安装、零部件供应、故障设备维修、操作培训等,是 B2B 电子商务的物流服务需求中不可或缺的一部分。尤其是对生产性企业设备的售后服务更为重要,零部件不能及时供应、故障设备不能及时维修,会影响正常的企业生产活动。售后服务直接影响 B2B 电子商务应用的客户满意度。B2B 电子商务应用企业应该系统化地管理售后服务中的各项业务,包括客服中心(呼叫中心或服务热线)、客户管理、服务请求管理、现场管理、备件管理、服务资源的管理、安装记录管理等。

6) 协同管理需求

早在 1998 年,美国物流管理协会已经定义物流(Logistics)是供应链(Supply Chain)的一部分,这实际上不仅把物流纳入了企业间互动协作关系的管理范畴,而且要求企业在更广阔的背景下来考虑自身的物流运作,即不仅要考虑自己的客户,而且要考虑自己的供应商;不仅要考虑到客户的客户,而且要考虑到供应商的供应商;不仅要致力于降低某项具体物流的成本,而且要考虑整个供应链的运作总成本最低。

B2B电子商务的发展从早期阶段的供需双方一般的买卖(贸易)关系领域,逐步扩展至企业与(包括物流服务商在内的)外部合作伙伴之间的更紧密、更深层次的协作关系领域,且因其需求相对更为"刚性"的特点而逐步成为重点领域。企业外部供应链已经不再仅是一个"单纯"的链条,信息流动也不再是线性的或"点对点"的,它是一个有许多合作伙伴的复杂网络,数据流是动态的,因而,对企业与外部合作伙伴之间的B2B电子商务,也提出了更加迫切、更为高级的协同管理需求。对B2B电子商务物流来说,不同企业间的协同管理越来越重要,既有电子商务应用企业与物流服务商之间的协同管理,也有不同物流服务(如仓储物流与运输物流)之间的协同管理。

7) 互联互通需求

在B2B电子商务应用中,物流服务企业提供必要的互联互通越来越重要。事实上,为了更好地提供电子商务物流服务,物流服务的互联网化已经成为必然的趋势。几乎所有的大中型企业在认证选择"运输供应商"的时候,都会将运输商的"信息化服务水平"作为考核条件之一,都希望能够与运输供应商之间实现"电子化的承运任务下达/接收、实时透明的承运过程信息跟踪、准确高效的承运费用结算"等在线业务协同。企业(货主)能否顺利实施"仓储物流外包"的前提与条件的本质,归根结底还是"企业与物流商之间必须能够实现B2B电子商务的互联互通"。

据美国权威研究机构在2014年发布的一份研究报告:80%的企业仍然主要是在依靠电话、传真、电子邮件、电子表格数据(如Excel)等传统方式与供应链上的合作伙伴(供应商、客户、物流服务商等)进行商务活动的协作连接,远未达到所谓"电子化互联互通、供应链可视化"的程度。代表未来B2B电子商务发展趋势的以"业务流程互联互通、供应链可视化"为核心诉求的一种创新商业模式"供应链商业网络"(Supply Chain Business Network,简称SCBN),在发达国家已经有十多年的研究与发展历史,目前正借助云计算、移动互联、大数据等技术的进一步推动,渐有燎原之势。

## 4.3 B2B电子商务物流的主要特点

B2B电子商务物流是B2B电子商务应用中面临的物流问题。下面,将B2B电子商务物流分别与B2B传统商务物流和B2C电子商务物流进行比较,通过这两个不同视角来讨论B2B电子商务物流的主要特点。

### 4.3.1 相对于B2B传统商务物流的主要特点

无论是电子商务还是传统商务,只要企业间有实物交易,一般都离不开物流服务。从表面上看,线上交易和线下交易的B2B物流服务没有太大变化。但由于互联网的应用,B2B商务环境发生了变化,B2B物流在电子商务环境下也发生了一些变化,具有一些与传统商务环境下B2B物流所不同的特点。

1) 客户分布更加分散催生分布式网络化物流服务需求

在B2B电子商务环境下,市场不再局限在某个小的区域,企业B2B交易的客户分布比传统商务环境下更加分散,明显增加物流服务复杂程度,从而催生了企业对分布式网络化物流服务的需求。为了更好地服务于客户,分布式仓储成为理想选择,同时运输网络优化也成为降低物流成本的重要手段。

2) 上下游企业间电子商务进一步促进供应链协同管理

在B2B电子商务环境下,企业可以直接面向客户或供应商,减少供应商或供应环节,减少订货成本和缩短周转时间,上中下游企业产生共享市场需求信息的要求,希望达到整体配合、降低库存、及时反映客户需求的效果,达成合作共赢。

3) B2B电子商务物流服务客观要求企业更多互联互通

B2B电子商务物流要求企业通过信息系统内部平台和外部网站将面向上游供应商的采购业务和下游代理商的销售业务都有机地联系在一起,从而降低成本,提高满意度。

### 4.3.2 相对于B2C电子商务物流的主要特点

B2C电子商务与B2B电子商务的根本不同在于客户类别的不同,从而带来交易行为的不同,最终导致物流服务需求的不同。B2B电子商务物流具有如下一些与B2C电子商务物流不一样的特点。

1) 不同类别客户交易货物的差异带来物流服务运作的差异

在B2C电子商务交易中,商品一般是消费品,品种比较复杂。而在B2B电子商务交易中,商品种类简单、规格相对统一,一般是原材料、半成品或成品;社会总体交易额大,单笔交易额较大,传输量比较大,频次比较少,在配送中容易实现规模经济。

2) 不同类别客户服务需求的差异带来物流服务运作的差异

在B2C电子商务交易中,消费者客户的个性化比较明显,客户流失也比较容易。在B2B电子商务交易中,由于企业客户的物流个性化服务需求不明显,客户对象为企业,履约期限较长,物流业务相对集中,因此客户比较稳定,一般为其贸易伙伴。

3) 不同模式电子商务运作的差异带来物流服务运作的差异

与B2C电子商务交易相比较而言,B2B电子商务交易的规模比较大,B2B电子商务物流的行业特征比较突出,专业性也比较强;并且由于B2B交易中所要支付的金额一般也比较大,因此B2B电子商务物流运作,对资金安全、信息保密等要求比较高,对信息技术要求较为严格。

## 4.4 B2B电子商务物流的服务模式

B2B电子商务应用模式层出不穷,总体上可划分为撮合模式和自营模式,在B2B电子商务物流交付模式上也有些不同。在上述讨论B2B电子商务物流主要特点的基础上,这一节讨论B2B电子商务物流的服务模式。B2B电子商务物流服务包括很多方面,这里重点讨论面向B2B电子商务应用的仓储服务模式、运输服务模式以及配送服务模式。

### 4.4.1 B2B电子商务的仓储服务模式

B2B电子商务应用中的双方一般都有仓储服务需求。供应方,如果是供应商,需要供货仓储服务支持;采购方,如果是零售商或分销商,也需要进货仓储服务支持。目前国内的B2B电子商务应用,不论是中介平台还是自营平台,一般都比较倾向于先从仓储配送入手来解决供应链的组织和搭建问题。不同的 B2B 电子商务平台,业务模式、商业逻辑以及所在行业不尽相同,可分成很多种。但是,在仓储配送的搭建模式上,大多都比较相似。目前国内的 B2B 仓储服务模式一般分为三种:

1) 中心仓

中心仓(Central Warehouse),也称为中央仓,一般是在一个省内只设立一个到两个仓储中心。中央仓的辐射半径会跨地区超过 100 千米。比如:京东新通路、51 订货等,都采取中央仓模式。

2) 前置仓

前置仓(Front Warehouse),也叫前置仓库。前置仓是一种仓配模式,把仓库设置在离客户较近的地方,配送半径不会超过 100 千米,只服务于当地市场。前置仓的优点是配送半径短,所以物流成本会比较低,但是缺点是只能满足当地市场,而且由于仓储成本相对较高,比较适合物流成本较为敏感的高频商品。比如:中商惠民、百世店加等,都采用前置仓模式。

3) 分布式仓

分布式仓(Distributed Warehouse),也叫分布式仓储。分布式仓储的目标是让商品离买家更近。分布式仓储将库存建立在区域市场附近,便于对市场需求变化做出快速反应,通过区域分布式覆盖,来优化配送的效率与服务。比如:云媒共享配送联盟、1 号生活等,都采用分布式仓模式。

不论哪种仓储模式,都是为了更好地为客户提供配送服务。如果和品类结合,我们就可以发现其中的效率优化机会:高频商品,物流成本越低越好,越满车配送越好;仓库离零售店越近越好,网点覆盖密度越高越好。所以,高频商品更适合前置仓库模式,或者是分布式仓库模式。低频商品,长尾商品越丰富越好,单仓覆盖的网点越多越好,所以,低频商品更适合中心仓库模式。

### 4.4.2 B2B 电子商务的运输服务模式

在 B2B 电子商务应用中,只要有实体货物交易,一般总离不开运输。货物从生产地到仓库,从仓库到仓库,从配送中心到收货地,都需要运输服务。运输通常是 B2B 电子商务中的卖方(供货方)负责提供。

供货企业提供运输服务的运作模式有两种:自营或外包。提供运输外包服务一般称为运输第三方服务商。在 B2B 电子商务应用中,大多数的运输服务运作是自营和外包相结合,无论是自营还是外包运输服务,都离不开运力的整合和管理。如果是公路运输,运输服务企业可以自建车队,也可租用社会运输车辆。如果是航空运输、海洋运输和铁路运输,运输服务企业一般只能租用航空运输服务或铁路运输服务,只有少数物流企业有航空运输和海洋运输能力,铁路运输服务多由铁路运输部门提供。

在 B2B 电子商务应用中,不同的货物交易或不同的运营策略,会导致所需要的运输服务有所不同。如生鲜产品会需要冷链运输工具,跨境 B2B 电子商务需要国际运输服务。下面,我们主要讨论几种主要的 B2B 电子商务运输服务模式。

1) 专线运输

专线运输是指公路或铁路运输服务企业根据货主需求或市场货流开设的业务。前者的服务对象多为特定的大中型工商企业,运输企业根据要求在当地或异地之间使用专门的车辆,在相对固定的线路上,为特定的货主提供运输服务。如汽车零部件生产厂与异地总装厂之间、汽车总装厂的配件总成与异地维修网点之间,往往采用专线专车运输。后者往往在大中型城市之间和货物集散中心之间开办,其服务对象面向全社会,定线定班,大多使用大型厢式货车,车厢外刷写起讫站点、电话号码等醒目标志,运价随行就市,不同专线的班次密度不一。专线运输的经营者往往还提供上门取送货物的延伸服务。一些规模较大的专线运输服务产品提供者,在其营运车辆上安装有GPS等跟踪监管系统。

2) 零担运输

零担运输,即零担货物运输,是指一批货物的质量或容积不够装一车(不够整车运输条件)而与其他几批甚至上百批货物共享一辆货车的运输方式。托运一批次货物数量较少时,装不足或者占用一节货车车皮(或一辆运输汽车)进行运输在经济上不合算,而由运输部门安排和其他托运货物拼装后进行运输,运输部门按托运货物的吨公里数和运价率计费。零担货运灵活机动、方便简捷,适合数量小、品种杂、批量多的货物运输,适应商品经济发展的需要。

3) 整车运输

整车运输是指托运人一次托运的货物在3吨及以上,或虽不足3吨,但其性质、体积、形状需要一辆3吨以上公路货物运输的形式。整车运输通常是一车一张货票、一个发货人。因此,公路货物运输企业应选派额定载质量与托运量相适应的车辆装运整车货物。一个托运人托运整车货物的质量(毛重)低于车辆额定载质量时,为合理使用车辆的载重能力,可以拼装另一托运人托运的货物,即一车二票或多票,但货物总质量不得超过车辆额定载质量。整车货物多点装卸,按全程合计最大载质量计重,最大载质量不足车辆额定载质量时,按车辆额定载质量计算。托运整车货物由托运人自理装车,未装足车辆标记载质量时,按车辆标记载质量核收运费。整车货物运输一般不需要中间环节或中间环节很少,送达时间短,相应的货运集散成本较低。涉及城市间或过境贸易的长途运输与集散,如国际贸易中的进出口商通常以整车为基本单位签订贸易合同,以便充分利用整车货物运输的快速、方便、经济、可靠等优点。

4) 配送运输

配送运输通常是一种短距离、小批量、高频率的运输形式,它以服务为目标,以尽可能满足客户要求为优先。如果单从运输的角度看,它是对干线运输的一种补充和完善,属于末端运输、支线运输,主要由汽车运输进行,具有城市轨道货运条件的可以采用轨道运输,对于跨城市的地区配送可以采用铁路运输进行,或者在河道水域通过船舶进行。配送运输过程中,货物可能是从工厂等生产地仓库直接送至客户,也可能通过批发商、经销商或由配送中心、物流中心转送到客户手中。

5) 网络货运

网络货运,也叫车货匹配,是一种基于互联网平台的车货"撮合"服务模式,充当着货车司机与货主之间的沟通桥梁,为货车司机提供货源信息并通过收取信息费或挂靠费获利,是一种中介的"熟人模式"。车货匹配地域性强,覆盖范围小,存在信息不互通、车源货源之间信息不对称等问题。车货匹配只是安排车源与货源进行运输委托交易,属代理人范畴,不对货物的安全运输承担责任,这就导致客户黏性极低。

6) 邮政运输

邮政运输是一种较简便的运输方式。各国邮政部门之间订有协定和公约,通过这些协定和公约,各国可以互相传递货物。邮政运输是一种"门到门"的运输方式,并具有广泛的国际性。国际邮政运输分为普通邮包和航空邮包两种,对每件邮包的质量和体积都有一定的限制。如:一般规定每件长度不得超过1米,质量不得超过20千克,但各国规定也不完全相同,可随时向邮局查问。邮政运输一般适合于量轻体小的货物,如精密仪器、机械零配件、药品、样品和各种生产上急需的物品。

### 4.4.3　B2B电子商务的配送服务模式

配送是物流服务的一个缩影,或者在某小范围中是物流全部活动的体现。配送中心不等于一个仓库,配送中心主要功能是提供配送服务。物流配送的主要工作有:备货、储存、加工、分拣及配货、配装、配送运输、送达服务。在B2B电子商务订单配送中,一般配送路线比较稳定、单批次货量较大、计划性较强,通常需要定制化的解决方案。基于资源组织及服务内容不同,B2B配送服务一般可分为:纯配送、仓配一体、共同配送、平台型配送、B2B平台配送、供应链平台配送等。

纯配送是针对仓配一体而言的,也就是物流服务商纯粹提供配送服务。

仓配一体是指仓库+配送的物流服务。仓配一体基于城市内配送中心,调度运力资源,提供定制化的仓配综合服务解决方案。如:唯捷城配主营国内B2B城市配送业务。

共同配送是在仓配一体基础上的方案能力升级。为最大化资源(车辆)利用率、优化上下游成本和效率,共同配送整合多个企业配送需求,优化中间环节,一起为渠道终端提供配送服务解决方案。如:益嘉物流专注快消品的城市配送服务。

平台型配送是指基于信息平台组织资源来匹配、对接企业的配送需求,实现资源最大化的组织和调度能力。如:易货嘀通过个体司机、车队加盟、城市合伙人等形式组织社会运力,为城市配送需求提供解决方案。

B2B平台配送是指B2B电子商务平台提供配送服务的解决方案。B2B电子商务平台去除中间多级经销环节,通过集采+直供,为零售门店供货,从而实现成本和效率双重优化。如:掌合天下在配送环节,基于云计算的仓储体系,提供区域配送、门店配送、分仓调拨、平台入仓、智能筛单、线路优化、承运商管理、赔付机制等服务。

供应链平台配送是指供应链平台配送服务的解决方案。供应链平台综合商贸与物流服务,要求企业在某一区域有一定深度的分销能力以及相应的配送物流服务网络。如:怡亚通是中国第一家上市供应链企业,将物流向商贸拓展,在提供物流服务的同时,代理甲方平台,提供销售+物流综合服务。

在B2B电子商务发展中,也有小批量、多批次的门店调度等非计划需求,所以,也会有一些非计划的配送服务。另外,传统仓配一体的解决方案与互联网城市配送平台解决方案逐步融合。信息化平台+资源调度+标准化基础服务+个性化增值服务以及基于多客户的共同配送,已成为B2B配送发展的方向。

## 4.5　B2B电子商务与物流典型案例

前面,我们对B2B电子商务及其物流服务做了比较深入的讨论。在这一节,重点介绍B2B电子商务及其物流服务的一些典型案例。

### 4.5.1 阿里巴巴：让天下没有难做的生意

人们在讨论综合类 B2B 电子商务应用时，一般总会提到阿里巴巴 B2B 电子商务平台。1999 年，曾担任英语教师的马云带领 18 位创始人开始阿里巴巴的创业历程。20 多年来，阿里巴巴致力于开拓数字经济时代的商业基础设施，助力消费市场繁荣，推动各行各业走向数字化、智能化。阿里巴巴也由一家互联网公司发展为包含数字商业、金融科技、智慧物流、云计算、文化娱乐等场景的生态服务平台，在数字智能技术驱动下，为数以亿计的消费者和数千万的中小企业提供数字化商务服务。阿里巴巴和马云有一句天下皆知的名言："让天下没有难做的生意。"

1999 年 7 月，阿里巴巴中国控股有限公司在香港成立；1999 年 9 月，阿里巴巴中国网络技术有限公司在杭州成立；2000 年 1 月，日本互联网投资公司入股 2 000 万美元；2001 年 6 月，韩文站在韩国汉城（今首尔）正式开通；2001 年 12 月开始盈利，注册商人会员达 100 万，成为全国首家会员超过百万的商务网；2002 年 2 月，日本亚洲投资公司投资；2002 年 3 月，与商人会员创建诚信的网上商务社区；2002 年 10 月，日文网站正式开通。早期的阿里巴巴通常只做信息流，不做资金流和货物流业务。

阿里巴巴是全球最大的 B2B 电子商务平台服务运营商。阿里巴巴 B2B 业务包括：阿里巴巴国际站（https://www.alibaba.com）和 1688 阿里巴巴采购批发网（https://www.1688.com）。2007 年 11 月，阿里巴巴正式挂牌香港联交所，股票代码为"1688 HK"；2014 年 9 月，阿里巴巴集团在纽约证券交易所正式挂牌上市，股票代码"BABA"；2019 年 11 月，阿里巴巴在香港交易所上市，成为首个同时在美股和港股上市的中国互联网公司。

阿里巴巴国际交易市场业务是阿里巴巴最先创立的平台业务，也是目前全球领先的批发贸易平台。阿里巴巴国际交易市场上的买家，通常是从事进出口业务的贸易代理商、批发商、零售商、制造商及中小企业，来自全球 200 多个国家和地区。阿里巴巴国际站可以为用户提供一站式的店铺装修、产品展示、营销推广、生意洽谈及店铺管理等全系列线上服务和工具，可以帮助用户降低成本，高效率开拓海外贸易市场；阿里巴巴国际站物流服务已经覆盖全球 200 多个国家和地区，将进一步与生态合作伙伴融合共振，通过数字化重新定义全球货运标准，努力提升"门到门"服务能力：将货物从工厂拉到境内港口，报关，通过海陆空进入境外港口，清关、完税，最后完成末端配送。

1688 阿里巴巴采购批发市场（前称"阿里巴巴中国交易市场"），目前是国内领先的采购网上批发平台，用户已经覆盖普通商品、服装、电子产品、原材料、工业部件、农产品和化工产品等多个行业的买家和卖家。1688 阿里巴巴采购批发市场可以为网络零售平台经营业务的商家，提供从本地批发商采购产品的渠道。1688 阿里巴巴网上采购批发大市场，将努力帮助工厂、品牌商、一级批发商引进大量的买家，包括十万级的淘宝网店掌柜、百万级的线下城市实体店主、千万级的现有批发市场买家，提供一系列交易工具，打造全球最大的批发大市场。

阿里巴巴为注册会员提供贸易平台和资讯收发，使企业和企业通过网络做成生意、达成交易。按照收费的不同，针对目标企业的类型不同，由高到低、从粗至精阶梯分布。阿里巴巴把贴着标有阿里巴巴品牌商标的资讯服务贩卖给各类需要这种服务的中小企业、私营业主，为目标企业提供了传统线下贸易之外的另一种全新的途径：网上贸易。阿里巴巴将拢聚的企业会员整合成一个不断扩张的庞大买卖交互网络,形成一个网上交易市场,通过向非付费、付费会员提供、出售资讯和更高端服务,赢得越来越多的企业会员注册加盟。阿里巴巴在充分调研企业需求的基础上,将商家登录汇聚的信息整合分类形成网站独具特色的栏目,使商家用户获得有效的信息和服务。

阿里巴巴 B2B 网站主要信息服务栏目包括如下七个方面:

(1) 商业机会:有 27 个行业 700 多个产品分类的商业机会供查阅,通常提供大约 50 万条供求信息。

(2) 产品展示:按产品分类陈列展示阿里巴巴会员的各类图文并茂的产品信息库。

(3) 公司全库:公司网站大全。目前已经汇聚 4 万多家公司网页。用户可以通过搜索寻找贸易伙伴,了解公司详细资讯。会员也可以免费申请自己的公司加入阿里巴巴"公司全库"中,并链接到公司全库的相关类目中,方便会员有机会了解公司全貌。

(4) 行业资讯:按各类行业分类发布最新动态信息,会员还可以分类订阅最新信息,直接通过电子邮件接收信息。

(5) 价格行情:按行业提供企业最新报价和市场价格动态信息。

(6) 以商会友:在商人俱乐部,会员可以交流行业见解,谈天说地。其中咖啡时间为会员每天提供新话题,如为会员分析如何做网上营销等。

(7) 商业服务:可以提供航运、外币转换、信用调查、保险、税务、贸易代理等咨询和服务。

上述这些栏目为用户提供了充满现代商业气息、丰富实用的信息,构成了网上交易市场的主体。另外在最近还分类开设了阿里巴巴化工网、服装网、电子网、商务服务网,进一步细分客户群体,实现精确定位,确保电子商务交易执行效率的提高。

阿里巴巴网站的盈利基本上依靠各付费会员每年缴纳的年费及广告方面的收益。目前阿里巴巴旗下有两个核心服务:一个是诚信通。针对的是经营国内贸易的中小企业、私营业主。费用 2 800 元/年,属于低端服务。另一个是中国供应商。针对的是经营国际贸易的大中型企业、有实力的小企业、私营业主。费用 6 万~12 万元/年不等,属于高端服务。除了付费的中国供应商和诚信通会员,阿里巴巴上面还活动着免费的中国商户 480 万家,海外商户 1 000 万家。从业务角度来看阿里巴巴的盈利点主要在以下四方面:①设企业站点;②网站推广;③诚信通;④贸易通。

阿里巴巴 B2B 网站的主要业务优势包括如下六个方面:①诚信安全。几百万的诚信通会员通过第三方评估认证,定期进行榜单追踪,网上企业诚信指数一目了然。②品牌资质。福布斯连续 5 年全球最佳 B2B 网站、中国最大 B2B 网站、全球电子商务领袖。③快捷方便。即使相隔千里,照样实现点对点的沟通和交易。④成本低廉。免费注册,普通会员交易不收任何费用。诚信通会员只需缴纳 2 800 元年费就可开展国内贸易,无须其他附加费用。⑤渠道广阔。阿里巴巴网络覆盖亚、欧、美,真正做到足不出户照样把产品卖到国外。通过阿里巴巴,可以结识众多志同道合的网商,共同打开财富之门。⑥海量信息。通过传统渠道无法获取的供求信息在阿里巴巴网站上都能找到。

### 4.5.2 找钢网:链接钢铁产业链的一切

找钢网(https://www.zhaogang.com)成立于 2012 年初,隶属于上海找钢网信息科技股份有限公司，现为找钢产业互联集团（ZG Group，简称"找钢集团"）。作为国内率先成立的钢铁全产业链垂直电子商务平台，找钢网以规模最大的工业品类——钢材为切入点，打造围绕工业和建筑业等产业用户的科技服务体系，以互联网、大数据为工具，为行业提供了一站式的解决方案。找钢网提供涵盖整个钢铁流通价值链的综合型服务，包括平台交易、B2B 支付、物流、供应链金融、SaaS、AI 和大数据等服务。

经过近 10 年的快速发展，找钢网已成为国内产业互联网的领军企业。找钢网的快速增长引起资本市场的广泛关注，找钢网目前已完成六轮融资，投资机构包括经纬中国、IDG 资本、华兴资本、华晟资本、雄牛资本、红杉资本、险峰长青、真格基金、京西创业、中俄投资基金、中泰证券等多家知名基金公司和国有资本投资者，累计融资金额超过 20 亿元人民币。

找钢网已建立起一个庞大且不断发展的生态系统，将钢铁贸易行业价值链上的所有参与者连接起来。截至 2021 年上半年，找钢集团业务已涵盖钢铁、电子、汽配等多个行业。其中，在钢铁板块，累计合作钢厂已超 110 家，合作大型供应商超 8 500 家，提供超过 40 多万种不同规格型号的钢材产品，日均可售库存超过 400 万吨，可满足遍布中国的 13 万多家注册用户的交易需求；在供应链服务板块，找钢集团旗下网络货运平台——胖猫物流是国内首批无车承运人平台、国内领先的重型平板车物流平台，拥有 1 700 多家优质承运商、200 多家认证仓库及 370 多家加工服务商；旗下供应链服务产品——胖猫企信累计发生额超 740 亿元，帮助 5 000 多家用户实现资金的高效周转。深耕工业行业多年，找钢集团推出的 SaaS、大数据产品也正在帮助用户轻松完成日常工作，为行业用户经营、决策提供更多助力。同时，围绕"一带一路"及国际化业务布局，找钢网已在韩国、越南、泰国、阿联酋及坦桑尼亚等国设立海外公司，积极拓展国际业务。找钢国际累计为韩国、泰国、迪拜、加纳、肯尼亚等多个国家的 1 200 多家用户提供了中国工业品代采、本地贸易及供应链服务。

找钢网从免费的撮合平台开始，现已开展自营业务。自营业务采用与钢厂合作的保值代销模式，由钢厂定价，找钢网负责销售获取佣金，由于不承担价格涨跌的风险，找钢网得以快速扩张。未来找钢网计划进入仓储、物流、加工和在线金融服务。找钢网目前每天有 1 万余家现货销售方在平台上发布现货信息，近 2 万家采购方在线搜寻现货。目前找钢网已与 70 多家钢厂合作，逐步实现全国性的销售网络。

找钢网目前自营模式和第三方平台模式都有，但是未来主攻方向是自营业务，这对于资金的需求非常高。自营交易目前的流程如下：找钢网与钢厂签订订货协议，同时和资金托盘方签订背靠背协议。资金托盘方支付货款总额的 95%，找钢网支付 5%。集港装船后，货权归属资金托盘方，运输到找钢网指定的第三方仓库。钢厂每日会根据市场和找钢网沟通一个当日销售指导价格（最终和钢厂的结算按照该指导价格）。找钢网如果能以不低于该价格销售，那么每吨可获取价差以及钢厂返利。找钢网需平衡库存周转时间（直接影响利息规模）和销售价格，追求收益最大化。下游客户全款向找钢网支付货款后，找钢网将货款全额转给托盘方，货权移交。订单全部销售完毕后，钢厂、托盘方、找钢网三方对账。钢厂将返利全部转给托盘方，托盘方扣除资金利息，余款转给找钢网。

除上述两种主要运营模式外，找钢网开放平台服务，丰富平台资源，促进优质钢贸商及有现货的钢厂入驻电商平台，其拥有库存控制权和销售权，从而与钢厂形成"联营"关系。同时还采取设库前移的业务模式，建立完善的海外钢材分销渠道，促进国产钢材的海外销售。

找钢网的发展将极大助力中国钢铁行业的转型升级，促进行业从较混乱的"批发制"变革为较先进的"零售制";找钢网建立的数据通道将有利于银行等金融机构快速、便捷、安全地支付到上游制造业和下游小微服务业;找钢网建立的跨境零售渠道将有助于钢铁等工业制造业更好和更健康地走出国门。近年来,找钢网的发展亦获得来自政府、行业组织、媒体、用户以及合作伙伴的高度关注和认可。

链接钢铁产业链的一切,提高每个环节的运营效率;让用户交易、服务、工作在找钢。只要这个星球还在使用钢铁,就需要找钢网。这是找钢网的使命与愿景。作为产业互联网的标志性企业,找钢网已经成为国内各个传统领域的产业互联网和B2B电商争相模仿的对象,在塑料、化纤、棉纺、煤炭等领域都诞生了大量的"找×网",各个传统行业产业互联网的崛起必将为中国传统经济转型升级提供强有力的支撑。

### 4.5.3 安吉物流:数字驱动的全供应链服务商

安吉物流(https://www.anji-logistics.com)的全称是上汽安吉物流股份有限公司,是上汽集团所属专业从事汽车物流业务的子公司。2000年9月,上汽安吉物流股份有限公司成立。安吉物流的配送网络覆盖全国562个城市,为国内外主要主机厂和零部件厂家及6 000家4S经销店、6 000家维修站提供智能化、一体化、网络化的汽车物流供应链服务,并为3 500家4S经销店提供质押监管服务。作为汽车智能物流技术应用的先行者、"互联网+"汽车物流模式的推动者、汽车供应链生态圈的规划和组织者,安吉物流致力于智能汽车物流供应链的建设,打造高科技物流企业新标杆。

安吉物流是科技引领、数字驱动的全供应链服务商。在20多年的发展历程中,安吉物流不断挑战自我,勇于创新,目前已经形成了整车物流、零部件物流、口岸物流、航运物流、商用车及装备物流、快运物流、海外物流、信息技术等主营业务板块。

1)整车物流

安吉整车物流通过整合物流资源和服务手段,为客户提供一体化物流解决方案。秉承"服务客户"的服务理念,安吉整车物流致力于为客户提供供应链管理整体解决方案,通过供应链整体解决方案的设计,帮助客户提高供应链运营效率,降低物流成本,使客户专注于核心竞争力的发展。通过提供个性化的供应链解决方案,安吉整车物流在汽车物流领域享有盛誉。车好运是安吉物流基于移动互联网技术开发的首款全免费手机应用产品,是为社会车辆提供高效的车辆托运的平台。

2)零部件物流

2002年6月,安吉物流成立国内首家中外合资汽车物流公司:安吉智行物流有限公司(简称"安吉智行"),其前身为上海安吉汽车零部件物流有限公司。安吉智行已拥有20多家分、子公司,为20多家整车制造厂、140多家零部件供应商、1万多家经销商、近30家非汽车客户以及分布于五大洲40多个国家的200多家零部件供应商提供可靠的物流服务。

3)口岸物流

安吉物流在上海、大连、天津、广州、南京、武汉、重庆等地构建了沿海、沿江"T"字形物流网络,是国内唯一布局沿海沿江所有重要滚装口岸的物流企业,为客户提供一体化汽车物流解决方案。未来,安吉物流将拥有24个滚装专用泊位、4 865米岸线、约400万平方米陆域面积、国内领先的智能化立体库等枢纽运作资源,年吞吐能力可达500万辆商品车。

4) 航运物流

航运物流是安吉物流的重要板块,设有两家子公司:上海安盛汽车船务有限公司和安吉航运有限公司。安吉物流运营23艘船舶,年运输整车能力超过150万辆,已在全国构建7个水路运作中心,覆盖沿海沿江各主要港口,开辟长江沿线、南北沿海等6条稳定的班轮航线,并且已开辟东南亚和北美等自营滚装国际航线。国际滚装业务范围已遍及北美、欧洲、北非、中东、东南亚等地区,形成了水运中心和核心航线为主体的江、海、洋运输网络。安吉物流为客户提供"门到门"的第三方物流服务。

5) 商用车及装备物流

安吉物流的商用车及装备物流事业部,依托和秉承安吉物流网络资源和服务理念,为国内外商用车及装备物流制造企业,提供整体供应链服务和优化方案并负责实施,实现安吉物流能力溢出。

6) 快运物流

2017年,安吉快运(上海)有限公司成立,公司坐落于上海市国家会展中心,是主要从事中大票零担业务的网络型物流供应链一体化服务公司。公司业务主要面向中小企业客户及个人,为其提供物流仓、运、配一站式物流供应链服务。

7) 海外物流

安吉海外事业部以安吉物流战略保障为目标,为上汽集团保驾护航,同时打造安吉自身的国际化网络平台。2013年,安吉物流第一家海外公司安吉日邮(泰国)有限公司正式成立;2015年安吉物流启动印尼项目、北美项目;2016年,安吉物流成立北美股份有限公司;2017年,安吉物流成立日邮普尼纳(印度尼西亚)有限公司;2017年,安吉物流成立安吉国际物流(上海)有限公司;初步搭建完成包括中国总部、亚太区、北美区在内的安吉物流海外网络平台。

8) 信息技术

安吉物流信息板块抓住新兴技术带来的创新发展机遇,围绕物流供应链信息化积极探索业务创新,形成具有行业特色的产品和解决方案,为客户的物流服务能力提升和可持续发展提供数字化动力。

### 4.5.4 怡亚通物流:一站式综合物流服务平台

深圳市怡亚通物流有限公司(http://www.logistics-ea.com)是深圳市怡亚通供应链股份有限公司全资子公司,2003年7月成立,是中国物流百强企业,总部在深圳。怡亚通物流在全国各地拥有多家全资和控股子公司,业务范围包括:运输服务、仓储服务、B2B服务、B2C服务、区域分拨服务、"最后一公里"配送服务、增值服务等,是一家以供应链为核心的一站式综合物流服务平台。

怡亚通物流经过近20年的快速发展,已在全国30多个省份建立物流干线网络,200多个城市建立500多个仓库,覆盖150万个终端,管理仓库面积达200万平方米,可控车辆10 000余台,配送范围可覆盖全国一至五线城市及乡镇,构建了"全国仓网+干线运输+终端配送"一体化物流体系,打造了中国流通行业最大的"智慧物流+互联网"服务平台。怡亚通物流的服务能力和水平已然成为国内物流服务行业的标杆。怡亚通物流以其独特的"4+1+N"服务能力,为众多行业大客户提供专业、快捷的优质服务,获得社会各界的赞誉。

怡亚通物流网点遍布全国,全国有500多个城市仓配送网络,提供包括国内仓配一体、干线运输、多级分拨、区域配送、代收货款等综合物流服务,帮助企业实现产品的高效快速流通,降低物流成本,提升企业竞争力。在北美、澳洲、东南亚以及中国香港等地布局服务网络,整合全球优质代理资源,长期致力于为跨国公司和大中型企业提供专业的国际物流、通关物流服务,帮助合作伙伴实现全球化发展需要。怡亚通物流为100余家世界500强及2 000多家国内外知名企业提供了专业的物流服务,行业覆盖电脑、家电、通信、医疗、快速品、生鲜冷链、服装等多个领域。

怡亚通物流拥有电子商务运营团队,可帮助电子商务企业进行线上运营等服务,提供仓配一体化的电子商务物流服务,运用配送门店的物流规模和经验,帮助客户提升配送效率,降低物流成本。怡亚通物流通过自建系统、第三方电商系统、电商平台三方系统对接,实现订单、仓储、分拣、配送、退换货、售后等环节全程无缝链接,快速响应订单需求。

怡亚通物流可以提供的电子商务物流服务包括:①配送物流。B2B干线配送与城市配送以及B2C电商配送服务。②销售VMI(供应商管理库存)。订单管理、分拣配送、代收货款、退换货、门店维护、门店销售数据分析、安全库存预警、自动补货通知、产品效期管理。③增值服务。销售执行、代销(线上线下渠道共享)、供应链金融。

### 4.5.5 宝供物流:供应链解决方案引领者

宝供物流是宝供物流企业集团有限公司(http://www.pgl-world.com)的简称,创建于1994年,1999年经国家工商总局批准,成为国内第一家以物流名称注册的企业集团,是我国最早运用现代物流理念为客户提供一体化物流服务的专业第三方物流企业,是目前我国最具规模、最具影响力、最领先的第三方物流企业之一,也是我国现代物流和供应链管理的开拓者和实践者,是中国物流百强企业、中国5A级物流企业。

经过20多年的开拓与发展,宝供物流已成为物流与供应链解决方案的引领者,以20多年服务全球500强企业的智慧,为广大工商企业提供供应链一体化服务,为政府提供产业供应链一体化解决方案,正形成一个以第三方物流为主体,集现代物流设施投资、供应链金融、电子商务、商品购销、国际货代、大数据服务等供应链服务功能为一体的综合集团。

宝供物流在全国130多个城市建立了分支机构,在广州、上海、北京、沈阳、苏州、成都、合肥、南京、顺德、天津、西安等全国20个中心城市投资兴建了25个大型供应链一体化服务平台,形成了覆盖全国的业务运作网络和信息网络。

宝供物流运用供应链智慧诊断分析技术、智能云仓规划技术、供应链可视化技术、供应链数据分析模型与算法,以及智慧运输管理系统、智能仓储管理系统、智能化和透明化的装备等多种供应链物流技术与先进设备,多点渗透,覆盖运营作业全流程。

宝供物流依托先进的互联网信息技术、丰富的物流服务经验和现代化管理理念,整合社会优势资源,形成覆盖全国的公路运输网络体系,为广大用户提供由方案咨询、线路规划设计到干线运输、区域配送为一体的运输解决方案和一站货巴终端交付配送服务,实现便捷、可靠、透明、高效的"门到门"一体化公路运输服务。

宝供物流依托先进的互联网信息技术、覆盖全国的现代化大型物流基地网络,以及20多年丰富的物流服务经验和现代化管理理念,为广大客户提供以方案咨询、智能仓网规划与设计、多项仓储基础、增值及延伸服务项目为一体的仓储解决方案,实现功能齐全、高效透明、绿色环保的仓储服务。

宝供物流依托先进的互联网信息技术、20多年丰富的物流服务经验和现代化管理理念，整合社会优势资源，形成覆盖全国的铁路水运网络体系，为广大客户提供方案咨询、线路规划设计、供应链一体化增值服务的铁水综合解决方案，实现安全、可靠、高效、透明的铁路/水路/多式联运运输服务。

宝供物流为广大客户提供从大数据分析、解决方案、原材料采购、产品分销、供应链金融到各种专业物流服务，同时提供供应链一体化的实体平台支撑，形成线上线下相结合的供应链生态圈，使广大工商企业（特别是实体企业）能更专注于自己的核心能力，实现业务发展更轻松、更便捷、更高效的企业价值，从而促进中国经济健康发展。

一站网是宝供物流推出的创新业务，它利用互联网技术和平台运营理念，通过整合多个运输供应商和物流企业，运用互联网平台新模式和智慧物流，在水陆空铁运输、仓储供应链上打造一站式物流服务平台，提供一站式物流解决方案，帮助企业客户降低物流成本，提高运输和生产效率。

### 4.5.6　货拉拉：互联网物流商城

货拉拉（https://www.huolala.cn）是一家互联网物流商城，2013年在深圳创立。货拉拉通过共享模式整合社会运力资源，完成海量运力储备；依托移动互联、大数据和人工智能技术，搭建"方便、科技、可靠"的货运平台；实现多种车型的即时智能调度，为个人、商户及企业提供高效的物流解决方案。截至2021年5月，货拉拉业务范围已覆盖363个中国内地城市，平均月活司机62万人，月活用户达800万。

货拉拉所提供的同城/跨城货运服务，涵盖从面包车到17.5米货车多种车型，用户一键呼叫，司机实时抢单；企业版提供月结账期、定制配送等服务；零担物流，提供直达全国、门到门的长途物流运输服务；汽车租售，满足司机和企业租车购车需求。目前货拉拉的主要业务板块包括如下七个方面：

（1）同城/跨城货运。货拉拉通过共享模式整合社会运力资源，完成海量运力储备，依托移动互联、大数据和人工智能技术，实现多种车型的即时智能调度。用户只需在货拉拉App或小程序上一键下单，系统即可匹配附近货车完成运输。同城业务主要由中小型面包车、小型厢货、小型平板、中货车等车型承接。另外，货拉拉全面开展中长途大货车业务，以满足用户使用大货车进行长中短途整车运输的需求。

（2）企业版物流。货拉拉企业版针对企业用户提供专业化物流解决方案，通过智能化管理系统为企业实现用车的集约化管理和物流诊断。货拉拉全国海量优质运力可同时满足企业的固定用车需求及临时用车需求，同时为企业提供货物保险、免息账期、统一结算、专属客服等增值服务。

（3）搬家业务。货拉拉搬家致力于成为标准化搬家服务平台，帮助用户轻松无烦忧搬家。货拉拉搬家推出"无忧搬家"业务，有多种套餐类型且价格透明，用户按需一键下单，即可享受拆装保护、全程搬运、便捷运输、专属客服等一系列专业服务。

（4）汽车租售及车后市场。货拉拉·租购车，是货拉拉旗下一站式货车服务平台，通过与五菱、长安、东风等市场主流品牌厂商合作，为有志于加入货拉拉的司机提供购车、租车双线用车方案。同时，通过与第三方金融机构合作，提供全款、零首付、以租代购等多样化购车方案，以灵活的用车机制,最大化满足司机个性需求。在为无车司机加入提供解决方案以及平台保障以外,还提供包含加油充电、车辆保养、本地生活、人车保险等丰富的车后服务,满足平台司机的多样化需求。

(5) 零担业务。货拉拉物流是一站式物流服务平台,专为个人及企业提供60千克以上货物的跨城跨省零担运输服务,2019年正式上线。平台提供在线一键下单,门到门收派服务,价格透明在线查。截至2020年7月,已开通发货城市:深圳、广州、佛山、东莞、上海、中山、无锡、杭州、苏州、常州、南京、宁波、台州、温州、金华(义乌)15城,拥有数百条直达线路,轻松通达全国。

(6) 国际物流。货六六是货拉拉旗下国际物流平台,专注于提供面向东南亚市场的大件物流服务。依托货拉拉多年扎根东南亚多国的货运市场经验,货六六为客户提供包括海运、空运、陆运、清关在内的一站式跨境物流服务。货六六以客户需求为根本,通过便捷、可追踪的全流程线上操作,客户即可享受平价、安全、专业的门到门国际物流服务。

(7) 造车项目。2021年5月,货拉拉开始启动造车项目,以实现物流链条闭环和车的"数智化",目前已开始招募新能源货车制造人才,包括新能源货车整车产品专家等。

上述对典型案例的介绍,参考了相关企业的官方网站。若要了解更多典型案例企业在电子商务和物流服务方面的最新发展动态,可以进一步访问和研究相关官方网站。

**【本章小结】**

(1) B2B电子商务是按交易双方关系分类的一种电子商务应用模式,B2B电子商务是通过互联网、外联网、内联网或者私有网络,以电子化方式在企业间进行的商务活动。这些活动可能是在企业及其供应链的成员间进行的,也可能是在企业和任何其他企业间进行的。B2B电子商务应用的显著特点包括如下四个方面:①交易对象相对固定。②交易金额相对较大。③交易内容比较广泛。④交易操作比较规范。

(2) 按照对平台控制主体的不同,B2B电子商务平台可以分为:买方控制的B2B电子商务平台、卖方控制的B2B电子商务平台、中介控制的B2B电子商务平台。按平台服务行业分类,B2B电子商务平台可以分为:垂直B2B电子商务平台、水平B2B电子商务平台、自建B2B电子商务平台、关联B2B电子商务平台。按照企业之间商务关系的不同,B2B电子商务平台可以分为:以交易为中心的B2B电子商务平台、以供需为中心的B2B电子商务平台、以协作为中心的B2B电子商务平台。按照应用发展阶段的不同,B2B电子商务平台可以分为:B2B电子商务1.0平台、B2B电子商务2.0平台、B2B电子商务3.0平台。

(3) 中国B2B电子商务的发展可以分为三个阶段:探索阶段、启动阶段和高速发展阶段。目前B2B电子商务网站主要收入来源有如下几个方面:会员费、广告费、竞价排名、增值服务、线下服务、商务合作、按询盘付费、交易服务费等。

(4) 无论哪种B2B电子商务应用,都有必要深入思考面临的一些关键问题:B2B的业务逻辑、平台的商业模式、平台的信息服务、平台的安全服务、企业的诚信评估、平台的用户要求、平台的用户体验、平台的用户激励、平台的市场推广。B2B电子商务物流一般都包括如下一些典型服务需求:采购服务需求、仓储服务需求、运输服务需求、售后服务需求、协同管理需求、互联互通需求。

(5) B2B物流在电子商务环境下也发生了一些变化,具有一些与传统商务环境下B2B物流不同的特点:①客户分布更加分散催生分布式网络化物流服务需求。②上下游企业间电子商务进一步促进供应链协同管理。③B2B电子商务物流服务客观要求企业间更多的互联互通。B2B电子商务物流也具有如下一些与B2C电子商务物流不一样的特点：①不同类别客户交易货物的差异带来物流服务运作的差异。②不同类别客户服务需求的差异带来物流服务运作的差异。③不同模式电子商务运作的差异带来物流服务运作的差异。

（6）在B2B电子商务中，订单是销售、客服和物流等重要商务活动的交点。物流服务一般是由订单驱动的，狭义的B2B电子商务物流就是从订单开始的。如何处理订单是电子商务物流服务关键的一步。订单管理是对订单生成、订单履行和订单状态等服务过程和信息数据的管理，包括：订单生成档案管理、订单履行过程管理以及订单状态跟踪管理。B2B电子商务订单管理的水平在一定程度上决定了B2B电子商务物流服务的水平。

（7）B2B电子商务应用中的双方一般都有仓储服务需求，供应方，如果是供应商，需要供货仓储服务支持；采购方，如果是零售商或分销商，也需要进货仓储服务支持。目前国内的B2B仓储服务模式一般分为三种：①中心仓模式。②前置仓模式。③分布式仓模式。不论哪种仓储模式，如果和品类结合，我们就可以发现其中的效率优化机会。

（8）在B2B电子商务应用中，只要有实体货物交易，一般总离不开运输。货物从生产地到仓库，从仓库到仓库，从配送中心到收货地，都需要运输服务。B2B电子商务运输常用主要服务模式包括如下几种：①专线运输。②零担运输。③整车运输。④配送运输。⑤网络货运。⑥邮政运输。

（9）配送是物流的一个缩影或在某小范围中物流全部活动的体现。配送中心不是等于一个仓库，配送中心主要功能是提供配送服务。配送的主要工作有：备货、储存、加工、分拣及配货、配装、配送运输、送达服务。在B2B电子商务订单配送中，一般配送路线比较稳定、单批次货量较大、计划性较强，通常需要定制化的解决方案。基于资源组织及服务内容不同，B2B配送一般可分为：纯配送、仓配一体、共同配送、平台型配送、B2B平台配送、供应链平台配送等。

**思考与练习**

1. 什么是B2B电子商务？B2B电子商务平台如何分类？
2. B2B电子商务应用以及B2B电子商务物流有何特点？
3. B2B电子商务应用一般需要思考哪些关键问题？
4. B2B电子商务网站的收入来源一般有几个方面？
5. 简述B2B电子商务典型仓储、运输与配送服务模式。
6. 调查、分析和比较两家B2B电子商务企业物流模式。
7. 区块链技术可以如何支持B2B电子商务创新与变革？

# 5 B2C 电子商务与物流管理

【本章概要】
　　这一章,首先介绍 B2C 电子商务应用的概念和内涵、平台分类、发展前景以及面临的主要问题,然后讨论 B2C 电子商务物流的典型服务需求、主要特点以及服务模式,最后讨论 B2C 电子商务与物流的典型案例。

【学习目标】
　　(1) 掌握 B2C 电子商务应用的概念和内涵。
　　(2) 掌握 B2C 电子商务平台的主要分类。
　　(3) 了解 B2C 电子商务应用的发展前景。
　　(4) 了解 B2C 电子商务面临的主要问题。
　　(5) 了解 B2C 电子商务物流的典型服务需求。
　　(6) 掌握 B2C 电子商务物流的主要特点。
　　(7) 掌握 B2C 电子商务物流的服务模式。
　　(8) 了解 B2C 电子商务与物流的典型案例。

【基本概念】
　　B2C 电子商务,电子商务物流,需求分析,服务模式,典型案例。

## 5.1　B2C 电子商务应用与发展概述

　　B2C 电子商务是按交易对象进行分类的电子商务模式之一,一般是商家借助于互联网开展在线销售活动。B2C 是目前电子商务应用最普遍、发展最快、最灵活的一种经营方式。下面首先介绍 B2C 电子商务的相关概念和内涵以及主要分类,然后讨论 B2C 电子商务发展前景和面临的主要问题。

### 5.1.1　B2C 电子商务应用的概念与内涵

　　B2C 是商家对消费者直接开展商业活动的电子商务应用模式。在 B2C 中,B 是 Business,即商家(泛指企业),2(two)则是 to 的谐音,C 是 Consumer,即消费者。
　　B2C 电子商务是按电子商务交易主体划分的一种电子商务模式,即表示商家对消费者的电子商务。B2C 电子商务具体是指通过电子化信息网络的方式实现企业或商家机构与消费者之间的各种商务活动、交易活动、金融活动和综合服务活动,是消费者利用互联网直接参与经济活动的形式。
　　B2C 电子商务是我国最早产生的互联网电子商务应用,以 8848 网上商城正式运营为标志。在今天,B2C 电子商务以完备的双向信息沟通、灵活的交易手段、快捷的物流配送、低成本高效益的运作方式等在各行各业展现了其强大的生命力。这种形式的电子商务一般以直接面向消费者开展零售业务为主,主要借助于互联网开展在线销售活动。所以,B2C 电子商务通常是零售电子商务,但是,从概念上说,零售电子商务与电子零售(电子销售)或互联网零售还是稍有一些区别。

在 B2C 电子商务中,C 是指 Consumer,即消费者。一般认为消费者是个人,但事实上,消费者也可能是若干人,或者是(作为消费者的)企业或组织。比如:团购(B2Team)是一种特殊的 B2C 应用模式,在团购中,消费者是一个 Team,一般是规定下限的若干人。

B2C 电子商务多用于商品或服务的网络零售,已经成为目前电子商务应用发展最为迅速的领域。在电子商务出现之前,商品零售主要以线下门店方式为消费者服务,B2C 电子商务为零售提供了在线服务方式。相比传统商务,B2C 电子商务可以突破空间和时间的限制,基于 B2C 电子商务的网络零售,在业务范围和消费者群体方面,显然比传统商店具有明显的竞争优势。这是许多传统零售门店受电子商务冲击的主要原因,但是这并不是电子商务本身的错,因为零售业本来就应该拥抱互联网,积极开展电子商务应用。事实上,像沃尔玛等零售业巨头,也非常重视网上销售业务。

B2C 电子商务应用可以有如下三种情况:

(1) 纯网商的 B2C 电子商务  纯网商指只通过网上销售产品的商家,纯网商的销售模式主要有自产自销和购销两种。纯网商没有线下实体店,如一些淘宝卖家。不过,近几年,也出现一些原来纯网商线下开设体验店的情况,如 2015 年 11 月,亚马逊在美国西雅图推出首家线下实体店"Amazon Books"。

(2) 传统生产企业网络直销型 B2C 电子商务  首先要从战略管理层面明确这种模式未来的定位、发展与目标。协调企业原有的线下渠道与网络平台的利益,实行差异化的销售,如网上销售所有产品系列,而传统渠道销售的产品则体现地区特色;实行差异化的价格,线下与线上的商品定价根据时间段不同设置高低。线上产品也可通过线下渠道完善售后服务。在产品设计方面,要着重考虑消费者的需求感觉。大力吸收和挖掘网络营销精英,培养电子商务运作团队,建立和完善电子商务平台。

(3) 传统零售商网络销售型 B2C 电子商务  传统零售商自建网站销售,将丰富的零售经验与电子商务有机地结合起来,有效地整合传统零售业务的供应链及物流体系,可以通过业务外包解决经营电子商务网站所需的技术问题。

B2C 电子商务与 B2B 电子商务是两大典型的电子商务应用模式。在电子商务发展过程中,B2B 电子商务的出现早于 B2C 电子商务,但是目前 B2C 电子商务发展的成熟度明显高于 B2B 电子商务。在 B2C 电子商务应用中,消费者对网上购物的认可非常重要,阿里巴巴公司的淘宝、天猫对促进中国 B2C 电子商务的发展功不可没。中国互联网普及率不断提升,网络用户(网民)规模不断扩大,是中国 B2C 电子商务迅速发展的根本原因。

## 5.1.2 B2C 电子商务平台的主要分类

企业的电子商务应用一般都离不开电子商务平台。在 B2C 电子商务应用中,电子商务平台发挥着主导作用。为了对 B2C 电子商务有一个比较系统的了解,下面从不同角度讨论 B2C 电子商务平台的分类。

1) 按照平台控制主体分类

按照平台控制主体的不同,B2C 电子商务平台一般可以分为如下两大类:

(1) 自营 B2C 电子商务平台　自营 B2C 电子商务平台是 B2C 电子商务模式中最常见的一种,也叫卖方控制的 B2C 电子商务平台。卖家发布商品信息(如产品的名称、规格、数量、价格等),吸引消费者前来购物。卖家是制造商或者零售商,即一个卖家对众多消费者。卖家控制 B2C 电子商务平台是卖家主导,偏向于为卖方服务。如京东、当当网、苏宁易购、铁路12306 等。

(2) 开放 B2C 电子商务平台　开放 B2C 电子商务平台,也叫中介控制的 B2C 电子商务平台,一般是指由卖方和消费者之外的第三方机构投资建立的网上交易市场,为卖家提供零售开店服务。如淘宝网等。目前,一些原本自营的 B2C 电子商务平台也向其他商家提供开放平台(入驻开店)服务。如京东、苏宁易购。

2) 按照平台服务特点分类

按照平台服务特点的不同,B2C 电子商务平台一般可以分为如下四种类型:

(1) 综合型 B2C 电子商务平台　综合型 B2C 电子商务平台实际上要搭建一个综合型的购物商城。综合购物平台的商品包罗万象、应有尽有,消费者在平台上浏览就有如在逛百货商店。在此平台上可以搜索到种类繁多的商品信息,消费者可以在这些供应商中自由选择合适自己的商品,也可以选择是以购买或拍卖的方式获得此商品。这种平台一般适合于有普通商品需求的消费者,且适合于需要对商品信息做基本了解的用户,他们可以对大量的同类型商品进行比较和筛选,进而做出自己最终的选择。与此同时,此类平台一般都提供了保证消费者权益的相关措施,例如 7 天无条件退换货、三包保证、正品保障、如实描述、货到付款、消费者先行赔付保障等,使得消费者在此类平台消费更放心、更有安全感。如淘宝网、京东、当当网等。

综合型 B2C 电子商务平台的主要优势:第一,平台经营的产品种类多,样式齐全,根据不同的消费者的偏好进行产品细分,迎合大多数消费者喜好和需求。第二,平台对 B2C 电子商务网站进行统一的管理,消费者可以在 B2C 网站上享受商品在线购买、在线管理、在线服务、物流配送的一站式购物服务。

(2) 垂直型 B2C 电子商务平台　垂直型 B2C 电子商务平台一般是指专门销售电脑、书籍、CD 等同类型商品的电子商务平台,这类电子商务平台不以规模取胜,而以专业性、专营商品品种齐全为其竞争优势。其特点是商品专业性强、专业信息资源丰富、专业性服务更有保证、专营商品种类齐全。一般对某类型商品有需求的消费者来到此类购物平台,可以获得最多的与自己的需求相吻合的相关专业信息,并且可以很快找到与此信息相配套的专业性服务,也可以找到很多在其他平台中找不到的特殊商品或服务。这类平台的经营范围或许还涉足其他的领域(非专业性领域),比如专营电子产品的可能会涉及一些生活必需品;专营图书的可能会涉及一些衣服鞋帽制品,但在重点经营的业务范围内,其专业性是其他平台无法比拟的。

垂直型 B2C 电子商务平台的主要优势:第一,垂直型的 B2C 电子商务的网站定位于细分市场,针对某一类需求进行商品的销售,服务于特定的顾客群体。由于精确的市场定位和目标人群的建设,吸引了众多特定消费者人群的青睐,增强了顾客黏度。第二,垂直型 B2C 电子商务平台提供针对性商品,满足消费者个性化需求,以某一特定商品为主来开展市场营销,因此对于客户关系的维护是来自产品层面的,能够大幅度加深客户对于该类商品的依赖性和信任度,达到维护客户和开拓市场的目的。

(3) 自营直销 B2C 电子商务平台　自营直销 B2C 电子商务平台，一般是指企业经由自身搭建的 B2C 电子商务平台，通过网络（不经过任何中间商）直接向消费者销售其产品或服务。这种类型的平台一般服务于两种目的的消费者：一种是忠实于该企业产品品牌的消费者，他们希望通过企业网络直销平台得到比传统渠道购买更加优惠的产品或服务；另一种是由于地域性限制无法获得，却又非常需要企业提供的产品或服务，他们希望能够通过企业网络直销平台直接满足他们的需求。

消费者通过注册成为直销平台会员，可以获得在其平台上优惠购买其产品或服务的权力。这种优惠有多种方式，比如优惠券、打折券、购买减免及二次消费优惠等。现在很多此类型的平台也提供针对会员个人的网络定制项目，使得企业会员可以通过网络直销平台获得更为个性化的产品和服务。

(4) 网络团购 B2C 电子商务平台　所谓网络团购 B2C 电子商务平台就是团购的网络组织平台，互不认识的消费者，借助互联网的"网聚人的力量"来聚集资金，加大与商家的谈判能力，以求得最优的价格。根据薄利多销、量大价优的原理，商家一般可以给出低于零售价格的团购折扣和单独购买得不到的优质服务。团购作为一种新兴的电子商务模式，通过消费者自行组团、专业团购网站组团、商家组织团购等形式，提升用户与商家的议价能力，并极大程度地获得商品让利。

通常的网络团购是为一个团队向商家采购，国际通称 B2T（Business to Team），有人认为这种电子商务模式可以称为 C2B（Consumer to Business），显然这是个认识误区。网络团购也许可以采用 C2B 模式，但是 B2T 模式的网络团购应该还是属于 B2C 电子商务应用范畴。

除了上述四种典型服务特点的 B2C 电子商务平台，随着互联网和电子商务应用的不断发展，还会出现一些新型的 B2C 电子商务平台，如社交化 B2C 电子商务平台、视频直播 B2C 电子商务平台等。

## 5.1.3　B2C 电子商务应用的经营模式

B2C 电子商务是一种典型的电子商务应用模式，是基于在线方式由商家向消费者提供服务的一种方式。B2C 电子商务的具体应用主要体现在两个方面：一是提供公共的 B2C 电子商务平台服务；二是基于电子商务 B2C 平台开展经营活动。后者一般是通过互联网或其他电子渠道针对个人或者家庭的需求销售商品或者提供服务，常常称作电子零售（e-Retail）。但是电子零售与 B2C 电子商务在概念上稍有不同，商家面向消费者的电子零售是 B2C 电子商务应用形成的一种零售业态。下面，结合电子零售业态，重点讨论几种典型的 B2C 电子商务经营模式。

1) 综合商城

网上综合商城是电子商务在线综合购物商城，一般有庞大的购物消费群体、稳定的在线购物平台、完备的支付体系以及诚信安全体系（尽管仍然有很多不足），能够有众多卖家入驻开店卖东西，并有大量买家进去买东西。如淘宝网、拼多多等。

如同传统商城一样，淘宝自己是不卖东西的，只是提供了完备的销售配套服务。人们进入综合商城的电子商务平台，就如同平时进入现实生活中的大商场一样，有很多卖家店铺销售商品。在人气足够、产品丰富、物流便捷的情况下，购物成本低、二十四小时的不夜城、无区域限制、更丰富的产品等是网上综合商城的主要优势。线下综合商城一般是以区域来划分的，每个大都市总有三五个大商城,而在互联网上,有可能会形成一家独大的局面。

2) 百货商店

所谓商店,卖家只有一个;而所谓百货,即是满足日常消费需求的丰富商品。所以,百货商店一般是指区分不同的商品部门进行管理经营的大型零售商店。百货商店通常经营服装、鞋帽、首饰、化妆品、装饰品、家电、家庭用品等众多种类商品。

网上百货商店是电子商务在线百货商店,是将现实生活中的百货商场搬到互联网上去,既实现了百货商场的服务功能,又规避了现实生活当中的百货商场的地域性缺陷。网上百货商店与传统的百货商店类似,是一个商家在互联网上开的百货商店。这种网络商店一般有自有仓库,并会库存商品,以备更快的物流配送和客户服务。这种网上百货商店甚至会有自己的品牌,就如同线下的沃尔玛、屈臣氏、百佳百货等。

3) 垂直商店

垂直商店一般专门针对某个行业来做,比如化妆品、酒、茶叶、图书等。这种商店的产品存在着更多的相似性,要么是满足于某一人群,要么是满足于某种需要。网上垂直商店是电子商务在线垂直商城,是定位于某个垂直领域的网上商店。垂直商店服务于某些特定的人群或某种特定的需求,提供有关这个领域或需求的全面产品及更专业的服务。

垂直商店在互联网上有多少?这取决于市场的细分。每一个领域,总有三五家在竞争着。而正因为有了良好的竞争格局,所以促进了服务的完善。

4) 品牌专卖店

品牌专卖店,也称品牌专营店,是指专门经营或授权经营某一主要品牌商品(制造商品牌和中间商品牌)的零售业形态。随着社会分工的细化,各个行业都有品牌专卖店,而且越来越细化。旗舰店是指某一品牌在某城市中最大且商品最为丰富齐全的营业店,或拥有最快上市速度等特点的专门店或专营店。"旗舰店"一词来自欧美大城市的品牌中心店的名称,其实就是城市中心店或地区中心店。

网上品牌专卖店就是基于互联网经营的品牌专卖店。网上品牌专卖店,与线下品牌专卖店类似,也有专营店、旗舰店和官方旗舰店之分。在网上商城开设某品牌的专卖店铺,需要有正规品牌授权书;官方旗舰店是商家以自有品牌入驻网上商城所开设的旗舰店铺。

5) 服务型网店

随着电子商务应用发展,服务型的网店越来越多。服务型网店都是基于网店为消费者提供服务的形式。除了为消费者供给快捷、方便的在线购物外,也催生了如网购砍价、网拍摄影、网店装修等一批新的服务型网店,它们以购物网站为生存根基,凭借丰富的网购经验和技巧,从中发掘新的商机。

6) 导购引擎型网站

导购引擎型网站是专门提供购物引导服务的网站。导购使购物的趣味性、便捷性大大增加,有的网站推出了购物返现,少部分网站推出了联合购物返现,这些都用来满足大部分消费者的需求。许多消费者并不是直接进入网店购物,购物前一般都会先登录一些网购导购网站。在网购行业十分火爆的今天,网络上充斥着五花八门的、质量参差不齐的商品以及诚信各异的商家,所以导购显得尤为重要,可以为消费者提供更好的网上购物环境。

上面讨论的主要是实体商品或服务的电子商务经营模式。一些数字商品,有可能采用如下一些零售经营模式:

(1) 网上订阅模式　网上订阅模式是指通过网页安排向消费者提供网上直接订阅服务,

消费者直接浏览信息的模式。这种模式主要被用来销售报纸杂志、有线电视节目等。

(2) 付费浏览模式　付费浏览模式是指通过网页安排向消费者提供计次收费性网上信息浏览和信息下载服务的模式。这种模式让消费者根据自己的需要，在网址上有选择地购买一篇文章、一章书的内容或者参考书的一页。在数据库里查询的内容也可付费获取。另外，一次性付费参与游戏娱乐，将会是一种很流行的付费浏览方式。

(3) 广告支持模式　广告支持模式是指在线服务商免费向消费者或用户提供信息在线服务，而营业活动全部用广告收入支持的模式。由于广告支持模式需要上网企业的广告收入来维持，因此，网页能否吸引大量广告是该模式能否成功的关键。而能否吸引网上广告又主要靠网站的知名度，知名度又要看该网站被访问的次数。广告网站必须对广告效果提供客观的评价和测度方法，以便公平地确定广告费用的计费方法和计费额。

(4) 网上赠予模式　网上赠予模式是一种非传统的商业运作模式，企业借助于国际互联网用户遍及全球的优势，向互联网用户赠送软件产品，以扩大企业的知名度和市场份额。企业通过让消费者使用该产品，从而让消费者下载一个新版本的软件或购买另外一个相关的软件。由于所赠送的是无形的计算机软件产品，而用户是通过国际互联网自行下载，因此，企业所投入的分拨成本很低。如果软件确有其实用价值，那么就比较容易被消费者接受。

在现实的 B2C 电子商务应用中，可能并不是仅采用一种模式，而是采用综合模式，即将各种模式结合起来。比如：Golf Web 是一家有关高尔夫球的网站。这家网站采用的就是综合模式：信息订阅服务、广告服务和商品销售。

## 5.1.4　B2C 电子商务网站的收入模式

B2C 电子商务应用一般离不开具体的 B2C 电子商务网站。接下来，重点讨论一下 B2C 电子商务网站的一些收入模式。

1) 基于产品销售的收入模式

B2C 网站的商品与服务交易的收入，是大多数企业的 B2C 电子商务网站的主要收入来源，这是目前最主要的 B2C 电子商务盈利模式之一。一般 B2C 网站的运营类型可分为平台商运营 B2C 电子商务网站和零售商运营 B2C 电子商务网站两种。

(1) 平台商运营 B2C 电子商务网站　这类 B2C 电子商务网站没有自己的产品，只为各企业商家提供 B2C 平台服务，通过收取虚拟店铺出租费、交易手续费、加盟费等来实现盈利。比如典型代表：淘宝网。B2C 网站通过为企业提供 B2C 店铺平台，收取企业加入网站平台的店铺费用，并根据企业店铺的需求提供不同的服务，收取不同的服务费和保证金。

(2) 零售商运营 B2C 电子商务网站　零售商运营 B2C 电子商务网站是零售商自建和运营的 B2C 网站，零售商在平台上销售产品，以销售产品获利为主要收入方式。这种 B2C 电子商务网站需要自行开拓采购供应商渠道，并构建完整的仓储和物流配送体系或者发展第三方物流加盟商，还要满足消费者购买产品后的物流配送服务。这种方式下，打折优惠是吸引消费者的最佳方式，价格低廉，能够吸引客户，提高点击率，使访问量持续攀升，交易也会增加。

这一类网站又可根据所销售的产品类别分为两类：

① 销售企业自有产品：通过 B2C 电子商务网站销售企业自己生产的产品或加盟厂商的产品。商品制造企业主要是通过这种模式扩大销售，从而获取更大的利润。

② 销售衍生产品：销售与本行业相关的产品，这种模式产品较齐全，但可能因为不了解

各种类型产品,造成网站编辑不专业的后果。

2) 基于网络广告的收入模式

网络广告盈利不仅是互联网经济的常规收益模式,也几乎是所有电子商务企业的主要盈利来源。网站通过免费向顾客提供产品或服务吸引足够的注意力,从而吸引广告主投放广告,通过广告盈利。B2C 电子商务网站提供弹出广告、横幅广告、漂浮广告、文字广告等多种表现形式的广告。

广告是最为重要的 B2C 电子商务网站收入来源之一,其主要作用是吸引顾客的注意力,使其进入企业 B2C 电子商务网站。相对于传统媒体来说,在 B2C 电子商务网站上投放广告的独特的优势在于:一方面,投放效率较高,投放成本与实际点击效果直接勾连;另一方面,B2C 电子商务网站可以充分利用网站自身提供的产品或服务不同来分类消费群体,对广告主的吸引力也很大。这种收入模式能否成功的关键是企业自身的 B2C 电子商务网站能否吸引大量的广告,能否吸引广大消费者的注意。

3) 基于会员费的收入模式

B2C 网站为会员提供便捷的在线加盟注册程序、实时的用户购买行为跟踪记录、准确的在线销售统计资料查询及完善的信息保障证等。会员数量在一定程度上决定了网站通过会员最终获得的收益。网站收益量主要取决于自身推广的力度。比如:网络可以适时地举办一些优惠活动,并给予收费会员更优惠的会员价,与免费会员形成差异,以吸引更多的收费会员。

4) B2C 网站的间接收入模式

B2C 电子商务网站的盈利模式,除了将自身创造的价值变为现实价值获取利润以外,还可以通过价值链其他环节的增值服务来实现盈利。

(1) 基于支付服务的收入模式 当 B2C 网上支付拥有足够的用户,就可以开始考虑通过其他方式来获取收入的问题。以淘宝为例,有近 90% 的淘宝用户通过支付,带给淘宝巨大的利润空间。淘宝不仅可以通过支付宝收取一定的交易服务费用,而且可以充分利用用户存款和支付时间差产生的巨额资金进行其他投资从而实现盈利。

(2) 基于物流服务的收入模式 B2C 电子商务的交易规模越来越大,由此产生的物流服务需求也很大。B2C 电子商务网站也可将物流服务纳为经营业务范围,网站可以获得物流服务的利润。不过,物流服务与互联网信息服务有很大的差异,B2C 电子商务网站将物流服务作为自身业务的成本非常高,需要有强大的资金投入,大多数 B2C 电子商务网站很难做到。

### 5.1.5 B2C 电子商务平台的发展趋势

随着经济的不断发展和信息技术的不断进步,互联网推动了电子商务应用的快速发展,电子商务极大改变了人们的购物方式,节约了时间成本,改变了人们的生活方式,电子商务已经成为经济发展的重要组成部分。目前,国内的 B2C 电子商务应用发展已经相对比较成熟,并且在未来一段时间内,B2C 电子商务网络购物市场潜力巨大。从总体上看,B2C 电子商务平台呈现如下 10 个方面的发展趋势:

1) B2C 平台方向:由垂直走向综合,由自营走向开放

一方面,由于对规模效应和范围经济的追逐,各大垂直 B2C 电子商务平台纷纷向综合平台演进。如:苏宁易购收购红孩子、缤购,进军图书、美妆和服装市场,上线旅游频道、酒类频道、彩票频道;当当网大力发展百货,上线当当超市、电器城,拓展服装、母婴、家居品类;聚美优

品拓展服饰内衣、鞋包配饰、居家母婴等频道。

另一方面,各大领先B2C平台通过平台开放,实现角色转型和商业价值延展。如:京东近几年借助开放平台,实现业绩迅猛增长;1号店推出一号商城;苏宁易购推出苏宁云台等。B2C电子商务平台开放拓展了多元化的盈利模式,从传统的进销差价转变为获取平台入驻费、店铺销售抽成、网站展示位置的广告收益、关键词竞价收益以及店铺增值服务费用(如仓储租赁费、物流费、数据分析工具)。

同时,通过平台开放降低自营业务带给资金投入和团队运营方面的压力,迅速延展品类,更好地向综合性平台发展,以获取范围经济,并提升用户的活跃度和黏性。

2) B2C市场拓展:新兴B2C应用需求引爆蓝海市场

我国B2C电子商务的发展,在图书、3C产品(计算机类、通信类和消费类电子产品三者的统称)及服装、洗护、家居等百货领域日益成熟,无论是平台竞争还是用户网购渗透率都已接近饱和阶段;而以农产品、生鲜、医药、本地生活服务为典型代表的民生领域,仍存在较大的发展空间,成为当前各大电商平台拓展的重点。

同时,跨境电商将是未来电商平台追逐的新风口。随着国内进口奢侈品、奶粉等消费需求的增长,海淘和代购兴起,并在政府利好政策的刺激下,进口跨境平台不断涌现,且日渐呈白热化竞争之势。跨境B2C平台包括进口跨境B2C平台和出口跨境B2C平台。

进口跨境B2C平台,包括传统综合性电商平台上线跨境业务,如天猫国际、京东海外购、走秀网、聚美极速、唯品会、顺丰海淘、苏宁海外购、1号海购等,也包括新型主体自建进口跨境B2C平台,诸如海豚村、西游列国、蜜芽宝贝等。

出口跨境B2C平台,也分为传统电商平台(eBay、亚马逊等)和自建独立出口跨境B2C平台(兰亭集势、环球易购、米兰网、全麦网等)。

3) B2C品类演进:从标品到非标品,从低价到高价,从商品到服务

从标品到非标品,体现的是用户从追求功能价值到追求情感价值的变迁。电商1.0时代,为用户习惯培养阶段,图书和3C等标品更利于降低用户的信任成本。同时,用户对标品的消费更多的是追求商品的功能价值。随着用户网购习惯的养成和消费文化的升级,用户对情感价值和文化价值的追求会逐渐引爆非标品市场,如食品、美妆、生鲜、本地生活服务等市场。

从低价到高价,体现的是用户从追求价格导向到追求价值消费的升级。用户消费能力的升级、品牌电商的崛起、线下服务的完善,共同推动了诸如奢侈品、艺术品等电商的兴起。

从商品到服务,体现的是用户从追求商品消费体验到追求线下服务体验的转变。本地生活服务类电商涵盖衣食住行(餐饮、零售、票务、旅游、出行、奢侈品等)、居家理财(房产、家居、装修、社区、汽车后市场、金融等)、结婚育子(婚庆、教育、母婴等)以及健康美业(医疗、体检、美甲、美容等)诸多领域。

4) B2C运营战略:精细化运营和价值深耕成为各大B2C平台未来的核心战略

国内电子商务发展的流量红利将逐渐消失,各类电商平台将在进一步延伸品类规模的同时,不断提升精细化运营能力,诸如仓储物流、会员管理、产品规划、精准营销、大数据分析等,以打造自身的核心竞争优势。

大数据将成为各类电商平台提升精细化运营能力的利器。大数据和商业智能,将能为B2C平台带来四大核心价值:一是实现精准营销;二是辅助产品规划决策;三是推动客户关系管理和价值挖掘;四是提升运营效率,降低运营成本,优化供应链和物流体系。如京东基于大

数据打造了C2B智能决策系统。

5) B2C线下布局：B2C平台纷纷布局线下渠道，O2O成行业大势

知名B2C平台纷纷构建O2O发展体系，实现流量入口和场景入口的整合。如天猫投资高德，与银泰网联合试水O2O；万达影城入驻支付宝钱包。天猫已实现了"四通八达"的O2O场景，实现了会员CRM和导购CRM的系统支撑。

京东2013年底与太原唐久便利店开展O2O合作，双向引流，2014年3月正式发布零售业O2O战略，计划与全国15座城市上万家便利店开展O2O合作，旨在实现五大变革——本地极速配送服务、服务和营销提升、外部流量合作、品类拓展、服务延伸。

2014年8月，腾讯、百度、万达开启抱团式O2O战略合作，将打通账号体系、会员体系、积分体系，实现数据融合、Wi-Fi共享、产品整合、流量引入等。

6) B2C移动布局：移动电商成为各大B2C平台布局的重点

移动互联网时代，随着智能手机、3G/4G网络、LBS服务的完善，以及诸如移动游戏、移动打车、手机银行等的逐渐成熟对用户移动支付习惯的培育，催生国内移动电商业务的井喷式发展。

各大主流电商平台纷纷布局移动端渠道：一方面，纷纷推出独立App，成为移动端布局的主战场；另一方面，发展移动社交和社会化营销，获取更大流量和用户黏性。阿里巴巴投资新浪微博、京东与腾讯合作，根本出发点均是如此。

7) B2C模式演化：预售和定制化，C2B模式会日渐兴起

电子商务发展已从价格导向进入价值导向阶段，且消费者从关注功能价值向关注情感价值转变，个性化需求日渐凸显，预售模式和定制化，成为未来电子商务发展的重要趋势，电子商务应用的C2B模式会日渐兴起。C2B与B2C的根本区别在于，C2B由消费者驱动，而B2C一般由商家驱动。

一方面，预售模式炙手可热。2013年4月，天猫推出天猫预售频道，吸引了诸如海尔商城之类的众多知名品牌商和渠道商入驻。天猫预售能具有快速回笼资金、洞察消费者需求、优化产品设计和规划、降低库存等多种价值。而《女神的新衣》是国内首档明星跨界时尚真人秀节目，开启了"电视+电商"模式的先河。每期有六位演艺明星围绕一个主题创意来展示不同的服装。知名品牌朗姿、茵曼等服装公司的专业买手现场竞拍，采用即看即卖的销售模式，同步快速在天猫进行产品投放，极大提升了该品牌的搜索指数和流量转化率。

另一方面，定制化生产模式成为新宠。IDX爱定客定制商城致力于C2B电子商务领域，也是全球第一家个性化开店平台，开启按需生产零库存销售模式，并拥有O2O线下体验店，最长7天即可发货，单品价格200多元。爱定客采取开放接口：无论是设计师、艺术家、摄影师、插画师，包括那些热爱创作和分享的普通人，都可以利用爱定客的接口在网络上开店。采取CPS(Cost Per Sales，即按销售付费)的分成模式。

8) B2C服务创新：领先B2C平台纷纷推出金融服务

从经营产品向经营用户转型，是各大平台的战略重心。掌控了用户流量入口的各类互联网平台，包括门户、社交、搜索、电商等，均通过对用户行为数据的沉淀和挖掘，来大力发展金融类业务，互联网金融和供应链金融愈演愈烈，已逐渐成为各类互联网平台的标配。

对B2C电商平台而言，金融类业务主要包括融资和理财两类。诸如京东、苏宁等B2C平台主要有收账款融资、订单融资、委托融资、信托计划等业务，而金银岛、生意社、钢联、易钢在线等B2B平台主要有厂商银、代采购托盘、现货抵押、仓单质押、统购分销和保理等业务。

而自从 2013 年 6 月，阿里联合天弘基金推出余额宝理财产品以来，电商平台的理财业务风起云涌。2014 年 8 月，京东推出近 40 款小银票票据理财业务。2014 年 8 月，苏宁易购上线 12 款票据理财产品，推出针对个人和企业的易付宝余额理财增值服务。

9) B2C 平台竞争：电子商务平台"马太效应"日益凸显，差异化竞争是唯一出路

B2C 电商平台已成"马太效应"格局，赢家通吃的丛林法则尽显无遗。在互联网标榜去中心化和流量碎片化的外衣下，实则是帝国的本色。

几年前，电商行业还处于跑马圈地时期，某些企业专注细分品类也获取了阶段性成功，诞生了诸如凡客、玛萨玛索、红孩子、酒仙网等诸多成功的垂直 B2C 电商平台。但近年来，随着天猫和京东不断整合市场资源，完善品类布局，使得垂直 B2C 更难自主获得流量，而居高不下的平台运营和推广成本，令其生存举步维艰。

当前垂直 B2C 的生存模式主要有三种：一是上游品牌化，比如乐淘转型做自己品牌的鞋，变成线上品牌商，以获取更高的品牌溢价，提升利润空间；二是入驻综合性电商巨头平台，获取丰富流量，如酒仙网借助天猫、京东、当当平台发展；三是平台整体出售给电商巨头，如红孩子出售给苏宁易购。总体来看，这三种模式更多是迫于竞争压力的无奈选择，而不是寻求差异化突围的主动变革和创新。

B2C 平台要打破天猫、京东寡头垄断，必须在商业模式上构建差异化策略，可能的突围方向有三个：

一是区域差异化，立足本地市场精耕细作。如淘常州立足常州本地市场，大力攻占 B2C 巨头前几年难以涉足的生鲜电商和本地生活服务领域，开创了区域电子商务的成功先河。该模式迅速被复制到南京、镇江、哈尔滨等城市。淘常州也在 2014 年获得盛大资本 1.5 亿元的融资。此外，未来四五线城市和农村市场还将有广阔的电商空间，已有部分企业通过 F2R2C 的模式抢占高地。如五星控股通过汇通达 F2R 平台，聚焦中国乡镇市场，发展万千乡镇终端，为零售端提供更低价的产品以及完善的物流仓配、金融、IT 系统服务。怡亚通大力构建深度 380 分销平台，越过所有分销商直接将商品送达超市/小卖部。惠民网发展 F2R＋B2C 模式，实现"农超对接"与"厂超对接"。

二是品类差异化，切入蓝海领域。如手礼网聚焦台湾特产，结合厦门旅游资源和机场服务做 O2O。极致蛋糕锁定蛋糕 O2O 市场，通过打造极致产品、精益供应链和粉丝经营实现业绩引爆。Roseonly 专注鲜花速配领域，通过极致产品＋符号价值＋社会化营销＋个性化定制的模式，用时不到一年，就实现单月销售额破千万和纯利润过百万的业绩。2014 年 5 月，获得 IDG 资本与 Accel 合伙公司超千万美金 B 轮融资，估值过亿美金。

三是服务差异化，基于用户思维开展内容经营和粉丝经营。如寺库网作为奢侈品寄卖平台，通过奢侈品鉴定评估中心和养护中心，为用户提供一站式的服务。同时，在线下建立体验式会所，提供会员增值服务，涵盖美容美体、养生会所、夜店酒吧、美食餐饮、马术交流、高尔夫互动、豪车俱乐部、红酒品鉴等。通过打造高端时尚圈子，提升用户体验和平台黏性，并发挥社群效应。

10) B2C 平台合作：跨平台整合流量资源成平台竞合的典型特征

一方面，当前国内 B2C 平台呈现典型的"马太效应"和二元格局，垂直类 B2C 平台流量获取的难度和成本加剧，主动寻求与寡头型 B2C 平台开展合作，提升平台知名度，获取新流量，开展全渠道运营，成为必然之选。如当当网、1 号店、唯品会、银泰网、走秀网、麦包包等纷纷入驻天猫，酒仙网、乐蜂网、手礼网、我买网、顺丰优选、优购网等纷纷拥抱京东。而对于天猫、京

东寡头型B2C平台而言,积极与品牌商、供货商、零售商及物流在内的各类第三方服务商共建生态体系,快速补强品类资源,覆盖更广阔的目标客群和细分市场,也成为未来平台发展的核心战略。

另一方面,电子商务平台投资并购也日益成为行业竞合新常态。如在电子商务领域相对弱势的百度(信息入口)和腾讯(社交入口),纷纷选择以收购来布局电商领地,获取交易入口。而投资主体则快速拓展产品和服务领域,追逐规模效应和范围经济,构建庞大帝国,打造竞争壁垒。而对被投资或被收购者而言,缺乏后续资本助力和规模效应的电商企业,也是为寻求庇护,获取资本变现的一种无奈而现实的手段。2012年9月,苏宁以6 600万美金收购母婴电商品牌"红孩子";2014年1月,阿里斥资1.7亿美元投资中信21世纪,发力医药电商和大健康领域;2014年1月,百度收购人人网旗下的糯米网全部股份,进一步完善O2O体系布局;2014年2月,腾讯战略投资大众点评网,占股20%;2014年3月,腾讯收购京东15%的股份,京东将收购腾讯B2C平台QQ网购和C2C平台拍拍网100%权益,以及易迅网少数股权,京东获取QQ及微信一级入口位置,提升移动和社交布局;2014年6月,腾讯斥资7.36亿美元收购58同城19.9%股份;2014年10月,三胞集团收购拉手网;2015年4月,58同城与赶集网正式宣布合并,58同城以现金加股票的方式获得赶集网43.2%的股份。

## 5.2　B2C电子商务物流的需求分析

在B2C电子商务应用中,物流服务至关重要。没有好的物流服务,消费者与商家的交易订单就不能及时完成交付。这一节,首先对B2C电子商务的物流服务做一个概述性讨论,然后再深入分析B2C电子商务中比较典型的物流服务需求。

### 5.2.1　B2C电子商务的物流服务概述

B2C电子商务的物流服务,从概念上说,就是B2C电子商务应用中面临的物流问题。B2C电子商务是指基于专用网络或互联网商家对消费者提供商品、服务及信息交换的电子商务应用。B2C电子商务与零售电子商务,在内涵上不完全一样,零售电子商务也可以是C2B电子商务。B2C电子商务物流服务总体上体现的还是网络零售的业务逻辑。随着互联网应用的普及,越来越多的商家通过互联网向消费者在线销售商品或服务,消费者对网络购物已经习以为常,B2C是目前消费者最熟悉的电子商务应用模式。在B2C电子商务应用中,如果涉及实物商品的在线订单交付,就必须考虑商品的仓储和配送。很显然,B2C电子商务的物流服务越来越重要。

在B2C电子商务应用中,一般需要借助物流服务来提高商品在线销售的服务质量,以便拉升B2C电子商务应用服务消费者的门槛。客观来讲,现在电子商务应用的门槛相当低,无论是产品还是营销策略都可以彼此复制。随着物流服务水平的提升,电子商务应用的门槛将会越来越高。所以,B2C电子商务应用的竞争最终要从价格竞争转向服务竞争,物流无疑将是服务竞争的主角。

B2C电子商务物流服务,就是在B2C电子商务应用中,从接收订单开始到将商品送到消费者手中并达到消费者要求为止所发生的所有服务活动。B2C电子商务的物流服务,是为B2C订单交付服务,是为B2C交易在要求的时间、要求的地点交付消费者所需要的商品服务。

B2C 电子商务物流服务，一般发生在商家与消费者之间，并且多是由商家主导。但是，在物流服务方面，有可能完全依靠商家自有物流资源进行 B2C 电子商务物流服务运作，也可能全部或部分通过第三方物流服务商进行 B2C 电子商务物流服务运作。中小型零售卖家的 B2C 电子商务物流服务主要由第三方物流服务商提供。另外，不同商业模式或业务逻辑的 B2C 电子商务应用，所需的物流服务也不一样，如京东的在线购物物流服务要比美团的餐饮外卖物流服务复杂很多。

### 5.2.2 B2C 电子商务物流的典型服务需求

B2C 电子商务物流是商家与消费者之间由互联网平台引发商品交易产生的物流活动。B2C 电子商务物流服务的目的是帮助商家完成 B2C 交易商品的订单交付，并利用物流服务建立网络零售业务的竞争优势。下面，重点讨论 B2C 电子商务物流的一些典型服务需求。

1) 订单管理需求

在 B2C 电子商务中，客户是消费者，订单是商家与消费者买卖交易的凭证，也是销售、客服和物流等重要商务活动的交点。B2C 电子商务物流就是从订单开始的，订单包含消费者网络购物的基本信息和一些基本要求（如配送方式、售后服务和开具发票要求）。如何处理订单是电子商务物流服务关键的一步，订单履行直接影响消费者的购物体验。订单管理是对订单生成、订单履行和订单状态等服务过程和信息数据的管理，包括：订单生成档案管理、订单履行过程管理以及订单状态跟踪管理。在网络购物中，消费者为购物车中的商品提交订单并按规定支付结算后（货到付款除外）即生成购物订单；B2C 订单生成有时也会伴随着合同签订（客户是单位消费者时），并在合同中对订单履行提出具体需求。订单履行包括从订单生成开始后将商品交付到消费者手中以及售后服务的所有物流服务过程。订单状态反映订单的当前状况，有待审核、待支付、备货中、待移仓、移仓在途、待出库、已出库、配送中、已收货、已退货、客户作废、系统自动作废等状态。B2C 电子商务订单管理水平直接决定了 B2C 电子商务物流服务水平。

2) 仓储服务需求

在 B2C 电子商务应用中，只要涉及实物商品配送，就离不开仓储服务，仓储服务是一个重要业务环节。传统的仓储，重点在储存而非流通，其重点在于货物的安全保存。而电子商务仓储，主要是备货和发货，本质上是"分拣中心＋临时仓储"，重点是流转效果与效率。仓储的运营效率完全取决于仓储的短板在哪里，或者是人员素质，或者是系统易用性，或者是仓库硬件（楼层、月台、柱距、门数、楼层）。除非每天的出库量永远在 500 单以下，否则最好考虑自建仓储，这其中首先面临的问题就是选址。仓库选址一般需要考虑 2 年左右的余量，简单地说，就是 2~3 年内不用换地方。

对于 B2C 电子商务应用来说，仓储效率的提高可以直接影响 B2C 企业的绩效和客户服务质量。在 B2C 电子商务应用中，为了给消费者更好的在线购物体验，通常需要缩短配送时间，这除了提高配送运输的速度以外，还需要仓储服务中心的合理布局。通常，所备货物离消费者比较近，才能配送得比较快。为了更近地服务于客户，无论是 B2B 电子商务，还是 B2C 电子商务，分布式仓储都是比较理想的选择。大型的电子商务零售企业，一般都建有多个区域仓储运营中心或区域仓库。对 B2C 电子商务应用而言，仓储服务需求决策分析，除了要考虑消费者快速响应需求以外，还要考虑电子商务物流服务成本影响因素。

3) 包装服务需求

在 B2C 电子商务应用中,实物商品的在线销售,一般都离不开包装服务。包装的功能一般包括三个方面:

(1) 保护功能　保护物品不受损伤。

(2) 便利功能　方便流通,方便消费。

(3) 销售功能　促进商品销售。包装有内包装和外包装之分。

不同的产品有不同的包装服务需求,比较高档的产品,内包装的要求会高一些;比较贵重的产品,外包装的要求也会高一些;对一些冷冻生鲜产品,还要考虑产品的冷冻保鲜要求。

在 B2C 电子商务应用中,外包装一般会被考虑比较多一些。包装服务需求,除了考虑上述包装的功能要求以外,还要充分考虑消费体验、产品特点以及包装成本等多个方面的因素。包装成本是 B2C 电子商务应用不得不考虑的重要因素,过高包装成本,会增加电子商务运营成本。另外,包装原因导致物品受损,会造成退换货,也会增加电子商务运营成本。在 B2C 电子商务应用中,出于不同的购买目的,购买者也可能有一些个性化的包装需求,如有些购买者可能会提出礼品包装需求。

4) 运输服务需求

运输是物流的一个基本功能,同时也是 B2C 电子商务企业物流活动的关键环节。B2C 电子商务应用,可以让商家把商品销售给千里之外的消费者,显然,运输服务对 B2C 电子商务物流至关重要。在 B2C 电子商务物流中,一般都希望通过运输合理化降低物流成本。

运输一般有干线运输、支线运输之分。干线运输是指运输网中起骨干作用的线路运输,按分布的区域范围划分,一般跨越省、区(市)的运输线(包括铁路线、内河航线、沿海航线、航空线以及公路线等)所完成的客货运输为干线运输。支线运输是相对于干线运输来说的,是在干线运输的基础上,对干线运输起辅助作用的运输形式。

配送运输通常是一种短距离、小批量、高频率的运输形式,它以服务为目标,以尽可能满足客户要求为优先。如果单从运输的角度看,它是对干线运输的一种补充和完善,属于末端运输、支线运输,主要由汽车运输进行,具有城市轨道货运条件的可以采用轨道运输,跨城市的地区配送可以采用铁路运输进行,或者在河道水域通过船舶进行。

在 B2C 电子商务运输过程中,货物可能是从工厂等生产地仓库直接送至消费者,也可能通过批发商、经销商或由配送中心转送至消费者手中。在 B2C 电子商务中,干线运输与配送运输都非常重要。商品从千里之外运送到消费者所在城市或地区的配送中心或配送站,需要干线运输服务,从配送中心或配送站送到消费者手中,就需要配送运输服务。

5) 配送服务需求

在 B2C 电子商务应用中,实物商品的在线销售一般都需要商家提供配送服务。配送是物流的一个缩影或在某小范围中物流全部活动的体现。在 B2C 电子商务应用中,配送是卖家在订单履行阶段为消费者提供的物流服务。买家下单后由配送中心或配送站提供的所有物流服务都可视为配送服务。

配送服务可以由卖家自营,也可以全部或部分由外包物流企业提供。中小网络零售卖家,一般全部由外包物流企业提供配送服务。配送服务一般包括如下一些基本的活动:备货、储存、配装、运输、送达、交付等。

不同商品和不同买家,对配送服务水平的要求有所不同,不同的物流服务商提供的配送服务水平不同,不同卖家对买家承诺和提供的配送服务水平也不同。一些大型品牌在线零售商可以提供送货上门(甚至个性化的)配送服务。在提供货到付款服务的 B2C 电子商务应用中，送货上门的配送员同时也负责收取商品货款。目前的 B2C 电子商务配送服务大多由一些快递公司提供。

另外，传统连锁超市开展电子商务应用，可以基于连锁超市进行配送。事实上连锁企业与网络零售企业经营比较类似，在电子商务转型方面也比较容易。通常的 B2C 电子商务应用是把商品卖给千里之外的买家，但也有的电子商务应用，如京东到家，是为当地的超市或传统商店的线上销售提供服务。京东到家配送服务一般在 1 小时内完成，甚至有的商店或超市就在消费者附近，十几分钟就可送货上门。面向本地生活服务的电子商务应用，通常需要即时配送服务。总之，B2C 配送服务决策需要考虑消费者的服务需求。

6) 信息服务需求

在电子商务应用中，相关的信息服务非常重要。买家除了关心商品质量、库存信息和价格信息之外，对物流服务的相关信息也非常关心。买家下单后，就会关心什么时候发货和什么时候到货，甚至会希望了解下单商品配送的过程信息。所以，在 B2C 电子商务配送中，物流信息服务就显得格外重要，直接影响买家购物的满意度。

为了保证 B2C 电子商务企业充分、及时了解物流配送情况，在整个配送过程中，第三方物流企业一般会利用全球定位系统、射频识别技术等对订单进行跟踪，实现与 B2C 电子商务企业的信息对接和共享。目前，很多 B2C 电子商务平台可以对 B2C 零售订单履行过程进行跟踪，并且会提供最后上门或小区配送的快递配送员的姓名和电话等相关信息。有的平台以地图方式提供订单配送过程的可视化信息服务。

7) 售后服务需求

从概念上说，售后服务就是商品销售后提供的服务。售后服务本身是零售的要求。基于电子商务的网络零售在商业逻辑上与传统零售应该是一样的。售后服务一般包括：申请退换货以及退款、申请补开发票、安装调试、故障维修等。

(1) 退换货　在网络零售中，如果消费者对商品不满意，一般是可以申请退换货的。大多数商品按规定 7 天内可以无条件退换货，退换货申请服务一般由平台提供，消费者用户提出申请，卖家(与买家沟通)确认同意后(在规定时间内卖家未确认，有的平台视为默认同意)，平台启动退换货流程。退换货物流服务，有的由平台提供上门退换货服务，有的是卖家要求买家将退换货快递到规定地点。退换货物流属于逆向物流，不同于配送物流，一般逆向物流成本比较高。如果是因商品质量退换货，一般由卖家承担退换货物流服务费用；如果不是因商品质量退换货，买家一般要承担退换货物流服务费用。退货运费险是一种运费保险，分为退货运费险(买家)和退货运费险(卖家)两个类别，交易成功后运费险将自动失效，运费险一般在 10 元至 25 元之间，根据距离和商品质量计算。

(2) 退款服务　在网络零售中，如果买家取消订单，或者消费者对商品不满意而退货，就需要平台提供退款服务。现在大多数平台都提供按照原货款支付渠道退回支付货款的服务。买家取消订单或者消费者对商品不满意而退货，一般需要卖家确认同意后(在规定时间内卖家未确认，有的平台视为默认同意)，平台启动退款流程。一些平台，为保护消费者权益，对长时间不发货的订单，也会取消订单，自动启动退款流程。

(3) 安装调试　安装调试是指为保证用户购买的设备，能按技术要求顺利安装、正确调试、可靠地启动运行，而需要技术人员到现场负责指导或直接进行安装调试的一种售后服务。如购买空调、热水器等，一般都需要上门安装调试服务。大多数安装调试服务是免费的。安装调试一般由买家收到商品后再与卖家或厂家客服约定。有的平台可以在订单生成时就与买家确定个性化的配送时间和上门安装调试服务时间。

（4）故障维修　故障维修是对已售商品出现故障需要维修提供的售后服务。并不是所有商品都需要提供故障维修服务,但是对有可能需要故障维修的商品来说,故障维修肯定是售后服务中比较重要的环节。网络零售企业应该建立比较完善的维修服务网点或网络,当然,也可以采用社会化或网络化的维修服务网点或网络为用户提供维修服务。

上面是 B2C 电子商务应用对物流服务的一些典型需求。一些商品对物流服务要求比较复杂,一些商品对物流服务要求可能比较简单。要从网络零售客户视角,对 B2C 电子商务应用中不同商品对应的物流服务做深入的分析。

## 5.3　B2C 电子商务物流的主要特点

B2C 电子商务物流是 B2C 电子商务应用中面临的物流问题。下面,将 B2C 电子商务物流分别与 B2C 传统零售物流和 B2B 电子商务物流进行比较,通过这两个不同视角来讨论 B2C 电子商务物流的主要特点。

### 5.3.1　相对于 B2C 传统零售物流的主要特点

B2C 电子商务的应用,从根本上改变了零售业的运营模式。零售可以有三种运营方式:纯线下、纯线上和线上线下相结合。传统零售物流与网络零售对应的 B2C 电子商务物流有很大的不同,如图 5-1 所示。与传统零售物流相比,网络零售对应的 B2C 电子商务物流一般具有如下 6 大特点:

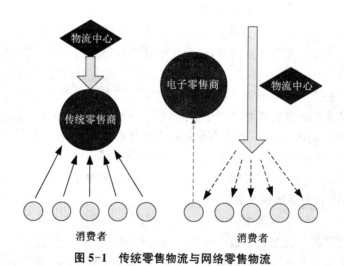

图 5-1　传统零售物流与网络零售物流

1) 分散化

任何地方的消费者在任何时间都可以在网上下订单。这是电子商务的优势,但客户地域分散化,也带来了电子商务物流服务的分散性。极度分散的物流服务要求建立分散的物流配送网络,这使得电子商务物流服务成本比较高。

2）多渠道化

B2C 电子商务零售的消费者分布比较广，有城市的，有农村的，有沿海地区的，有内地山区的，有国内的，也有国外的。所以，电子商务物流不能仅采用一种配送渠道，电子商务应用应该借用多种配送渠道，才能满足不同类别消费者的配送需求。

3）个性化

B2C 电子商务零售的消费者需求个性化不仅体现在对商品的要求上，还体现在对物流服务的要求上。由于不同送货方式的配送费用和到货时间不一样，不同网上购物客户在商品配送方式的选择上也有所不同。

4）小批量

网上商店的商品通常品种很多、总量大，但每种商品的进货量与销售量可能并不很大。在网上购物中，送货通常是小批量的。而小批量送货的成本比起大批量送货的成本无疑要高得多。

5）快速响应

B2C 电子商务零售的买家在网上订货，通常也需要卖家对订单能做出快速响应。订单快速响应是消费者很重要的网上购物体验。为了能快速响应消费者需求，电子商务物流对仓储与配送系统有很高的要求。

6）服务信息化

在电商交易中，信息管理对买卖双方越来越重要。在网上完成订货后，很多消费者都需要及时的订单状态信息，对订单执行过程跟踪管理。这就自然要求在电子商务物流运作过程中，重视对物流服务信息化管理，及时甚至实时向消费者提供物流服务动态信息，提高消费者对电子商务物流服务的满意度。

## 5.3.2 相对于 B2B 电子商务物流的主要特点

B2C 电子商务与 B2B 电子商务的根本不同在于客户类别的不同，从而带来交易行为的不同，进而导致物流服务需求的不同。B2C 电子商务物流具有如下一些与 B2B 电子商务物流不一样的特点：

1）不同类别客户交易货物的差异带来物流服务运作的差异

在 B2B 电子商务交易中，商品一般是原材料、半成品或成品，种类简单、规格相对统一。社会总体交易额大，单笔交易额较大，传输量比较大，频次比较少，在配送中容易实现规模经济；而在 B2C 电子商务交易中，商品一般是消费品，品种比较复杂。

2）不同类别客户服务需求的差异带来物流服务运作的差异

在 B2B 电子商务交易中，由于企业客户的物流个性化服务需求不明显，客户对象为企业，履约期限较长，物流业务相对集中，客户比较稳定，一般为其贸易伙伴。在 B2C 电子商务交易中，消费者客户的个性化比较明显，客户流失也比较容易。

3）不同模式电子商务运作的差异带来物流服务运作的差异

与 B2B 电子商务交易相比较而言，B2C 电子商务交易的规模比较小，所要支付的资金金额一般也比较小。B2C 电子商务物流的运作，主要依靠快递企业提供配送服务，最后一公里配送问题比较突出。

## 5.4 B2C 电子商务物流的服务模式

B2C 电子商务应用有很多种具体的模式,但 B2C 电子商务物流交付比较类似,都是要及时将商家商品送到消费者手中。在上述讨论 B2C 电子商务物流主要特点的基础上,这一节讨论 B2C 电子商务物流的服务模式。B2C 电子商务物流服务包括很多方面,这里重点讨论面向 B2C 电子商务应用的仓储服务模式、运输服务模式以及配送服务模式。

### 5.4.1 B2C 电子商务的仓储服务模式

在 B2C 电子商务应用中,如果是实物零售,不能没有仓储服务。B2C 仓储服务的目的是为了更好地为买家配送商品。传统零售的仓储服务于门店零售,门店的仓库或门店本身就被视为商品仓储中心。纯网店的线上零售一般都需要专门的线下仓库作为仓储中心。传统商店开展电子商务应用,可以与传统门店合用仓储中心,也可以另建专门的仓储中心。

B2C 电子商务仓储服务,按照发货方式,可分为统仓、总-分仓、平行仓、多级仓等模式。所谓统仓,也叫中央仓,就是所有订单统一从一个仓库发货。总-分仓,就是设置总仓库和若干分仓库。多级仓,就是设置不同级别的分仓库。分仓,又分为地区仓与平行仓两种。相对于统仓而言,分仓自然是指多个仓库同时发货。

大多数 B2C 电子商务应用采用地区仓。比如,上海仓发苏浙沪的订单,北方仓则发东三省的包裹。而平行仓,简而言之,就是哪个仓库有订单所包含的货物,订单就从哪里发,必要时甚至还要拆单多仓发货。这样可以实现高度自动化的订单处理,人工干预少,对操作人员要求低。由于统仓需要较高的管理系统,大多数 B2C 电子商务企业在经济实力和信息管理系统等方面实力不足,因此,并不是所有的 B2C 电子商务企业都能按统仓进行订单处理。

B2C 电子商务仓储服务,按照运营模式,有自营或外包两种。自营仓储服务,是指网络零售商自建或租用仓库为商品配送提供仓储服务;外包仓储服务,是指网络零售商将仓储服务外包,第三方仓储服务商为商品配送提供仓储服务。随着电子商务应用的迅速发展,目前已经出现了不少专业的电子商务第三方仓储服务商,一些电子商务平台也提供第三方仓储服务,如亚马逊。所以,中小型 B2C 电子商务零售商,多采用外包仓储服务模式;而一些大型 B2C 电子商务零售商,如京东,多采用自营仓储服务模式。

对于 B2C 电子商务应用而言,按照买家视角,最理想的仓储服务应该是分布式的,这样可以给消费者比较好的购物体验。一些大型连锁零售企业,在各个城市都有广泛分布的门店,在开展电子商务应用方面具有一般中小型零售企业没有的仓储服务优势,可以应用分布网点的仓储能力为电子商务服务。另外,对于一些纯网商,B2C 电子商务仓储服务,也可以由商品供应商负责提供。这时候,纯网店本质上是商品供应商的在线销售代理。

### 5.4.2 B2C 电子商务的运输服务模式

在 B2C 电子商务应用中,只要有实体货物交易,一般总离不开运输。货物从仓库到仓库,从配送中心到收货地,都需要运输服务。运输通常是 B2C 电子商务配送服务商提供。运输服务的运作模式有两种:自营和外包。提供运输外包服务的一般称为运输第三方服务商。在

B2C电子商务应用中,运输服务离不开运力的整合和管理。如果是公路运输,运输服务企业可以自建车队,也可租用社会运输车辆。如果是航空运输、海洋运输和铁路运输,运输服务企业一般只能租用航空运输服务、海洋运输服务和铁路运输服务,只有少数物流企业有航空运输和海洋运输能力,铁路运输服务多由铁路运输部门提供。

在B2C电子商务应用中,不同的货物交易所需要的运输服务可能会有所不同。如生鲜产品会需要冷链运输工具,跨境B2C电子商务需要国际运输服务。B2C电子商务运输服务,在运输方式上,也可分为干线运输和支线运输;在服务方式上,与B2B电子商务运输服务类似,也可分为专线运输、零担运输、整车运输和配送运输等。

在B2C电子商务应用中,大多数中小网络零售企业采用外包物流服务,对网购的小件商品,多委托快递服务商为买家提供配送服务;对网购的大件商品,多委托物流服务商为买家提供配送服务。少数大型网络零售企业,对网购的大件商品,一般有自营的物流服务。无论是第三方物流服务,还是自营物流服务,都可自营或外包运输服务。而一些大型的自营运输服务的快递服务商或电子商务零售商,可能具有自建运输能力。如顺丰和京东,都具有航空运输能力。

在B2C跨境电子商务应用中,物流问题一般比较复杂,运输服务一般涉及境内运输和境外运输。B2C跨境电子商务运输服务一般由专业跨境物流服务商整合多种形式的运输服务完成B2C跨境进出口商品的跨境运输。

### 5.4.3 B2C电子商务的配送服务模式

在B2C电子商务应用中,配送服务是非常重要的工作,配送服务的体验直接影响消费者在线购物的满意度。配送中心不等于一个仓库,配送中心的主要功能是提供配送服务。配送是物流服务的一个缩影,或者在某小范围中物流全部活动的体现。物流配送的主要工作有:备货、储存、加工、分拣及配货、配装、配送运输、送达服务。

B2C电子商务配送服务,按照运营模式,有自营和外包两种。自营配送服务,是指网络零售商自建或租用物流设施为商品配送提供服务;外包配送服务,是指网络零售商将配送服务外包,第三方配送服务商为商品配送提供配送服务。随着电子商务应用的迅速发展,目前已经出现了不少专业的电子商务第三方配送服务商,如四通一达、邮政EMS、顺丰等快递服务商。所以,中小型B2C电子商务零售商,多采用外包配送服务模式;而一些大型B2C电子商务零售商,如京东,则采用自营配送服务模式。

B2C电子商务自营配送服务,业务针对性强,配送速度快,可以为消费者带来很强的成功购物体验,可以掌握最后一公里的配送状况,及时得到顾客的反馈信息;可以掌握配送服务主导权,很好控制所涉配送服务信息,一般有比较好的客户服务体验。如京东自营购物,可以定制个性化的送货时间,提供送货上门服务。但是,自营配送服务需要自建比较强的物流服务能力,需要在物流服务设施建设方面投入比较多的资金。B2C电子商务外包配送服务,可以免去在物流服务设施建设方面的投入,让网络零售企业聚焦核心业务。但是,第三方配送服务商一般很少能够提供送货上门服务,或者服务体验比较好的快递服务,如顺丰,所需服务费用一般会比较高一些。

在B2C电子商务应用中,配送服务对买家购物体验影响比较大。同样是送货上门服务,有的只送到楼下,有的可以送到楼上。大多数快递可以送货进小区,常常让买家到不同地点取件。现在出现的专门提供快递收寄服务的社区或校园驿站,有助于提升买家的满意度。

## 5.5 B2C 电子商务与物流典型案例

前面,我们对 B2C 电子商务及其物流服务做了比较深入的讨论。在这一节,重点介绍 B2C 电子商务及其物流服务的一些典型案例。

### 5.5.1 淘宝＋天猫:影响力巨大的网购零售商圈

淘宝网(https://www.taobao.com)由阿里巴巴集团在 2003 年 5 月创立。2003 年 10 月推出第三方支付工具"支付宝",以"担保交易模式"使消费者对淘宝网上的交易产生信任。2004 年,推出"淘宝旺旺",将即时聊天工具和网络购物相联系起来。2005 年,淘宝网超越易贝、易趣,并且开始把竞争对手们远远抛在身后。2005 年 5 月,淘宝网超越日本雅虎,成为亚洲最大的网络购物平台。2005 年淘宝网成交额破 80 亿元,超越沃尔玛。2006 年,淘宝网成为亚洲最大购物网站。2007 年,淘宝网不再是一家简单的拍卖网站,而是亚洲最大的网络零售商圈。2010 年 1 月 1 日淘宝网发布全新首页,此后"聚划算"上线,然后又推出"一淘网"。2011 年 6 月 16 日,阿里巴巴集团旗下淘宝公司分拆为三个独立的公司,即沿袭原小微电商服务的淘宝网(taobao)、平台型 B2C 电子商务服务商淘宝商城(tmall)和一站式购物搜索引擎—淘网(etao)。淘宝网是小微电商服务平台,但并不是典型的 C2C 电商平台。马云认为,淘宝网的业务 97% 属于 B2C,只有 3% 属于 C2C。

淘宝网是目前中国最受欢迎的网购零售平台之一,已经拥有近 5 亿的注册用户,每天有超过 6 000 万的固定访客,同时每天的在线商品数已经超过了 8 亿件,平均每分钟售出 4.8 万件商品。随着淘宝网规模的扩大和用户数量的增加,淘宝从单一的网络集市变成拥有多种电子商务模式的综合性零售商圈,已经成为世界范围内的电子商务交易平台之一。

淘宝网致力于推动"货真价实、物美价廉、按需定制"网货的普及,帮助更多消费者享用海量且丰富的网货,获得更高生活品质;通过提供网络销售平台等基础性服务,帮助更多的企业开拓市场,建立品牌,实现产业升级;帮助更多胸怀梦想的人通过网络实现创业就业。淘宝充分运用大数据、粉丝工具、视频、社区等工具,搭台让卖家唱戏。利用优酷、微博、阿里妈妈、阿里影业等阿里生态圈的内容平台,紧密打造从内容生产到内容传播、内容消费的生态体系。根据用户的需求,除了进行中心化供给和需求匹配,并形成自运营的内容生产和消费传播机制以外,还会基于地理位置,让用户商品和服务的供给需求能够获得更好的匹配。淘宝网不仅是中国深受欢迎的网络零售平台,还是中国消费者的交流社区和全球创意商品的集中地。淘宝网在很大程度上改变了传统生产方式,也改变了人们的生活消费方式。淘宝网从淘便宜、淘方便发展到淘个性,影响着潮流的行为,揭示着潮流的趋势——淘宝网引领的淘潮流时代已然来临。

2012 年 1 月 11 日上午,淘宝商城正式宣布更名为"天猫"。"天猫"(英文:Tmall),亦称淘宝商城、天猫商城,是一个综合性购物网站。2012 年 3 月 29 日天猫发布全新 Logo 形象。2012 年 11 月 11 日,天猫借"光棍节"大赚一笔,宣称 13 小时卖了 100 亿元,创世界纪录。天猫整合数千家品牌商、生产商,为商家和消费者之间提供一站式解决方案,提供 100% 品质保证的商品,7 天无理由退换货的售后服务,以及购物积分返现等优质服务。2014 年 2 月 19 日,阿里集团宣布天猫国际正式上线，为国内消费者直供海外原装进口商品。2018年11月26日，天猫升级为"大天猫"，形成天猫事业群、天猫超市事业群、天猫进出口事业部三大板块。众多品牌在天猫开设官方旗舰店，受到了消费者的热烈欢迎。很多独立电子商务网站入驻天猫，如当当网、苏宁易购等。2020年3月10日，宜家家居(IKEA)正式入驻天猫，开设全球首个第三方平台的线上官方旗舰店。2020年1月23日，特斯拉宣布将在阿里巴巴天猫商城开店。

淘宝聚划算是阿里巴巴集团旗下的团购网站之一，淘宝聚划算是淘宝网的二级域名，该二级域名正式启用时间是在2010年9月份。淘宝聚划算依托淘宝网巨大的消费群体。2011年，淘宝聚划算启用聚划算顶级域名，官方公布的数据显示其成交金额达100亿元，帮助千万网友节省超过110亿元。

天猫国际(Tmall Global)是阿里巴巴旗下的进口零售平台，致力于为中国消费者提供全球的进口好物，同时也是帮助海外品牌直接触达中国消费者，建立品牌认知和消费者洞察的首选平台。入驻天猫国际的商家均为中国以外的公司实体，具有海外零售资质；销售的商品均原产于或销售于海外，通过国际物流经中国海关正规入关。所有天猫国际入驻商家将为其店铺配备旺旺中文咨询，并提供国内的售后服务，消费者可以像在淘宝购物一样使用支付宝买到海外进口商品。而在物流方面，天猫国际要求商家120小时内完成发货，14个工作日内到达，并保证物流信息全程可跟踪。目前共有全球87个国家和地区的29 000多个海外品牌入驻天猫国际，覆盖5 800多个品类，其中八成以上品牌首次入华。作为阿里巴巴全球化战略之一，天猫国际将和海外品牌一起，让中国消费更便利、更高品质地"买全球"，发现更多全球新趋势。

天猫超市是淘宝天猫商城全新打造的本地网上零售超市，仅限开通城市实现购买次日送达(已经开通江浙沪皖全境、广东省全省、京津冀全境、山东福建全境，江浙部分城市需延日送达)。天猫超市在线销售近万种名优商品，拥有专业的仓库物流配送，所有天猫超市商品采用统一的商品包装。天猫超市承诺实现次日送达，并将陆续推出每日三配、指定时间送达、指定日期送达等非常不错的配送服务。天猫超市上线以来，依托淘宝强大的电子商务管理系统，在系统平台、采购、仓储、配送和客户关系管理等方面大力投入，以确保优质品牌商品能够通过淘宝网络超市这一平台打造"从生产工厂到仓储中心到顾客家中"这样一个成本最低、速度最快、效率最高的流通链路，让顾客能充分享受到"网上超市"这种全新的生活购物方式所带来的实惠与方便。在供应商甄选、商品质量管理和商品入库等环节上，天猫超市的专业团队严把商品关，保障所有商品都为正品真货，并严格遵照国家三包法规，确保顾客能买到放心商品。

### 5.5.2 菜鸟网络：打造物流基础设施

菜鸟网络(https://www.cainiao.com)成立于2013年，是一家客户价值驱动的全球化产业互联网公司。2013年5月28日，阿里、顺丰、三通一达(申通、圆通、中通、韵达)等共同组建了菜鸟网络科技有限公司。菜鸟网络把物流产业的运营、场景、设施和互联网技术做深度融合，坚持数智创新、开拓增量、普惠服务和开放共赢，以科技创新为核心，为消费者和商家提供普惠优质服务，搭建领先的全球化物流网络。

2018年7月，菜鸟再次布局同城配送领域，以众包业务和其他业务资源及2.9亿美元战略投资即时物流平台点我达，成为其控股股东。2019年11月8日，阿里巴巴宣布，通过增资和购买老股的方式，投入人民币233亿元，持有菜鸟股权增加到约63%。菜鸟网络计划首期投资人民币1 000亿元，希望通过5~8年的时间，努力打造遍布全国的开放式、社会化物流基础设施,建立一张能支撑日均 300 亿元(年度约 10 万亿)网络零售额的智能骨干网络。中国智能骨干网不仅是电子商务的基础设施,更是中国未来商业的基础设施。

中国智能骨干网将应用物联网、云计算、网络金融等新技术,为各类 B2B、B2C 和 C2C 企业提供开放的服务平台,并联合网上信用体系、网上支付体系共同打造中国未来商业的三大基础设施。菜鸟网络不会从事物流,而是希望充分利用自身优势支持国内物流企业的发展,为物流行业提供更优质、高效和智能的服务。中国智能骨干网要在物流的基础上搭建一套开放、共享、社会化的基础设施平台。中国智能骨干网体系,将通过自建、共建、合作、改造等多种模式,在全中国范围内形成一套开放的社会化仓储设施网络。同时,利用先进的互联网技术,建立开放、透明、共享的数据应用平台,为电子商务企业、物流公司、仓储企业、第三方物流服务商、供应链服务商等各类企业提供优质服务,支持物流行业向高附加值领域发展和升级。最终促使建立社会化资源高效协同机制,提升中国社会化物流服务品质,打造中国未来商业基础设施。

阿里巴巴反复强调的一点是——不做自建物流,其核心目标是为电子商务企业、物流公司、仓储企业、第三方物流服务商等各类企业提供平台服务而不是自建物流或者成为物流公司。在菜鸟网络之前,阿里巴巴集团已经在电商物流上以多种方式进行尝试,比如在 2010 年初入股星晨急便等快递企业。2011 年初,其又正式推出"物流宝",通过接入第三方快递、仓储的信息,为卖家提供入库、发货、上门揽件等方面的信息调配服务。在阿里巴巴集团内部,定位于数据化分析、追踪的物流宝的代号是"天网",而涉足实体仓储投资的菜鸟网络是"地网"。2013 年 5 月 28 日,马云在深圳再次强调,阿里巴巴集团永远不做快递,菜鸟网络的"智能骨干网"建起来后,不会抢快递公司的生意。

菜鸟供应链物流骨干网络目前已形成全国仓配枢纽 7 个,配送覆盖区县 2 700 多个,次日达覆盖区县 1 600 多个,仓储数量 230 多个,仓储面积达 3 000 万平方米以上,快递网点 20 多万个,专业运输路线达 600 万多条,合作运输车辆 23 万多辆。另外,菜鸟供应链数智进化,依托阿里大数据和菜鸟数智能力,赋能商家精准预测、科学决策、链路优化,促进降库存、提周转;依托仓配网络、专业运营和数智技术,具备强大的弹配能力,满足商家高达数百倍的大促巅峰需求。2018 年 6 月,马云在 2018 全球智慧物流峰会上代表菜鸟网络宣布,未来智慧物流将实现国内 24 小时必达、国际 72 小时必达。

菜鸟物流园布局在物流作业的集中区域,承接电子商务及传统商业对物流的需求。菜鸟物流园通过集合多方合作伙伴、集合多种运输手段、集合多种作业方式、集合各类运行系统,来保证整条物流链路的高效协作及服务水平的统一。在未来,菜鸟物流园将继续深化布局,更开放、更标准、更高效,为新商业的各个参与者提供更优质的物流服务。目前,菜鸟物流园布局已覆盖 24 个城市,34 个园区项目。

目前菜鸟已经在阿里巴巴 eWTP 大战略下,于马来西亚吉隆坡、中国香港、比利时列日等地布局了 eHub 项目,以综合物流枢纽中心的形态作为集团全球化的物流支撑节点。eWTP 项目下的物流枢纽项目,旨在通过选址物流枢纽节点城市,建立区域性综合物流枢纽节点,服务全球跨境电商跨境物流需求,为实现全球 72 小时送货必达战略提供支持。eHub 类项目支持菜鸟国际及生态伙伴物流业务发展、支持电商业务发展。

### 5.5.3 京东:为用户打造极致购物体验

京东(https://www.jd.com)于 2004 年正式涉足电商领域,是专业的综合网上购物商城。

京东奉行客户为先、诚信、协作、感恩、拼搏、担当的价值观,以"技术为本,致力于更高效和可持续的世界"为使命,目标是成为全球最值得信赖的企业。京东大力发展自建物流,为用户打造极致购物体验,成为领先全球的新标杆。

2014年5月,京东在美国纳斯达克证券交易所正式挂牌上市,是中国第一个成功赴美上市的综合型电商平台。2017年初,京东全面向技术转型,迄今京东体系已经投入了近700亿元用于技术研发。2020年6月,京东在香港联交所二次上市,募集资金约345.58亿港元,用于以供应链为基础的关键技术创新,以进一步提升用户体验及提高运营效率。作为同时具备实体企业基因和属性、拥有数字技术和能力的新型实体企业,京东在各项实体业务上全面推进,并以扎实、创新的新型实体企业发展经验助力实体经济高质量发展,筑就持续增长力。京东集团定位于"以供应链为基础的技术与服务企业",目前业务已涉及零售、科技、物流、健康、保险等领域。

京东零售,坚持"以信赖为基础、以客户为中心的价值创造"的经营理念,持续创新,不断为用户和合作伙伴创造价值。京东零售集团致力于在不同的消费场景和连接终端上,通过强大的供应链、技术以及营销能力,在正确的时间、正确的地点为客户提供适合他们的产品和服务。京东零售已完成电脑数码、手机、家电、消费品、时尚、家居、生鲜、生活服务、工业品等全品类覆盖。京东零售拥有超过900万SKU(最小存货单位)的自营商品,布局了京东家电专卖店、京东电脑数码专卖店、七鲜超市、京东京车会等数以万计的线下门店;京东的供应链还连接着百万级的社区超市、菜店、药店、汽修店、鲜花店等。京东是中国消费者信赖的家电购买平台,为大中城市和乡镇市场的消费者提供丰富多元、满足各种个性化需求的高品质家电和一站式优质服务。京东手机与品牌商、运营商保持了长期紧密的合作,共同推动了5G生态发展,为消费者打造一站式购机服务体验。

京东超市目前已经成为众多知名国际快消品牌的全渠道零售商。京东超市打造的"全城购"项目拓展全渠道业务,已经成功在全国多个城市、区域建立起了完善的全品类即时消费的零售生态。全品类发展的京东生鲜通过七鲜超市、七鲜生活等业态,线上线下相结合,为消费者创造最佳体验。在高增长潜力品类中,通过构建全球时尚和奢侈品生态体系,京东时尚正成为国内外顶级品牌开拓中国市场的重要合作伙伴。京东美妆吸引了大量店铺入驻;京东运动在提供品质运动消费的同时,提供"互联网+"体育的一站式解决方案;京东居家为消费者提供高品质的家装、家具、家居日用产品及服务。

2019年11月,京东正式推出国内首个全面专注于大进口业务的消费平台——京东国际,打造可信赖的进口商品一站式消费平台。京东国际是京东集团旗下所属品牌,主营跨境进口商品业务,前身为京东的"海囤全球"与"京东全球购"。作为国内首个全面专注于大进口业务的消费平台,京东国际通过消费场景、营销生态、品质和服务、招商四大维度的全面升级,为消费者带来更加优质和丰富的进口商品购物体验,从而打造可信赖的进口商品一站式消费平台。在一般贸易进口方面,已吸引近2万个品牌入驻,SKU近千万,覆盖时尚、母婴、营养保健、个护美妆、3C、家居、进口食品、汽车用品等产品品类,这些产品来自美国、加拿大、韩国、日本、澳大利亚、新西兰、法国、德国等70多个国家和地区。京东生活服务围绕汽车、房产、文旅、拍卖、鲜花园艺、本地生活等场景,高效整合全产业链资源,为消费者提供了连接线上和线下、囊括实物和服务、覆盖日常生活各方面的丰富选择,带来"商品+服务"的一体化"京"质生活体验。

京东零售企业业务为政府、企业及事业单位提供智能化、定制化的采购管理解决方案,帮助政企客户提高采购效率,合理管控成本,目前拥有超800万活跃企业客户,是超91%在华世界500强企业的共同选择。经过多年的积累,京东零售已经成为一家典型的以技术驱动为主的零售公司。在数字化的基础上,京东零售不断推进智能化建设,并通过各项技术对外赋能,推动行业的降本增效,并打造最优的用户体验。目前,京东在C2M领域已经有了相对成熟的商业模式和开发能力,并通过C2M模式催生了众多贴合消费者需求,甚至引领消费者需求的新品类,比如游戏本、高性能轻薄本、带鱼屏等。

智能化、全渠道的履约网络能从不同场景和业态中选出成本最优、效率最高的订单生成路径和配送方案,具备代表行业先进水平的后台履约能力。京东为实体零售打造了成熟的数字化运营体系,可以帮助线下店提升选址、选品、营销等环节的效率和准确度。目前,京东零售技术研发人员的数量已经超过员工总数的1/3。京东零售打造了50余种服务项目,覆盖购物、售后、送装全链条,为消费者提供高品质的服务。京东客服始终坚持"客户为先"的服务理念,这成为京东零售的核心竞争力之一。截至2019年底,京东在过去10年已累计向客服投入超过150亿元,今后还将继续加大投入。

京东科技是京东集团旗下专注于以技术为政企客户服务的业务子集团,秉承科技引领、助力城市及产业数智化升级的使命,致力于为政府、企业、金融机构等各类客户提供全价值链的技术性产品与服务。基于人工智能、云计算、大数据、物联网等前沿科技,依托京东多年耕耘供应链的积累,京东科技是最懂产业的数智化解决方案提供商,面向不同行业提供以供应链为基础的数智化解决方案。2021年1月,京东科技在原京东数科与京东智联云基础上重组完成,融合了两大技术业务板块的综合实力,现已成为整个京东集团对外提供技术服务的核心平台,拥有丰富的产业理解力、深厚的风险管理能力、用户运营能力和企业服务能力,能面向不同行业为客户提供行业应用、产品开发与产业数字化服务。目前京东科技拥有1万多名员工,其中70%以上为研发和专业人员,并且拥有多位入选IEEE Fellow(即为IEEE会士,是IEEE最高等级会员)的科学家、50多位全球顶级科学家;同时,作为京东技术的基础研究与发展引擎,京东探索研究院在前沿理论研究和创新领域不断深耕。

截至2021年3月底,京东集团累计申请专利4 635个,在AAAI、IJCAI、CVPR、KDD、NeurIPS、ICML、ACL、ICASSP等国际顶级技术会议上共发表相关论文近350篇,并已在多项国际性学术赛事中斩获19项世界第一,与中国科技大学、美国斯坦福大学等多所国内外高校合作建立人工智能实验室,充分展开产学研一体化实践。京东NeuHub人工智能开放平台累计调用量已高达万亿次。依托京东集团整体深厚的生态平台与长期积累的技术实力,京东科技参与了多个国家级重大科研项目:2020年入选人工智能"国家队"——科技部国家人工智能开放创新平台名单,承担起建设国家"新一代智能供应链人工智能开放创新平台"的重任;牵头承担科技部国家重点研发计划项目"国家中心城市数据管控与知识萃取技术和系统应用""国家新区数字孪生系统与融合网络计算体系建设",工信部公共服务平台建设项目"面向人工智能创新应用先导区的应用场景公共服务平台建设"等多个国家级科研项目。京东云是京东集团面向企业、政府等机构的技术服务品牌。

在政府服务领域,截至2021年3月末,京东云在全国建立了50多个城市服务基地,为北京市发改委/商务局、河北省雄安新区、天津市河西区、上海市普陀区、江苏省南通市、山西省大同市、陕西省西安市、山东省济南市/滨州市、河南省鹤壁市、湖南省湘潭市等多地政府提供了智能城市数字化平台和政务数字化服务;京东以智能城市操作系统为"底座",帮助政府打通城市数据壁垒,构建数字城市生态;以市域治理现代化平台为"核心",服务于政府,提高城市治理水平,确保城市安全、稳定;以"生活方式服务业"解决方案和"AI+产业发展"解决方案为"两翼",分别服务于城市居民和企业,提高居民生活幸福感和企业生产经营效率,促进居民消费和产业发展,帮助地方政府构建智能城市,更高效地实现"善政、兴业、惠民",形成政府管理、产业发展和民生改善之间的飞轮效应和良性循环。

在金融机构服务领域,以联结产业供应链的数智化金融云为核心,京东云已为包括银行、保险、基金、信托、证券公司在内的超780家各类金融机构提供了数字化服务的综合解决方案,帮助金融机构在数字化转型中建立起符合自身特色和未来需求的云原生底层能力、数据智能能力、业务创新能力、场景拓展能力、产融结合能力、智能风控能力以及全场景营销与运营能力。其中包括为江苏农商银行提供金融级PaaS平台,助力其技术架构转型,支持业务快速发展;与华夏基金携手打造智能资管平台,促进资管数字化的深度转型等。

在企业服务领域,京东云基于全栈式云服务产品,已为1 300多家大型企业、超120万家中小微企业提供了数字化解决方案,帮助企业实现数智化转型。其中包括为中国黄金、北汽蓝谷等打造的混合云基础设施,为得益乳业打造的智慧零售,为达达快送等打造的智慧物流,为天津市河西区、陕西省西安市京彩家园、凯盈集团打造的智能社区和智能养老等多个数字化实践。

2007年,京东开始自建物流,2017年4月25日京东物流集团正式成立。京东物流是中国领先的技术驱动的供应链解决方案及物流服务商,以"技术驱动,引领全球高效流通和可持续发展"为使命,致力于成为全球最值得信赖的供应链基础设施服务商。过去的14年,京东物流建立了包含仓储网络、综合运输网络、配送网络、大件网络、冷链网络及跨境网络在内的高度协同的六大网络,具备数字化、广泛和灵活的特点,服务范围覆盖了中国几乎所有地区、城镇和人口,不仅建立了中国电商与消费者之间的信赖关系,还通过211限时达等时效产品和上门服务,重新定义了物流服务标准。在2020年,京东物流助力约90%的京东线上零售订单实现当日和次日达,客户体验持续领先行业。

截至2021年6月30日,京东物流运营约1 200个仓库,包含京东物流管理的云仓面积在内,京东物流仓储总面积约2 300万平方米。京东物流的服务产品主要包括仓配服务、快递快运服务、大件服务、冷链服务、跨境服务等,其一体化业务模式能够一站式满足所有客户供应链需求,帮助客户优化存货管理、减少运营成本、高效地重新分配内部资源,使客户专注其核心业务。2020年,京东物流为超过19万企业客户提供服务,针对快消、服装、家电、家居、3C、汽车、生鲜等多个行业的差异化需求,形成了一体化供应链解决方案。

京东物流始终重视技术创新在企业发展中的重要作用。基于5G、人工智能、大数据、云计算及物联网等底层技术,京东物流正在持续提升自身在自动化、数字化及智能决策方面的能力,不仅通过自动搬运机器人、分拣机器人、智能快递车等,在仓储、运输、分拣及配送等环节大大提升效率,还自主研发了仓储、运输及订单管理系统等,支持客户供应链的全面数字化,通过专有算法,在销售预测、商品配送规划及供应链网络优化等领域实现决策。凭借这些专有技术,京东物流已经构建了一套全面的智能物流系统,实现服务自动化、运营数字化及决策智能化。截至2020年12月31日,京东物流在全国共运营32座"亚洲一号"大型智能仓库。到2020年底,京东物流已经拥有及正在申请的技术专利和计算机软件版权超过4 400项,其中与自动化和无人技术相关的超过2 500项。

京东物流构建了协同共生的供应链网络,中国及全球各行业合作伙伴参与其中。2017年,京东物流创新推出云仓模式,将自身的管理系统、规划能力、运营标准、行业经验等用于第三方仓库,通过优化本地仓库资源,有效增加闲置仓库的利用率,让中小物流企业也能充分利用京东物流的技术、标准和品牌,提升自身的服务能力,目前京东云仓生态平台下的运营的云仓数量已超过1400个。通过与国际及当地合作伙伴的合作,截至2020年12月31日,京东物流已建立了覆盖超过220个国家及地区的国际线路,拥有32个保税仓库及海外仓库,并正在打造"双48小时"时效服务,确保商品48小时内可以从中国运送至目的地国家,在之后的48小时内,可以将商品配送至本地消费者手中。同时,京东物流着力推行战略级项目"青流计划",从"环境(Planet)""人文社会(People)"和"经济(Profits)"三个方面,协同行业和社会力量共同关注人类的可持续发展。京东物流正在全国范围内逐步将自身及第三方合作伙伴的物流车改为新能源汽车;通过与多个品牌合作,在整个供应链中推广使用可重复利用的包装;将胶带宽度由53毫米减少至45毫米,制定行业标准;并将纸箱回收计划扩大至全国范围。京东物流正坚持"体验为本、技术驱动、效率制胜"核心发展战略,携手社会各界共建全球智能供应链基础网络(GSSC),为客户提供一体化供应链解决方案,为消费者提供"有速度更有温度"的高品质物流服务。2021年5月28日,京东物流在香港联交所主板上市,股票代码为2618,每股定价40.36港元,募集资金净额241.13亿港元。

2020年12月,京东健康于香港联交所主板上市。基于"以供应链为核心、以医疗服务为抓手、数字驱动的用户全生命周期全场景的健康管理平台"的战略定位,京东健康已经基本实现完整的"互联网+医疗健康"布局,产品及服务可覆盖医药健康实物全产业链、医疗全流程、健康全场景、用户全生命周期。京东健康的业务范围涉及了医药供应链、互联网医疗、健康管理、智慧医疗等,同时还与产业链上中下游各环节的企业进行合作,以打造更加完整的大健康生态体系。

在医药供应链板块,京东健康现拥有药品、医疗器械,以及泛健康类商品的零售及批发业务,覆盖线上线下全渠道;互联网医疗板块主要围绕患者需求,开展在线挂号、在线问诊等医疗服务,并结合医药供应链优势,打造了"医+药"闭环;健康管理板块为用户提供家庭医生服务,以及包括体检、医美、齿科、基因检测、疫苗预约等在内的消费医疗服务等;"智慧医疗"板块则主要服务于医院和政府部门等合作方,向其提供基于"互联网+"技术的信息化、智慧化解决方案,促进医疗健康信息实现互通共享。

在上述业务板块中,京东健康已经成功打造了京东大药房、药京采、京东互联网医院、智慧医院等核心产品和子品牌。2020年8月,京东健康推出战略级家庭医生服务产品——"京东家医",为用户及家庭提供一系列家庭医生服务。响应"健康中国行动"的号召,京东健康将进一步利用人工智能、大数据、供应链等核心能力,为用户提供高质量的医药健康产品和科学专业的医疗健康服务,为合作伙伴提供更大的市场与发展机会。京东健康以国民健康为根本,充分整合企业资源,发挥优势能力,以用户和患者为中心,不断助力推动医疗健康事业的创新发展,提供更加易得、便捷、优质和可负担的医疗健康产品与服务,帮助人们享受更有品质的健康美好生活,致力于成为"全民首席健康管家"。

京东到家是达达集团旗下中国最大的本地即时零售平台之一。依托达达快送的全国即时配送网络平台,沃尔玛、永辉超市、华润万家等超过10万家线下门店已入驻平台,涵盖超市便利、生鲜果蔬、医药健康、3C家电、鲜花绿植、蛋糕美食、服饰运动、家居建材、个护美妆等多个零售业态。同时,京东到家致力于提供全面完善的数字化整体解决方案和系统化工具,优化运营、销售、履约效率,助力零售商和品牌商的全渠道数字化转型。依托达达海博中台,助力零售商实现履约、商品、用户、营销等领域的全渠道一体化管理。京东到家致力于为品牌商打造全面的数字化营销解决方案,助力伊利、蒙牛、宝洁、联合利华、玛氏箭牌、雀巢等品牌实现对全链路营销的数字化追踪与管理。2020年7月,根据艾瑞咨询的报告,京东到家在中国本地零售商超O2O平台行业市场份额中位居第一。

通过"人"群运营、"货"品创新和"场"域联动的营销创新举措,京东到家构建起一套闭环品牌营销生态系统。这套生态系统涵盖营销驱动、用户沉淀、销量引擎等各环节,助力品牌商在不同的场景下对用户实现精准触达,即时转化,不断提升品牌营销爆发力。对于品牌商来说,以京东到家为代表的即时零售平台,有效实现了将线上流量导流至线下门店,将原本割裂的线上线下两套营销体系打通融合,带动线下门店的销售,为O2O渠道带来新的营销增长引擎,而这是传统电商平台触达不到的。此外,新的流量导入,京东到家也能够助力品牌商触达传统线下渠道相对缺失的年轻客群,通过社群等承接,还可沉淀为商家、品牌的私域流量和数字用户资产。

京喜(曾用名:京东拼购)是京东集团旗下的特价购物平台,是以全面升级的拼购业务为核心,以微信为主要载体,基于包括微信、手Q两大亿级平台在内的六大移动端渠道打造的全域购物平台。京喜是基于京东商家,利用拼购营销工具,通过拼购价及社交玩法,刺激用户多级分享裂变,实现商家低成本引流及用户转化的一个工具,主打"省出新生活"概念。2019年9月19日,京东拼购App更名为"京喜",并正式开业。京喜通过高质价比的好货及社交玩法,刺激用户多级分享裂变,赋能商家低成本引流及用户转化,为用户提供"省出新生活"的社交购物新体验。

2018年12月20日,京东与南通市政府签署战略合作框架协议,将把南通机场打造为京东物流全球航空货运枢纽。京东航空注册资本为6亿元,由宿迁京东展锐企业管理有限公司和南通机场集团有限公司合资成立。其中宿迁京东展锐企业管理有限公司现金出资人民币4.5亿元,占75%;南通机场集团有限公司现金出资人民币1.5亿元,占25%。京东航空将主营国内(含港澳台)、国际航空货邮运输业务,以南通兴东国际机场为主基地。京东航空落地后,京东将拥有独立航空运输能力,在支援疫情防控、保障社会民生、物流时效等方面的优势将进一步彰显。京东南通机场规划为全球航空货运枢纽项目,是京东集团全球智能供应链基础网络布局的重要内容,也有智能物流分拣中心、航空物流临空产业园等配套设施。

### 5.5.4 顺丰速运:快递物流综合服务商

1993年,顺丰速运(https://www.sf-express.com)诞生于广东顺德。顺丰速运是国内的快递物流综合服务商、全球第四大快递公司,总部位于深圳。经过多年发展,顺丰已具有为客户提供一体化综合物流解决方案的能力,不仅提供配送端的物流服务,还延伸至价值链前端的产、供、销、配等环节。顺丰从消费者需求出发,以数据为牵引,利用大数据分析和云计算技术,为客户提供仓储管理、销售预测、大数据分析、金融管理等一揽子解决方案。顺丰还是一家具有网络规模优势的智能物流运营商。经过多年的潜心经营和前瞻性的战略布局,顺丰已形成拥有"天网+地网+信息网"三网合一,可覆盖国内外的综合物流服务网络,其直营网络既是国内同行中网络控制力强、稳定性高的,也是独特稀缺的综合性物流网络体系。

顺丰采用直营的经营模式,由总部对各分支机构实施统一经营、统一管理,保障了网络整体运营质量,是A股首家采用直营模式的快递公司。2019年9月23日,被教育部等四部门确定为首批全国职业教育教师企业实践基地。2019年12月,顺丰速运入选2019中国品牌强国盛典榜样100品牌。顺丰的物流产品主要包含：时效快递、经济快递、同城配送、仓储服务、国际快递等多种快递服务，以零担为核心的重货快运等快运服务，以及为生鲜、食品和医药领域的客户提供冷链运输服务。此外，顺丰还提供保价、代收货款等增值服务。

作为国内快递行业中首家拥有自有全货机的公司，截至2018年12月31日，顺丰拥有66架全货机，9个枢纽级中转场，49个航空、铁路站点，143个片区中转场，330个集散点。2019年"双11"期间，顺丰国内外运力继续提升，整体快件消化能力约达到平日的2倍，自有航空网、快递网、同城网将与高铁网形成"四大网络"高效融合。航空运力方面，顺丰波音747-400ERF全货机已正式入列顺丰机队，在运营的自有全货机达57架。高铁运力方面，顺丰计划"双11"期间新增111条高铁线路，每条线路约可新增1.5吨运能。

冷运业务覆盖食品行业生产、电商、经销、零售等多个领域，为客户提供定制化包装，通过高蓄能冷媒温控技术，仓储温度、湿度异常预警监测系统，GROUND陆运资源交易平台衔接车辆GPS全球定位及车载温控实时监测系统，与顺丰冷链网络无缝对接，提供专业、高效的运输服务。

利用航空、陆运、仓储等资源优势，顺丰医药整合顺丰现有网点及末端配送资源，为医药行业提供专业高效、安全可靠的医药供应链解决方案。其自有的GSP验证合格的医药冷藏车均配备完善的物流信息系统以及自主研发的PLSS全程可视化监控平台，让医药流通过程可视、全程可追溯。2021年8月30日，顺丰医药宣布，运输新冠疫苗突破3亿剂。

自2015年顺丰正式推出重货运输产品以来，依托强大的网络布局能力，不断打造和完善重货网络，满足更多客户需求。2018年3月，顺丰控股收购广东新邦物流有限公司业务，并建立"顺心捷达"快运业务独立品牌。

顺丰仓储是以硬件设备研发、人工智能技术应用为基础、业务规划设计为核心、数字化仓储运营为保障的智能仓储体系，依托专业的运营管理水平、先进的系统管理能力、完善的仓配一体化网络，为客户提供专业、高质量的服务。

自2010年开展国际业务以来，顺丰为国内外制造企业、贸易企业、跨境电商以及消费者提供便捷可靠的国际快递服务与客制化物流解决方案，以及一体化的进出口解决方案，旨在帮助中国优秀企业/商品"走出去"，亦将海外优质企业/商品"引进来"。

顺丰的同城业务以品质商户为目标，优先打通中高端餐饮、生鲜的F2R2C全链路，逐步拓展至服装、医药等领域，提供仓到店到C端的一站式解决方案。持续搭建和完善以服务餐饮和生鲜为主的生态圈闭环，满足从商城开源到即时物流配送全链条业务场景，支持多行业、多业态的同城服务场景。

顺丰的产业园服务构建智慧物流、科技创新、互联网电商、金融、大数据等综合服务体系，打造创新、协同发展的服务型园区，使园区成为承载顺丰服务、联系当地客户和市场与当地政府沟通合作的窗口和纽带。

顺丰金融服务成立于2011年，立足于顺丰供应链综合业务的发展愿景，承载着构建顺丰新金融版图的使命；依托于顺丰20多年高速发展所积累的大数据资源，打造专业的风控体系，构筑开放共享的金融生态，驱动产业链金融服务的深化，提供具有顺丰特色的安全、便捷、可靠的综合金融服务。

顺丰优选是顺丰旗下全球美食App及线下门店，以"优选城市生活"为品牌理念，依托多渠道服务，触达并满足中高端消费群体日常三餐生活所需，致力于为国民打造"健康、营养、便捷"的城市生活方式。

覆盖国内外的快递网络,加之在智慧信息网方面的一贯重视和投入,最终使顺丰形成了"天网+地网+信息网"三网合一的综合性物流服务网络,其独特性、稀缺性进一步巩固和扩大顺丰在行业内的领先优势。

2009年,顺丰航空成为我国首家民营货运航空公司,现今已发展为国内全货机数量最多的货运航空公司,拥有"全货机+散航+无人机"互为补充的天网体系。无论是全货机数量、航线数还是运输能力均在业内保持领先。经过多年发展,依托于终端网点、中转分拨网络、运输队伍、配送队伍、客服团队等资源,顺丰已建成覆盖全国的快递网络,并向全球主要国家拓展。通过密集干支线的布局,多种吨位的营运车辆,以及与高铁资源的合作,丰富陆运网络。仓储网络覆盖全国,为电商、食品冷运、医药冷运等多行业提供全场景的仓配一体化服务。

顺丰一向重视并积极投入建设各项智慧物流设施,涵盖大数据及区块链、AI智能决策、智慧物流地图、自动分拣设备、智能硬件、物流无人机、数字化仓储、智慧包装、信息安全等多个方面。截至2018年底,顺丰已获得及申报中的专利共有1 645项,软件著作权649个。在国内快递行业专利申请量排名第一,专利覆盖无人机、智能分拣、大数据运用、智慧物流网络建设、自动驾驶、包装保鲜技术等物流核心、突破性领域,技术的应用和突破强力推动了对应物流环节中的运营优势。

顺丰通过大数据、区块链、人工智能、机器学习、智能设备等的综合应用,自主研发了一套完整的智慧网平台,包括顺丰物流各项核心营运系统、顺丰地图平台、大数据平台、信息安全平台、智能运维管理平台等,打造智慧化的坚实底盘,驱动业务决策,助力智慧物流升级。顺丰致力成为基于顺丰DNA,以数据和科技驱动,为企业重塑供应链、提供多场景产品化的综合解决方案提供商。为不同行业提供供应链在执行管理、战术计划及优化和战略规划三个层面的服务。

### 5.5.5 EMS:邮政的快递物流服务

特快邮递服务(或:特快专递/快捷邮件,英文:Express Mail Service,简称EMS)是由万国邮政联盟(UPU)邮政部成员提供的一种国际特快邮政服务,由消费者付出较贵的费用以获得快速的邮政传递服务,常应用于必须快速发送的重要信函或邮件。EMS中文是特快邮递服务,是收费名称的一种,是固有名词,不能分开解读,不能解释为特别快的邮递服务。EMS分为航空和陆运两种,邮递方式多样,方便快捷。

2010年6月,经国务院批准,由中国邮政集团联合各省邮政公司共同发起设立中国邮政速递物流股份有限公司(简称"中国邮政速递物流")。中国邮政速递物流股份有限公司是中国经营历史最悠久、规模最大、网络覆盖范围最广、业务品种最丰富的快递物流综合服务提供商。中国邮政速递物流在国内31个省(自治区、直辖市)设立全资子公司,并拥有邮政货运航空公司、中邮物流有限责任公司等子公司。公司注册资本80亿元,资产规模超过210亿元,员工近10万人,业务范围遍及全国31个省(自治区、直辖市)的所有市县乡(镇),通达全球200余个国家和地区,营业网点超过4.5万个。中国邮政速递物流的主要经营业务包括:国内速递、国际速递、合同物流、快货等。国内、国际速递服务涵盖卓越、标准和经济不同时限水平和代收货款等增值服务,合同物流涵盖仓储、运输等供应链全过程。

国内特快专递(EMS)业务作为中国邮政速递物流的精品业务,以高速度、高质量为用户传递国内紧急文件资料及物品,同时提供多种形式的邮件跟踪查询服务。国内已有近2 000

个市、县开办了此项业务。该业务可办理异地特快专递业务和同城特快专递业务。价格并没有调整,还是和以前一样。航空 EMS 时效为大城市次日到达,乡村或偏远城市为 2 日到达,偏远城市的乡村为 3 日到达,快递单右上角标有"国内标准快递"字样(本省内也有国内标准快递,但非航空)。"次晨达"业务是中国邮政速递物流充分发挥"全夜航"航空自有运输能力的网络优势,对资源进行整合推出的高品质业务。次晨达业务包含"区域次晨达"和"跨区域次晨达"。陆运 EMS 时效为邻省城市 2 日到达,偏远城市 4 日到达,一般城市 3 日到达,乡村在上述时间上晚 1~2 天到达,快递单上的右上角标有"国内经济快递"字样。

经济快递主要定位国内物品类市场,主要服务对象为批量交寄、价值相对较高、对安全及信息反馈和综合性价比要求较高的大综客户,如网上购物、电视购物、电子通信产品生产厂家或销售商等。2013 年起 EMS 只派送城市或部分县城,乡镇或偏远县城不到。经济快递主要是针对快速增长的电子商务市场,具体包括:适合寄递的服装、鞋及箱包、饰品及手表眼镜、化妆品、户外运动、数码产品、小型家用电器、居家生活用品、食品及保健品、母婴用品、汽车装饰、图书音像乐器等行业。经济快递服务对象包括:在电子商务平台销售产品,并在电子商务平台发起"使用经济快递"电子订单的零散客户,在电子商务平台销售产品且具有一定规模的协议客户,以及批量商业客户。业务开办范围为全国多数的地级城市及相应的县级城市,服务时限为 3~6 天,部分偏远市县的运递时限略有延后。

国内快递包裹业务是指在全国范围内开办的以陆路运输为主的一项包裹寄递业务,主要面向居民及各类企业的包裹快速寄递市场。国内特快专递代收货款业务,是中国邮政速递物流推出的一项速递延伸服务,为各类邮购公司、电子商务公司、电视直销企业、商贸企业、金融机构等企业提供快速传递实物、代收货款或其他款项并代为统一结算的综合服务。代收货款业务将消费者和销售企业的购销风险降到最低点,让消费者足不出户就可放心订购到本地、异地、国内、国外的商品。目前,中国邮政速递物流已成功地为橡果国际、麦考林邮购、贵州家有购物、汇丰银行、渣打银行、中视购物、安徽家家购物等 5 000 余家公司提供了代收货款服务。

国内特快专递收件人付费业务是指寄递国内特快专递邮件时,寄件人不需交纳邮费,而由收件人支付相关费用的一种特殊服务。截至 2010 年,开办有国内特快专递收件人集中付费业务、国内特快专递第三方付费业务、国内特快专递收件人付费业务三种。国内特快专递收件人集中付费、国内特快专递第三方付费业务主要面向总部型客户,收件人(即付费方)单一,多点出口,一点结算。国内特快专递收件人付费业务主要面向普通客户,一点对多点,多点对多点,现金结算。

国际及中国港澳台特快专递是中国邮政速递物流与各国(地区)邮政合作开办的中国大陆与港澳台地区,以及其他国家间寄递特快专递邮件的一项服务,可为用户快速传递国际紧急信函、文件资料、金融票据、商品货样等各类文件资料和物品,同时提供多种形式的邮件跟踪查询服务。该业务在各国(地区)邮政、海关、航空等部门均享有优先处理权。中速国际快件(以下简称"中速快件")英文是 China International Express。中速快件业务是指中国邮政速递物流与非邮政公司合作办理的国际快件业务。在收寄规格、业务处理、通关方式以及运递渠道等方面与国际及中国台港澳特快专递有所不同。中速快件通达 200 多个国家和地区。中速快件根据质量、运递时限和服务方式的不同分为标准快件、经济快件、航空邮件以及增值服务(收件人付费、代垫关税等)。

国际特快专递收件人付费业务简称"国际特快到付业务"。其特点是传递国际特快专递邮件所需的各种费用(如邮资、清关费等)由收件人支付,而非由寄件人直接支付。寄件人在交寄邮件时需填写一份"信用保证单",承诺在遇有收件人拒收邮件或拒付费用等情况时,寄件人承担全部邮寄费用及所产生的一切相关费用。国际特快到付业务的收费标准与国际特快专递邮件的收费标准相同。

EMS留学速递是中国邮政速递物流推出的新型国际EMS文件类速递产品品牌,主要为有志于出国留学的人员、留学中介机构、留学培训机构、高校国际交流中心等向境外院校寄递留学申请材料而提供的EMS速递服务。开办范围是全国所有设有高等专科学校以上院校的地市级城市。

国际电子商务(国际e邮宝)是中国邮政速递物流为适应国际轻小件物品寄递的需要而推出的经济型速递产品。现行国际及中国台港澳包裹业务主要分为航空包裹、空运水陆路(SAL)包裹、水陆路包裹三种基本业务类型。用户既可以到邮政营业窗口办理业务,也可以通过邮政速递揽收交寄。航空包裹是指利用航空邮路优先发运的包裹业务;空运水陆路包裹是指利用国际航班剩余运力运输,在原寄国和寄达国国内按水陆路邮件处理的包裹;水陆路包裹是指全部运输过程利用火车、汽车、轮船等交通工具发运的包裹。此外,为适应我国与周边国家和地区间边贸市场发展的需要,在部分设有边境口岸的省(区)与邻近国家的地区邮政间开办边境包裹业务。边境包裹业务是以双边协商的方式开办的特定处理方式、结算价格和服务标准的区域性包裹业务。

国内特快专递礼仪业务是中国邮政速递物流为满足广大人民群众日益增长的礼仪文化需求,将特快专递业务网络和现代礼仪服务有机结合,以专人、专车的方式,提供鲜花、礼品等礼仪专递服务以及为会议、庆典等提供策划、创意等系列礼仪服务。客户不仅可以办理同城特快专递礼仪业务,也可办理异地特快专递礼仪业务。通过此项服务,客户就可以随时随地,为身在远方异地的亲人、朋友及时送上一份可心的礼品和温馨的祝福。"思乡月"是中国邮政速递物流在中秋佳节期间推出的以"明月寄相思,千里送真情"为主题,为广大客户提供的多种国内知名品牌的月饼选购、寄递"一站式"速递配送服务。

国际(出口)速递鲜花礼仪业务是中国邮政速递物流为满足社会各界对国际礼仪服务的需求,拓宽对外礼仪渠道,向国内社会各界推出的一项国际礼仪业务。国际(出口)速递鲜花礼仪业务的产品分为国际标准鲜花和国际定制鲜花两种。国际(出口)速递鲜花礼仪业务通达180个国家和地区,鲜花礼品700余种。该业务已在全国193个城市开办。

合同物流是基于中国邮政速递物流覆盖全国的航空、陆运网络,丰富的仓储配送服务经验,先进的信息技术平台,完善的品质保障体系和持续改进的措施,提供基于供应链的综合物流解决方案。在高科技、快速消费品、汽车、医药、服装、零售等行业,可以帮助客户规划整体物流解决方案,提高客户原材料入厂物流、销售物流、售后服务物流、销售支持性物流的运作效率。通过中国邮政速递物流的国际货代平台,在中国的主要海运、空运、陆运进出口口岸为中速专线、中邮国际货运代理产品提供商业通关服务和全球货代网络,并提供保税物流等增值服务。

国内特快专递时限承诺服务是指中国邮政速递物流对纳入承诺范围城市间互寄的特快专递标准型邮件,向客户承诺全程时限;对超过承诺时限的邮件,用户可以要求退还已支付的邮件资费。这是中国邮政速递物流推出的一项兼具时效性和稳定性的高品质速递服务。

国际特快专递承诺服务的范围:澳大利亚、日本、韩国、美国、英国、西班牙、法国、新加坡等。承诺范围覆盖通达国家和地区全境。

中国邮政速递物流有限公司的主要优势包括如下8个方面:

(1) EMS拥有首屈一指的航空和陆路运输网络。依托中国邮政航空公司,建立了以上海为集散中心的全夜航航空集散网,现有专用速递揽收、投递车辆20 000余部。覆盖最广的网络体系为EMS实现国内300多个城市间次晨达、次日递提供了有力的支撑。

(2) EMS具有高效发达的邮件处理中心。全国共有200多个处理中心,其中北京、上海和广州处理中心分别达到30 000平方米、20 000余平方米和37 000平方米,同时,各处理中心配备了先进的自动分拣设备。

(3) EMS具备领先的信息处理能力。建立了以国内300多个城市为核心的信息处理平台,与万国邮政联盟查询系统链接,可实现EMS邮件的全球跟踪查询。建立了网站、短信、客服电话三位一体的实时信息查询系统。

(4) EMS一贯秉承"全心、全速、全球"的核心服务理念,为客户提供快捷、可靠的门到门速递服务,最大限度地满足客户和社会的多层次需求。

(5) EMS业务在各国(地区)邮政、海关、航空等部门均享有优先处理权,清关率极高。它以高速度、高质量为用户传递国际紧急信函、文件资料、金融票据、商品货样等各类文件资料和物品,同时提供多种形式的邮件跟踪查询服务。中国邮政国际特快专递业务已与世界上200多个国家和地区建立了业务关系。

(6) EMS业务不收取退件费用。如果邮件在国外遇到特殊的情况需要退回的,EMS将会提供退件退回服务,并且不收取任何的退件费用。

(7) EMS提供邮件的保价服务,让邮件更加具有保障。如果邮件丢失或者完全损毁,EMS会按如下计算方式给予最高赔付:500元/件+60元/kg。

(8) EMS提供及时的追踪查询服务。EMS邮件提供当日上网、当日查询的服务,可以及时追踪邮件的邮递情况。

上述对典型案例的介绍,参考了相关企业的官方网站。若要了解更多典型案例企业在电子商务和物流服务方面的最新发展动态,可以进一步访问和研究相关官方网站。

【本章小结】

(1) B2C是商家对消费者直接开展商业活动的电子商务应用模式。在B2C中,B是Business,即商家(泛指企业),2(two)则是to的谐音,C是Consumer,即消费者。一般认为消费者是个人,但事实上,消费者也可能是若干人,或者是(作为消费者的)企业或组织。在B2C电子商务应用中,消费者对网上购物的认可非常重要。阿里巴巴公司的淘宝、天猫对促进中国B2C电子商务的发展功不可没。中国互联网普及率不断提升,网络用户(网民)规模不断扩大,是中国B2C电子商务迅速发展的根本原因。

(2) 按照平台控制主体的不同,B2C电子商务平台可以分为两大类:自营B2C电子商务平台和开放B2C电子商务平台。自营B2C电子商务平台是B2C电子商务模式中最常见的一种,也叫卖方控制的B2C电子商务平台;开放B2C电子商务平台,也叫中介控制的B2C电子商务平台。

(3) 按照平台服务特点的不同,B2C电子商务平台一般可以分为:综合型B2C电子商务平台、垂直型B2C电子商务平台、自营直销B2C电子商务平台和网络团购B2C电子商务平台。除了上述四种典型服务特点的B2C电子商务平台,随着互联网和电子商务应用的不断发展,还会出现一些新型的B2C电子商务平台,如社交化B2C电子商务平台、视频直播B2C电子商务平台等。

(4) B2C 电子商务一般有如下几种经营模式：综合商城、百货商店、垂直商店、品牌专卖店、服务型网店、导购引擎型网站。一些数字商品,有可能采用如下经营模式：网上订阅模式、付费浏览模式、广告支持模式和网上赠予模式。在现实的 B2C 电子商务应用中,可能并不是仅采用一种模式,而是采用综合模式,即将各种模式结合起来。

(5) B2C 电子商务网站的一些收入模式：基于产品销售的收入模式、基于网络广告的收入模式、基于会员费的收入模式和 B2C 网站的间接收入模式。间接收入模式可分为：基于支付服务的收入模式和基于物流服务的收入模式。

(6) B2C 电子商务平台呈现如下十个发展趋势：①B2C 平台方向：由垂直走向综合,由自营走向开放；②B2C 市场拓展：新兴 B2C 应用需求引爆蓝海市场；③B2C 品类演进：从标品到非标品,从低价到高价,从商品到服务；④B2C 运营战略：精细化运营和价值深耕成为各大 B2C 平台未来的核心战略；⑤B2C 线下布局：B2C 平台纷纷布局线下渠道,O2O 成行业大势；⑥B2C 移动布局：移动电商成为各大 B2C 平台布局的重点；⑦B2C 模式演化：预售和定制化,C2B 模式会日渐兴起；⑧B2C 服务创新：领先 B2C 平台纷纷推出金融服务；⑨B2C 平台竞争：电子商务平台马太效应日益凸显,差异化竞争是唯一出路；⑩B2C 平台合作：跨平台整合流量资源成平台竞合的典型特征。

(7) B2C 电子商务物流服务的目的是帮助商家完成 B2C 交易商品的订单交付,并利用物流服务建立网络零售业务的竞争优势。B2C 电子商务物流的一些典型服务需求包括：订单管理、仓储服务、包装服务、运输服务、配送服务、信息服务、售后服务等。售后服务一般包括：申请退换货以及退款、申请补开发票、安装调试、故障维修等。

(8) 传统零售物流与网络零售对应的 B2C 电子商务物流有很大的不同。与传统零售物流相比,网络零售物流一般具有如下六大特点：分散化、多渠道化、个性化、小批量、快速响应、服务信息化。

(9) B2C 电子商务仓储服务,按照发货方式,可分为统仓、总-分仓、平行仓、多级仓等模式。所谓统仓,也叫中央仓,就是所有订单统一从一个仓库发货。总-分仓,就是设置总仓库和若干分仓库。多级仓,就是设置不同级别的分仓库。分仓,又分为地区仓与平行仓两种。相对于统仓而言,分仓自然是指多个仓库同时发货。B2C 电子商务仓储服务,按照运营模式,有自营和外包两种。对于 B2C 电子商务应用,按照买家视角,最理想的仓储服务应该是分布式的。一些大型连锁零售企业,在开展电子商务应用方面具有一般中小型零售企业没有的仓储服务优势,可以应用分布网点的仓储能力为电子商务服务。另外,对于一些纯网商,B2C 电子商务仓储服务,也可以由商品供应商负责提供。

(10) 在 B2C 电子商务应用中,大多数中小型网络零售企业采用外包物流服务,对网购的小件商品,多委托快递服务商为买家提供配送服务；对网购的大件商品,多委托物流服务商为买家提供配送服务。少数大型网络零售企业,对网购的大件商品,一般有自营的物流服务。无论是第三方物流服务,还是自营物流服务,在运输服务方面,可自营也可外包运输服务。而一些大型的自营运输服务的快递服务商或电子商务零售商,具有自建运输能力。如顺丰和京东,都具有航空运输能力。

(11) 配送是物流服务的一个缩影,或者在某小范围中物流全部活动的体现。物流配送的主要工作有：备货、储存、加工、分拣及配货、配装、配送运输、送达服务。B2C 电子商务配送服务,按照运营模式,有自营和外包两种。中小型 B2C 电子商务零售商多采用外包配送服务模式；而一些大型 B2C 电子商务零售商,如京东,则采用自营配送服务模式。

**思考与练习**

1. 简述 B2C 电子商务概念与网上零售之间的区别与联系?
2. 为什么网络团购是 B2C 电子商务,不是 C2B 电子商务?
3. 请列出不少于 5 种你所熟悉的 B2C 电子商务经营模式。
4. 淘宝网的电子商务应用是 B2C 还是 C2C? 为什么?
5. 与传统零售物流相比,网络零售物流一般有哪些特点?
6. 京东选择自建电子商务物流服务是否正确? 为什么?
7. 为什么有的网络零售商喜欢强调自己是"顺丰包邮"?

# 6 C2C 电子商务与物流管理

**【本章概要】**
　　这一章,首先介绍 C2C 电子商务应用的概念和内涵、主要分类、主要特点、发展前景、主要问题以及平台的盈利模式,然后讨论 C2C 电子商务物流的典型需求、主要特点以及服务模式,最后讨论 C2C 电子商务与物流的典型案例。

**【学习目标】**
　　(1) 掌握 C2C 电子商务应用的概念与内涵。
　　(2) 掌握 C2C 电子商务应用的主要分类。
　　(3) 了解 C2C 电子商务应用的主要特点。
　　(4) 了解 C2C 电子商务应用的发展前景。
　　(5) 了解 C2C 电子商务应用的主要问题。
　　(6) 掌握 C2C 电子商务平台的盈利模式。
　　(7) 掌握 C2C 电子商务物流的典型需求。
　　(8) 了解 C2C 电子商务物流的主要特点。
　　(9) 掌握 C2C 电子商务物流的服务模式。
　　(10) 了解 C2C 电子商务与物流的典型案例。

**【基本概念】**
　　C2C 电子商务,电子商务物流,需求分析,服务模式,典型案例。

## 6.1 C2C 电子商务应用与发展概述

　　C2C 电子商务也是电子商务应用中比较早出现的一类电子商务应用。这一节首先讨论 C2C 电子商务的概念和内涵,然后分析讨论 C2C 电子商务平台的主要分类以及 C2C 电子商务应用的发展前景,最后讨论 C2C 电子商务应用发展中所面临的主要问题以及平台的盈利模式。

### 6.1.1 C2C 电子商务应用的概念与内涵

　　C2C 是一个电子商务专用语,C2C 即 Consumer to Consumer,其中 C 指的是消费者,消费者的英文单词是 Consumer,所以简写为 C,又因为英文中 2 的发音同 to,所以 Consumer to Consumer 就简写为 C2C。从概念上说,C2C 电子商务是指消费者对消费者的电子商务。
　　对 C2C 概念的理解,业界存在不少误区。很多人常把 C 理解为 Customer(客户),这显然是不对的,两个 C 不可能互为客户。另外,很多人认为 C2C 是个人之间的电子商务,比如:很多教材都认为淘宝网是典型的 C2C 电子商务应用,理由是淘宝网个人用户只要用身份证就能注册。但是,马云在与 eBay 总裁约翰·多纳霍(John Donahoe)的一次对话中,明确说过,淘宝网主要是 B2C,只有 3% 左右可以视为 C2C。

个人与个人之间的电子商务,不一定就是 C2C 电子商务,要看两个"个人"是否都是消费者。按照《中华人民共和国电子商务法》第九条的规定,电子商务经营者可以是自然人、法人和非法人组织。淘宝网的个人用户,如果不是消费者,就是经营者。事实上,淘宝网的一部分个人网店是一些小企业主以个人身份注册的,网店的行为是经营行为,卖家是经营者,买家是消费者。而一部分人也可能是消费者,在淘宝开个网店,主要是处理一些旧品,而不是正常的经营活动。所以,淘宝网大多数属于 B2C,只有少数属于 C2C。

C2C 是 Consumer to Consumer,这实际上是表达得非常清楚的。C2C 就是消费者之间进行交易的电子商务行为。C2C 交易就是消费者自己把不要的东西放上网去卖给其他消费者。比如:一个消费者有一台不用的电脑,通过网络进行交易,把它出售给另外一个消费者,此种交易类型就称为 C2C 电子商务。

一般认为 C2C 电子商务平台上销售的都是消费者用过的旧品,现实中,也不一定。比如:别人送的礼品、自己买的不想要但退不了货的商品、非实名制的车票等。另外,经营二手商品的网站不一定就是 C2C 电子商务。比如:先从消费者处收购二手货品,维修处理后,再向消费者销售。在线进行二手设备拍卖、废旧物资拍卖等也不是 C2C 电子商务。C2C 电子商务是发生在两个消费者之间的行为,这一点应该比较明确。

### 6.1.2 C2C 电子商务应用的主要分类

在现实中,已经有不少 C2C 电子商务应用。也可以从平台交易性质、交易或服务复杂性以及平台性质和类型等不同角度对 C2C 电子商务应用进行分类。

1) 按平台交易性质分类

C2C 电子商务是发生在消费者之间的电子商务应用。按照交易性质,C2C 电子商务应用一般可以分为三类:第一类是二手交易,对旧品和服务的交易,如二手车交易;第二类是租赁交易,对服务和产品的租赁,如个人车和房的租借;第三类是协作分享,对物品和信息的分享,如图书资料的互换和赠送。

2) 按交易或服务复杂性分类

按照交易或服务复杂性,C2C 电子商务平台一般可分为两大类:综合性 C2C 网站和垂直/行业性 C2C 网站。前者强调 C2C 交易或服务覆盖面广,后者强调 C2C 交易或服务限于某个领域和行业。

3) 按照平台性质和类型分类

按照平台性质和类型,C2C 电子商务平台一般可分为两大类:消费者二手交易平台和消费者社交网络平台。这两个平台也可能互相结合。

C2C 电子商务应用与 B2B 和 B2C 有很大的不一样,是消费者之间的交易和分享。不管哪种 C2C 电子商务应用,如果涉及费用支付,那么需要第三方支付平台提供服务,如果需要涉及实物交付,那么需要配送服务支持(图 6-1)。

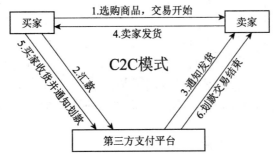

图 6-1　C2C 电子商务应用模式

### 6.1.3　C2C 电子商务应用的主要特点

一般来说，C2C 电子商务应用主要有如下 4 个方面的特点：

1) 辅助性

从人们的日常商业活动上看，C2C 电子商务模式是一种互换有无、互相方便的买卖模式，能够辅助人们的正常购买行为。

2) 节约性

C2C 模式的节约性体现在对生活资源的节约上，真正的 C2C 模式交易主要是二手商品，对二手商品的再次利用本身就是对生活资源的节约，是对人们当前消费模式的一种矫正。此外，信息搜寻成本与买卖过程的节约也是 C2C 节约性的体现。

3) 繁杂性

C2C 模式的繁杂性主要体现在用户数量多，而且身份复杂。这是因 C2C 电子商务平台开发性与免费性影响而形成的，从 C2C 电子商务模式网站实际运营来看，几乎任何人都可以注册成为网站的用户。C2C 平台上的海量虚拟商品信息以及少量消费者的言论评价信息，表明了 C2C 的繁杂性，同时也体现了 C2C 交易的随意性和多元性。

4) 创意性

在 C2C 电子商务模式中，广大消费者可以选择各种具有创意的交易形式。消费者可以选择物物交换、议价交换，也可以选择拍卖方式，消费者可以选择任意一种交易方式。此外，消费者之间还可以创造出更新颖的交易形式。

### 6.1.4　C2C 电子商务应用的发展前景

C2C 电子商务应用数量巨大、地域不同、时间不一的买方和同样规模的卖方通过一个平台找到合适的对家进行交易，完全将互联网的精神和优势体现了出来。C2C 电子商务应用不再受到时空限制，节约了大量的市场沟通成本，其价值是显著的。从实际操作来说，C2C 电子商务应用具有两方面的可操作性：

1) C2C 能够为用户带来真正的实惠

C2C 电子商务模式不同于传统的消费交易方式，如拍卖网站的出现，可使得消费者有决定产品价格的权利，并且可以通过消费者相互之间的竞价，让价格更有弹性。因此，通过 C2C

网上竞拍,消费者在掌握了议价的主动权后,也获得了实惠。

2) C2C 能够吸引用户

C2C 电子商务网站有各种各样的新奇商品,从而更能吸引注重实惠的消费者。而如今 C2C 网站上存在很多没有明确购物目标的消费者,他们花大量时间在 C2C 网站上"游荡"只是为了看看有什么新奇的商品,有什么商品特别便宜。对于他们而言,这是一种很特别的休闲方式。因此,从吸引注意力的能力来说,C2C 电子商务的确是一种能吸引眼球的商务模式。

### 6.1.5 C2C 电子商务应用的主要问题

虽然 C2C 电子商务具有很大的发展潜力,但是目前仍然面临许多问题。如果这些问题不能得到妥善的解决,将可能影响和制约 C2C 电子商务应用的发展。这些问题主要表现在相关法律欠完善、交易信用与风险控制以及个人收入有待提高。

1) 交易合规与权益保障

尽管网上交易和电子商务已不是什么新鲜事,但是在实际交易过程中,由于有关法律制度的不完善,不仅使参与网上交易的个人、企业的权益得不到保障,还有可能使网上拍卖成为一种新的销赃手段。很显然,在 C2C 电子商务应用中,交易合规与权益保障非常重要,应该重视完善相关的法律制度。

2) 交易信用与风险控制

互联网打破了时空的局限,但也决定了 C2C 交易风险更加难以控制。网络诈骗在 C2C 电子商务中比较严重,以易趣为例,根据统计,在其每 25 000 件交易中就会发生一起诈骗案件。C2C 电子商务平台服务商应该处于主导地位,并建立起一套合理的交易机制,从而有利于在线交易的安全达成。

3) 定价机制与认证服务

在 C2C 电子商务中,由于交易的物品通常不是新品,要有合理的定价机制。常用的定价机制主要有:一口价、价格协商、拍卖定价。另外,一些物品的真实性和质量保证也需要平台或第三方机构提供一些认证服务。

4) 收入水平与平台发展

一些地区人均收入水平不高,会导致人们手中真正有较高的利用价值的二手商品并不多。有时候,即便是二手货物,在网上的报价依然很高,完全没有体现出二手物品的价格优势。

### 6.1.6 C2C 电子商务平台的盈利模式

C2C 电子商务是消费者之间的电子商务,消费者之间的 C2C 平台不可能由哪个消费者建立或经营,所以,C2C 电子商务平台一般都是第三方服务商提供的。C2C 电子商务平台的盈利模式一般包括如下 5 个方面:

1) 会员费

会员费,也就是会员制服务收费,是指 C2C 平台为会员提供网上店铺出租、评估认证、产品发布、橱窗展示、信息推荐等多种服务组合而收取的费用。由于提供的是多种服务的有效组合,比较能适应会员的需求,因此这种模式的收费比较稳定。先交纳第一年的费用,第二年到期时需要客户续费,续费后再进行下一年的服务;不续费的会员,将恢复为免费会员,不再享受收费会员的相关服务。

2）交易服务费

交易服务费，也叫交易提成，就按交易金额一定比例提成。交易服务费不论什么时候都是 C2C 平台的主要利润来源。因为 C2C 网站是一个交易平台，它为交易双方提供机会，就相当于现实生活中的交易所。

3）广告费

平台将网站上有价值的位置用于放置各类型广告，根据网站流量和网站人群精度编订广告位价格，然后通过各种形式向客户出售。如果 C2C 网站具有充足的访问量和用户黏度，广告业务会非常大。但是，C2C 网站出于对用户体验的考虑，均没有完全开放此业务，只有个别广告位不定期开放。

4）搜索排名竞价

C2C 网站商品的丰富性决定了购买者搜索行为的频繁性，搜索的大量应用就决定了商品信息在搜索结果中排名的重要性，由此便引出了根据搜索关键字竞价的业务。用户可以为某关键字提出自己认为合适的价格，最终由出价最高者竞得，在有效时间内该用户的商品可获得竞得的排位。买家只有认识到竞价为他们带来的潜在收益，才愿意花钱使用。

5）增值服务费

C2C 电子商务交易发生在消费者之间，买卖双方要顺利完成交易，有时需要 C2C 平台提供的增值服务，如货品特色展示服务、担保支付服务、配送物流服务等，C2C 平台可以通过提供增值服务收费。另外，C2C 平台也可通过平台特价团购第三方服务优惠折扣获得收益。

## 6.2 C2C 电子商务物流的需求分析

在 C2C 电子商务应用中，如果消费者之间交易的是实物货品，物流服务就是必需的。这一节，首先对 C2C 电子商务的物流服务做一个概述性讨论，然后深入分析 C2C 电子商务中比较典型的物流服务需求。

### 6.2.1 C2C 电子商务的物流服务概述

C2C 电子商务的物流服务，从概念上说，就是 C2C 电子商务应用中面临的物流问题。在 C2C 电子商务应用中，如果涉及实物货品的订单交付，就必须考虑货品配送。表面上，C2C 电子商务物流服务应该与 B2C 电子商务物流服务类似，其实有很大不同，因为在 C2C 电子商务应用中，物流服务主体由商家变成了个人。很多人把淘宝当成 C2C 电子商务的典型，就很难发现 C2C 电子商务与 B2C 电子商务在物流服务方面可能存在的差异。

C2C 电子商务交易一般不是经常性的，而 B2C 电子商务交易则是经常性的。C2C 平台和 B2C 平台在交易功能上可以比较类似，很多商家在 C2C 平台上开店卖新品，这实际上应该是 B2C 电子商务。但是，在考虑 C2C 电子商务物流服务时，似乎就不能完全照搬 B2C 电子商务物流服务的做法。由于 C2C 电子商务交易不是经常性的，卖家就不可能有很大的交易量，因此 C2C 电子商务中的卖家为买家配送货品的物流服务费用一般会比较高。一般来说，C2C 卖家不可能享受到快递服务商给予 B2C 卖家的配送服务价格优惠。

另外，在 C2C 电子商务中，卖家卖货不是经营活动，不会有市场营销的决策，所以，卖家一一般不会有包邮促销的积极性。如果不是买家给予比较高购买价格,卖家应该不会免费邮寄买家购买的货品。在C2C电子商务中,只有C2C平台是经营者,C2C平台可以通过一系列经营活动,降低C2C电子商务物流服务费用。在C2C电子商务物流服务方面,C2C平台可以考虑自建物流服务,也可以考虑特价团购第三方物流服务。只要C2C平台上有足够的交易量,C2C平台也会有为C2C电子商务交易提供物流服务的积极性。

### 6.2.2 C2C电子商务物流的典型需求

C2C电子商务物流是卖家与买家之间由互联网平台引发商品交易而产生的物流活动。C2C电子商务物流服务的目的是帮助卖家完成交易货品的交付。下面,重点讨论C2C电子商务物流的一些典型服务需求。

1) 包装服务需求

C2C卖家邮寄买家购买的货品之前,首先需要包装货品。包装的功能一般包括三个方面:①保护功能,保护物品不受损伤;②便利功能,方便流通,方便消费;③销售功能,促进商品销售。C2C电子商务包装服务应该侧重保护功能和便利功能。

2) 托运服务需求

C2C电子商务物流服务目的非常明确,将买家购买货品交付给买家。如果是卖家自己直接邮寄货品,一般会购买快递公司的托运服务。如果是卖家委托C2C平台邮寄货品,C2C平台可以通过自建物流或外包物流方式,为C2C电子商务提供托运物流服务。

3) 仓配服务需求

如果是平台或专门物流服务商为C2C电子商务物流服务,就需要建立专门的C2C仓配中心。仓配中心集聚卖家需要配送的货品,然后帮卖家将货品配送给买家。

4) 退换货服务需求

在C2C电子商务中,买家收到卖家邮寄的货品后,如果买家不满意,就会申请退换货,所以,C2C也有退换货服务需求。

5) 退款服务需求

在C2C电子商务中,如果买家取消订单,或者买家对货品不满意而退货,就需要平台提供退款服务。

6) 订单管理需求

与B2C电子商务类似,在C2C电子商务中,如何处理订单是关键的一步,订单管理是对订单生成、订单履行和订单状态等服务过程和信息数据的管理,包括:订单生成档案管理、订单履行过程管理以及订单状态跟踪管理。

## 6.3 C2C电子商务物流主要特点

C2C电子商务物流是C2C电子商务应用中面临的物流问题。C2C电子商务与B2C电子商务的差异,决定了C2C电子商务物流服务会明显不同于B2C电子商务物流服务。在淘宝网上开网店,一般零售业务的物流服务和个人处理二手物品的物流服务,显然是不同的。C2C电子商务物流一般有如下三个方面的特点:

1) 单件或小件托运

在C2C电子商务交易中,一般是单件物品,即使有几件,也比较少,并且相对于卖家的买家数量也不会多。所以,C2C电子商务所需的物流服务通常是单件或小件托运。

2) 送货成本比较高

在C2C电子商务交易中,具体卖家的交易并不频繁,C2C卖家购买快递服务时,一般没有B2C卖家依靠业务量享受优惠价格的优势。所以,C2C电子商务物流的送货成本比较高。

3) 价格敏感性较高

在C2C电子商务交易中,买家与卖家所达成的交易对象,一般是单件或小件物品,C2C卖家无法承担较高的物流成本,往往会要求买家承担全部或部分托运费用,物流服务价格,可能会影响买家的购买意愿。所以,买家与卖家对C2C电子商务物流服务价格的敏感性会比较高。

## 6.4 C2C电子商务物流的服务模式

如前所述,C2C电子商务物流服务不同于B2C电子商务物流服务。下面,我们讨论C2C电子商务物流服务模式。总体来说,C2C电子商务物流有如下两种服务模式:

1) 卖家自主物流服务模式

在C2C电子商务中,买卖双方,如果是个人消费者,都没有能力依靠自身的力量组织物流活动。C2C卖家一般只能依靠邮政快递服务或社会物流服务来解决C2C电子商务物流问题。由于C2C卖家交易并不频繁,因此一般是C2C卖家购买邮政快递服务或社会物流服务,并不会外包C2C电子商务物流服务。

2) 平台主导物流服务模式

电子商务物流服务是一个必须解决的问题,如果解决不好,会制约C2C平台业务的发展。如果C2C平台用户众多,C2C交易对物流服务的需求巨大,C2C平台也可考虑为所有卖家提供物流服务。

C2C平台主导的电子商务物流服务,一般可以有三种形式:自营物流服务、外包物流服务以及物流自建和外包相结合服务。C2C平台自营物流服务,需要在物流方面投入资金,自建物流服务或者依靠外部物流资源提供物流服务。C2C平台外包物流服务,是指C2C平台统一将C2C电子商务物流服务外包给专业的第三方电子商务物流服务商。

现实中的一些电子商务平台,不一定是纯粹的C2C交易平台,可能是既有B2C业务又有C2C业务的复合型电子商务平台。如淘宝网和拍拍二手交易平台等。无论B2C业务还是C2C业务,如果平台具有自营物流服务能力,对平台业务的发展是比较有利的。

## 6.5 C2C电子商务与物流典型案例

前面,我们对C2C电子商务及其物流服务做了比较深入的讨论。下面,重点介绍C2C电子商务及其物流服务的一些典型案例。

### 6.5.1 eBay:全球线上拍卖及购物平台

eBay(EBAY,电子湾、亿贝、易贝)是一个可让全球民众在网上买卖物品的线上拍卖及购物网站(https://www.ebay.com)。eBay 于 1995 年 9 月 4 日由皮埃尔·奥米迪亚(Pierre Omidyar)以 Auctionweb(拍卖网)的名称创立于美国加利福尼亚州圣何塞。人们可以在 eBay 上通过网络出售商品。eBay 在拉丁美洲的合作伙伴是 Mercado Libre(美客多)。

eBay 的主要竞争者是亚马逊和 Yahoo(雅虎)以及阿里巴巴集团。eBay 向每笔拍卖收取刊登费(费用从 0.25 至 800 元美金不等);向每笔已成交的拍卖再收取一笔成交费(成交价的 7％～13％不等)。由于 eBay 另外拥有 PayPal(贝宝),因此也从此处产生利益,一个用于开店,一个用于付款。

eBay 的创立,有个传奇故事,当时 Omidyar 的女朋友酷爱 Pez 糖果盒,却为找不到同道中人交流而苦恼。于是 Omidyar 建立起一个拍卖网站,希望能方便女友和全美的 Pez 糖果盒爱好者交流。令 Omidyar 没有想到的是,eBay 非常受欢迎,很快网站就被收集 Pez 糖果盒、芭比娃娃等物品的爱好者挤爆。Omidyar 第一件贩卖的物品是一只坏掉的激光指示器,以 14.83 美元成交。他惊讶地询问得标者:"您难道不知道这玩意坏了吗?"Omidyar 接到了以下的回复信:"我是个专门收集坏掉的激光指示器玩家。"杰夫·史科尔(Jeff Skoll)在 1996 年被聘为该公司首任总裁及全职员工。1997 年 9 月该公司正式更名为 eBay。起初该网站属于 Omidyar 的顾问公司 Echo Bay Technology Group(四声湾科技集团)。Omidyar 曾经尝试注册一个 EchoBay 的网址,却发现该网址已被 Echo Bay 矿业注册了,所以他将 EchoBay 改成他的第二备案:eBay。

1997 年 Omidyar 开始为 eBay 物色 CEO,他看中哈佛 MBA 出身,并先后在宝洁、迪士尼担任过副总裁的梅格·惠特曼。惠特曼由于从未听说过 eBay 而拒绝加盟,后经职业猎头贝尼尔的软磨硬泡,最终同意,并把 eBay 带向今天的辉煌。eBay 已有 1.471 亿注册用户,有来自全球 29 个国家的卖家,每天都有涉及几千个分类的几百万件商品销售,成为世界上最大的电子集市之一。2003 年交易额为 238 亿美元,净收入 22 亿美元。2014 年 2 月 20 日,eBay 宣布收购 3D 虚拟试衣公司 PhiSix。

2015 年 4 月 10 日,PayPal 从 eBay 分拆,协议规定,eBay 在 5 年内不得推出支付服务,而 PayPal 则不能为实体产品开发自主的在线交易平台。2018 年 7 月 25 日,eBay 终止与长期支付伙伴 PayPal 的合作,宣布与后者的竞争对手苹果和 Square 达成新的伙伴关系。开始接受苹果支付,并通过与 Square 的新协议,为用户提供高达 10 万美元的商业贷款。eBay 与 Square 的合作标志着 Square 获得了向 eBay 数以百万计的卖家提供商业贷款的巨大机会。

在 eBay 平台上,每天都有数百万的家具、收藏品、电脑、车辆在 eBay 上被刊登、贩售、卖出。有些物品稀有且珍贵,然而大部分的物品可能只是个布满灰尘、看起来毫不起眼的小玩意。这些物品常被他人给忽略,但如果能在全球性的大市场贩售,那么其身价就有可能水涨船高。只要物品不违反法律或是在 eBay 的禁止贩售清单之内,即可以在 eBay 刊登贩售。服务及虚拟物品也在可贩售物品的范围之内。可以公允地说,eBay 推翻了以往那种规模较小的跳蚤市场,将买家与卖家拉在一起,创造了一个永不休息的市场。大型的跨国公司,像是 IBM 会利用 eBay 的固定价或竞价拍卖来销售他们的新产品或服务。资料库的区域搜寻使得运送更加迅捷或是便宜。软件工程师们借着加入 eBay 开发者计划,得以使用 eBay API,创造许多与 eBay 相整合的软件。2004 年 6 月,eBay 的英国分站将烟酒类产品的刊登列为禁止项目。少数的例外是数量稀少的陈年酒。2018 年 10 月 23 日,eBay 推出一项称为"即时销售"的新服务,帮助用户在其在线市场出售他们老旧的智能手机。消费者使用 eBay"即时出售"功能卖掉自己的旧手机,比竞争对手的网站和运营商的以旧换新计划以及苹果自己的回馈计划得到更多收入。

eBay 不时也会有一些具争议性且违反道德标准的拍卖。1999 年，有人看中了庞大的器官移植市场（但是违法的），在 eBay 刊登一则肾脏的拍卖，想借此获利。在某些场合，一些贩售人刊登一个小镇的拍卖布告，其实仅仅是个笑话而已。只要 eBay 接获检举，这些拍卖布告就会立即被关闭。因为 eBay 不允许任何违反其政策的拍卖项目。然而 eBay 也是一个无耻之徒可以任意刊登虚假拍卖布告的地方。正因为如此，对新手而言，如果没有详读一切讯息的话，很容易陷入被诈骗的陷阱。

eBay 的经营策略在于增加使用 eBay 系统的跨国交易。eBay 站点分布美国、英国、澳大利亚、阿根廷、奥地利、比利时、巴西、加拿大、德国、法国、爱尔兰、意大利、马来西亚、墨西哥、荷兰、新西兰、波兰、新加坡、西班牙、瑞典、瑞士、泰国、土耳其等国家以及中国香港地区。eBay 已经将领域延伸至包括中国及印度在内的国家。eBay 扩张失败的国家是日本及中国。雅虎在日本经营的拍卖业务已占据领导地位，迫使 eBay 铩羽而归。而中国台湾地区的 eBay 亦敌不过雅虎奇摩拍卖网站的市占率，也以与 PChome 联名的名义间接退出中国台湾地区市场。eBay 最初通过收购易趣的方式进入中国大陆市场，但之后在与淘宝的竞争中落败，最终以与 TOM 合资成立"新易趣"的方式退出大陆市场。eBay 首席执行官约翰·多纳霍称，当日达送货服务是大势所趋。eBay 的雄心就是当日达送货服务最终将推广到全美。它的计划是联合传统的快递公司，甚至是报社的送报车队，充分利用它们过剩的货运能力，提高物流的速度。eBay 将与市场推广方分享用户数据。

eBay 主要的防诈骗手段是评价系统。在每笔交易完成后，买家、卖家皆可以为彼此评价。他们可以给出像"正面""负面"或是"中立"的评价，并且为该次交易留下一笔意见。所以，如果买家对该卖家（交易）有所不满的话，他可以给这位卖家留下一笔负面评价，并且留下如："物品未收到"的意见，以防下一位买家有可能误中陷阱。对买家而言，学会并善用评价系统有助于降低被诈骗的概率。当然，评价系统同时也是保护卖家的。如果某个买家的评价过低，或是负面评价太多，该卖家可以根据其评价，拒绝其交易并说明理由。一般情况下，卖家不可以给买家负面评价，只能给中评或好评。

目前，eBay 不仅有 C2C 业务，还有 B2C 业务，并且是全球化的。与 eBay 合作的主要物流服务商包括：国际 e 邮宝（ePacket）（只接受从 eBay Shipping Tool 产生的追踪号）、香港邮政 e-Express 服务、邮政类 EMS（Postal EMS）、联邦快递全球服务（FedEx Worldwide Services）、DHL 国际快递服务（DHL Express Services）、TNT 国际快递服务（TNT Express Delivery Services）、UPS 国际运输服务（UPS International Shipping Services）、香港邮政国际邮件包裹（Hong Kong Post International Mail Parcels）（仅限空邮航空件）。如使用海外仓存（仅限于物品在美国仓储用户），必须使用以下服务并提供以下服务商的有效追踪编号：美国邮政境内服务（USPS Domestic Services）、UPS 美国运输服务（UPS U.S. Shipping Services）、联邦快递美国运输服务（FedEx U.S. Shipping Services）、DHL 全球邮件（DHL Global Mail）。

### 6.5.2　拍拍：京东旗下二手交易平台

拍拍（https://www.paipai.com）是京东旗下的二手交易平台，由爱回收联合京东集团共同打造，独家经营京东平台上的二手业务。平台 App 客户端名为"拍拍二手"，于 2017 年 12 月 21 日正式上线。拍拍业务主要覆盖二手商品购买、二手商品回收及商品租赁业务，也有个人闲置交易业务，旨在为满足用户各类场景下对二手商品的交易需求。

拍拍二手以用户需求为核心,以质量管理为保障,秉持物尽其用、延续物品生命价值,创造更多生活可能的理念,搭载京东物流网络、金融能力、大数据分析能力,打造完整的逆向供应链,深耕于商品获取、逆向物流、检测分级以及再加工四大关键环节,打通正逆向供应链,为二手行业构建了基础设施,为用户提供更加专业快捷、安全有保障的产品与服务,成为用户最信赖的品质二手交易平台。让用户卖得省心买得放心,真正享受到二手交易的乐趣,给自己更多选择,给生活带来更多可能。

目前拍拍二手已经覆盖钢琴、手机、电脑、数码、服饰、图书等高中低共计 115 个品类,吸纳 150 多个商家入驻。同时,拍拍二手与淘车开启战略合作,正式进军二手车市场。此外,为了二手行业良性健康发展,拍拍二手以开放、连接、共生为目标,牵头成立循环发展产业联盟,实践解决包括经营政策推动、业务资源分享、基础能力共创、产业提升等四大方面的行业共性问题。

1) 二手销售——放心买、质出彩

用户可在拍拍二手 App 在线购买手机、数码、电脑、家用电器等全品类二手商品。拍拍二手建立了严格的分级标准并进行明确质量认证和成色分级。此外拍拍二手还搭建了溯源系统,提供完整服务体系保障,让用户买得放心;对二手优品进行明确的质量认定和成色分级,降低用户决策成本。拍拍二手实行商品分级质量管理,实现非标商品标准化,并依托专业质检服务商,对商品进行严格监测评估,明确二手优品质量认定及成色分级,保证品质。降低用户在购买二手商品时的决策成本。数据显示,基于对平台的高度信任,2017 年"双 11"当天高达 99.3% 的用户无咨询直接下单购买。拍拍二手通过区块链技术实现品质溯源。为了解决买卖双方信息不透明的问题,拍拍二手与京东 Y 事业部合作,通过区块链技术,实现了二手商品的品质溯源,用户通过扫码就能查看产品检测报告,相关信息一目了然。一物一码、保障有迹可循,从消费者需求出发,最终受益回归消费者。满足用户多样化需求,拍拍二手配备了完善的客服服务体系和售后保障机制,优品销售方面有先行赔付、7 天无理由退换货、180 天保修等服务保障,且有全年在线、专业热情的客服应答。

2) 商品回收——省心卖、赚得快

用户在拍拍二手 App 上可以完成旧手机、数码、电脑、DIY 配件、家用电器等多品类物品的回收变现。通过高效的逆向物流、国防级数据清除技术、上门取件、自动估值体系、上门及门店回收网络等基础能力,保障用户卖得省心。与专业电子回收平台爱回收已在手机、平板、笔记本品类试用 blancco 的国防级的信息清除服务,让用户不用担心个人信息和财产安全,放心出售二手商品。用户通过内置智能、便捷的线上自动估值体系,可以自助操作知晓商品价格。帮助用户节省二手物品出售过程中频繁议价的时间和精力,实现省心交易。京东物流为拍拍二手全效赋能,目前 125 个城市已实现 15:00 前下单当天取件、其他城市次日取件,已覆盖 2 600 多个区县。解决用户回收时间、空间两大痛点。另外,拍拍二手正在打造覆盖 2 200 多个行政区县,拥有 400 多家门店及 4 500 多名工作人员的上门及门店回收网络,为用户提供面对面的一站式交易服务,更好地满足用户多样化的回收需求。

3) 个人闲置——开心淘、随心挑

拍拍二手为用户提供全品类的个人闲置交易业务,灵活满足用户对二手商品的交易需求。平台提供京东金融的小白信用和实名认证的双重保险,并跟个人征信系统挂钩。用户必须实名认证才能发布商品,还可以一键转卖个人京东账号中已购买的京东商城所售商品,商品价格、订单信息即时同步发布,省去烦琐手续,让出售更简单。小白信用分为用户间交易提供信用风险参考。小白信用和实名认证为用户提供双重保障,减少用户担忧,降低个人闲置交易的风险。

拍拍二手交易平台的二手销售和商品回收业务并不是C2C电子商务,只有个人闲置业务才是C2C电子商务。

### 6.5.3 瓜子:二手车直卖与租车平台

瓜子网(https://www.guazi.com),也叫瓜子二手车直卖网,成立于2015年9月。瓜子二手车一直致力于通过创业重塑二手车行业。瓜子二手车有瓜子严选、全国购(及开放平台)和车速拍等业务体系,业务覆盖全国200多个主流城市。

瓜子二手车的前身,是赶集好车。2014年12月,赶集好车正式上线。2015年9月15日,"赶集好车"正式更名为"瓜子二手车直卖网"。2015年9月27日,瓜子二手车直卖网正式上线。上线仅10天的瓜子二手车网站,日均UV(网页浏览量)已超过100万。2015年11月,瓜子二手车直卖网单独分拆,已完成新公司注册,独立运营。

2017年10月,瓜子二手车正式宣布升级为车好多集团。车好多作为母公司,全资拥有瓜子二手车和毛豆新车网两个独立品牌。2018年9月,瓜子二手车第一家严选直卖店落地沈阳,标志着瓜子二手车直卖业务完成战略升级,进入线上线下一体化的新零售阶段。2019年3月,瓜子二手车确认收购PP租车(英文名iCarsclub,现更名为START共享有车生活平台)。2019年3月,瓜子二手车宣布,正式推出"全国购"业务。打破二手车区域价格壁垒,促进二手车在全国范围内的流通。

2019年3月,瓜子二手车与淘宝二手车共同宣布在二手车新零售领域达成深度合作,建立深入的合作伙伴关系,将围绕汽车新零售消费服务、二手车拍卖、加速二手车流通等多方面展开合作。2019年9月,瓜子二手车首批二手车出口订单签订合同。2019年9月,瓜子二手车宣布,正式推出"全国购开放平台",接入第三方商户,与现有个人车源形成有效补充。

2020年2月,瓜子二手车上线"无接触购车"全流程服务,通过线上咨询、选购、签约、提档过户,结合线下车辆与场地的全面消毒清洁,实现全程"无接触购车"。2021年9月22日,瓜子二手车宣布正式切换为新电商模式,包括瓜子严选及开放平台。近5000家车商将结束行业40余年只能线下交易的模式,实现二手车非标品的线上售卖。

瓜子二手车在全行业率先推出7天无理由退车、30天全面保修、1年或2万千米售后保障等售后保障措施,为消费者购车提供完善、可靠的售后保障。瓜子价是真实客观反映二手车车辆价值的智能定价体系,通过大数据与人工智能技术的应用,实现了典型非标品二手车的标准化定价,是二手车行业规范化、规模化发展的基础。

与传统二手车交易模式相比,瓜子价对个人卖家与个人买家提供透明一致的价格,并以此为基础进行交易,建立了二手车交易的价格信任与行业指标,更成为目前市场上个人二手车交易的主流定价依据。通过中国汽车技术研究中心国家权威级二手车服务认证规范——"国"认证,并成为汽车新零售领域首家通过服务认证企业,这标志着瓜子二手车在检测评估、交易服务、车后服务、售后保障等方面经得起国家认监委注册的认证标准和规范的监督和考验。

2019年3月,瓜子二手车确认收购PP租车。PP租车成立于2012年10月,总部位于亚洲金融中心新加坡,现已发展成为亚洲较大的P2P租车平台。作为亚洲以及中国P2P租车行业的试水者,PP租车积极借鉴国际成熟市场的P2P租车模式,结合亚洲以及中国客户的消费习惯,为广大消费者提供安全、经济、便捷、个性化的 P2P 租车服务,并尝试完善保险机制、私家车车辆管理系统、道路救援等配套服务。

2012 年 12 月,PP 租车在新加坡正式上线。DirectAsia(丰亚)保险公司与 PP 租车签订协议,为所有车主及租客提供达 250 万赔付额度的保险保障。2013 年 2 月,PP 租车得到新加坡政府和风投的联合投资。新加坡政府嘉奖 PP 租车团队在缓解交通压力方面的出色作为,并认可了 PP 租车所提倡的用车模式对信任机制、社会和谐起到的积极作用。2013 年 3 月,PP 租车得到《海峡时报》《联合早报》以及雅虎新闻等新加坡各大主流媒体的宣传报道,直接促进了 PP 租车的业务增长。

2013 年 10 月,PP 租车在国内正式上线。首站选址北京,意在以汽车共享的理念影响本土汽车市场;2014 年 6 月,北上广深 4 个城市开通;2014 年 9 月,新增 7 个城市,在杭州、成都、长沙、苏州、南京、三亚、武汉正式上线,让更多的用户可以享受到更优质的用车服务;2014 年 11 月初,PP 租车官方宣布,完成 6 000 万美元 B 轮融资,该轮投资由 IDG、晨兴资本领投,源码资本、明势资本以及 A 轮投资方红杉资本、清流资本跟投;2017 年 3 月,进行品牌战略升级,正式更名为 START 共享有车生活平台。

PP 租车提供 P2P 租车服务,使得参与进来的每一个人都能体验到舒适、便捷、利好的用车服务。PP 租车秉持汽车共享的理念,打造私家车出租模式,将私家车的闲置时间与租客的用车需求结合起来:车主在安全掌控自家爱车的基础上,招租养车;租客在便捷用车的前提下,低价享受私家车驾乘。除已有的短租服务外,在北京、上海更开通了长租服务。

P2P 是基于本地化、社区化的服务,PP 租车致力于构建一个更和谐的社区。鼓励社区分享,大家通过 P2P 租车互帮互助之后,变得更熟悉、更信任。规划未来有盈利之后,会预留一部分收入作为社区贡献基金,把社区变废为宝产生的经济价值留一部分给社区,让社区有更多的资源去解决其他亟待解决的社区问题。

车主利用闲置时间招租,不影响车主的使用时间,以小时起租的出租模式容易操作。同时,PP 租车的平台中车主占主导地位,招租对象、招租价格、招租时间等均由车主决定。对租客来说,PP 租车提供了一种便捷、可靠的用车方式:①方便——相比传统租车形式,PP 租车相对便捷。手机 App 搜索附近可用车辆、在线支付、无钥匙开关车门等技术改进,优化用车、取车等使用流程。②选择更多——在 PP 租车平台中,车型种类多、车辆情况佳,为租客提供选择可能。③实惠——价格合理,低于普通租车市价 30%,适合年轻时尚的白领人群日常用车。

### 6.5.4 闲鱼:阿里旗下闲置交易平台

闲鱼是阿里巴巴旗下闲置交易平台,为阿里巴巴继淘宝、天猫之后打造出的第三个亿万级平台,其 App 客户端可在 https://2.taobao.com/扫码下载。会员只要使用淘宝或支付宝账户登录,无须经过复杂的开店流程,即可达成包括一键转卖个人淘宝账号中"已买到宝贝"、自主手机拍照上传二手闲置物品,以及在线交易等诸多功能。下载并使用全新概念的闲鱼 App,个人卖家具有更大程度的曝光量、更高效的流通路径和更具优势的物流价格等三大优势,让闲置的宝贝以最快的速度奔赴天南海北的新主人手中物尽其用。此外,闲鱼平台后端已无缝接入淘宝信用支付体系,从而最大限度保障交易安全。

闲鱼,取义于"闲余"。"闲"是闲置的时间,而"余"是闲置的物品和空间。闲鱼不仅是一个闲置交易平台，而且是一个基于新生活方式的社区。在这个社区，人们分享的可以是物品，也可以是自己的私人时间与技能、兴趣爱好与经验，甚至也可以是空间。闲鱼致力于让"闲余"变"闲鱼"，让"浪费"变"消费"。近年来，随着闲置交易的普及，人们的消费方式也在发生着变化，从东西要买全新的变为越来越多人选择买更具性价比的闲置，闲鱼一跃成为国内最大的闲置交易社区。用户只要使用淘宝或支付宝账户登录，无须经过复杂的开店流程，即可一键转卖个人淘宝账号中"已买到宝贝"到闲鱼上，闲鱼同样也支持用户自主手机拍照上传闲置物品，以进行在线交易等诸多功能。

闲鱼既是闲置交易平台，又是趣味生活社区。闲鱼上不仅有丰富的数码产品、家具家电等闲置物品供用户挑选，还有次元潮玩、美妆母婴、文玩珠宝、明星玩家的各类好物呈现。用户除了自行挑选合适的交易对象卖出闲置宝贝以外，还能通过闲鱼官方提供的"省心卖"功能，由闲鱼官方直接帮忙转卖，48小时必卖出。

闲鱼平台已全面接入芝麻信用支付体系，保障用户交易的权益。针对有纠纷的交易场景，闲鱼还开设闲鱼小法庭，由闲鱼资深买家卖家共同协助判定平台上出现的问题。2020年，闲鱼上线"验货宝"交易服务，为用户间的闲置交易提供鉴定担保服务，交易过程的安全性有了更好的保障。除了买卖交易，闲鱼内还有一个供用户展现个性和分享兴趣的社区——会玩。闲鱼内有一群优秀的创作者在这里分享他们会玩的生活方式。

2016年5月，阿里巴巴集团宣布，旗下闲鱼和拍卖业务将"合并同类项"。闲鱼牵手拍卖后，两者将共同探索包括闲鱼拍卖、闲鱼二手交易、闲鱼二手车在内的多种分享经济业务形态。2021年4月，闲鱼向微信提交了小程序申请。该申请通过后，平台将支持用户在小程序内购买闲置物品、在用户间分享链接，提升购物分享体验。

## 6.5.5　四通一达：家喻户晓的民营快递

四通一达，是申通快递、圆通速递、中通快递、百世汇通、韵达快递五家民营快递公司的合称。2012年时，这五家公司总的从业人员是21.6万人，年销售额近300亿元，占据了中国快递市场总收入的半壁江山。这五家公司均由浙江省杭州市桐庐县人创立，且创始人都来自该县钟山乡几个相邻的村庄。而且，这五家公司的工作人员中桐庐人占多数。"四通一达"都实现了和阿里巴巴的合作。

申通快递品牌初创于1993年，公司致力于民族品牌的建设和发展，不断完善终端网络、中转运输网络和信息网络三网一体的立体运行体系，立足传统快递业务，全面进入电子商务领域，以专业的服务和严格的质量管理推动中国快递行业的发展。经过20余年的发展，申通快递在全国范围内形成了完善、流畅的快递网络。截至2021年1月，公司拥有独立网点及分公司超4 500家，服务网点及门店25 000余个，从业人员超过30万人，每年新增就业岗位近1万个。

圆通速递，注册于2000年4月14日，是一个归属于邮政行业的民营有限责任公司，总部位于上海市青浦区华新镇。公司致力于成为"引领行业发展的公司"，以"创民族品牌"为己任，以实现"圆通速递——中国人的快递"为奋斗目标。始终秉承"客户要求，圆通使命"的服务宗旨和"诚信服务，开拓创新"的经营理念。公司拥有10个管理区、58个转运中心、5 100余个配送网点、5万余名员工，服务范围覆盖国内1 200余个城市。公司开通了中国港澳台、中东和东南亚专线服务。并在香港注册了Cats Alliance Express(CAE)公司，开展国际快递业务。公司立足国内,面向国际,致力于开拓和发展国际、国内快递及物流市场。公司主营包裹快递业务,形成了包括同城当天件、区域当天件、跨省时效件和航空次晨达、航空次日下午达和到付、代收货款、签单返还等多种增值服务。公司的服务涵盖仓储、配送及特种运输等一系列的专业速递服务,并为客户量身制定速递方案,提供个性化、一站式的服务。圆通还将使用自主研发的"圆通物流全程信息监控管理系统",确保每个快件的时效和安全。

中通快递于2002年5月8日在上海成立,是一家集快递、物流及其他业务于一体的大型集团公司,注册商标"中通®""zto®"。公司现已成为国内业务规模较大、第一方阵中发展较快的快递企业,中通快递2019年继续保持了稳健的发展态势,全年完成业务量121.2亿件,同比增长42.2%,超出行业平均增速16.9个百分点。市场份额较2018年扩大2.3个百分点至19.2%。盈利水平保持了持续稳健的增长,全年调整后净利润较上年同期增长26.0%,超出市场预期。在申诉率、公众满意度服务质量方面,中通也保持了领先。截至2020年3月31日,中通服务网点约30 000个,分拨中心90个,网络合作伙伴约为4 850家,长途车辆数量超过7 700辆,干线运输线路超过2 900条。

百世汇通一般指百世快递。百世快递是一家在国内率先运用信息化手段探索快递行业转型升级之路的大型民营快递公司。2010年11月,杭州百世网络技术有限公司成功收购"汇通快运",随后更名为"百世汇通",成为百世网络旗下的知名快递品牌。2016年,"百世汇通"更名,正式以新名称"百世快递"面世。百世快递可以提供全国33个省、直辖市的高性价比"门到门"快递服务。快速高效地进行发运、中转、派送,并对客户进行标准承诺。

韵达快递,是集快递、物流、电子商务配送和仓储服务为一体的全国网络型品牌快递企业,创立于1999年8月,总部位于中国上海,服务范围覆盖国内31个省(区、市)及港澳台地区。2013年以来,韵达快递相继与日本、韩国、美国、德国、澳大利亚等国家和地区开展国际快件业务合作,为海外消费者提供快递服务。韵达快递在全国建设了70余个分拨中心,在各分拨中心安装了能够全天候、全方位进行快件安全监控的视频监控系统,实时监控快件操作、分拨和转运情况,确保快件分拨转运安全和时效。在全网络分拨中心推广应用机械化分拨、操作设备,提高了快件分拨操作质量和效率。

四通一达,这五家民营快递公司,随着电子商务发展应运而生,淘宝天猫的大部分快递业务都在这五家快递公司手上。四通一达的快递服务,C2C卖家应该都比较熟悉。

上述对典型案例的介绍,参考了相关企业的官方网站。若要了解更多典型案例企业在电子商务和物流服务方面的最新发展动态,可以进一步访问和研究相关官方网站。

**【本章小结】**

(1) C2C是一个电子商务专用语,C2C即Consumer to Consumer,其中C指的是消费者,消费者的英文单词是Consumer,所以简写为C,又因为英文中的2的发音同to,所以Consumer to Consumer就简写为C2C。从概念上说,C2C电子商务是指消费者对消费者的电子商务。

(2) 个人与个人之间的电子商务,不一定就是C2C电子商务,要看两个"个人"是否都是消费者。经营二手商品的网站不一定就是C2C电子商务。C2C电子商务是发生在两个消费者之间的行为,这一点应该比较明确。

(3) C2C电子商务是消费者之间的电子商务应用。按照交易性质,C2C电子商务应用一般可以分为三类:第一类是二手交易,对旧品和服务的交易;第二类是租赁交易,对服务和产品的租赁;第三类是协作分享,对物品和信息的分享。按照交易或服务复杂性,C2C电子商务平台一般可分为两大类：综合性 C2C 网站和垂直/行业性 C2C 网站。按照平台性质和类型，C2C 电子商务平台一般可分为两大类：消费者二手交易平台和消费者社交网络平台。

(4) C2C 电子商务主要有四个方面的特点：辅助性、节约性、繁杂性和创意性。C2C 电子商务应用具有两方面可操作性：一是能够为用户带来真正的实惠；二是能够吸引用户。

(5) C2C 电子商务中的主要问题包括：①交易合规与权益保障；②交易信用与风险控制；③定价机制与认证服务；④收入水平与平台发展。

(6) C2C 电子商务平台一般都是第三方服务商提供的，C2C 电子商务平台的盈利模式一般包括：会员费、交易服务费、广告费、搜索排名竞价、增值服务费。

(7) 从表面上，C2C 电子商务物流服务应该与 B2C 电子商务物流服务类似，其实有很大不同，因为在 C2C 电子商务应用中，物流服务主体由商家变成了个人。C2C 电子商务物流的一些典型服务需求包括：包装、托运、仓配、退换货、退款、订单管理等。

(8) C2C 电子商务物流是 C2C 电子商务应用中面临的物流问题。C2C 电子商务物流一般有如下三个方面的特点：①单件或小件托运；②送货成本比较高；③价格敏感性较高。

(9) C2C 电子商务物流有如下两种服务模式：①卖家自主物流服务模式。C2C 卖家一般只能依靠邮政快递服务或社会物流服务来解决 C2C 电子商务物流问题。②平台主导物流服务模式。C2C 平台主导的电子商务物流服务，一般可以有三种形式：自营物流服务、外包物流服务以及物流自建和外包相结合服务。

**思考与练习**

1. 为什么说淘宝网不是典型的 C2C 电子商务应用？
2. 二手货品经营网站一定是 C2C 电子商务平台吗？
3. 在 C2C 电子商务应用中需要考虑哪些主要问题？
4. C2C 电子商务平台的盈利模式一般包括哪几种？
5. C2C 电子商务物流一般考虑哪些典型服务需求？
6. 考察京东拍拍二手交易平台，说明其是否是 C2C？
7. 如何理解 C2C 平台主导电子商务物流服务模式？

# 7 跨境电子商务与物流管理

**【本章概要】**
　　这一章,首先介绍跨境电子商务应用的概念和内涵、主要分类、关键问题、政策环境和发展现状,然后讨论跨境电子商务物流的典型需求、主要特点以及服务模式,最后讨论跨境电子商务与物流的典型案例。

**【学习目标】**
　　(1) 理解跨境电子商务应用的概念与内涵。
　　(2) 掌握跨境电子商务应用的主要分类。
　　(3) 掌握跨境电子商务应用的关键问题。
　　(4) 了解跨境电子商务应用的政策环境。
　　(5) 了解跨境电子商务应用的发展现状。
　　(6) 掌握跨境电子商务物流的典型需求。
　　(7) 掌握跨境电子商务物流的主要特点。
　　(8) 掌握跨境电子商务物流的服务模式。
　　(9) 了解跨境电子商务与物流典型案例。

**【基本概念】**
　　跨境电子商务,电子商务物流,需求分析,服务模式,典型案例。

## 7.1 跨境电子商务应用与发展概述

　　跨境电子商务是目前中国政府非常重视的一类电子商务应用。这一节首先讨论跨境电子商务的概念和内涵,然后分析讨论跨境电子商务的主要分类、关键问题、政策环境,最后讨论跨境电子商务应用的发展现状。

### 7.1.1 跨境电子商务应用的概念与内涵

　　跨境电子商务,简称跨境电商,在国际上流行的说法叫 Cross-border E-commerce,也叫 Online International Trade(在线国际贸易),从概念上说,是指分属不同关境的商业主体,通过电子商务平台达成交易,并通过跨境支付、跨境通关、跨境物流及异地仓储完成交易的电子商务应用。

　　从字面上理解,跨境电子商务就是面向跨境贸易的电子商务。马云创立阿里巴巴的初衷就是让天下没有难做的生意,阿里巴巴国际交易市场是阿里巴巴集团最先创立的业务,是领先的全球批发贸易平台。阿里巴巴国际交易市场上的买家来自全球 200 多个国家和地区,一般是从事进出口业务的贸易代理商、批发商、零售商、制造商及中小企业。但是,早期电子商务在外贸领域的应用,一般称为外贸电子商务或者外贸电商。跨境电子商务(或跨境电商)这个术语,2009年前在一些重要文献中比较少见。

从狭义上看,跨境电商基本等同于跨境零售。跨境零售指的是分属于不同关境的交易主体,借助计算机网络达成交易,进行支付结算,并通过跨境物流将商品送达消费者手中的交易过程。通常,跨境电商,从海关来说,等同于在网上进行快递或小包的买卖,基本上针对消费者。而从严格意义上说,随着跨境电商的发展,跨境零售消费者中也会含有一部分碎片化小额买卖的B类商家用户,但现实中这类B类商家和C类个人消费者很难区分,也很难界定B类商家和C类个人消费者之间的严格界限,所以,从总体上来讲,这部分针对B类商家的销售也归属于跨境零售部分(图7-1)。

从广义上看,跨境电商,基本等同于外贸电商,是指分属不同关境的交易主体,通过电子商务的手段将传统进出口贸易中的展示、洽谈和成交环节电子化,并通过跨境物流送达商品、完成交易的一种电子商务应用。

从更广意义上看,跨境电商,就是电子商务在进出口贸易中的应用,是传统国际贸易商务流程的电子化、数字化和网络化。它涉及许多方面的活动,包括货物的电子贸易、在线数据传递、电子资金划拨、电子货运单证等内容。从这个意义上看,在国际贸易环节中只要涉及电子商务应用都可以纳入这个统计范畴内。

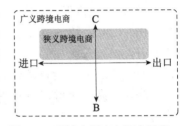

图7-1 跨境电子商务概念界定

根据跨境电商模式的不同,平台提供支付结算、跨境物流送达、金融贷款服务等的内容均有不同。一般来说,跨境电商需满足如下几方面条件:①交易双方分属不同的经济体(国家或地区)。②通过电子商务手段达成交易。③完成在线支付、运输办理等一系列基本流程。④从事商品交换活动。

近年来,国家大力推进跨境电子商务发展,它肩负着我国对外贸易转型升级的使命。跨境电子商务行业由于受宏观环境和政府宽松的政策环境的影响,得以发展迅速,市场竞争也日益激烈。我国政府对于跨境电子商务的发展非常重视,从2013年到现在,一系列政策措施的落地为跨境电商营造了良好的发展环境。随着中国经济转型发展正跨入"消费升级"全新时代,电商不断创造着新的消费需求,引发了新一轮的投资热潮,开辟了就业增收新渠道,为大众创业、万众创新提供了空间与舞台。

### 7.1.2 跨境电子商务应用的主要分类

跨境电子商务是电子商务对跨境贸易的服务形式。下面主要从电子商务和跨境贸易的不同视角,讨论目前对跨境电子商务应用(平台)的分类。

1) 按照市场主体的属性分类

通常,电子商务应用可以划分成B2B电子商务、B2C电子商务、C2C电子商务等。跨境电子商务也可有不同的应用模式之分,可以分为:B2B跨境电子商务、B2C跨境电子商务、C2C跨境电子商务等。

(1) B2B跨境电子商务　B2B跨境电商是商家与商家之间(Business-to-Business)通过互联网跨境平台进行商品与服务等数据信息传递而后达成交易的电子商务应用。B2B跨境电商的卖家一般为大中型企业,提供企业产品与服务等相关信息,最终客户为企业或集团客户。目前,在中国跨境电商市场交易规模中,B2B跨境电商市场交易规模约占总交易规模的90%。在跨境电商市场中,企业级市场仍处于主导地位。代表性企业有:阿里巴巴国际站、中国制造网、环球资源网、环球市场网、大龙网、易单网等。

(2) B2C跨境电子商务　B2C跨境电商是商家(Business)针对消费者(Consumer)开展的跨境电子商务,是指分属不同关境的企业直接面向个人消费者开展在线销售产品和服务,通过电商平台达成交易,进行支付结算,并通过跨境物流送达商品,完成交易的电子商务应用。B2C跨境电商的卖方是商家,面对的是终端消费者。目前我国B2C类的跨境电子商务在整体跨境电商的交易规模中的比重正在逐年攀升,在未来或将迎来大规模增长。代表性企业有:阿里巴巴速卖通(AliExpress)、敦煌网、兰亭集势、京东全球购、执御等。

(3) C2C跨境电子商务　C2C跨境电商是分属不同关境的消费者卖方(Consumer)与消费者买方(Consumer)依托第三方平台进行的跨境电子商务应用。卖方对买方在线销售产品和服务,由卖家通过第三方电商平台发布产品和服务售卖、产品信息、价格等内容,买方进行筛选,最终通过电商平台达成交易,进行支付结算,并通过跨境物流送达商品,完成交易的电子商务应用。C2C跨境电商市场一直存在,虽然仍然处于小众,但是其发展的意义重大。代表性企业有:eBay等。

2) 按照进出口货物流向分类

跨境贸易一般可以分成两大类:进口贸易和出口贸易。跨境电子商务从进出口方向分为:

(1) 出口跨境电子商务　目前我国跨境电子商务还是以出口型为主,出口型跨境电商指的是我国出口企业通过跨境电商平台进行商品展示、完成交易并用线下跨境物流渠道将商品出口至境外市场的电子商务应用。代表性企业有:阿里巴巴速卖通、亚马逊海外购、eBay、兰亭集势等。

(2) 进口跨境电子商务　进口型跨境电商是指将境外的商品通过跨境电子商务平台销售到我国境内市场的电子商务应用。平台一般为自营型,即通过海外买手采购商品并将商品运送至国内保税仓,通过平台上商品的展示促成交易,买方一般为国内的终端消费者。进口型跨境电商的物流速度相对较快,但一般慢于国内电商。代表性企业有:天猫国际、京东全球购、洋码头、小红书等。

3) 按照销售品类差异分类

按照跨境贸易中销售品类的差异,跨境电子商务(平台)可以分成两大类:

(1) 垂直型跨境电子商务　垂直型跨境电商包括产品类垂直跨境电商和地域性垂直跨境电商。产品类垂直跨境电商即平台上所售商品只涉及某个行业或某个细分市场,并在这一领域做大做深,如母婴类、建材类;地域性垂直跨境电商即平台商品只专注销往某一个地域或区域。代表性企业有:易单网、蜜芽等。

(2) 综合型跨境电子商务　与垂直型跨境电商相对应,综合型跨境电商指的是平台上所售商品的品类比较全面与综合,种类较多,涉及多个行业的方方面面。代表性企业有:阿里巴巴速卖通、亚马逊、eBay、Wish等。

4) 按照交易服务流程分类

按照电子商务在跨境贸易中提供的不同服务,跨境电子商务平台可以分为:

(1) 信息服务平台(交易前)　信息服务平台主要是为境内外会员商户提供网络营销平

台，展示与传递供应商等商家的商品或服务信息，促进供应商与采购商或买卖双方之间完成交易。代表性企业有：阿里巴巴国际站、中国制造网、环球市场网、环球资源网。

(2) 在线交易平台（交易中） 在线交易平台不仅提供企业的产品、服务等多方面信息，而且可以通过平台完成搜索、咨询、对比、下单、支付、物流、评价等全购物链环节。在线交易平台模式正在逐渐成为跨境电商中的主流模式。代表性企业有：阿里巴巴速卖通、敦煌网、炽昂科技(Focal Price)。

(3) 综合服务平台（交易后） 外贸综合服务平台在交易双方完成了信息服务与在线交易等环节之后，为商户提供物流、通关等流程或全流程一条龙服务，并收取一定的服务费用。代表性平台有：一达通、世贸通。

5) 按照平台运营方属性分类

按照平台运营方属性的不同，可以将跨境电子商务平台分成两大类：

(1) 自营型跨境电子商务平台 自营型电商在线上搭建平台，平台方整合供应商资源，以较低的进价采购商品，然后以较高的售价出售商品，其主要以赚取商品差价为盈利模式。由于商品基本上都是平台自营的，商品品质有保障，货源稳定，且配套服务方便快捷，可信赖度较高。但其总体运营成本较高，平台需要承担退换货、商品滞销等所有问题，相比第三方开放型平台，存在着较高的运营风险。代表性企业有：兰亭集势、炽昂科技、京东全球购、网易考拉。

(2) 第三方开放型跨境电子商务平台 第三方开放型平台通过线上搭建商城，并整合物流、支付、运营等服务资源，吸引品牌商、制造商等商家及经销商等买家入驻，为其提供跨境电商交易服务。平台以收取商家佣金及增值服务佣金为主要的盈利模式，但并不从事商品的购买与销售。一般而言，平台上商品种类较为丰富、网站流量较大，各项服务方便快捷，但不能很好地保障商品的质量。代表性企业有：阿里巴巴国际站、阿里巴巴速卖通、敦煌网、环球资源网。

6) 按照盈利模式的不同分类

按照跨境电子商务平台盈利模式的不同，可以将跨境电商平台分成以下五种：

(1) 传统跨境大宗交易平台（大宗 B2B） 大宗 B2B 为境内外会员商户提供网络营销平台，传递供应商或采购商等合作伙伴的商品或服务信息，并最终帮助双方完成交易。这种平台主要依靠收取会员费和营销推广费盈利。

(2) 综合门户类跨境小额批发或零售平台（小宗 B2B 或 C2C） 小宗 B2B 或 C2C 为独立第三方销售平台，不参与物流、支付等交易环节。其收入来源主要是交易佣金，此外还包括会员费、广告费等增值服务费。

(3) 垂直类跨境小额批发零售平台（独立 B2C） 独立 B2C 为批发零售平台，同时自建 B2C 平台（含物流、支付、客服体系），将产品销往海外。销售收入为其主要的收入来源。

(4) 专业第三方服务平台（代运营） 专业第三方服务平台不直接或间接参与任何电子商务的买卖过程，而是为行业不同、模式各异的从事小额跨境电子商务的公司提供通用的解决方案，帮助客户提供后台的支付、物流及客户服务、涉外法律顾问等模块服务。

(5) 外贸综合服务平台 外贸综合服务平台为跨境电商商家提供外贸出口一条龙服务，如一达通。国家也有外贸综合服务企业的提法。

7) 按照 E 贸易平台概念分类

2012 年"E 贸易"的概念被提出后，跨境电子商务可以分为：一般跨境电子商务和 E 贸易跨境电子商务。

E贸易，以中国郑州的河南保税物流中心的特殊功能为前提要件，结合河南中部内陆区域的物流特性、企业的强烈需求，参考国家的相关政策，研究利用保税中心的平台功能，搭建一个跨境贸易电子商务综合服务平台。

E贸易，是为解决目前电子商务从业者遇到的报关、结汇、退税等问题而探索出的创新业务模式，是为了顺应新型贸易电子商务飞速发展需求而建立的一个综合性服务平台。其服务主体是电商及电商平台（如阿里巴巴、eBay、敦煌等）、物流商（如EMS、UPS等）、金融服务机构（如支付宝、贝宝、银联等第三方支付平台）。

这个模式利用了保税区的进口保税、入区退税、国际分拨等功能，对跨境电子商务产品采取出口产品入区退税、进口产品出区征税的管理办法，同时利用经营团队的海外国际物流分拨配送系统，建立起一个全球性的电子商务物流供应链服务体系。

除了上述对跨境电子商务的分类，现实中还可能有其他角度的分类，如：按照地域不同区分不同的跨境电子商务平台，北美跨境电商平台、欧洲跨境电商平台、中东跨境电商平台、东南亚跨境电商平台、拉美跨境电商平台等。也有按照企业类型讨论跨境电子商务分类的。

### 7.1.3 跨境电子商务应用的关键问题

跨境电子商务是不同关境商业主体间的电子商务应用。跨境电子商务的特殊性就在于服务于跨境贸易。与境内电子商务比较，相对而言，过程比较复杂。跨境电子商务一般需要考虑如下一些关键问题：

1) 跨境通关

与境内电子商务不同的，跨境电子商务应用必须考虑跨境通关问题。跨境购买或销售的商品都必然面对海关通关问题。海关通关管理制度不仅影响货物送达速度，而且还涉及退税、结汇以及贸易安全等问题。

不同国家海关的通关管理制度不完全一样。美国、澳大利亚、加拿大海关关于跨境贸易电子商务的申报方式，主要由商品价值和运输方式决定，可分为正式报关和非正式报关（美国）、正式申报和低值货物自评申报（澳大利亚）、正常申报和低值货物申报（加拿大）；欧盟海关则要求跨境网购的进口商品必须如实申报品名、性质和价值；中国则以商品进出境时海关确定的进出境目的为准，结合进出境运输方式对货物和物品分别适用不同的报关程序。此外，各国都规定跨境贸易进口商品必须符合各国对禁止和限制性商品进口以及相关许可证等方面的要求。

现阶段，我国与跨境电商进出口通关直接相关的通关模式主要有七种，分别是0110、1039、1210、1239、9610、9710、9810。从类别来说，跨境B2B和B2C所采用的报关模式会不同。B2B所采用的模式为：9710、9810、0110、1039。而B2C跨境电商多采用9610、1210、1239通关。

(1) 0110模式　0110模式即传统B2B外贸的常用报关模式，指我国境内有进出口经营权的企业单边进出口的贸易。其交易的货物是企业单边售定的正常贸易的进出口货物，而且在生产环节消耗的料件正常付款并交税。

(2) 1039模式　海关总署2014年第54号公告：增列海关监管方式代码"1039"，全（简）称"市场采购"，仅限于在义乌市市场集聚区采购的出口商品。

(3) 1210模式　海关总署2014年第57号公告：增列海关监管方式代码"1210"，全称"保税跨境贸易电子商务"。该模式适用于境内个人或电子商务企业在经海关认可的电子商务平台实现跨境交易,并通过海关特殊监管区域或保税监管场所进出的电子商务零售进出境商品[海关特殊监管区域、保税监管场所与境内区外(场所外)之间通过电子商务平台交易的零售进出口商品不适用该监管方式]。"1210"监管方式用于进口时仅限经批准开展跨境贸易电子商务进口试点的海关特殊监管区域和保税物流中心(B型)。这一模式的优点在于跨境电商网站可将尚未销售的货物整批发送至国内保税物流中心,在电子商务平台进行零售,卖一件,清关一件。

(4) 1239 模式　海关总署公告 2016 年第 75 号:增列海关监管方式代码"1239","1239"全称"保税跨境贸易电子商务 A",简称"保税电商 A"。"1239"监管方式适用于境内电子商务企业通过海关特殊监管区域或保税物流中心(B型)一线进境的跨境电子商务零售进口商品。企业完成备案及通关手续,电商货物批量入境,进入海关监管场所或保税监管区域,网上产生订单后,在区内打包并申报清单,捆绑车辆配送出区,事后集中缴纳税款。

(5) 9610 模式　海关总署 2014 年第 12 号公告:增列海关监管方式代码"9610",全称"跨境贸易电子商务",就是我们日常所熟知的跨境电商直邮"集货模式"。该模式适用于境内个人或电子商务企业通过电子商务交易平台实现交易,并采用"清单核放、汇总申报"模式办理通关手续的电子商务零售进出口商品(通过海关特殊监管区域或保税监管场所一线的电子商务零售进出口商品除外)。这一模式优点正是"清单核放、汇总申报",解决了跨境电商 B2C 订单数量少、批次多的问题。

(6) 9710 模式　海关总署 2020 年第 75 号公告:增列海关监管方式代码"9710",全称"跨境电子商务企业对企业直接出口",简称"跨境电商 B2B 直接出口"。该模式适用于境内企业通过跨境电商平台与境外企业达成交易后,通过跨境物流将货物直接出口送达境外企业;或境内企业将出口货物通过跨境物流送达海外仓,通过跨境电商平台实现交易后从海外仓送达购买者;并根据海关要求传输相关电子数据的,按照本公告接受海关监管。

(7) 9810 模式　海关总署 2020 年第 75 号公告:增列海关监管方式代码"9810",全称"跨境电子商务出口海外仓",简称"跨境电商出口海外仓",适用于跨境电商出口海外仓的货物。

2) 跨境物流

与境内电子商务不同的,跨境电子商务应用必须考虑跨境物流问题。跨境购买或销售的商品都必然面对跨境物流问题。跨境物流是指以海关关境两侧为端点的实物和信息有效流动和存储的计划,实施和控制管理过程。结合跨境电商及物流的概念与特点,可将跨境电商物流定义为:在电子商务环境下,依靠互联网、大数据、信息化与计算机等先进技术,物品从跨境电商企业流向跨境消费者的跨越不同国家或地区的物流活动。

在可预见的未来,跨境电商市场仍将快速增长。但目前市面上的跨境物流服务尚不完善。比如:跨境零售物流普遍存在着时效、服务、价格等痛点,大大影响了消费者的体验。这背后的深层原因在于跨境物流环节多、参与企业多,大大增加了各环节的衔接难度和复杂性,且信息传递也不透明。

跨境电商与跨境物流高度正相关,二者存在长期稳定的均衡关系,且互为格兰杰因果关系。从长期来看,跨境电商与跨境物流的关系主要表现为相互正向促进,但也存在一定的相互抑制,且跨境电商对跨境物流的长期依赖性要强于跨境物流对跨境电商的依赖。

3) 跨境支付

随着现在跨境电商爆发式的增长,出境游、出国留学的火热,跨境支付作为基础服务,有着巨大的潜力。从"跨境"这个词字面意思上来看,我们可以知道此类支付场景是具有空间性特点的。对于和我们相关的跨境电商而言,因为所处国家的不同,我们买卖双方付款或收款的货币也是不同的。

跨境支付,就是A国家的人买B国家的商品或者B国家买A国家的商品,这个时候就会产生支付、收款、物流、渠道和售后等问题,尤其是支付和收款,卖家需要面对通关退税、境外买家支付的外币在国内不能直接兑换成人民币、资金回笼时的外汇等多个问题,而很多中小型企业和商家是缺乏跨境支付的经验和能力的,解决这些问题就需要第三方支付平台。不同跨境电商平台卖家可以根据自身需求选择不同的支付方式。但是从目前的跨境电商情况来看,很多地方,比如:东南亚、中东等地区以及印度等国的线上第三方支付渗透率其实不高。

跨境电子支付的出现,为跨境电子商务参与主体提供了便捷高效的支付结算方式,推动了跨境电子商务进出口业务的发展,但因为支付结算作为各国监管相对严格的金融行业领域,所以跨境电子支付遇到了监管差异、准入限制等方面的挑战。

4)市场监管

跨境电子商务发展也有市场监管问题。在跨境电商蓬勃发展的同时,我们必须清醒意识到,合规经营是不可忽视的。跨境电商企业与平台就消费者权益保障明确双方责任、权利和义务。企业承担消费维权责任,包括商品信息披露、退换货、不合格或缺陷商品召回以及赔付责任等。跨境电商企业和平台履行对消费者的提醒告知义务,在商品订购网页或其他醒目位置向消费者提供风险告知书,消费者确认同意后方可下单购买。跨境电商企业和平台建立商品质量安全风险防控机制,包括收发货质量管理、库内质量管控、供应商管理、及时发布商品风险监测信息和预警信息等。跨境电商企业承担商品质量安全的主体责任,须建立健全网购保税进口商品质量追溯体系,追溯信息至少涵盖国外启运地至国内消费者的完整物流轨迹。原则上不允许网购保税进口商品在海关特殊监管区域外开展"网购保税+线下自提"模式,意味着经营线下展示(体验)店的跨境电商企业或平台须严格区分网购保税进口商品与一般贸易进口完税商品,限制网购保税进口商品在线下展示(体验)店直接提货。跨境电商平台建立防止跨境电商零售进口商品虚假交易及二次销售的风险控制体系,加强对短时间内同一购买人、同一支付账户、同一收货地址、同一收件电话反复大量订购以及盗用他人身份进行订购等非正常交易行为的监控,采取相应措施予以控制。打击"虚假交易和二次销售"的同时,对通过跨境电商刷单的行为进行监控。

国家市场监管总局等部门发布的《关于印发2019网络市场监管专项行动(网剑行动)方案的通知》指出,严格海外代购行为监管,加大对跨境电商进出口环节整治力度。加强对网络销售禁止交易商品的监测监管工作,不断净化网络市场环境。严厉打击网上销售假冒伪劣产品、不安全食品及假药劣药,营造放心消费环境。规范电子商务经营主体,集中整治非法主体互联网应用(网站、App等)。

5)客户服务

客户服务的好坏直接影响到购买回头率,客户服务是企业与其客户的交流方式。市场营销、销售、服务与技术支持等与客户有关的领域都属于客户服务范畴。无论其所提供的产品是量化的物,还是无形的服务,最终都将受到市场和普通消费者的检验,客户服务首先是一种服务理念,其核心思想是将企业的客户作为最重要的企业资源,通过完善的客户服务和深入的客户分析来满足客户的需求,保证实现客户的终生价值。

作为跨境电商卖家,提供优质的客户服务是业务的重要组成部分。很多卖家可能会忽略客户服务这一块,尤其是售后服务。但是我们需要明白,提供及时专业的客户服务、提升用户的购物体验对于卖家长期的经营成功至关重要。

6) 数据安全

在跨境电子商务应用中,业务数据和客户数据越来越受到重视。随着海外消费购物的线上化,跨境电商的布局也越来越依赖于线上运营和系统的IT架构,为消费者提供更好服务。但是,一旦忽视数据合规,企业便可能遭受巨大的风险。

数据合规问题可能会带来归零风险,最典型的案例便是2020年印度政府下架众多中国App。2019年,印度政府出台了个人数据保护法,自2020年生效后,数百款来自中国的应用被印度政府以数据安全为名下架,其中不少是国内的跨境电商企业。在这一事件中,其中一款全球运营的跨境电商企业蒙受的损失相对较小,而专注于印度市场的跨境电商企业则遭受了致命的打击。

截至2020年,欧盟数据保护当局就开出了超过200多张罚单,其中违法行为包括像非法监视员工、对用户数据处理不当以及未采取到位的技术措施以避免数据泄露等等。而迄今为止最大的一笔罚单罚款金额高达1.83亿英镑,折合人民币多达15.8亿元。

2021年6月10日,第十三届全国人民代表大会常务委员会第二十九次会议正式通过并公布《中华人民共和国数据安全法》,于2021年9月1日起施行。作为数据领域的基础性法律和国家安全领域的一部重要法律,《中华人民共和国数据安全法》集中、全面地体现我国当前数据安全监管思路。在跨境电子商务应用中,跨境电商平台或企业要高度重视数据安全和数据合规问题。

### 7.1.4 跨境电子商务发展的政策环境

我国政府十分重视电子商务和跨境电子商务发展,出台了一系列促进和规范跨境电子商务应用发展的相关法规和政策,从而为我国跨境电子商务发展创造了很好的政策环境。

1) 2004—2008年:政策萌芽期,以初步规范为主

(1) 2004年8月28日,第十届全国人民代表大会常务委员会第十一次会议通过《中华人民共和国电子签名法》(2015年4月24日第一次修正,2019年4月23日第二次修正),自2005年4月1日起施行。《中华人民共和国电子签名法》是为了规范电子签名行为,确立电子签名的法律效力,维护有关各方的合法权益而制定的法律。

(2) 2005年1月8日,国务院办公厅发布《国务院办公厅关于加快电子商务发展的若干意见》,为贯彻落实党的十六大提出的信息化发展战略和十六届三中全会关于加快发展电子商务的要求,就加快我国电子商务发展有关问题提出具体指导意见。

(3) 2007年12月13日,商务部发布《商务部关于促进电子商务规范发展的意见》,为进一步贯彻落实《国务院关于促进流通业发展的若干意见》(国发〔2005〕19号)和《国务院办公厅关于加快电子商务发展的若干意见》(国办发〔2005〕2号),结合我国电子商务发展的新情况,就促进电子商务规范发展提出具体意见。

(4) 2008年从4月25日到5月11日,商务部在网上就《电子商务模式规范》和《网络购物服务规范》征求意见。

2) 2009—2012年:政策发展期,以支持引导为主

2009年7月1日,中国人民银行发布《跨境贸易人民币结算试点管理办法》,对我国跨境贸易人民币结算试点的业务范围、运作方式、试点企业的选择、清算渠道的选择等问题做了具

体规定。

2009年7月3日,中国人民银行制定了《跨境贸易人民币结算试点管理办法实施细则》,主要目的是解决在跨境贸易人民币结算中出现的问题。

2009年11月30日,商务部发布《商务部关于加快流通领域电子商务发展的意见》,对扶持传统流通企业应用电子商务开拓网上市场,培育一批管理运营规范、市场前景广阔的专业网络购物企业和网上批发交易企业做了具体规定。

2010年5月31日,国家工商行政管理总局法规司颁布《网络商品交易及有关服务行为管理暂行办法》,对网络商品经营者和网络服务经营者在中华人民共和国境内从事网络商品交易及有关服务行为做了具体规定。

2010年6月14日,中国人民银行颁布《非金融机构支付服务管理办法》,针对从事支付业务的非金融机构,在促进支付服务市场健康发展、规范非金融机构支付份额无行为、规范支付风险、保护当事人的合法权益等方面做了具体规定。

2010年6月24日,商务部发布《关于促进网络购物健康发展的指导意见》,对完善服务与管理体制、健全法律与标准体系、改善交易环境、培育市场主体、拓宽网络购物领域、规范交易行为等做了具体规定。

2011年11月4日,中国人民银行颁布《支付机构客户备付金存管暂行办法》,规范支付机构客户备付金的管理,保障当事人的合法权益,促进支付行业健康发展。

2012年1月5日,中国人民银行颁布《支付机构互联网支付业务管理办法(征求意见稿)》,针对支付机构,在规范和促进互联网支付业务发展、防范支付风险、保护当事人的合法权益等方面做了具体规定。

2012年3月12日,商务部发布《关于利用电子商务平台开展对外贸易的若干意见》,提出电子商务平台开展对外贸易过程中的通关、退税、融资、信保等政策性问题。

2012年5月8日,国家发展改革委办公厅发布《关于组织开展国家电子商务示范城市电子商务试点专项的通知》,提出跨境贸易电子商务服务试点由海关总署组织有关示范城市开展跨境贸易电子商务服务试点工作。

2012年6月1日,国家工商行政管理总局颁布《网络商品交易及服务监管条例》,以《网络商品交易及有关服务行为管理暂行办法》为基础,涵盖了电子商务市场诸多细分领域,涉及交易监管层、广大网络消费者、网络经营者/服务提供者、交易平台等市场主体。

3) 2013年至今:政策爆发期,通过出台政策鼓励产业发展

2013年3月17日,国家外汇管理局发布《支付机构跨境电子商务外汇支付业务试点指导意见》,明确了试点业务申请、试点业务管理、支付机构外汇备付金账户管理、风险管理、监督检查等问题。支持跨境电子商务发展,规范支付机构跨境互联网支付业务,防范互联网渠道外汇支付风险,在上海、北京、深圳等地开展跨境支付的试点工作。

2013年4月15日,国家发改委发布《关于实施支持跨境电子商务零售出口有关政策的意见》,明确进一步促进电子商务健康快速发展,继续加快完善支持电子商务创新发展的法规政策环境。

2013年7月28日,国务院办公厅发布《关于促进进出口稳增长、调结构的若干意见》,提出积极研究以跨境电子商务方式出口货物(B2C/B2B等方式)所遇到的海关监管、退税、检验、外汇收支、统计等问题,完善相关政策。

2013年8月21日,国务院办公厅转发商务部等部门《关于实施支持跨境电子商务零售出

口有关政策的意见》,针对支持跨境电子商务零售出口提出了确定电子商务出口经营主体、建立电子商务出口新型海关监管模式并进行专项统计、建立电子商务出口检验监管模式、支持电子商务出口企业正常收结汇、鼓励银行机构和支付机构为跨境电子商务提供支付服务、实施适应电子商务出口的税收政策、建立电子商务出口信用体系等一系列政策。

2013年10月31日,商务部发布《关于促进电子商务应用的实施意见》,提出探索发展跨境电子商务企业对企业(B2B)进出口和个人从境外企业零售进口(B2C)等模式。加快跨境电子商务物流、支付、监管、诚信等配套体系建设。

2013年11月11日,国家质量监督检验检疫总局发布《关于支持跨境电子商务零售出口的指导意见》,针对跨境电商出口提出三条指导意见,包括建立电子商务出口企业及其产品备案管理制度、建立电子商务出口产品全申报制度、创新电子商务出口产品监管模式。

2013年12月30日,财政部、国家税务总局发布《关于跨境电子商务零售出口税收政策的通知》,明确电子商务出口企业出口货物同时符合下列条件的,适用增值税、消费税退(免)税政策;电子商务出口企业出口货物,不符合第一条规定条件,但同时符合下列条件的,适用增值税、消费税免税政策。明确跨境电子商务零售出口税收政策。电子商务出口企业出口货物,符合特定条件的,适用增值税、消费税退(免)税政策。电子商务出口货物适用退(免)税政策的,由电子商务出口企业按现行规定办理退(免)税申报。

2014年1月24日,海关总署颁布《海关总署公告2014年第12号(关于增列海关监管方式代码的公告)》,增列海关监管方式代码"9610",全称"跨境贸易电子商务"。简称"电子商务",适用于境内个人或电子商务企业通过电子商务平台实现交易,并采用"清单核放、汇总申报"模式办理通关手续的电子商务零售进出口商品。

2014年2月27日,国家税务总局发布《国家税务总局关于外贸综合服务企业出口货物退(免)税有关问题的公告》,明确外贸综合服务企业以自营方式出口国内生产企业与境外单位或个人签约的出口货物,在规定情形下,可由外贸综合服务企业按自营出口的规定申报退(免)税。退(免)税时,应在第15栏(业务类型)、第19栏〔退(免)税业务类型〕填写"WMZHFW"。

2014年3月4日,海关总署发布《关于跨境贸易电子商务服务试点网购保税进口模式有关问题的通知》,明确网购保税进口模式中的试点进口商品范围、购买金额、数量、征税、企业管理等问题。

2014年7月23日,海关总署发布《关于跨境贸易电子商务进出境货物、物品有关监管事宜的公告》,进一步明确跨境电子商务进出境货物、物品通关管理、监管流程。明确电子商务企业或个人必须接受海关监管等监管要求。开展电子商务业务的企业,如需向海关办理报关业务,应按照海关对报关单位注册登记管理的相关规定,在海关办理注册登记。电子商务企业或个人、支付企业、物流企业应在电子商务进出境货物、物品申报前,分别向海关提交订单、支付、物流等信息。电子商务进出境货物、物品的查验、放行均应在海关监管场所内完成。

2014年7月30日,海关总署发布《海关总署公告2014年第57号(关于增列海关监管方式代码的公告)》,增列海关监管方式,代码"1210",全称"保税跨境贸易电子商务",简称"保税电商"。它适用于境内个人或电子商务企业在经海关认可的电子商务平台实现跨境交易,并通过海关特殊监管区域或保税监管场所进出的电子商务零售进出境商品。"1210"监管方式用于进口时仅限经批准开展跨境贸易电子商务进口试点的海关特殊监管区域和保税物流中心(B型)。

2015年1月20日,国家外汇管理局发布《关于开展支付机构跨境外汇支付业务试点的通知》,在全国范围内开展支付机构跨境外汇支付业务。

2015年5月8日,海关总署发布《海关总署关于调整跨境贸易电子商务监管海关作业时间和通关时限要求有关事宜的通知》,自2015年5月15日起,海关对跨境贸易电子商务监管实行"全年(365天)无休日、货到海关监管场所24小时内办结海关手续"的作业时间和通关时限要求。

2015年5月13日,国家质检总局发布《关于进一步发挥检验检疫职能作用促进跨境电子商务发展的意见》,提出建立跨境电子商务清单管理制度构建跨境电子商务风险监控和质量追溯体系创新跨境电子商务检验检疫监管模式。

2015年6月9日,国家质检总局发布《关于加强跨境电子商务进出口消费品检验监管工作的指导意见》,提出建立跨境电商进出口消费品监管新模式。建立跨境电商消费品质量安全风险监测机制。建立跨境电商消费品质量安全追溯机制。明确跨境电商企业的质量安全主体责任。建立跨境电商领域打击假冒伪劣工作机制。

2015年6月20日,国务院办公厅发布《国务院办公厅关于促进跨境电子商务健康快速发展的指导意见》,为促进我国跨境电子商务健康快速发展,经国务院批准,提出十二点意见。支持国内企业更好地利用电子商务开展对外贸易,鼓励有实力的企业做大做强,提供积极财政金融支持,建设综合服务体系,加强多双边国际合作。

2016年3月24日,财政部、海关总署、国家税务总局联合发布《关于跨境电子商务零售进口税收政策的通知》,宣布:自2016年4月8日起,中国将实施跨境电子商务零售(企业对消费者,即B2C)进口税收政策,并同步调整行邮税政策。按照该通知表述,对跨境电子商务零售进口商品,不再按行邮税计征,而是按照货物征收关税和进口环节增值税、消费税。但与此同时,不属于跨境电商零售进口的个人物品,以及无法提供交易、支付、物流等电子信息的跨境电子商务零售进口商品,可以按现行规定执行。

2016年4月8日,财政部等11个部门发布《关于公布跨境电子商务零售进口商品清单的公告》,清单内的商品将免于向海关提交许可证件,检验检疫监督管理按照国家相关法律法规的规定执行;直购商品免于验核通关单,网购保税商品"一线"进区时需按货物验核通关单、"二线"出区时免于验核通关单。

2016年4月6日,海关总署发布《关于跨境电子商务零售进出口商品有关监管事宜的公告》,要求自4月8日起实施新的跨境电子商务监管政策。这些政策在主要从事进口的跨境电子商务企业中产生了极大的反响,被业界称为"4·8新政"。此次政策调整主要是对跨境电子商务零售进口建立一个长效税收与监管机制,意味着国家对跨境电子商务由早期的以促进为主转向以"促进+规范"为主。未来,跨境电子商务一系列的促进和监管措施还将陆续出台,中国的跨境电子商务将从早期的野蛮生长逐渐走向平稳、健康发展。

2016年4月15日,财政部等13个部门发布《关于公布跨境电子商务零售进口商品清单(第二批)的公告》,本批清单与财政部等11个部门《关于公布跨境电子商务零售进口商品清单的公告(2016年第40号)》中《跨境电子商务零售进口商品清单》税则号列相同的商品,其"备注"以本批清单为准。第二批清单是相关主管部门在4月7日公布清单的基础上,根据国家有关法律法规,从支持跨境电商新业态发展、有利于电商企业平稳过渡的角度研究制定的。清单中明确了商品涉及的许可证件、通关单等问题,这有利于跨境电子商务行业的规范发展。

2016年11月15日,商务部新闻发言人发表关于延长跨境电商零售进口监管过渡期的谈话。经国务院批准,2016年5月11日起,我国对跨境电商零售进口有关监管要求给予一年的过渡期,即继续按照试点模式进行监管,对天津、上海、杭州、宁波、郑州、广州、深圳、重庆、福州、平潭等10个试点城市经营的网购保税商品"一线"进区时暂不核验通关单,暂不执行化妆品、婴幼儿配方奶粉、医疗器械、特殊食品(包括保健食品、特殊医学用途配方食品等)的首次进口许可批件、注册或备案要求;对所有地区的直购模式也暂不执行上述商品的首次进口许可批件、注册或备案要求。过渡期延长的原因主要有五点:第一,还未摸索出针对跨境电商零售进口的监管政策;第二,确保跨境电商平稳发展;第三,给予充足调整时间,避免造成较大冲击;第四,跨境电商零售进口市场竞争和消费现状的需要;第五,广大跨境进口电商平台的联合"抱团"抵制。新政过渡期延长对跨境电商行业是利好的,这无疑是面向消费者继续释放"政策"红利,刺激跨境商品进口消费,促进新消费,此外也将促进顺利对接"正式执行期"。

2017年9月20日,国务院总理李克强主持召开国务院常务会议,会议指出,发展跨境电商,推动国际贸易自由化、便利化和业态创新,有利于转变外贸发展方式、增强综合竞争力。会议要求,一要在全国复制推广跨境电商综合试验区形成的线上综合服务和线下产业园区"两平台"及信息共享、金融服务、智能物流等"六体系"的成熟做法。二要再选择一批具备条件的城市建设新的综合试验区。三要围绕推动"一带一路"建设,打造互联互通外贸基础设施,鼓励建设覆盖重要国别、重点市场的海外仓。四要按照包容审慎有效的要求加大监管创新,建立跨境电商风险防范和消费者权益保障机制,打击假冒伪劣等违法行为。会议还决定,将跨境电商零售进口监管过渡期政策再延长一年至2018年底。过渡期政策延期一年,对跨境进口电商而言,无疑是一个重大的利好。过渡期政策再次延长可以给企业调整留出更多时间,未来,跨境进口电商行业会迎来新一轮整合与洗牌。

2017年11月22日,质检总局发布《关于进口婴幼儿配方乳粉产品配方注册执行日期的公告》,为进口婴幼儿奶粉松绑。公告指出,为落实《中华人民共和国食品安全法》相关规定,根据婴幼儿配方乳粉产品配方注册过渡期工作安排,现就有关事宜公告如下:以一般贸易方式进口的婴幼儿配方乳粉,其境外生产企业应当依法获得质检总局注册。境外生产企业2018年1月1日(含)后生产的输华婴幼儿配方乳粉应当依法取得食品药品监管总局产品配方注册,并在产品销售包装的标签上注明注册号。境外生产企业2018年1月1日前生产的婴幼儿配方乳粉,可进口并销售至保质期结束。

2017年11月22日,国务院关税税则委员会发布《国务院关税税则委员会关于调整部分消费品进口关税的通知》。该通知称,自2017年12月1日起,以暂定税率方式降低部分消费品进口关税。本次降低的消费品进口关税,范围涵盖食品、保健品、药品、日化用品、衣着鞋帽、家用设备、文化娱乐、日杂百货等各类消费品,共涉及187个8位税号,平均税率由17.3%降至7.7%。

2017年12月7日,商务部透露,2018年起新增5个城市适用跨境电商过渡政策,自2018年1月1日起,我国将跨境电商过渡期政策使用的范围扩大至合肥、成都、大连、青岛、苏州5个城市。政策的"松绑"代表了对跨境电商的支持和认可,对行业发展是利好的。

2018年3月3日,海关总署发布《中华人民共和国海关企业信用管理办法》,中华人民共和国海关企业信用管理办法全文共五章三十二条,自2018年5月1日起施行。2014年10月8日海关总署公布的《中华人民共和国海关企业信用管理暂行办法》同时废止。

2018年7月13日,国务院常务会议:决定新设一批跨境电子商务综合试验区,持续推进对外开放促进外贸转型升级。2018年7月24日,国务院发布国务院关于同意在北京等22个城市设立跨境电子商务综合试验区的批复。同意推动跨境电商在更大范围发展,择优选择电商基础条件好、进出口发展潜力大的地方,并向中西部和东北地区倾斜,在北京、呼和浩特、沈阳、长春、哈尔滨、南京、南昌、武汉、长沙、南宁、海口、贵阳、昆明、西安、兰州、厦门、唐山、无锡、威海、珠海、东莞、义乌22个城市新设一批跨境电商综合试验区。

2018年8月31日,十三届全国人大常委会第五次会议表决通过《中华人民共和国电子商务法》,自2019年1月1日起施行。《中华人民共和国电子商务法》(以下简称《电子商务法》)是我国电商领域首部综合性法律。其中,《电子商务法》新增第二十六条"电子商务经营者从事跨境电子商务,应当遵守进出口监督管理的法律、行政法规和国家有关规定",将跨境电子商务经营者纳入本法管辖范围,也规定了受本法约束的同时,还应当遵守其他法律法规及规定。

2018年9月4日,海关总署发布《关于修订跨境电子商务统一版信息化系统企业接入报文规范的公告》。公告明确了跨境电子商务统一版信息化系统企业申报数据项接入报文规范修订事宜。本公告自2018年9月30日起施行。

2018年9月26日,国务院关税税则委员会发布公告,11月1日起,我国降低1585个税目的进口关税,主要涉及人民生产和生活所需的众多工业品,包括机电设备、零部件及原材料等,平均税率由10.5%降至7.8%,平均降幅约26%。至此,我国关税总水平从9.8%降至7.5%。这是继1449个税目商品7月1日迎来降税之后,国务院再推一批更大规模降税。

2018年9月28日,财政部等四部门发布《关于跨境电子商务综合试验区零售出口货物税收政策的通知》。该通知指出,对综合试验区(以下简称"综试区")电子商务出口企业出口未取得有效进货凭证的货物,同时符合相关条件的,试行增值税、消费税免税政策。电子商务出口企业在综试区注册,并在注册地跨境电子商务线上综合服务平台登记出口日期、货物名称、计量单位、数量、单价、金额。

2018年10月25日,海关总署发布《关于〈中华人民共和国进境物品归类表〉和〈中华人民共和国进境物品完税价格表〉的公告》。公告对2016年第25号公告公布的《中华人民共和国进境物品归类表》及《中华人民共和国进境物品完税价格表》进行相应调整,归类原则和完税价格确定原则不变,自2018年11月1日起执行。

2018年11月8日,海关总署发布《海关总署公告2018年第179号(关于实时获取跨境电子商务平台企业支付相关原始数据有关事宜的公告)》。该公告规定参与跨境电子商务零售进口业务的跨境电商平台企业应当向海关开放支付相关原始数据,供海关验核。上述开放数据包括订单号、商品名称、交易金额、币制、收款人相关信息、商品展示链接地址、支付交易流水号、验核机构、交易成功时间以及海关认为必要的其他数据。

2018年11月8日,海关总署发布《海关总署公告2018年第164号(关于启用进出境邮递物品信息化管理系统有关事宜的公告)》。为进一步严密进出境邮件监管,提高邮件通关效率,海关总署决定自2018年11月30日起在全国海关推广使用进出境邮递物品信息化管理系统,海关总署与中国邮政集团公司实现进出境邮件全国联网传输数据;邮政企业办理邮件总包的进境、出境、转关手续,应当向海关传输总包路单等相关电子数据等。

2018年11月20日,财政部等13个部门发布《关于调整跨境电商零售进口商品清单的公告》。该公告公布《跨境电子商务零售进口商品清单(2018年版)》,自2019年1月1日起实施。本清单实施后,原来的两批清单同时废止。

2018年11月21日,国务院常务会议决定,从明年1月1日起,延续实施跨境电商零售进口现行监管政策,政策适用范围扩大到22个新获批的综试区城市。并新增群众需求量大的

63个税目商品,将单次交易限值由目前的2 000元提高至5 000元,将年度交易限值由目前的每人每年2万元提高至2.6万元。

2018年11月28日,商务部等六部委发布《关于完善跨境电子商务零售进口监管有关工作的通知》。该通知明确了过渡期后跨境电商零售进口有关监管安排,将跨境电商零售进口试点扩大至所有自贸试验区、跨境电商综试区、综合保税区、进口贸易促进创新示范区、保税物流中心(B型)所在城市(及区域)。

2018年11月29日,财政部等三部委发布《关于完善跨境电子商务零售进口税收政策的通知》。该通知显示,自2019年1月1日起跨境电商零售进口政策将调整:将跨境电子商务零售进口商品的单次交易限值由人民币2 000元提高至5 000元,年度交易限值由人民币20 000元提高至26 000元。

2018年12月3日,市场监管总局发布《市场监管总局关于做好电子商务经营者登记工作的意见》。该意见为进一步深化商事制度改革,贯彻落实《电子商务法》有关规定,规范电子商务行为,促进电子商务持续健康发展,对电子商务经营者的登记服务工作做了具体规定。

2018年12月10日,海关总署发布《海关总署公告2018年第194号(关于跨境电商零售进出口商品有关监管事宜的公告)》。该公告指出,跨境电子商务企业、消费者(订购人)通过跨境电子商务交易平台实现零售进出口商品交易,并根据海关要求传输相关交易电子数据的,按照本公告接受海关监管。跨境电子商务平台企业、物流企业、支付企业等参与跨境电子商务零售进口业务的企业,应当依据海关报关单位注册登记管理相关规定,向所在地海关办理注册登记;境外跨境电子商务企业应委托境内代理人(以下称"跨境电子商务企业境内代理人")向该代理人所在地海关办理注册登记。还提到,参与跨境电子商务零售进出口业务并在海关注册登记的企业,纳入海关信用管理,海关根据信用等级实施差异化的通关管理措施。

2018年12月29日,海关总署发布《海关总署公告2018年第219号(关于跨境电商企业海关注册登记管理有关事宜的公告)》。为进一步规范海关跨境电子商务监管工作,根据《中华人民共和国海关报关单位注册登记管理规定》,商务部、发展改革委、财政部、海关总署、税务总局、市场监管总局发布《关于完善跨境电子商务零售进口监管有关工作的通知》等相关规定,明确参与跨境电子商务的企业海关注册登记管理有关事项。本公告自2019年1月1日起施行。

2019年1月12日,国务院发布《国务院关于促进综合保税区高水平开放高质量发展的若干意见》。主要内容包括:促进跨境电商发展。支持综合保税区内企业开展跨境电商进出口业务,逐步实现综合保税区全面适用跨境电商零售进口政策。支持服务外包。允许综合保税区内企业进口专业设备开展软件测试、文化创意等国际服务外包业务,促进跨境服务贸易。

2019年4月8日,国务院关税税则委员会发布《国务院关税税则委员会关于调整进境物品进口税有关问题的通知》。经国务院批准,国务院关税税则委员会决定对进境物品进口税进行调整。将进境物品进口税税目1、2的税率分别调降为13%、20%。将税目1"药品"注释修改为"对国家规定减按3%征收进口环节增值税的进口药品,按照货物税率征税"。

2019年7月3日,国务院总理李克强主持召开国务院常务会议,部署完善跨境电商等新业态促进政策。会议指出将再增加一批试点城市,要求落实对跨境电商零售出口的"无票免税"政策,出台更加便利企业的所得税核定征收办法。根据财政部、税务总局、商务部、海关总署《关于跨境电子商务综合试验区零售出口货物税收政策的通知》(财税〔2018〕103号),对跨境电商综试区出口企业出口未取得有效进货凭证的货物,同时符合一定条件的,试行增值税、消费税免税政策(即"无票免税"政策)。"无票免税"政策简单来说就是从事跨境电子商务的企业在未取得增值税专用发票的情况下,只要同时满足公告(财税〔2018〕103号)规定的条件,即可享受税务上的免税政策。

2019年8月27日,国务院办公厅发布《国务院办公厅关于加快发展流通促进商业消费的意见》。该意见主要内容包括:满足优质国外商品消费需求,允许在海关特殊监管区域内设立保税展示交易平台,统筹考虑自贸试验区、综合保税区发展特点和趋势,扩大跨境电商零售进口试点城市范围,顺应商品消费升级趋势,抓紧调整扩大跨境电商零售进口商品清单。

2019年12月1日,《中华人民共和国政府和巴基斯坦伊斯兰共和国政府关于修订〈自由贸易协定〉的议定书》(以下简称《议定书》)正式生效。中巴两国完成相关国内程序,《议定书》降税已于2020年1月1日起实施。根据《议定书》规定,降税安排实施后,中巴两国间相互实施零关税产品的税目数比例会从此前的35%逐步增加至75%。此外,双方还对占各自税目数比例5%的其他产品实施20%幅度的部分降税。

2020年1月17日,商务部等六部委联合印发《关于扩大跨境电商零售进口试点的通知》。将进一步扩大跨境电商零售进口试点范围,本次扩大试点后,跨境电商零售进口试点范围将从37个城市扩大至海南全岛和其他86个城市(地区),覆盖31个省、自治区、直辖市。自该通知印发之日起,相关城市和地区可按照2018年六部委联合印发的《关于完善跨境电子商务零售进口监管有关工作的通知》(商财发〔2018〕486号)要求,开展网购保税进口(海关监管方式代码1210)业务。

2020年3月13日,国家发展改革委、中宣部、财政部、商务部、人民银行等二十三个部门联合印发《关于促进消费扩容提质加快形成强大国内市场的实施意见》,聚焦改善消费环境、完善促进消费体制机制,助力形成强大国内市场。该意见要求改善进口商品供给,落实好跨境电商零售进口商品清单和相关监管政策,规范大型跨境电商平台管理,鼓励线上率先实现境内外商品同款同价。

2020年3月27日,海关总署发布了《海关总署公告2020第44号(关于全面推广跨境电子商务出口商品退货监管措施有关事宜的公告)》,推动跨境电子商务商品出得去、退得回,推动跨境电子商务出口业务健康快速发展。

2020年3月28日,海关总署发布《海关总署公告2020年第45号(关于跨境电子商务零售进口商品退货有关监管事宜的公告)》。为进一步优化营商环境、促进贸易便利化,帮助企业积极应对新冠肺炎疫情影响,优化跨境电子商务零售进口商品退货监管,推动跨境电子商务健康快速发展,根据国家有关跨境电子商务零售进口相关政策,规定跨境电子商务零售进口商品退货海关监管事宜。

2020年4月7日,国务院常务会议,推出增设跨境电子商务综合试验区、支持加工贸易、广交会网上举办等系列举措,积极应对疫情影响努力稳住外贸外资基本盘;决定延续实施普惠金融和小额贷款公司部分税收支持政策。

2020年5月6日,国务院发布《国务院关于同意在雄安新区等46个城市和地区设立跨境电子商务综合试验区的批复》,同意在雄安新区、大同市、满洲里市、营口市、盘锦市、吉林市、黑河市、常州市、连云港市等46个城市地区设立跨境电子商务综合试验区。46个城市和地区设立跨境电子商务综合试验区,名称分别为中国(城市或地区名)跨境电子商务综合试验区,具体实施方案由所在地省级人民政府分别负责印发。同时,该批复表示,要进一步完善跨境电子商务统计体系,实行对综合试验区内跨境电子商务零售出口货物按规定免征增值税和消费税、企业所得税核定征收等支持政策。

2020年5月20日,国家外汇管理局印发《关于支持贸易新业态发展的通知》,一方面放宽了针对跨境电商等贸易新业态的外汇政策;另一方面也优化了外汇服务,便利了国际物流等行业相关外汇业务的办理。该通知指出,从事跨境电子商务的企业可将出口货物在境外发生的仓储、物流、税收等费用与出口货款轧差结算;跨境电子商务企业出口至海外仓销售的货物,汇回的实际销售收入可与相应货物的出口报关金额不一致;跨境电子商务企业按现行货物贸易外汇管理规定报送外汇业务报告;跨境电商平台企业可为客户代垫与跨境电子商务相关的境外仓储、物流、税收等费用;从事跨境电子商务的境内个人,可通过个人外汇账户办理跨境电子商务外汇结算。

2020年6月12日,海关总署发布《海关总署公告2020年第75号(关于开展跨境电子商务企业对企业出口监管试点的公告)》,开展跨境电商企业对企业出口(简称"跨境电商B2B出口")试点,增列海关监管方式代码"9710""9810"。自2020年7月1日起,跨境电商B2B出口货物适用全国通关一体化,也可采用"跨境电商"模式进行转关。首先在北京、天津、南京、杭州、宁波、厦门、郑州、广州、深圳、黄埔海关开展跨境电商B2B出口监管试点,根据试点情况及时在全国海关复制推广,有利于推动外贸企业扩大出口,促进外贸发展。

2020年7月2日,商务部举行例行新闻发布会,继续加大政策、制度、管理和服务创新,加快推动跨境电商健康有序发展。商务部新闻发言人高峰表示,近年来,作为新的外贸业态,跨境电商零售出口蓬勃发展,为中小微企业开拓海外市场、吸纳和稳定就业,发挥了积极作用。2019年,跨境电商零售出口总额同比增长60%。2020年前5个月,跨境电商零售出口逆势增长,同比增长12%。

2020年8月5日,国务院办公厅印发《关于进一步做好稳外贸稳外资工作的意见》。该意见提出支持跨境电商平台、跨境物流发展和海外仓建设等,加大对外贸综合服务企业的信用培育力度。拓展对外贸易线上渠道,推进"线上一国一展",支持中小外贸企业开拓市场,帮助出口企业对接更多海外买家。

2020年8月7日,市场监管总局等八部门联合印发《关于加强快递绿色包装标准化工作的指导意见》,指出将在跨境电子商务中推广中国快递绿色包装标准,对于进境快递,鼓励快递企业按照中国标准进行封装;对于出境快递,支持向国际用户分享中国标准。系统分析国际国外快递包装标准化发展现状,总结提炼我国快递包装成功经验和做法,积极参与包装、环境管理等领域的国际标准化活动,推动制定相关国际标准,分享中国经验。

2020年8月13日,海关总署发布《海关总署公告2020年第92号(关于扩大跨境电子商务企业对企业出口监管试点范围的公告)》。为进一步贯彻落实党中央国务院关于做好"六稳"工作、落实"六保"任务的部署要求,加快跨境电子商务新业态发展,海关总署决定进一步扩大跨境电子商务企业对企业出口(以下简称"跨境电商B2B出口")监管试点范围。在现有试点海关基础上,增加上海、福州、青岛、济南、武汉、长沙、拱北、湛江、南宁、重庆、成都、西安12个直属海关开展跨境电商B2B出口监管试点,试点工作有关事项按照海关总署公告2020年第75号执行。

2020年11月9日,国务院办公厅印发《关于推进对外贸易创新发展的实施意见》,提出促进跨境电商等新业态发展。积极推进跨境电商综合试验区建设;支持建设一批海外仓;扩大跨境电商零售进口试点;推广跨境电商应用,促进企业对企业(B2B)业务发展;研究筹建跨境电商行业联盟;推进市场采购贸易方式试点建设,总结经验并完善配套服务;促进外贸综合服企业发展,研究完善配套监管政策。

2020年11月15日,《区域全面经济伙伴关系协定》(Regional Comprehensive Economic Partnership,简称RCEP)正式签署。RCEP是2012年由东盟发起,历时八年,由包括中国、日本、韩国、澳大利亚、新西兰和东盟十国共十五方成员制定的协定。RCEP协定的第十二章,详细列出了"电子商务"的具体条款。在第十二章电子商务部分中,第四节是促进跨境电子商务。这里包括:计算设施的位置和通过电子方式跨境传输信息。在通过电子方式跨境传输信息上,一是缔约方认识到每一缔约方对于通过电子方式传输信息可能有各自的监管要求。二是一缔约方不得阻止涵盖的人为进行商业行为而通过电子方式跨境传输信息等。

2020年12月7日,中共中央印发了《法治社会建设实施纲要(2020—2025年)》,并发出通知,要求各地区各部门结合实际认真贯彻落实。该纲要指出,完善跨境电商制度,规范跨境电子商务经营者行为。

2021年3月18日,商务部等六部门联合印发《关于扩大跨境电商零售进口试点、严格落实监管要求的通知》。经国务院同意,现就进一步扩大跨境电商零售进口试点城市范围,将跨境电商零售进口试点扩大至所有自贸试验区、跨境电商综试区、综合保税区、进口贸易促进创新示范区、保税物流中心(B型)所在的城市(及区域)。今后相关城市(区域)经所在地海关确认符合监管要求后,即可按照商务部、发展改革委、财政部、海关总署、税务总局、市场监管总局《关于完善跨境电子商务零售进口监管有关工作的通知》(商财发〔2018〕486号)要求,开展网购保税进口(海关监管方式代码1210)业务。各试点城市(区域)应切实承担本地区跨境电商零售进口政策试点工作的主体责任,严格落实监管要求规定,全面加强质量安全风险防控,及时查处在海关特殊监管区域外开展"网购保税+线下自提"、二次销售等违规行为,确保试点工作顺利推进,共同促进行业规范健康持续发展。

2021年7月2日,国务院办公厅发布《国务院办公厅关于加快发展外贸新业态新模式的意见》,对外公布,要在全国适用跨境电商B2B直接出口、跨境电商出口海外仓监管模式,便利跨境电商进出口退换货管理,优化跨境电商零售进口商品清单;扩大跨境电商综试区试点范围;到2025年,力争培育100家左右的优秀海外仓企业,并依托海外仓建立覆盖全球、协同发展的新型外贸物流网络。

2021年9月10日,海关总署发布《海关总署公告2021年第70号(关于全面推广跨境电子商务零售进口退货中心仓模式的公告)》,自2021年9月10日起,全面推广"跨境电子商务零售进口退货中心仓模式"(以下简称"退货中心仓模式")。退货中心仓模式适用于海关特殊监管区域内开展的跨境电子商务网购保税零售进口(监管方式代码1210)商品的退货。退货中心仓模式是指在跨境电商零售进口模式下,跨境电商企业境内代理人或其委托的海关特殊监管区域内仓储企业(以下简称"退货中心仓企业")可在海关特殊监管区域内设置跨境电商零售进口商品退货专用存储地点,将退货商品的接收、分拣等流程在原海关特殊监管区域内开展的海关监管制度。

上述是国家和中央政府部委层面为促进我国跨境电子商务健康发展出台的主要政策,全国各级地方政府还有不少推进跨境电子商务发展的具体政策措施。

### 7.1.5 跨境电子商务应用的发展现状

随着经济全球化的发展,世界各国间的贸易往来越来越频繁,跨境电商已成为时代的主题。消费者足不出户,就能轻松"全球购"。受国内外贸易环境的影响,我国传统外贸发展速度明显放缓,而跨境电子商务却保持高水平增长速度。跨境电商进入迅猛发展阶段。近年来,随着互联网基础设施的完善和全球性物流网络的构建,跨境电商一直保持高速增长,交易规模日益扩大,目前跨境电商已经到了资本市场的风口。一大批传统企业将目光瞄准电子商务的新契机,转而投身跨境电商领域。

1) 从业务模式的演化看跨境电子商务发展

我国跨境电子商务发展,从无到有、从弱到强,经历了从萌芽到成长、从探索到成熟的过程。1999年阿里巴巴实现用互联网连接中国供应商与海外买家后,中国对外出口贸易就实现了互联网化。从跨境电子商务应用及其业务模式角度看,我国跨境电子商务发展一般分为三个阶段,实现从信息服务到在线交易、全产业链服务的跨境电商产业转型。如图7-2所示。

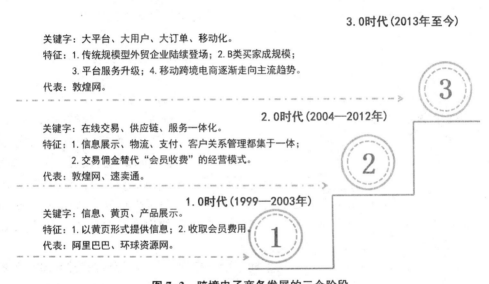

图7-2 跨境电子商务发展的三个阶段

(1) **跨境电商1.0阶段**(1999—2003年) 跨境电商1.0时代的主要业务模式是网上展示、线下交易的外贸信息服务模式。在跨境电商1.0阶段,第三方平台主要功能是为企业信息以及产品提供网络展示平台,并不在网络上涉及任何交易环节。此时平台的盈利模式主要是向进行信息展示的企业收取会员费。在跨境电商1.0阶段发展过程中,也逐渐衍生出竞价推广、咨询服务等为供应商提供一条龙的信息流增值服务。

阿里巴巴国际站平台以及环球资源网是跨境电商1.0阶段的典型代表平台。其中,阿里巴巴成立于1999年,以网络信息服务为主,线下会议交易为辅,是中国最大的外贸信息黄页平台之一。环球资源网1971年成立,前身为Asian Source(亚洲资源),是亚洲较早提供贸易市场资讯者,并于2000年4月28日在纳斯达克证券交易所上市(股权代码GSOL)。在此期间还出现了中国制造网、韩国EC21网、Kellysearch等大量以供需信息交易为主的跨境电商平台。跨境电商1.0阶段虽然通过互联网解决了中国贸易信息面向世界买家的难题,但是依然无法完成在线交易,在外贸电商产业链的整合方面仅完成信息流整合环节。

(2) **跨境电商2.0阶段**(2004—2012年) 2004年,随着敦煌网的上线,跨境电商2.0阶段来临。这个阶段,跨境电商平台开始摆脱纯信息黄页的展示行为,将线下交易、支付、物流等流程实现电子化,逐步实现在线交易平台。相比较1.0阶段,跨境电商2.0更能体现电子商务的本质,借助于电子商务平台,通过服务、资源整合有效打通上下游供应链,包括B2B(平台对企业小额交易)平台模式,以及B2C(平台对用户)平台模式两种。跨境电商2.0阶段,B2B平台模式为跨境电商主流模式,通过直接对接中小企业商户实现产业链的进一步缩短,提升商品销售利润空间。2011年敦煌网宣布实现盈利,2012年持续盈利。

(3)跨境电商3.0阶段(2013年至今) 2013年成为跨境电商重要转型年,跨境电商全产业链都出现了商业模式的变化。随着跨境电商的转型,跨境电商3.0"大时代"随之到来。首先,跨境电商3.0具有大型工厂上线、B类买家成规模、中大额订单比例提升、大型服务商加入和移动用户量爆发五方面特征。与此同时,跨境电商3.0服务全面升级,平台承载能力更强,全产业链服务在线化也是3.0时代的重要特征。在跨境电商3.0阶段,用户群体由草根创业向工厂、外贸公司转变,且具有极强的生产设计管理能力。平台销售产品由网商、二手货源向一手货源好产品转变。3.0阶段的主要卖家群体正处于从传统外贸业务向跨境电商业务艰难转型期,生产模式由大生产线向柔性制造转变,对代运营和产业链配套服务需求较高。另一方面,3.0阶段的主要平台模式也由C2C、B2C向B2B、M2B模式转变,批发商买家的中大额交易成为平台主要订单。

跨境电商行业可以快速发展到3.0阶段,主要得益于以下几个方面:

(1)得益于中央及地方政府的高度重视 在中央及各地政府大力推动的同时,跨境电商行业的规范和优惠政策也相继出台。如《关于跨境贸易电子商务进出境货物、物品有关监管事宜的公告》(总署公告〔2014〕56号)、《关于进一步促进电子商务健康快速发展有关工作的通知》(发改办高技〔2013〕894号)、《关于促进电子商务健康快速发展有关工作的通知》(发改办高技〔2012〕226号)、《关于开展国家电子商务示范城市创建工作的指导意见》(发改高技〔2011〕463号)等多项与跨境电商相关政策的出台,在规范跨境电商行业市场的同时,也让跨境电商企业开展跨境电商业务得到了保障。

(2)在海外市场,B2B在线采购已占据半壁江山 有相关数据指出,在美国,B2B在线交易额达5 590亿美元,是B2C交易额的2.5倍。在采购商方面,59%采购商以在线采购为主,27%采购商月平均在线采购5 000美元,50%供货商努力让买家从线下转移到线上,提升利润和竞争力。

(3)移动电商的快速发展也成就了跨境电商3.0阶段的快速到来 2013年,智能手机用户占全球人口22%,首次超过PC比例,智能手机达14亿台。移动电商的快速发展得益于大屏智能手机和Wi-Fi网络环境的改善使用户移动购物体验获得较大提高,用户移动购物习惯逐渐形成。另一方面,电商企业在移动端的积极推广和价格战促销等活动都进一步促进移动购物市场交易规模大幅增长。方便、快捷的移动跨境电商也为传统规模型外贸企业带来了新的商机。

2)从综合试验区看跨境电子商务发展

在我国跨境电子商务发展过程中,各级政府对跨境电子商务的推进,发挥了重要作用。跨境电子商务综合试验区建设是推动跨境电子商务创新和发展的重要战略措施。中国跨境电子商务综合试验区是设立跨境电子商务综合性质的先行先试的城市区域,旨在在跨境电子商务交易、支付、物流、通关、退税、结汇等环节的技术标准、业务流程、监管模式和信息化建设等方面先行先试,通过制度创新、管理创新、服务创新和协同发展,破解跨境电子商务发展中的深层次矛盾和体制性难题,打造跨境电子商务完整的产业链和生态链,逐步形成一套适应和引领全球跨境电子商务发展的管理制度和规则,为推动中国跨境电子商务健康发展提供可复制、可推广的经验。

从2012年2月开始,海关总署联合相关部门选择了上海、重庆、杭州、宁波等城市开展跨境贸易电子商务试点,目前已取得明显成效。尤其是上海,由于拥有政策、人才及口岸优势,2008年以来,上海跨境电子商务的年均复合增长率达到了40%左右。上海作为长三角地区的龙头城市,一直以来都扮演着该区域贸易及物流中心的角色,尤其是2013年中国(上海)自由贸易试验区的成立,更为区域内跨境电子商务带来政策利好。2017年9月20日,国务院总理李克强主持召开国务院常务会议,部署进一步促进扩大就业,更好满足人民群众劳动有岗位收入有来源的需求;确定深入推进跨境电子商务综合试验区建设的措施,加快业态创新,提高外贸便利度和竞争力。

目前,我国先后分5批在全国设立了105个跨境电子商务综合试验区。

2015年3月7日,国务院同意设立中国(杭州)跨境电子商务综合试验区。

2016年1月6日,国务院常务会议决定,在天津、上海、重庆、合肥、郑州、广州、成都、大连、宁波、青岛、深圳、苏州这12个城市设第二批跨境电子商务综合试验区。

2018年7月24日,国务院同意在北京市、呼和浩特市、沈阳市、长春市、哈尔滨市、南京市、南昌市、武汉市、长沙市、南宁市、海口市、贵阳市、昆明市、西安市、兰州市、厦门市、唐山市、无锡市、威海市、珠海市、东莞市、义乌市22个城市设立跨境电子商务综合试验区。

2019年12月15日,国务院同意在石家庄市、太原市、赤峰市、抚顺市、珲春市、绥芬河市、徐州市、南通市、温州市、绍兴市、芜湖市、福州市、泉州市、赣州市、济南市、烟台市、洛阳市、黄石市、岳阳市、汕头市、佛山市、泸州市、海东市、银川市24个城市设立跨境电子商务综合试验区。

2020年4月27日,国务院同意在雄安新区、大同市、满洲里市、营口市、盘锦市、吉林市、黑河市、常州市、连云港市、淮安市、盐城市、宿迁市、湖州市、嘉兴市、衢州市、台州市、丽水市、安庆市、漳州市、莆田市、龙岩市、九江市、东营市、潍坊市、临沂市、南阳市、宜昌市、湘潭市、郴州市、梅州市、惠州市、中山市、江门市、湛江市、茂名市、肇庆市、崇左市、三亚市、德阳市、绵阳市、遵义市、德宏傣族景颇族自治州、延安市、天水市、西宁市、乌鲁木齐市46个城市和地区设立跨境电子商务综合试验区。

2021年7月,中国跨境电子商务综合试验区开始建立综试区考核评估与退出机制,并组织开展综试区的首次考核评估,促进优胜劣汰。

商务部、海关总署、税务总局等部门出台了一系列支持跨境电商综合试验区发展的政策措施,最具含金量的主要有以下4个方面:

(1) 无票免税　跨境电商零售出口"无票免税"政策,即跨境电子商务综合试验区内的跨境电子商务零售出口企业未取得有效进货凭证的货物,凡符合规定条件的,出口免征增值税和消费税。

(2) 所得税核定征收　跨境电商零售出口企业所得税核定征收政策是指综试区内符合一定条件的出口企业试行核定征收企业所得税办法,采用应税所得率方式核定征收企业所得税,应税所得率统一按照4%确定。符合小型微利企业优惠政策条件的,可享受小型微利企业所得税优惠政策;其取得的收入属于《中华人民共和国企业所得税法》第二十六条规定的免税收入的,可享受免税收入优惠政策。

(3)通关便利化　通关便利化政策是指跨境电商综试区内符合条件的跨境电子商务零售商品出口,海关通过采用"清单核放,汇总申报"的便利措施进行监管验放,提高企业通关效率,降低通关成本。

(4)放宽进口监管　放宽进口监管条件是指对跨境电商零售进口商品不执行首次进口许可批件、注册或备案要求,按个人自用进境物品监管。

3) 从外贸进出口看跨境电子商务发展

当前,我国跨境电商产业正在加速外贸创新发展进程,已经成为我国外贸发展的新引擎。中国跨境电商的发展将始终以出口为主,进口为辅。我国作为世界的工厂,具有全球最完备的工业体系,短期内中国制造的地位难以撼动,"中国制造"在全球范围内仍具优势。同时,随着全球经济的发展和我国经济的崛起,我国跨境电商将服务整个"地球村",以崭新姿态容纳全球70亿消费者。在全球五大跨境电子商务市场中,追求产品的多样化及高性价比是消费者进行跨境网购的两大驱动力。热门消费类别中,服装、鞋及配饰稳居榜首,其他热门类别包括健康及美容产品、个人电子产品、计算机硬件及珠宝钟表。此外,各个市场的热门消费类别仍显现出地域性特点。例如,英国消费者更青睐网购机票,德国消费者更偏向于家庭电子产品,巴西消费者则更热衷于购买计算机硬件。

中国跨境电商行业发展政策密集出台,促进了跨境电商蓬勃发展。下面,我们分别从外贸进出口视角讨论一下目前跨境电子商务发展的现状和趋势。

(1)进口跨境电子商务发展　近年来,中国进口电商呈现出的爆发式增长,得益于国内海淘用户规模的快速增长、消费者对海外商品认知度提高、消费观念升级、需求多样化等驱动因素。同时,政府在跨境金融、税收、物流方面出台利好政策,也为跨境电商发展奠定了基础。

中国跨境进口电商历经三个阶段,分别为:代购时代、海淘时代以及跨境进口时代。

① 1.0时代:代购时代——消费者集中、小众、普及度不高。2005年,个人代购时代,代购兴起,出现海淘族,以海外留学生代购为主体。这一时期可以称为跨境进口电商1.0时代。这时候是跨境进口电商的发展初期,消费者一般为留学生的亲戚朋友,消费群体还比较小众,跨境网购普及度不高。消费者主要通过海外买手、职业代购购买进口产品。这一消费模式周期长,价格高,而且产品的真伪以及质量难以保障。一些留学生、空姐等经常出国的群体,初期会为自己身边的亲朋好友代购一些海外产品。随着代购需求的增加,这些人群开始专门购买海外产品,并在淘宝上开店铺售卖。

② 2.0时代:海淘时代——形成常规的买方市场和卖方市场。2007年,开始进入海淘时代,也就是跨境进口电商2.0时代。在这一时期,形成了常规的买方市场和卖方市场。淘宝上线"全球购"。跨境进口电商市场开始形成,消费群体也开始扩大,商品的品类丰富多样起来,不断开始有跨境进口电商平台成立,逐渐开始有消费者选择通过跨境进口电商平台购买进口产品。跨境网购用户的消费渠道逐渐从海淘代购转向跨境进口电商平台。2011年国务院启动跨境电商进口试点城市工作,2013年第一批跨境进口电商试点城市获批,开启跨境进口电商元年。

③ 3.0时代:跨境进口时代——平台模式多样化,跨境网购常态化。2014年是跨境进口电商爆发的一年,流程烦琐的海淘催生了跨境进口电商的出现。2014年,出现天猫国际、蜜芽宝贝、聚美优品海外购、唯品会全球特卖、小红书,2015年出现京东全球购、风信子O2O体验店等,跨境进口电商野蛮生长。随着政策变更以及社会经济的发展,跨境进口电商加速发展,跨境购物开始走向规范化,跨境进口电商进入3.0时代。随着跨境进口电商的合法化,越来越多的消费者选择在跨境进口电商平台购买海外产品。随着消费者跨境网购的需求愈发旺盛,

各类模式的跨境进口电商平台出现,满足了消费者消费需求,跨境网购走向常态化。跨境进口电商历经12年,从个人代购发展到海淘再到规范化的跨境网购,代表着消费者消费习惯的转变,也代表着消费者对商品品质、品类追求的提升。2016年的"4·8新政",促使行业大洗牌。2018年11月,商务部等六部委印发《关于完善跨境电子商务零售进口监管有关工作的通知》,我国跨境进口电商开始进入规范化发展时期。

目前,中国跨境进口电商主流的三大模式包括:一般进口、直购进口以及保税网购。一般进口模式包括:从国外进口到国内、从国外进口到保税区、从国外通过保税区海关(一次性)进口到国内等方式。而直购进口模式是指消费者在购物网站上确定交易后,商品以邮件、快件方式运输入境情况下的跨境贸易电子商务商品通关模式。保税网购模式是指国外商品已经整批抵达国内海关监管场所,消费者在下单后,从国内的保税仓发货。

(2) 出口跨境电子商务发展　跨境电商作为近年来出现的新贸易手段,相关政策制定也经历从无到有、从被动到主动的转变。1999年,阿里巴巴国际站成立;2000年,中国留学生开始在eBay上卖货;2005年,敦煌网上线;2007年,兰亭集势成立;2008年,米兰网成立;2010年,全球速卖通上线;2011年,东南亚最大跨境电商Lazada成立;2012年,亚马逊全球开店;2013年,Wish上线,DX、兰亭集势上市;2017年,天猫出海、京东全球售、环球易购、通拓、有棵树拥抱资本市场;2020年,平台趋于稳定,寻求新的流量增长点,跨境直播和短视频崛起。另外,2012年以来,中央和地方层面密集出台支持跨境电商的各项政策,并在通关、税收、支付、海外仓建设等环节不断完善配套措施进行支持。

① 欧美发达国家为中国出口跨境电商主要市场,新兴市场前景广阔。从出口跨境电商海外目的地分布来看,美国、法国拥有完善的基础设施和较为成熟的网络购物环境,促使其成为中国跨境电商出口的主要目的地。俄罗斯、巴西、印度等新兴市场蓬勃发展,拥有广阔电商发展基础和巨大发展潜力,也吸引了大量中国电商企业及卖家在这些市场纷纷布局。

② 市场、政策、配套等多方因素共同推动中国出口跨境电商行业增长。近年来受政策扶持、市场环境改善等利好因素的影响,中国出口跨境电商保持快速扩张的趋势。跨境零售是国际贸易未来发展一大趋势,是国家对外开放战略落地的重要支撑,也是国家积极推进供给侧结构性改革、助推产业升级、品牌升级的重要抓手。从全球跨境电商行业发展情况看,整体市场规模保持持续增长态势,未来线上购物在全球范围内将越来越普及。此外,新冠疫情对品牌方和消费者均产生较大影响。一方面,新冠疫情进一步加速了消费者消费习惯的转变,越来越多消费者通过线上方式进行商品采购。另一方面,新冠疫情的暴发也加速了服装零售企业布局数字化零售和全渠道融合的进程。中国跨境电商有着"全球货源基地"的制造基础,拥有优质的供应链资源。虽然近年来中国劳动力成本有所上升,但与发达国家劳动力成本相比仍然较低,在未来一段时期内较低的劳动力成本仍将是我国制造业在国际贸易分工中的一大优势;同时,作为全世界唯一拥有联合国产业分类中全部工业门类的国家,中国制造业上下游配套齐全,基础设施完善,为跨境电商提供丰富、优质的产品。同时,作为中国外贸的重要力量,出口跨境电商也为中国制造业创造动能,并推动制造业加速向"数字化、网络化、智能化"发展,促进了实体经济繁荣。

## 7.2　跨境电子商务物流的需求分析

在跨境电子商务应用中,物流服务至关重要。离开物流服务,跨境电子商务的交易订单就不能完成交付。这一节,首先对跨境电子商务的一般物流服务做一个概述性讨论,然后深入分析跨境电子商务中的国际物流服务需求。

### 7.2.1 跨境电子商务的物流服务概述

跨境电子商务的物流服务,从概念上说,就是跨境电子商务应用中面临的物流问题。跨境电子商务是指分属不同关境的商业主体,通过电子商务平台达成交易,并通过跨境支付、跨境通关、跨境物流及异地仓储完成交易的电子商务应用。很显然,在跨境电子商务中,如果涉及实物商品的订单交付,就必须考虑跨境电子商务的物流服务。

如前所述,物流服务是从接收客户订单开始到将商品送到客户手中并达到客户要求为止所发生的所有服务活动。物流服务是对客户商品利用可能性提供保证,其目的就是满足客户需求。跨境电子商务物流服务,就是在跨境电子商务应用中,从接收客户订单开始到将商品送到客户手中并达到客户要求为止所发生的所有服务活动。跨境电子商务物流服务,是为跨境订单交付服务,是为跨境交易的客户在要求的时间、要求的地点交付所需要的商品。

跨境电子商务平台,有可能是交易平台,在线完成订单的合同签订;也可能电子商务平台仅是交易信息平台,平台仅是提供撮合服务,订单的合同签订在线下完成。不管是哪种情况,只要交易的订单合同正式签订,都需要提供跨境电子商务物流服务。跨境电子商务物流的具体服务需求一般会在订单合同中做明确规定。

跨境电子商务可以是不同类型的应用:B2B、B2C 和 C2C 等。所以,跨境电子商务物流也需要根据电子商务应用类型的不同,分别从 B2B、B2C 和 C2C 视角,先考虑电子商务物流的一般服务需求,然后考虑跨境电子商务物流的国际服务需求。

第 4 章、第 5 章和第 6 章,已经分别对 B2B 电子商务物流、B2C 电子商务物流和 C2C 电子商务物流的一般需求分析做了比较深入的讨论,这里不再重复讨论。

### 7.2.2 跨境电子商务物流的特殊服务需求

跨境电子商务物流是卖家与买家之间由跨境电子商务平台引发商品交易产生的物流活动。跨境电子商务物流服务的目的是帮助卖家完成跨境交易商品的订单交付,并利用物流服务建立基于电子商务的跨境贸易竞争优势。国际物流是现代物流的重要组成部分,是国际货物跨越国与国、地区与地区之间的一种物流运作方式。跨境电商使国际物流正面临着前所未有的发展机遇。

跨境电商需要更加专业的跨境电子商务物流服务。跨境是跨境电子商务和跨境物流服务的特殊性。下面,我们重点讨论跨境电子商务物流需要考虑的一些特殊服务需求。跨境电子商务物流的特殊服务需求主要体现在如下几个方面:

1)国际物流标准化服务需求

国际物流标准化指的是以国际物流为一个大系统,制定系统内部设施、机械装备、专用工具等各个分系统的技术标准;制定系统内各分领域如包装、装卸、运输等方面的工作标准;以系统为出发点,研究各分系统与分领域中技术标准与工作标准的配合性,按配合性要求,统一整个国际物流系统的标准;研究国际物流系统与相关其他系统的配合性,进一步谋求国际物流大系统的标准统一。

在跨境电子商务物流服务过程中,无论包装、运输和配送,都需要考虑国际物流服务的标准化需求。国际物流标准化有助于提高跨境电子商务物流运营效率和降低跨境电子商务物流服务成本。

2) 国际物流专业化服务需求

物流环境的差异,迫使一个国际物流系统需要在多个不同法律、人文、习俗、语言、科技环境下运行,这无疑会大大增加国际物流动作的难度和系统的复杂性。所以,国际物流的运营相对比较复杂,这就要求国际物流服务商具有处理国际物流复杂问题的专业化服务资源和能力优势。国际物流服务商一般对国际贸易的相关规则以及相关专业领域都比较熟悉。

3) 国际物流政策性服务需求

国际物流的实质是根据国际分工的原则,依照国际惯例,利用国际化的物流网络、物流设施和物流技术,实现货物在国际的流动与交换,以促进区域经济的发展与世界资源的优化配置。国际物流的总目标是为国际贸易和跨国经营服务,即选择最佳的方式与路径,以最低的费用和最小的风险,保质、保量、适时地将货物从某国的供方运到另一国的需方。

国际物流服务一般会涉及国际贸易和跨境通关的相关政策,不同国家在跨境电商、国际贸易和跨境通关的相关政策会存在差异,跨境电子商务物流服务商要非常熟悉相关国家或地区在跨境电子商务方面的国际物流政策性服务需求。

4) 电子商务专门化服务需求

在跨境电子商务应用中,国际物流是为电子商务应用服务的。所以,跨境电子商务物流需要考虑电子商务视角的一些特殊服务需求。比如,在B2C跨境电商零售中,订单履行中的配送时间对消费者购物体验影响比较大,所以,就有了海外仓和边境仓等服务需求。另外,中小企业对国际贸易和跨境通关不一定熟悉,于是就有了跨境通关综合服务,这往往是由一些国际物流服务商提供的。

5) 电子商务本地化服务需求

在跨境电子商务应用中,常常涉及熟悉当地人文和风俗的一些本地化服务,如B2C配送。所以,B2B跨境电子商务物流服务往往需要境外本地化服务运营团队。本地化是跨境电商成功的一个要素,也是一个发展的趋势。目前国家政策明确支持跨境物流企业进行海外拓展,建立海外仓、展示中心。现实中的跨境电商企业,已经纷纷通过海外建仓或租用仓库等方式,来优化物流配送体系。比如eBay、Wish、速卖通和亚马逊海外等B2B、B2C平台通过自营海外仓或依靠第三方海外仓来解决跨境物流配送管理。

## 7.3 跨境电子商务物流的主要特点

跨境电子商务物流是跨境电子商务应用中面临的物流问题。国际物流是现代物流的重要组成部分,是国际货物跨越国与国、地区与地区之间的一种物流运作方式。下面,我们将跨境电子商务物流与一般电子商务物流进行比较,来讨论跨境电子商务物流的主要特点。

1) 周期长,运作复杂

与境内电子商务物流比较,跨境电子商务物流服务链条多了海外仓储配送、海关的清关和通关等过程,环节较多,且政策环境涉及商检、税务、外汇、海关等多个主体,各环节变动都会对其有影响,运作起来更为复杂。当前跨境电子商务物流周期通常需要一个星期甚至一个月的时间,严重影响了客户体验,物流配送成为制约跨境电商企业发展的一道屏障。

2)成本高,运作风险大

在整个电子商务物流服务环节中,运输成本费用尤为重要,它所占据的比例少则百分之三十五,多则一半。因此,就需要把握好成本和速度之间的度。跨境电商物流信息化建设所需费用、商品通关需要缴纳税费或跨境物流所需费用增加都会引起物流成本增加,在一定程度上降低了消费者满意度。为了降低成本费用,超过半数的包裹是通过邮政来实现运输的,这种方法虽然价格相对较低,但是时长超过了一般快件的三倍。因此,同一时间寄出去的包裹,邮政一般情况下是一个月到达,稍远一点的地区需要两个月,商业快件则需要一周到两周,成本也相对翻几番。目前跨境物流提供的服务往往是少量、小额的运输服务,并没有形成能够批量运输和标准化运输的规模。跨境物流环节多,不可控因素多,导致物流时间偏长,且在邮寄过程中需要经过多次转运,很容易造成货物外包装损坏,甚至丢件,物流风险较大。

3)信息化程度不高

电子商务物流中涉及大量SKU商品和订单,应当精准、迅速地将散乱的产品进行分拣、退换和配送,这就需要借助于自动化物流系统和信息网络。而大多数跨境电子商务物流服务运营时间短、缺乏经验、系统建设不完善,并且缺少自动化基础设施和高新科研技术,这就容易造成订单处理慢、效率低、管理水平差,严重的甚至可能导致包裹的丢失。如果境内物流和境外物流不是同一家服务商,包裹配送跟踪一般也比较困难。这些都是跨境电子商务所需要面对的问题。

4)退换货成本高

跨境电子商务物流方面的难题,囊括了成本、运输时间和售后处理。电子商务购物的自身特点造成退换货比重大,况且跨境电子商务的诸如物流周期长、丢件损坏风险大、海关商检的不确定因素大等特点,使得退换货比例和消费者投诉率也是呈增长趋势。由于涉及跨境物流和海关等因素,在退换货操作方面,不如境内电子商务便捷,并且退换货渠道不是非常顺畅,从而使与跨境电子商务退换货相关的各种成本也随之增高,跨境电子商务逆向物流功能甚至有可能会缺失。

## 7.4 跨境电子商务物流的服务模式

在上述讨论跨境电子商务物流主要特点的基础上,这一节讨论跨境电子商务物流的服务模式。跨境电子商务物流服务包括很多方面,这里重点讨论面向跨境电子商务应用的海外仓储模式、保税仓储模式、专线物流模式、邮政包裹模式、国际快递模式等。

### 7.4.1 海外仓储模式

海外仓储从概念上看就是本国以外的国家建立相应的流仓库,这种仓库的建立不仅能够降低物流成本,还有利于物流产业扩展国际市场。海外仓储的设立,使电商能够非常便捷地从相应国家进行购物,并能够迅速发货,减少运输时间和运输路程,给用户以更加完美的服务体验,同时也能够激发购买者的购买欲望,实现销售增长,不断推动跨境物流电商的可持续发展。

从海外仓储的性质和作用看,海外仓储服务是指为卖家在销售目的地进行货物仓储、分拣、包装和派送的一站式控制与管理服务。确切来说,海外仓储应该包括头程运输、仓储管理和本地配送三个部分。头程运输:中国商家通过海运、空运、陆运或者联运将商品运送至海外仓库。仓储管理:中国商家通过物流信息系统,远程操作海外仓储货物,实时管理库存。本地配送:海外仓储中心根据订单信息,通过当地邮政或快递将商品配送给客户。

  海外仓储快速发展得益于以下三点:一是海外仓储的设立,大大增加了商品的运输种类,同时还节省了物流成本。由于传统的邮政小包对质量和体积等多方面的限制,因此很多跨境电商只能选择国际快递运输那些体积和质量超标的商品,海外仓储的出现直接解决了上述问题,海外仓储对运输商品的质量、体积、价值等方面基本没有约束,而且在运输费用上也具有一定的优势。二是海外仓储能够实现本地发货,这样既节省了时间又提升了实效。跨境物流运输路途和时间较长,在物流信息查询上往往很难做到及时更新,但由于海外仓储就地发货,货物运输和邮递状态就能够得到及时有效更新,并能够实现全程跟踪。同时,海外仓储的运输方式采用的是外贸物流,进口方式上也是正常清关程序,这就在很大程度上降低了清关障碍。三是海外仓储通过大数据分析能够看到,在供链控制、使用成本控制和仓库货物控制层面都具有独到优势,能够为卖家创造更好的价值,带来更高的利润。

  海外仓储服务经营模式大致分为第三方海外仓、亚马逊FBA仓、自营海外仓。

  (1) 第三方海外仓 第三方海外仓是指由第三方企业建立并且管理运营的海外仓,包括提供多家跨境电商企业的清关、入库质检、处理订单、商品分拣、配送等服务。还包括了产品检测、代缴关税、退换货、转仓、重打和代贴标签等服务。这种模式全程由第三方掌控整个跨境物流体系。

  (2) 亚马逊FBA仓 FBA仓是亚马逊提供的包括仓储、检货、打包、派送、收款、客服与退换货为一体的物流服务。众所周知亚马逊FBA仓的物流水平是海外仓行业内的标杆,它的日发货量、商品种类、消费者数量都大大领先第三方海外仓,缺点是运费贵、退换货比较麻烦,除此之外没有可以挑剔的地方了。

  (3) 自营海外仓 目前大多数海外仓的服务水平还停留在初级,不能满足顾客们日益增长的多样需求。因此不少电商选择自建海外仓,像这种跨境商家自建管理运营的海外仓,仅为本企业的产品提供便利的服务,整个物流过程都是由跨境商家企业自己控制,大大减少了烦琐的步骤和程序,提高了运营的效率。

  海外仓储模式具有以下几个方面优势:

  (1) 具有更强的运输实效性 海外仓储主要是根据市场需求而设立,其主要目的就是能够实现本地发货,这样一方面能够节省时间成本,另一方面也是为了减少烦琐的清关手续,能够更加快速地将货物运输到顾客手中,同时也能够提升顾客对产品的满意程度,刺激下次购买欲望。

  (2) 具有更低的运输成本 海外仓储的设立能够实现货物的海外直接发货,从目的地发货等同于从购买者的境内发货,其物流费用和人力成本大大降低。

  (3) 能够获得更广阔的海外市场 海外仓储能够在很短的时间内凭借其较低的成本,对当地的物流市场产生强烈冲击,并在市场开拓中获得大量资源。

  (4) 退换货更加方便 退换货需要就近快速完成这一任务,才能避免顾客的流失,而海外仓储的设立能够直接满足顾客的快速退换货的需要,不仅节约了很多的运输成本,还在一定程度上对顾客的需要实现了最快速的满足,提升了顾客的满意度,同时也增强了企业的竞争能力。

### 7.4.2 保税仓储模式

保税仓储是指使用海关核准的保税仓库存放保税货物的仓储行为。保税货物主要是暂时进境后还需要复运出境的货物,或者海关批准暂缓纳税的进口货物。保税仓储受到海关的直接监控,虽然说货物也是由存货人委托保管,但保管人要对海关负责,入库或者出库单据均需要由海关签署。保税仓储一般在进出境口岸附近进行。

第三方物流自主管理的保税仓储业务,是近几年新推出的保税物流业务,是依据海关总署高效的保税货物进出口报关和完税的新型管理模式。在这种新型管理模式下,保税仓可以设在保税区外,海关下放部分操作程序,由第三方物流企业自主管理,海关可以随时查看保税仓的库存情况,对保税仓实行监管。保税仓每月向海关申报一次货物进出口清单,并与海关系统核对保税货物的库存,一次完税,大大简化了进出关的手续,加快了通关速度。此种管理模式特别适用于对时间和库存要求比较高的维修备件的保税库存业务。

保税仓储区别于一般仓储之处在于保税仓储的监管力度要大得多。货物在仓库中的全周期需要能够被实时掌握,因此保税仓储的管理信息系统要求也高很多。库存信息化通过库存物品的入库、出库、移动和盘点等操作对企业的物流进行全面的控制和管理,能够降低库存,减少资金占用,杜绝物料积压与短缺现象,提高服务水平,保证生产经营活动的顺利进行。

自主管理的保税仓储物流企业,必须通过海关的严格审核才能营运。首先,自主管理的保税仓物流企业必须有很好的管理体系,还要有很好的诚信度,确保国家关税的征收,决不偷税漏税,保税货物的物流过程必须符合中国海关管理规范,严格执行海关进出口报关规则;其次,自主管理的保税仓物流企业必须能为货主提供高质量的、符合要求的物流服务,其中包括能严格按照货主的要求进行备件的保管、存储、包装、配送、回收和退换,保证维修备件能正确、快捷、准时、保质地送达货主手中。

随着客户不断增加,备件种类不断扩大,服务地域不断延伸,不同客户备件物流管理模式各不相同,物流费用结算不仅名目繁多而且规则各异,客户对物流服务的要求也在不断提高。原有的备件保税物流作业系统已不能满足公司业务发展需求,必须要建立一套新的一体化第三方物流保税仓储管理系统。第三方保税物流管理信息系统能够满足海关对保税物品进、出、存、退、换和完税的管理需求,满足不同货主对其保税备件仓储、保管、包装、配送、退货和回收的相异的物流管理要求;能够适应多组织架构物流公司的管理和多仓库统一管理的要求;能够满足多货主的不同备件保税或完税物流管理的需求;能够满足货主业务发展的需要,进行不同区域的快速配送服务;能够快速调整和适应货主备件物流管理过程中变化的要求;能够对协作的承运商进行管理,包括费用的按期结算,能够设定各种物流费用(包括各种关税和海关代收增值税),系统按业务量自动结算物流费用和各种税收,也可手工调整和补录特殊费用;货主随时可以查询订单执行情况、库存和物流费用结算情况等;海关随时掌控保税仓保税备件的进、出、存、退、换和完税情况;系统支持仓库使用射频技术(RF)和条码设备,对仓库的库位、备件实现条码管理,在仓库中使用RF进行在线作业,提高效率、降低出错率、降低物流成本;数据接口,将不同货主的订单自动导入物流系统;对备件的价格、批号、序列号等进行管理;对备件可实现全程跟踪查询;按货主要求的报表格式产生货主索要的各类报表;未来能顺利拓展相关功能,实现报关管理、货代管理和运输管理等,并且使一体化的初始数据在各模块中实现共享;提供各类分析报表,给管理提供数据的依据,不断改进管理,提高服务质量,提高客户满意度。

### 7.4.3 专线物流模式

专线物流,又称货运专线,指物流公司用自己的货车、专车或者航空资源,运送货物至其专线目的地。专线物流其实就是直达运输,是某个城市到另一城市的直达运输。与专线运输相对应的是中转运输。所有的运输企业必然会有专线运输。一般在目的地有自己的分公司或者合作网点,以便货车来回都有货装。

专线的组成主体是货运站、专线货车、司机和信息交互系统。专线的目的,是节约成本,但要建立在货量充足的前提下,不然就很可能会亏本,所以专线公司一般走的时间不确定,货满车走,客户的运输成本也会随之降低。专线物流的主要优点是运输成本较低,弊端则是陆运货车班次时间不能确定,只能通过航空运输或者转包业务以满足较急的货物需求。

跨境专线物流是指从一个国家到另一个国家的专线运输。所有的货物都从一个国家运到另一个国家。跨境专线物流没有其他中转,直接从一个国家到另一个国家的目的地,并包括清关送货上门服务。与国际快递和国际包裹服务不同,跨境专线物流提供的物流服务通常是一对一的定向服务,如从中国到美国,或从中国到欧洲。

跨境专线物流一般是通过航空包舱方式将货物运输到国外,再通过合作公司进行目的国的派送。专线物流的优势在于其能够集中大批量到某一特定国家或地区的货物,通过规模效应降低成本。因此,其价格一般比商业快递低。在时效上,专线物流稍慢于商业快递,但比邮政包裹快很多。市面上最普遍的专线物流产品有美国专线、欧洲专线、澳洲专线、俄罗斯专线等,也有不少物流公司推出了中东专线、南美专线、南非专线等。

### 7.4.4 邮政包裹模式

邮政包裹(Postal Parcel)是指邮政部门所传递的经过妥善包装、适于邮寄的物品。它是邮件的一种。邮局分布广泛,既有自办的邮路,又可以综合利用铁路、公路、水运、航空等部门的运输工具运送邮件,所以能够满足公众寄递物品特别是小件零星物品的需要。各国经营邮政包裹业务,或采取与运输部门竞争的原则,或采取适当分工、相互配合的原则。中国采取的原则是:在不影响完成通信这一主要任务的前提下,利用邮政点多、线长、面广的特点,以传递个人和机关、企业、团体等的零星包裹为主,并适当收寄一部分商品包裹。

邮政包裹一般分国际包裹(见国际邮件)和国内包裹。在中国,国内包裹分普通包裹和保价包裹两种。这两种包裹如寄件人报明内装物品的货价,又要求邮局在投交收件人时代收货款并汇回,则称为代收货价包裹。全程或者邮程中的一段要求利用飞机运送的包裹称为航空包裹。不超过一定质量的轻小包裹,按照信件处理的方法传递并随同信函一起优先发运的,称为快递小包。

目前跨境电商物流还是以邮政的发货渠道为主。邮政网络基本覆盖全球,比其他任何物流渠道都要广。这主要得益于万国邮政联盟和卡哈拉邮政组织(KPG)。除了中国邮政以外,中国卖家使用的其他邮政还包括中国香港邮政、新加坡邮政等。万国邮政联盟是联合国下设的一个关于国际邮政事务的专门机构,通过一些公约法规来改善国际邮政业务,发展邮政方面的国际合作。卡哈拉邮政组织要求所有成员国的投递时限要达到98%的质量标准。如果货物没能在指定日期投递给收件人,那么负责投递的运营商要按货物价格的100%赔付客户。

邮政包裹应按所寄物品的性质、大小、轻重、寄递路程远近和运输情况等,选用适当包装材料妥善包装。包裹的包装既要防止封皮破裂造成内件露出或散失,又要防止包裹在遇到碰撞、摩擦、震荡、受压、天气变化时内装物品受损,还要防止内件伤害处理人员或污染、损坏其他邮件。邮政包裹在寄递过程中丢失、短少或损毁时的补偿办法,各国邮政大多规定:凡查明责任属于邮政一方的,对普通包裹按质量补偿,但不超过规定的补偿金额最高限度;对保价包裹依据保价金额分情况给予补偿。美国、加拿大等国允许包裹作为平常邮件交寄,邮局收寄时不给收据,处理时不加登记,投递时不要收件人签收,对这种包裹则不负补偿责任。中国对国内普通包裹长期采用按质量补偿的办法,但由于包裹的价值同质量并无一定的比例关系,因此普通包裹补偿问题往往难于圆满解决。为此,自1980年9月起改为按件补偿的办法。根据调查统计,普通包裹每件价值一般不高于30元,所以规定每件最高补偿额为30元。凡价值超过30元的包裹,个人邮寄的必须按保价包裹交寄。国际包裹的补偿办法,则按万国邮政联盟的《国际邮政包裹协定》或按中国与相关国间的特别协议处理。国际普通包裹的补偿,仍然采用按质量补偿并规定最高补偿额的办法。

### 7.4.5 国际快递模式

国际快递模式是除邮政包裹模式外最为传统和简单直接的物流模式,一般指四大国际快递巨头,分别是总部位于德国的DHL、荷兰的TNT、美国的UPS和FEDEX。这些快递巨头运用强大的IT系统建立了遍布世界各地的全球网络,能够为客户提供精准、快速的本地化服务,使跨境购物的海外客户获得良好的物流体验,比如使用UPS从中国邮寄到美国的快递,最快可在2天内到达。这种模式对于很多中小企业来说是可选的物流方式之一,但是其价格昂贵,成本相对偏高。出于降低成本的因素考虑,很多中国商户只在客户时效性要求很强的情况下,才使用国际快递来派送商品。

国际快递同样也是跨境电商物流重要选择方式,其主要特点集中在快捷和安全上面,并且信息查询快速准确,消费者可以根据物流信息及时获得货物的运输方式、运输路径、运输时间和运输地点等,基本上跨境物流都能够在3~5天时间内完成货物运输。一般货物只要不超标,跨境电商也会选择这种物流方式。但这种物流方式也存在两个问题:一方面物流成本较高,在相同质量下国际快递的价格要比国际小包贵上两倍,这也造成了很多跨境物流在模式选择上会更加倾向于国际小包。另一方面,国际快递对一些相对偏远地区的包裹还需要收取额外的附加费,配送网络和体系建设也没有成型,网络覆盖还没有达到国际小包的覆盖程度。

## 7.5 跨境电子商务与物流典型案例

前面,我们对跨境电子商务及其物流服务做了比较深入的讨论。在这一节,重点介绍跨境电子商务与物流服务的一些典型案例。

### 7.5.1 国际站与速卖通:阿里旗下跨境电商平台

阿里巴巴国际站(https://www.alibaba.com)——全球领先的数字化出口贸易平台,是

B2B跨境电商平台的典型代表。阿里巴巴国际站成立于1999年,是阿里巴巴集团的第一个业务板块,现已成为全球最大的数字化贸易出口平台之一。阿里巴巴国际站累计服务200余个国家和地区的超过2600万活跃企业买家。阿里巴巴国际站致力于让所有的中小企业成为跨国公司。打造更公平、绿色、可持续的贸易规则。提供更简单、可信、有保障的生意平台。它始终以创新技术为内核,高效链接生意全链路,用数字能力普惠广大外贸中小企业,加速全球贸易行业数字化转型升级。阿里巴巴国际站将赋能全球3000万活跃中小企业,实现全面无纸化出口、货通全球,让世界更小,生意更大。

阿里巴巴国际站为中小企业提供拓展国际贸易的出口营销推广服务,它基于全球领先的企业间电子商务网站阿里巴巴国际站贸易平台,通过向海外买家展示、推广供应商的企业和产品,进而获得贸易商机和订单,是出口企业拓展国际贸易的首选网络平台之一。作为全球最大的B2B跨境电商平台之一,阿里巴巴国际站物流已覆盖全球200多个国家地区,将与生态合作伙伴融合共振,通过数字化重新定义全球货运标准。"门到门"服务能力是重点方向之一:货物从工厂拉到境内港口、报关,通过海陆空进入境外港口,清关、完税,最后完成末端配送。阿里巴巴国际站提供一站式的店铺装修、产品展示、营销推广、生意洽谈及店铺管理等全系列线上服务和工具,帮助企业降低成本,高效率地开拓外贸大市场。

国际站的业务走过了三个阶段:第一阶段,国际站的定位是"365天永不落幕的广交会",为大宗贸易做产品信息的展示;第二阶段,国际站收购一达通为商家提供通关等方面的便利化服务,并在这个过程中开始沉淀数据;第三阶段,使此前沉淀的数据形成闭环,也就是国际站在做的事情,数字化重构跨境贸易。

阿里巴巴国际站的核心价值主要体现在三个方面:①买家可以寻找搜索卖家所发布的公司及产品信息;②卖家可以寻找搜索买家的采购信息;③为买家卖家行为提供了沟通工具、账号管理工具。主要特点包括四个方面:①互动——社区Community频道;②可信——第三方的认证;③专业——人性化的网站设计,丰富的类目,出色的搜索和网页浏览,简便的沟通工具、账号管理工具;④全球化——客户遍布全球。

自阿里巴巴1999年成立以来,基于阿里巴巴价值观体系的强大的企业文化已成为阿里巴巴集团及其子公司的基石。他们在商业上的成功和快速增长以企业家精神和创新精神为基础,并且始终关注满足客户的需求。

阿里巴巴集团有六个核心价值观,它们支配公司的一切行为,是公司DNA的重要部分。在有关雇用、培训和绩效评估的公司管理系统中融入了这六个核心价值观。当新员工加入阿里巴巴时,他们要在杭州总部参加为期两周的入职培训和团队建设课程,该课程的重点集中于公司的远景目标、使命和价值观上。而且,在定期的培训课程、团队建设训练和公司活动中还要强化这些内容。

阿里巴巴从中国杭州最初18名创业者开始成长为在三大洲20个办事处拥有超过5000名雇员的公司,努力为员工创造能够在积极、灵活和以结果为导向的环境中共同紧密工作的大家庭。

阿里巴巴国际站定位:全国中小企业的网上贸易市场。

阿里巴巴的梦想:通过发展新的生意方式创造一个截然不同的世界。

阿里巴巴的使命:让天下没有难做的生意。

全球速卖通(https://www.aliexpress.com)是阿里巴巴旗下的面向国际市场打造的跨境电商平台,被广大卖家称为"国际版淘宝"。全球速卖通面向海外买家客户,通过支付宝国际账户进行担保交易,并使用国际物流渠道运输发货,是全球第三大英文在线购物网站。全球速卖通是阿里巴巴面向国际市场的在线交易平台,成立于2010年,客户买家范围已经遍及220多个国家和地区,覆盖服装服饰、3C产品、家居、饰品等共30个一级行业类目。俄罗斯消费者可以直接在全球速卖通上一键下单,支付预付款,到指定线下门店支付尾款即可提车。

适宜在全球速卖通销售的商品主要包括服装服饰、美容健康、珠宝手表、灯具、消费电子、电脑网络、手机通信、家居、汽车摩托车配件、首饰、工艺品、体育与户外用品等。很多国内允许销售的商品,在全球速卖通平台上都会被禁止销售,比如减肥药。所以全球速卖通卖家在开店前需要做好充分的了解。

在全球速卖通上有三类物流服务,分别是邮政大小包、全球速卖通合作物流以及商业快递。其中90%的交易使用的是邮政大小包。邮政大小包的特点是费用便宜(如:一斤的货物发往俄罗斯,大致费用只需要四五十元人民币),但邮政大小包时效相对较慢,且存在一定的丢包率。合作快递的特点是经济实惠、性价比高,适合国际在线零售交易,由全球速卖通分别与浙江邮政、中国邮政合作推出。四大商业快递(DHL、UPS、FedEX、TNT)的特点是速度快、服务专业、高效,但相对一般快递价格比较高。四大商业快递适用于货值比较高、买家要求比较高的宝贝或交易。卖家发货时,可以根据不同的物流服务,选择在全球速卖通上线上发货,也可以联系各主要城市的货代公司上门收件进行发货。

与淘宝不同的是,全球速卖通平台上超过七成的买家直接下单,因此注意商品信息的细节、配套服务的描述有助于提升买家下单转化率。部分买家会通过邮件和站内信跟卖家进行沟通,因此,卖家应留意自己的邮箱和站内信。卖家可以通过翻译工具将买家的询盘翻译成中文后进行阅读,再将写好的回复,通过工具翻译成英语后进行回复。

入驻全球速卖通需提供企业支付宝账号、企业营业执照、法人身份证等。从2020年开始,入驻全球速卖通不再收年费,只需提交保证金即可。

### 7.5.2 敦煌网:全球中小零售商一站式贸易平台

敦煌网(https://www.dhgate.com),是领先的全球中小零售商一站式贸易和服务平台,美国市场最大的跨境B2B电商平台。敦煌是中国古代丝绸之路上的辉煌驿站,是中国丰富商品走出国门的盛大之城。敦煌网以此命名,正是承载着其创始人兼董事长王树彤女士打造网上丝绸之路的梦想。敦煌网CEO王树彤是中国最早的电子商务行动者之一。她1999年参与创立卓越网并出任第一任CEO,2004年创立敦煌网。敦煌网致力于帮助中国中小企业通过跨境电子商务平台走向全球市场,开辟一条全新的国际贸易通道,让在线交易不断地变得更加简单,更加安全,更加高效。敦煌网是国内首个为中小企业提供B2B网上交易的网站。

敦煌网采取佣金制,2019年2月20日起新卖家注册开始收取费用,只在买卖双方交易成功后收取费用。敦煌网"为成功付费"打破了以往的传统电子商务"会员收费"的经营模式,既降低了企业风险,又节省了企业不必要的开支;同时避开了与B2B阿里巴巴、中国制造网、环球资源、环球市场等的竞争。一个标准的卖家是这样做生意的:把自己产品的特性、报价、图片上传到平台,接到海外买家的订单后备货和发货;买家收到货后付款,双方通过多种方式进行贸易结算。整个周期5~10个工作日。

在敦煌网,买家可以根据卖家提供的信息来生成订单,可以选择直接批量采购,也可以选择先小量购买样品,再大量采购。这种线上小额批发一般使用快递,快递公司一般(在一定金额范围内)会代理报关。举例来说,敦煌网与DHL、联邦快递等国际物流巨头保持密切合作,以网络庞大的业务量为基础,可使中小企业的同等物流成本至少下降50%。一般情况下,这类订单的数量不会太大,有些可以省去报关手续。以普通的数码产品为例,买家一次的订单量在十几个到几十个不等。这种小额交易比较频繁,不像传统的外贸订单,可能是半年下一次订单,一个订单几乎就是卖家一年的"口粮"。"用淘宝的方式卖阿里巴巴B2B上的货物",是对敦煌网交易模式的一个有趣概括。

目前,敦煌网已拥有230万以上累计注册供应商,年均在线产品数量超过2 500万,累计注册买家超过3 640万,覆盖全球223个国家及地区,拥有100多条物流线路和10多个海外仓,71个币种支付能力,在北美、拉美、欧洲等地设有全球业务办事机构。敦煌网在品牌优势、技术优势、运营优势、用户优势四大维度上,已建立起难以复制的竞争优势。

在全球新增长的20亿中产阶级人口中,一大部分将来自非洲大陆。据预测,2021年,全球中产阶级将对非洲电商产业贡献6万亿美元的利润。2025年,在科技进步的促进下,非洲的年轻人口通过电商产业创造的价值将达到750亿美元。整个非洲大陆大约有264家电子商务初创企业在运营,活跃于至少23个国家。随着更多非洲人进入互联网,到2025年网上购物将占零售总额的10%,未来10年非洲网络零售额将以每年40%的速度增长。按区域来看,非洲48.1%电商创业团队在西非地区,南部非洲占到27.3%,东非有18.2%,主要集中在尼日利亚、南非、肯尼亚这三个国家,其中尼日利亚拥有超过100家电商创业公司。目前,平台非洲市场主攻尼日利亚、肯尼亚、加纳、摩洛哥等国家,类目以时尚生活、3C刚需、居家与出行为主,有相关类目资源且有意愿做非洲市场的卖家可以在后台进行产品设置,将货物发往这些国家。另外,除尼日利亚、肯尼亚、加纳、摩洛哥,如卖家有其他优质的物流渠道可以发往,也可以进行设置。

为了更好地突出海外仓商品优势,现推出根据不同备货地差异化定价功能,帮助卖家更好地控制供应链成本,突出商品定价区域化优势,整合商品销售及评价,打造爆款listing(指一个产品的页面)。卖家可根据同一商品的不同发货地设置不同的售价,设置不同国家或地区的Free Shipping(免运费),突出商品区域化定价及时效优势。同一listing可设置多个发货地,便于卖家集中维护,快速积累销量好评。

敦煌网是商务部重点推荐的中国对外贸易第三方电子商务平台之一。敦煌网肩负"促进全球通商,成就创业梦想"的使命,以"全球领先的跨境电商中小企业数字化产业中台"为愿景,专注小额B2B赛道,为跨境电商产业链上的中小微企业提供"店铺运营、流量营销、仓储物流、支付金融、客服风控、关检汇税、业务培训"等环节全链路赋能,帮助中国制造对接全球采购,实现"买全球,卖全球"。

### 7.5.3 兰亭集势:全球在线零售公司

兰亭集势(https://www.lightinthebox.com)是一家全球在线零售公司,直接向世界各地的消费者提供产品。兰亭集势成立于2007年,是提供多种主要语言的网站,为客户提供了一种以优惠的价格购买各种生活产品的便捷方法。注册资金300万美元,总部设在上海,在美国等国家和中国香港、北京、深圳、苏州、成都等地设有分公司。

兰亭集势以技术驱动、大数据为贯穿点,整合供应链生态圈服务的在线B2C跨境电商公司。兰亭集势的创新数据驱动型业务模型使自己能够大规模提供定制产品,例如婚纱和晚礼服,以实现最佳的营销和商品推销。兰亭集势以"致力于提升全球人民的生活幸福感"为使命,坚持勇往直前不断开辟新大陆的航海文化理念。

One World One Market(同一个世界同一个市场)——兰亭集势的使命是为全世界中小零售商提供一个基于互联网的全球整合供应链。通过其创新的商业模式、领先的精准网络营销技术、世界一流的供应链体系,依托包括 Google、eBay、UPS 在内的全球合作伙伴,它已迅速拥有来自一百多个国家数以千万计的访问者和以万计的个人消费者与企业客户。

2013 年 6 月 6 日,兰亭集势在美国纽交所挂牌上市,交易代码为"LITB",成为中国跨境电商第一股。2018 年 11 月 16 日,兰亭集势全资收购面向东南亚市场的全品类购物平台 ezbuy 后宣布,任命 ezbuy 的创始人兼首席执行官何建为公司新任 CEO。兰亭集势的客户来自 200 多个国家,注册客户数千万人,累计发货目的地国家多达 200 个,遍布北美洲、亚洲、欧洲、中东、南美洲和东南亚。

兰亭集势产品种类:MP3/MP4 播放器及配件、无线网络设备、手机/手机配件、数码相机/数码摄影机、数码相框、投影机、车载产品、安防监视设备/间谍相机、电脑/电脑配件、便携式 DVD 播放器、硬盘播放器、无线电广播设备、数字电视产品、新奇特电子产品、游戏机/游戏机配件、运动服饰、生活用品、瓷器/玻璃制品、舞蹈服饰、婴儿用品、礼品、玩具、健康美容产品、小型运动器械、婚纱、礼服/礼服配饰、男女服装、珠宝、首饰、家居服、家纺用品、卫浴用品、厨房用品、家装用品、宠物用品、工具类家用小电器等。

供应商与兰亭签订供销合同,供应商根据兰亭需求供货,兰亭与供应商定期结算采购款项。兰亭负责确定销售价格和促销规则,并负责客户服务。供应商保证供货品质和及时到货。平台卖家自主上新,自定售价。兰亭网站可按平台卖家聚合商品形成卖家店铺。平台卖家可进行店铺装修、商品排序和商品促销。兰亭代收货款,通过扣点与卖家结算。

### 7.5.4 燕文物流:跨境电商物流综合服务商

燕文物流(https://www.yw56.com.cn)是国内领先的跨境电商物流综合服务商,获得多家知名投资机构投资。在全国近 50 个城市提供直营服务,运营上百条跨境物流线路通达全球 214 个国家和地区,以助力中国出口为己任,以缩短世界的距离为愿景,凭借自主研发的作业系统和先进的智能物流设备构建科技物流体系,专注于服务品质的提升,不断投入资金建设物流基础设施,迅速拓展全球网络,并致力于打造介于国际商业快递网络和万国邮政联盟网络中间的适合全球电商发展的全球电商物流服务网。

国内揽收:在杭州、北京、昆山、义乌、金华、宁波、温州、上海、苏州、无锡、南京、成都、保定、郑州、武汉、深圳、广州、东莞、泉州、兴城、厦门、福州、长沙、南昌、重庆、中山、天津、青岛、合肥、珠海等全国 50 多个城市均有分公司,自有车辆 300 多台。

智能分拣:全国智能分拣仓面积高达 10 万多平方米;全自动智能分拣设备 5 套;全国日均处理包裹 200 万(500 万产能);每小时最大分拣能力 3 万件。

增值服务:提供物流白条、9610 对接及退税、保税出口、集运转运等增值服务。

物流白条:运费供应链金融,使用灵活风险小,解决卖家资金困难。

保税出口:入区即退税,全球调拨,适合生产型电商。

集运转运:服务 C 端客户,低价快运全球,全追踪流程透明。

燕文物流服务的主要优势包括如下几个方面:

(1) 时效保障　包机包板,自主申报,自主清关,优化产品,提升时效。
(2) 服务尊享　客户管理系统 CRM 上线,1 对 1,每周 7 天每天 24 小时专属服务,查件、通知、响应和赔付更及时。
(3) 技术提升　更注重用户体验的全方位技术保障。
(4) 作业升级　投入更多自动智能分拣设备,自动录入打包设备,安检设备,进一步提升操作效率和能力。
(5) 区域扩大　2018 年全国揽收区域增加到 50 个城市。

### 7.5.5　锦程物流:跨境电商物流综合服务商

锦程国际物流集团(http://www.jctrans.com),简称锦程物流,创立于 1990 年 6 月,主要为客户提供门到门的全程国际物流服务,是中国最大的国际物流企业之一。本着"先做国内资源,再做海外资源"的发展战略,锦程国际物流集团以独特的经营理念和不懈的创业精神,借鉴连锁经营的商业模式,在韩国、日本、美国以及中国国内主要口岸城市、内陆大中型城市以及香港地区设有百余家分支机构,形成了覆盖全球的国际物流服务网络。

在加速实体服务网络建设的同时,投资"锦程网上物流"项目,自主开发和应用业务管理软件,创办"锦程物流网",搭建电子商务平台。目前该网站已成为行业知名网站,年访问量超过 1 000 万次,位列中国物流行业网站第一名。"锦程网上物流"项目已被列入大连市信息化示范项目、国家电子信息系统倍增计划,被国家发改委列为国债支持项目。锦程是目前全国唯一一家高新技术物流企业。公司在管理上与国际接轨,2001 年通过了 ISO9001 质量体系认证,成为国际货运代理协会联合会联系会员。

锦程国际物流集团未来战略发展的总目标是,使锦程发展成为一个覆盖全球的以实体服务网络为基础,为客户提供网上在线服务的国际化综合物流集团。依托锦程国际物流集团全球物流的实体服务网络和信息服务网络,集合遍布全球的客户资源并进行分类,实现集中采购,共享资源利益,同时为客户提供从采购到运输的门到门"一站式"综合物流服务。

锦程物流网成立于 2003 年,是国内最著名的物流综合门户网站之一。锦程物流网致力于以电子商务和网络公共平台为依托,以网络营销推广、网络交易、网络结算、网络物流金融、信誉体系等多元化网络服务为手段,整合国内外物流行业资源和贸易客户资源,打造贸易商面向物流提供商的网络物流集中采购渠道、物流提供商面向贸易商的网络营销渠道、物流提供商之间的同行网络采购合作渠道,打造全球最有影响力的物流行业传媒。

目前,锦程物流网已经成为汇聚全球物流提供商资源、贸易商资源以及行业相关资源的最大的行业资源集中地。已拥有近百万的企业用户,数十万物流提供商和行业相关者,每天均有上万家的物流供需双方企业发布供应、运价、招标、代理等重要信息。符合行业特色的专业物流分类板块使得各类物流提供商均能在网站上找到属于自己的精准营销空间。同时,专业细致的分类也便于贸易客户更加便捷地检索到所需信息。

作为国内著名的物流综合门户网站,锦程物流网曾相继推出物流行业首个诚信标准"信誉通"、第一个基于诚信认证的海外代理推广服务"国际信誉通",及第一个物流行业即时通信工具"物流通 TM"。锦程物流网的内容主要分为船期运价平台、服务平台、传媒平台三大板块。船期运价平台为行业内第一个将船期与运价结合,并将船期运价标准化的平台。该平台涵盖了全球 114 家船公司的 4 000 多条全球航线船期及近 10 万组运价,并集聚了国内主要港口的庄家。客户可以通过方便快捷的检索查询到所需船期运价信息,并可采购到具有优势的运价信息。船期运价平台同时含有陆、海、空不定期航线、航班信息。服务平台是为物流提供商提供的一个展示自身差异化优势的平台,也是贸易商通过精准分类快速检索信息的平台。这一平台将按照行业特点、企业优势将物流提供商进行细分归类,并给会员企业提供更多个性化的展示方式。服务平台为企业的网络精准营销提供了更多机会,为贸易商提供方便。传媒平台是物流行业权威信息发布平台,是利用传媒手段为物流、贸易及相关企业开辟一个网络营销新渠道。传媒平台包括新闻、学院、人物、网评、专题、工具、展会、法规、数据、期刊、排行、人才、论坛等频道,被誉为"物流行业的新浪",是国内物流行业最大的信息库之一。在强大的平台支持之下,锦程物流网将继续用更加多元化的模式引领物流行业网络化的进程。

锦程物流依托遍及全球的海外代理网络及国内外多家航空快递公司的长期合作关系,当客户在经营进出口商品的电商平台下单后,锦程根据订单从国外采购商处收货,以安全、快捷、低廉的运输方式将货物运输至国内。货物清关后,以快递方式发送至客户手中。为电商企业节省物流、清关、税费等相关成本,保证整个物流运输过程高时效、省钱、便捷。

锦程物流与UPS、DHL、FedEx、TNT等知名品牌快递公司建立长期友好的合作关系,凭借着完善的海外代理网络与强大的实力,结合锦程物流在全球丰富的进出口通关和派送经验,为客户提供在中国和世界各地间的门到门快递服务,满足国内外跨境电商的物流运输需求。

锦程物流与中国邮政长期合作开展的两项业务为邮政包裹服务和国际邮政小包业务服务。其中,邮政包裹服务以航空或水陆运输方式为客户提供中国至世界各地区的包裹运输服务,主要针对客户的货物质量较大。国际邮政小包业务服务包含中国邮政挂号、中国邮政平邮两种服务。以航空小包运输方式为客户提供中国至世界各地区的包裹运输服务,主要针对客户的货物质量较小。邮政包裹服务和国际邮政小包业务服务对运输时间要求不严格,运输费用较低,大大降低了客户的运输成本。

跨境小包物件运输的业务优势包括:①资费低。直接按照实重计费,相对于其他运输方式(如DHL、UPS、FEDEX、TNT等)来说,小包服务有绝对的价格优势。②适用范围广。一般无特别的邮寄限制,除了国际违禁品和危险品以外。③安全稳定。包裹加固,全程监控,安全送达,全程跟踪。

上述对典型案例的介绍,参考了相关企业的官方网站。若要了解更多典型案例企业在电子商务和物流服务方面的最新发展动态,可以进一步访问和研究相关官方网站。

【本章小结】

(1) 跨境电子商务,简称跨境电商,在国际上流行的说法叫Cross-border E-commerce,从概念上说,是指分属不同关境的商业主体,通过电子商务平台达成交易,并通过跨境支付、跨境通关、跨境物流及异地仓储完成交易的电子商务应用。

(2) 从狭义上看,跨境电商基本等同于跨境零售。跨境零售指的是分属于不同关境的交易主体,借助计算机网络达成交易,进行支付结算,并通过跨境物流将商品送达消费者手中的交易过程。通常,跨境电商,从海关来说,等同于在网上进行快递或小包的买卖,基本上针对消费者。

(3) 可按不同标准对跨境电子商务进行分类,如:B2B跨境电子商务、B2C跨境电子商务与C2C跨境电子商务;出口跨境电子商务和进口跨境电子商务;垂直型跨境电子商务和综合型跨境电子商务;信息服务平台、在线交易平台、综合服务平台;自营型跨境电子商务平台和第三方开放型跨境电子商务平台;传统跨境大宗交易平台(大宗B2B)、综合门户类跨境小额批发或零售平台(小宗 B2B 或 C2C)、垂直类跨境小额批发零售平台(独立 B2C)、专业第三方服务平台(代运营)和外贸综合服务平台;一般跨境电子商务和 E 贸易跨境电子商务。

(4) 跨境电子商务是不同关境商业主体间的电子商务应用。跨境电子商务的特殊性就在于服务于跨境贸易。跨境电子商务一般需要考虑如下一些关键问题:跨境通关、跨境物流、跨境支付、市场监管、客户服务和数据安全。

(5) 现阶段,我国与跨境电商进出口通关直接相关的通关模式主要有七种,分别是 0110、1039、1210、1239、9610、9710、9810。从类别来说,跨境 B2B 和 B2C 所采用的报关模式会不同。B2B 所采用的模式为:9710、9810、0110、1039。而 B2C 跨境电商多采用 9610、1210、1239 通关。

(6) 我国政府十分重视电子商务和跨境电子商务发展,出台了一系列促进和规范跨境电子商务应用发展的相关法规和政策,从而为我国跨境电子商务发展创造了很好的政策环境。2004—2008 年:政策萌芽期,以初步规范为主;2009—2012 年:政策发展期,以支持引导为主;2013 年至今:政策爆发期,通过出台政策鼓励产业发展。

(7) 跨境电子商务物流的特殊服务需求主要体现在如下几个方面:国际物流标准化服务需求、国际物流专业化服务需求、国际物流政策性服务需求、电子商务专门化服务需求和电子商务本地化服务需求。

(8) 跨境电子商务物流是跨境电子商务应用中面临的物流问题。将跨境电子商务物流与一般电子商务物流进行比较,跨境电子商务物流的主要特点包括:①周期长,运作复杂;②成本高,运作风险大;③信息化程度不高;④退换货成本高。

(9) 跨境电商需要更加专业的跨境电子商务物流服务。跨境是跨境电子商务和跨境物流服务的特殊性。面向跨境电子商务应用的主要物流服务模式包括:海外仓储模式、保税仓储模式、专线物流模式、邮政包裹模式、国际快递模式等。

**思考与练习**

1. 如何理解狭义和广义的跨境电子商务?
2. 一般可如何对跨境电子商务物流进行分类?
3. 跨境电子商务需要考虑哪些关键问题?
4. 跨境电商进出口通关模式主要有几种?
5. 如何评价我国跨境电子商务政策环境?
6. 跨境电商物流需要考虑哪些服务需求?
7. 跨境电子商务物流的服务模式有哪些?
8. 分析比较两家 B2B 跨境电商应用平台。

# 8 农村电子商务与物流管理

【本章概要】

这一章,首先介绍农村电子商务应用的概念和内涵、主要分类、关键问题、政策环境和发展现状,然后讨论农村电子商务物流的服务需求、主要特点以及面临的主要挑战,最后讨论农村电子商务与物流的典型案例。

【学习目标】

(1) 理解农村电子商务应用的概念与内涵。
(2) 掌握农村电子商务应用的主要分类。
(3) 掌握农村电子商务应用的关键问题。
(4) 了解农村电子商务应用的政策环境。
(5) 了解农村电子商务应用的发展现状。
(6) 掌握农村电子商务物流的服务需求。
(7) 掌握农村电子商务物流的主要特点。
(8) 掌握农村电子商务物流面临的主要挑战。
(9) 了解农村电子商务与物流的典型案例。

【基本概念】

农村电子商务,电子商务物流,需求分析,挑战分析,典型案例。

## 8.1 农村电子商务应用与发展概述

农村电子商务是目前中国政府非常重视的电子商务应用领域。这一节首先讨论农村电子商务的概念和内涵,然后分析讨论农村电子商务的主要分类、关键问题、政策环境,最后讨论农村电子商务应用的发展现状。

### 8.1.1 农村电子商务应用的概念与内涵

农村电子商务,简称农村电商,英文叫 Rural E-commerce,从概念上说,是指农村地区的电子商务应用,是电子商务对农村商贸行为或交易活动的服务或赋能。农村电商是相对于城市电商(Urban E-commerce)的概念,是为农业生产和农村居民生活服务的电子商务应用。农村电商通过网络平台嫁接各种服务于农村的资源,拓展农村信息服务业务、服务领域,使之兼而成为遍布县、镇、村的三农信息服务站。农村电子商务有助于降低农村商业成本、扩大农村商业领域、帮助贫困地区农民脱贫致富。

农村电子商务是一个区域性的总体概念,前面几章讨论的电子商务应用,只要与农村相关,就是农村电子商务一个方面的应用,如:农村 B2B 电子商务、农村 B2C 电子商务、农村 C2C 电子商务、农村 O2O 电子商务、农村跨境电子商务等。

农村电子商务,首先是电子商务,然后是农村商贸交易带来的影响或问题,农村的特殊性使电子商务应用具有一些特殊性。在农村电子商务交易中,至少有一方是属于农村地区的。农村电子商务一般可以分为:农业电子商务、养殖业电子商务、农产品电子商务、农资电子商务、非农电子商务等。农村电子商务包含农业电子商务,农业电子商务包含农产品电子商务。但是,农村电子商务可能还有农业之外的电子商务应用。

另外,还有一些与农村电子商务相关的概念,如县域电商。虽然字面上没有体现农村,但是中国的县域,一般都是以农业为主要产业的地区。县域电商讨论的很多问题,都是农村电子商务的问题,只是县域电商是从县域视角关注或讨论电子商务发展。县域也包括一些城镇地区,所以,县域电商还包括上述农村电子商务以外的内容。

电子商务进农村受到各级政府的高度重视。农村电子商务不仅是农村人关注的电子商务,城里人一日三餐也离不开农产品,所以,农村电子商务是一个人人都关注的重要领域。

### 8.1.2 农村电子商务应用的主要分类

农村电子商务是电子商务在与农村相关方面或领域的服务形式。下面从农村电子商务的不同视角,讨论目前对农村电子商务应用的分类。

1) 按照市场主体的属性分类

通常,电子商务应用可以划分成 B2B 电子商务、B2C 电子商务、C2C 电子商务等。农村电子商务也可有不同的应用模式之分,可以分为:农村 B2B 电子商务、农村 B2C 电子商务、农村 C2C 电子商务等。

(1) 农村 B2B 电子商务　农村 B2B 电子商务是面向农村地区的商家与商家之间(Business to Business)通过互联网平台进行商品与服务等数据信息传递而后达成交易的电子商务应用。B2B 电子商务的卖家一般为大中型企业,它们提供产品与服务等相关信息,最终客户也是企业。

(2) 农村 B2C 电子商务　农村 B2C 电子商务是面向农村地区的商家(Business)针对消费者(Consumer)开展的电子商务,是指商家或企业直接面向个人消费者开展在线销售产品和服务,通过电商平台达成交易,进行支付结算,并通过物流送达商品,完成交易的电子商务应用。B2C 电商的卖方是商家,面对的是终端消费者。

(3) 农村 C2C 电子商务　农村 C2C 电子商务是面向农村地区的消费者卖方(Consumer)与消费者买方(Consumer)依托第三方平台进行的电子商务应用。卖方对买方在线销售产品和服务,是由卖家通过第三方电商平台发布产品和服务售卖、产品信息、价格等内容,买方进行筛选,最终通过电商平台达成交易,进行支付结算,并通过物流送达商品,完成交易。

2) 按照涉农方面或领域分类

按照涉农方面或领域不同,农村电子商务一般可以分为:农业电子商务、畜牧养殖业电子商务、农产品电子商务、农资电子商务、非农电子商务等。

(1) 农业电子商务　农业电子商务是指电子商务在农业领域的应用。通过电子数据传输技术开展的商务活动,能够消除传统商务活动中信息传递与交流的时空障碍。发展农业电子商务,能够有效推动农业现代化的步伐,促进农村经济发展,最终实现地球村来降低传统农业交易方式。农业电子商务按照产品类型,又可分为农产品电子商务和农资电子商务。

(2) 畜牧养殖业电子商务　畜牧养殖业电子商务是指电子商务在畜牧养殖业领域的应用。畜牧养殖业是农业的主要组成部分之一。2015年以来,畜牧养殖业也迎来了电子商务应用发展的好时机。

(3) 农产品电子商务　农产品电子商务是指电子商务在农产品销售或购买方面的具体应用。农产品电子商务帮助农户把农产品卖出去,同时帮助人们购买喜欢的农产品。农产品电子商务平台有服务商家的B2B平台,也有服务于普通消费者的B2C平台。

(3) 农资电子商务　农资电子商务是指电子商务在农业生产资料销售或购买方面的具体应用。农资电商的交易产品是农业生产资料,如化肥、种子和农机工具等,不是普通的消费品,农业生产资料进入再生产过程是其重要特征。

(4) 非农电子商务　在农村地区,除了农业,还有其他一些非农产业,如村办工业、生活服务业以及商贸服务业和旅游服务业,这些领域也可以有电子商务应用。所以,农村电子商务一般包括一些非农电子商务应用,如日用消费品电子商务、乡村旅游电子商务等。

### 8.1.3　农村电子商务应用的关键问题

农村电子商务与农业相关的电子商务应用,是电子商务对农村相关领域商贸行为或交易活动的服务或赋能。农村电子商务的特殊性就在于服务于与农村相关的商贸行为或交易活动。与城市电子商务比较,相对而言,农村电子商务一般需要考虑如下一些关键问题:农产品的标准化和质量控制、生鲜产品的冷储与冷链运输、农产品配送的物流成本控制、农产品的品牌打造与信用管理、农村的交通与物流基础设施、农村电商与经济发展的关系、农村地区电子商务人才培养。

1) 农产品的标准化和质量控制

农产品的标准化和质量控制是农产品电子商务面临的一大挑战。农产品电商缺乏像工业品电商的成熟的产业化基础。农产品的生产缺少类似工业品的生产标准,如同样三斤猪肉,到底买到的是猪腿肉,还是其他部位?到底肥膘有多少?这些都是电子商务下单时无法控制的。作为活体的农产品是自然物,没有统一的质量标准,只能通过自觉、自律保证对农产品质量和安全的控制。

生鲜电商平台有顺丰优选、易果、正大天地、本来生活、天天果园等。但有意思的是,所有这些平台,进口食品的品类都超过了40%。这和中国农产品非标准化是息息相关的。很显然,既然物流成本高昂,那么高客单价才能获利,而高客单价意味着需要高端人群,而打动高端人群的最直接的就是进口食品。中国的农产品品种繁多、复杂,简单分类就有蔬菜、水果、海鲜、河鲜、禽肉、蛋奶、五谷等,每个品类又有更多的细类。比如,单海鲜就有贝类、鱼类、蟹类、虾类等,又有冻品、活鲜、冰鲜、干货之分。此外还可以按照地域划分、养殖方式和捕捞方式划分(野生、圈养、放养等),根据处理方式又可以分半成品、成品等。

农产品有三个方面的标准化:①品质标准化。多向原产地靠近,考虑相关的认证配套,考虑作业流程标准化,用综合的方式及数据指标来固化产品质量。②工艺标准化。比如鱼整条卖或是切片卖。③规格标准化。比如质量有300 g和500 g又或1 000 g之分,外包装有简易装或礼品盒之分,这些需要根据自己定位做调整。

在中国由于土地和生产的碎片化,农产品生产在现阶段还是无序、分散和随机的,还没有能够达到一个初步标准化生产的水平,产品产出的数量和质量不具备可预测性。比如说,即便是同一个村不同农户生产出的同一作物的产品,其质量和口味也是有差别的;而同一个农户在同一个年份不同批次和不同年份生产出的同一品种的产品也是有差别的。这种产品品质的不一致性和不可预知性,严重阻碍农产品电商的发展。

大宗农产品市场并不能体现农产品电商的优势,而基于现阶段农业生产水平的特色农业,由于其产品的不确定性、品质的前后不一致等,很难满足消费者的需要。以小农户为基础生产的农产品在质量监控和产品品质的保障方面,都存在一定的漏洞,小农户生产缺乏有效的监管手段,会造成农产品电商的劣币驱逐良币的现象。

对农产品在产前、产中和产后进行质量控制。以水果电商为例,在第一层次,需要在分拣中心由专业品控人员对装箱的产品进行质量管控,剔除畸形、有虫眼、有病害、有损伤的果实,按照果实大小质量分等分级。应制定严格的纪律,不允许送货的农民来装箱,农民装箱时会忍不住地把存在质量问题的产品装箱出售,装进包装箱里的水果可能只有一个病(虫)斑,但经过运输就变成一个烂果。在第二层次,对整个农产品生产的全过程进行质量控制,比如为修剪、施肥、打药、套袋、收获、存贮、包装全过程制定整套技术规范,通过合作社用技术规范指导农民按规范生产,保证产品的优质、安全。

2) 生鲜产品的冷储与冷链运输

通常,农产品具有鲜、活、不耐储藏、不耐运输的特点:①鲜,指的是新鲜,农产品价值随着时间推移而下降,因此农产品对冷链物流提出高要求和高标准。②活,指的是生鲜,生鲜电商被称为电商领域的新"蓝海",也是电商皇冠上的皇冠(农产品电商是电商皇冠,生鲜农产品电商是皇冠上的皇冠)。③不耐储藏,指的是鲜活农产品上市期集中,上市量大,如果不能及时销售,很快就会腐烂变质,不宜食用。农产品的储藏成本随着时间而增加,损坏率激增。④不耐运输,指的是鲜活农产品适合就近销售,不适合长途运输。高温、密闭不透气的环境、颠簸均可能导致鲜活农产品损坏、腐烂变质。

在农产品中,有不少是生鲜产品。很显然,生鲜产品的冷储与冷链运输也是农产品电子商务面临的一大挑战。尤其生鲜农产品的跨境电子商务,冷储与冷链运输更加重要。

生鲜产品鲜度很重要,生鲜商品保存的关键是低温,高营养价值的并且易腐败的鱼、肉、蔬菜、蛋、乳制品等原料和产品更需要低温保鲜。在 0 ℃左右保存的产品称为冷藏食品,－18 ℃左右保存的产品称为冷冻食品。

冷链运输(Cold-chain Transportation)是指在运输全过程中,在装卸搬运、变更运输方式、更换包装设备等环节,都使所运输货物始终保持一定温度的运输。冷链运输可以是公路运输、水路运输、铁路运输、航空运输,也可以是多种运输方式组成的综合运输。冷链运输是冷链物流的一个重要环节,冷链运输成本高,而且包含了较复杂的移动制冷技术和保温箱制造技术。冷链运输管理包含更多的风险和不确定性。

3) 农产品配送的物流成本控制

在农产品电子商务应用中,物流成本是绕不开的问题。假设客单价是 100 元,25% 到 40% 的成本是物流成本,相比较服装电商的物流成本(5 元左右),物流成本的高昂让农产品电商相比较传统超市分销模式变得缺少竞争力。农产品物流成本的高昂和中国冷链的不完善也有很大的关系。让我们看以下的数据(以 2013 年为例):日本有冷藏车 32 万辆,约 400 人/辆;美国有冷藏车 60 万辆,约 500 人/辆;中国有冷藏车约 4 万辆。按照美日标准,中国至少应需要 300 万辆冷藏车。由于冷链的不完善,中国农产品流通不出去,即使流通出去,也卖不出好价钱。据统计,中国果蔬每年损耗率25%~30%,年损失800亿,可解决2亿人的温饱问题。

4) 农产品的品牌打造与信用管理

在电子商务销售中,卖家的品牌产品更会被买家重视,这是很显然的。所以,农产品品牌打造也应该受到重视。品牌是给拥有者带来溢价、产生增值的一种无形的资产,它的载体是用以和其他竞争者的产品相区分的名称、术语、象征、记号或者设计及其组合,增值的源泉来自消费者心智中形成的关于其载体的印象。尽管中国各地的特色农产品很多,但拥有的农产品品牌很少,很多生产经营主体意识不到品牌的价值,还有一些农产品品牌,由于没有机构对品牌进行经营、维护、宣传、打假,导致假冒伪劣现象严重,品牌形象和品牌价值逐步下降。"优质低价"让农产品电商优势难以发挥,特别是"小众特色"电商难以得到正常发展。强化农业品牌顶层设计和制度创设,加快培育一批具有较高知名度、美誉度和较强市场竞争力的农业品牌,是发展农产品电子商务的重要推手。只有努力做成知名品牌,附加值才能不断增加,才能让竞争对手"望牌兴叹"。

另外,农产品电子商务中的信用管理也非常重要。淘宝对非农电商产品有相对比较严格的信用管理机制,比如买到假货可以由淘宝先赔付等,但淘宝似乎很难解决农产品信任问题。比如,"特色中国"频道,实际上是按照地域特色把销售食品的店铺重新做了一次排列组合,即导购。但任何一个地标特产,都有无数店在卖,消费者很难鉴别哪个是真的,哪个是高品质的。电子商务平台应该建立合理的农产品信任体系。

5) 农村的交通与物流基础设施

任何电子商务发展,都离不开交通与物流基础设施。在农村电子商务发展中,交通与物流基础设施建设水平至关重要。但是,在有些农村地区,交通与物流基础设施还比较落后,这严重影响农村电子商务发展。所以,为了支持农村电子商务发展,应该支持农村交通与物流基础设施建设。农村的交通与物流基础设施包括乡乡、村村通公路,新型农用运输车研究,加强粮库、棉库、糖库、保鲜库、冷藏库建设,大力发展农产品加工配送中心等。应该扶持发展涉农物流主体尤其是双向物流主体。要支持各类物流企业开拓农村物流市场,发展城乡一体化物流服务。

6) 农村电商与经济发展的关系

通常,在经济发达地区,电子商务也会比较发达。在经济相对不发达的一些农村地区,人们收入水平偏低,消费能力也偏弱,因而,无论网络销售需求量还是网络购物需求量,都会受到限制,配送服务企业也因此不愿在当地设立服务点,因而影响农村地区电子商务发展。经济发达水平与电子商务发展相辅相成,发展电子商务为经济发展赋能,而经济发展又可进一步促进电子商务发展。所以,对经济相对不发达的农村地区,政府应该出台一些政策,为农村电子商务发展赋能。

7) 农村地区电子商务人才培养

任何电子商务应用发展,都离不开电子商务专业人才,尤其是高端的电子商务技术人员和管理人员。与城市相比,农村地区的电子商务人才一般比较缺乏。电子商务进农村发展,对农村经济发展可以起到很好的促进作用。但是,只有懂电子商务运用,具有市场经营意识,才能用好电子商务,为农村经济发展赋能。所以,发展农村电子商务,应该重视电子商务人才培养,重视农村电子商务教育和培训;同时应该出台一些政策,鼓励一些电子商务人才到农村开展电子商务创业,从而促进农村地区电子商务的发展。

除了上述七个方面的关键问题,交易安全和风险控制等,也是在电子商务应用中需要注意的重要问题。

## 8.1.4 农村电子商务发展的政策环境

我国政府十分重视农村电子商务和农业电子商务,国家大力扶持农村电子商务发展,出台一系列促进和规范农村电子商务应用发展的相关法规和政策。从培育农村电子商务供应链、促进产销对接到开展"电子商务进农村综合示范工作",国家政策针对农村电商发展的措施越来越明确,目标也越来越清晰,从而为农村电子商务发展创造了很好的政策环境。

2015年被称为我国农村电子商务发展元年。从2015年开始,国家层面涉及农村电子商务的政策层出不穷。

2015年2月1日,中共中央、国务院印发《关于加大改革创新力度 加快农业现代化建设的若干意见》,明确支持电商、物流、商贸、金融等企业参与涉农电子商务平台建设,开展电子商务进农村综合示范。

2015年4月7日,共青团中央办公厅、商务部联合发布《关于实施农村青年电商培育工程的通知》,鼓励农村青年积极利用电子商务等现代商业模式拓宽创业致富渠道。

2015年5月4日,国务院印发《关于大力发展电子商务加快培育经济新动力的意见》,要求积极发展农村电子商务,加强互联网与农业农村融合发展,引入产业链、价值链、供应链等现代管理理念和方式,研究制定促进农村电子商务发展的意见,出台支持政策措施。

2015年7月4日,国务院印发《关于积极推进"互联网+"行动的指导意见》,要求积极发展农村电子商务,开展电子商务进农村综合示范,支持新型农业经营主体和农产品、农资批发市场对接电商平台,积极发展以销定产模式。

2015年8月7日,国务院办公厅印发《关于加快转变农业发展方式的意见》,要求培育新型流通业态,大力发展农业电子商务,制订实施农业电子商务应用技术培训计划,引导各类农业经营主体与电商企业对接,促进物流配送、冷链设施设备等发展。

2015年8月21日,商务部等19部门发布《关于加快发展农村电子商务的意见》,要求提升农村电子商务应用水平、培育多元化农村电子商务市场主体、加强农村电子商务基础设施建设、创建农村电子商务发展的有利环境,争取到2020年,在全国培育一批具有典型带动作用的农村电子商务示范县,使电子商务在降低农村流通成本、提高农产品商品化率和农民收入、推进新型城镇化、增加农村就业、带动扶贫开发等方面取得明显成效,农村流通现代化水平显著提高,推动农村经济社会健康快速发展。

2015年9月6日,农业部等三部委印发《推进农业电子商务发展行动计划》,该计划提出了发展农业电子商务的指导思想、基本原则、总体目标,并明确了5方面重点任务和20项行动计划。

2015年9月18日,国务院办公厅印发《关于推进线上线下互动加快商贸流通创新发展转型升级的意见》,该意见分鼓励线上线下互动创新、激发实体商业发展活力、健全现代市场体系、完善政策措施4部分18条,要求推进线上线下互动,加快商贸流通创新发展和转型升级。

2015年11月9日,国务院办公厅印发《关于促进农村电子商务加快发展的指导意见》,要求积极培育农村电子商务市场主体,充分发挥现有市场资源和第三方平台作用,培育多元化农村电子商务市场主体,鼓励电商、物流、商贸、金融、供销、邮政、快递等各类社会资源加强合作,构建农村购物网络平台,实现优势资源的对接与整合,参与农村电子商务发展。

2015年11月29日,中共中央、国务院发布《关于打赢脱贫攻坚战的决定》,支持电商企业拓展农村业务,加强贫困地区农产品网上销售平台建设。加强贫困地区农村电商人才培训,对贫困家庭开设网店给予网络资费补助、小额信贷等支持。该决定指出确保到2020年农村贫困人口实现脱贫,是全面建成小康社会最艰巨的任务。

2016年1月12日,农业部办公厅印发《农业电子商务试点方案》,要求积极探索"基地＋城市社区"鲜活农产品直配、"放心农资进农家"等农业电子商务新模式,力求突破当前农业电子商务发展面临的瓶颈和障碍,加快推进农业电子商务健康发展。

2016年3月23日,商务部办公厅印发《2016年电子商务和信息化工作要点》,要求继续开展电子商务进农村综合示范,优先在革命老区和贫困地区实施,提高扶贫效率和精准度,加大农村电子商务创新创业扶持力度。

2016年3月29日,商务部等六部门印发《全国电子商务物流发展专项规划(2016—2020年)》,认为加快电商物流发展,对于提升电子商务水平、降低物流成本、提高流通效率、引导生产、满足消费、促进供给侧结构性改革都具有重要意义。该规划全文分为现状与形势,指导思想、规划原则与发展目标,主要任务,重大工程,组织实施和保障措施五部分。

2016年4月21日,国务院办公厅印发《关于深入实施"互联网＋流通"行动计划的意见》,部署推进"互联网＋流通"行动,促进流通创新发展和实体商业转型升级相关工作。该意见明确了7项工作任务,提出5个方面的保障措施。

2016年5月12日,农业部等8部门联合印发《"互联网＋"现代农业三年行动实施方案》,明确了未来3年的总体目标,提出到2018年,农业在线化、数据化取得明显进展,管理高效化和服务便捷化基本实现,生产智能化和经营网络化迈上新台阶,城乡"数字鸿沟"进一步缩小,大众创业、万众创新的良好局面基本形成,有力支撑农业现代化水平明显提升。该方案提出了11项主要任务,并提出了农业物联网试验示范工程、农业电子商务示范工程、信息进村入户工程、农机精准作业示范工程、测土配方施肥手机服务工程、农业信息经济综合示范区6项重大工程。

2016年10月29日,中央网信办、国家发展发改委、国务院扶贫办联合印发《网络扶贫行动计划》,要求实施网络覆盖工程、农村电商工程、网络扶智工程、信息服务工程、网络公益工程五大工程,推进精准扶贫、精准脱贫。

2016年11月4日,国务院扶贫办等16个国家部委联合印发《关于促进电商精准扶贫的指导意见》,要求电子商务进农村示范县,农产品上行向2.0版迈进,更加注重农产品的标准化、规模化和品牌化,重点打造4万家电商扶贫示范点。

2016年11月10日,农业部发布《农业部关于全面推进信息进村入户工程的实施意见》,对集聚资源全面推进信息进村入户工程,加快农村信息化服务普及,以信息化引领驱动农业现代化加快发展,培育改造提升"三农"新动能,提出具体实施意见。

2016年11月14日,农业部印发《全国农产品加工业与农村一二三产业融合发展规划(2016—2020年)》,要求积极发展电子商务等新业态新模式,发挥电子商务在一二三产业融合发展中的积极作用。到2020年,产业融合发展总体水平明显提升,产业链条完整、功能多样、业态丰富、利益联结更加稳定的新格局基本形成,农业生产结构更加优化,农产品加工业引领带动作用显著增强,新业态新模式加快发展,产业融合机制进一步完善,主要经济指标比较协调、企业效益有所上升、产业逐步迈向中高端水平,带动农业竞争力明显提高,促进农民增收和精准扶贫、精准脱贫作用持续增强。

2016年12月31日,中共中央、国务院发布《关于深入推进农业供给侧结构性改革 加快培育农业农村发展新动能的若干意见》,共分6个部分33条,首次将农村电商单独列出。"中央一号文件"第14条明确提出要推进农村电商发展。

2017年7月1日,国务院出台《国务院关于积极推进"互联网+"行动的指导意见》,这是推动互联网由消费领域向生产领域拓展,加速提升产业发展水平,增强各行业创新能力,构筑经济社会发展新优势和新动能的重要举措。该指导意见提出:"互联网+"高效物流,构建物流信息共享互通体系,建设智能仓储系统,完善智能物流配送调配体系。"互联网+"电子商务,大力发展农村电商、行业电商和跨境电商,推动电子商务应用创新。

2017年8月17日,商务部、农业部发布《关于深化农商协作 大力发展农产品电子商务的通知》。该通知提出了十项重点任务:一是开展农产品电商出村试点;二是打造农产品电商供应链;三是推动农产品产销衔接;四是实施农村电商百万带头人计划;五是提高农产品网络上行的综合服务能力;六是强化农产品电子商务大数据发展应用;七是大力培育农业农村品牌;八是健全农产品质量安全检测和追溯体系;九是开展农产品电子商务标准化试点;十是加强监测统计和调查研究。

2018年5月11日,财政部办公厅等三部门发布《关于开展2018年电子商务进农村综合示范工作的通知》。为推动农村电子商务深入发展,促进农村流通现代化,助推脱贫攻坚和乡村振兴,财政部、商务部、国务院扶贫办决定2018年继续开展电子商务进农村综合示范工作。在全国培育一批能够发挥典型带动作用的示范县,农村电子商务在农村产品上行、带动贫困户就业增收、便民服务等方面取得有效进展。

2018年9月26日,中共中央、国务院印发了《乡村振兴战略规划(2018—2022年)》,部署了一系列重大工程、重大计划、重大行动。这是我国第一个全面推进乡村振兴战略的五年规划,是统筹谋划和科学推进乡村振兴战略的行动纲领。该规划要求深入实施电子商务进农村综合示范,建设具有广泛性的农村电子商务发展基础设施,加快建立健全适应农产品电商发展的标准体系。研发绿色智能农产品供应链核心技术,加快培育农业现代供应链主体。加强农商互联,密切产销衔接,发展农超、农社、农企、农校等产销对接的新型流通业态。继续把基础设施建设重点放在农村,鼓励发展镇村公交,实现具备条件的建制村全部通客车;加快构建农村物流基础设施骨干网络,鼓励商贸、邮政、快递、供销、运输等企业扩大在农村地区的设施网络布局,鼓励有条件的地区建设面向农村地区的共同配送中心。

2019年1月3日,中共中央、国务院出台《关于坚持农业农村优先发展做好"三农"工作的若干意见》,实施村庄基础设施建设工程,完善县乡村物流基础设施网络,支持产地建设农产品贮藏保鲜、分级包装等设施,鼓励企业在县乡和具备条件的村建立物流配送网点。加快推进宽带网络向村庄延伸,推进提速降费。实施数字乡村战略,推进重要农产品全产业链大数据建设,加强国家数字农业农村系统建设。继续开展电子商务进农村综合示范,实施"互联网+"农产品出村进城工程。全面推进信息进村入户,依托"互联网+"推动公共服务向农村延伸。

2019年2月21日,中共中央办公厅、国务院办公厅印发《关于促进小农户和现代农业发展有机衔接的意见》。该意见指出,完善农产品物流服务,支持建设面向小农户的农产品贮藏保鲜设施、田头市场、批发市场等,加快建设农产品冷链运输、物流网络体系,建立产销密切衔接、长期稳定的农产品流通渠道。支持小农户发展康养农业、创意农业、休闲农业及农产品初加工、农村电商等,延伸产业链和价值链。开展电商服务小农户专项行动。发展农村电子商务,鼓励小农户开展网络购销对接,促进农产品流通线上线下有机结合。深化电商扶贫频道建设,开展电商扶贫品牌推介活动,推动贫困地区农特产品与知名电商企业对接。

2019年4月15日,中共中央、国务院出台《关于建立健全城乡融合发展体制机制和政策体系的意见》。该意见要求构建农村一二三产业融合发展体系,依托"互联网＋"和"双创"推动农业生产经营模式转变,健全乡村旅游、休闲农业、民宿经济、农耕文化体验、健康养老等新业态培育机制,探索农产品个性化定制服务、会展农业和农业众筹等新模式,完善农村电子商务支持政策,实现城乡生产与消费多层次对接。

2019年4月29日,财政部办公厅等三部门印发《关于开展2019年电子商务进农村综合示范工作的通知》。该通知要求推动农村电子商务深入发展,进一步完善农村市场体系,促进农村流通现代化,助力和聚焦脱贫攻坚和乡村振兴,以电子商务进农村综合示范为抓手,加强农村流通设施建设,提升公共服务水平,促进产销对接,探索数据驱动,打造综合示范"升级版",构建普惠共享、线上线下融合、工业品下乡和农产品进城畅通的农村现代流通体系。

2019年12月16日,农业农村部等四部委发布《关于实施"互联网＋"农产品出村进城工程的指导意见》,提出十项重点任务和三项保障措施。建设目标:用2年左右时间,基本完成100个试点县工程建设任务,探索形成一批符合各地实际、可复制可推广的推进模式和标准规范。到2025年底,在全国范围内基本完成工程建设各项任务,实现主要农业县全覆盖,农产品出村进城更为便捷、顺畅、高效。

2019年12月25日,农业农村部、中央网络安全和信息化委员会办公室印发《数字农业农村发展规划(2019—2025年)》,该规划对新时期推进数字农业农村建设的总体思路、发展目标、重点任务做出明确部署,擘画了数字农业农村发展新蓝图。

2020年4月14日,农业农村部、财政部联合印发《关于做好2020年农业生产发展等项目实施工作的通知》。该通知要求支持新型农业经营主体建设农产品仓储保鲜设施,提升农产品产地初加工处理能力,推动解决鲜活农产品流通出村进城"最先一公里"问题。

2020年5月6日,农业农村部办公厅发布《关于开展"互联网＋"农产品出村进城工程试点工作的通知》。该通知要求有力有序推动"互联网＋"农产品出村进城工程试点,优先选择包括贫困地区、特色农产品优势区在内的100个县开展试点,到2021年底,基本完成试点建设任务。

2020年5月26日,财政部办公厅等三部门发布《关于做好2020年电子商务进农村综合示范工作的通知》,为推动提升电子商务进农村,建立农村现代市场体系,助力脱贫攻坚和乡村振兴,2020年继续开展电子商务进农村综合示范。实行"鼓励发展＋负面清单"管理模式,重点支持以下方向:县乡村三级物流配送体系、农产品进城公共服务体系、工业品下乡流通服务体系和农村电子商务培训体系。

2021年1月4日,《中共中央 国务院关于全面推进乡村振兴加快农业农村现代化的意见》正式发布。该意见要求加快完善县乡村三级农村物流体系,改造提升农村寄递物流基础设施,深入推进电子商务进农村和农产品出村进城,推动城乡生产与消费有效对接。促进农村居民耐用消费品更新换代。加快实施农产品仓储保鲜冷链物流设施建设工程,推进田头小型仓储保鲜冷链设施、产地低温直销配送中心、国家骨干冷链物流基地建设。完善农村生活性服务业支持政策,发展线上线下相结合的服务网点,推动便利化、精细化、品质化发展,满足农村居民消费升级需要,吸引城市居民下乡消费。

2021年5月11日,财政部办公厅等三部门发布《关于开展2021年电子商务进农村综合示范工作的通知》,为深入推进电子商务进农村,推动城乡生产与消费有效对接,服务构建新发展格局,全面推进乡村振兴,2021年继续开展电子商务进农村综合示范,扩大电子商务进农村覆盖面,健全农村商贸流通体系,促进农村消费,培育一批各具特色、经验可复制推广的示范县。重点支持以下方向:完善农村电子商务公共服务体系、健全县乡村三级物流配送体系、推动农村商贸流通企业转型升级、培育农村电商创业带头人。

上述是国家和中央政府部委层面为促进我国农村电子商务健康发展出台的主要政策,全国各级地方政府还有不少推进农村电子商务发展的具体政策措施。

## 8.1.5 农村电子商务应用的发展现状

从2014年开始与电子商务进农村综合示范、电商扶贫、农业电商等相关的政策相继出台与实施,农村电商顶层设计和配套措施进入相对完善阶段。同时,农村电商基础设施特别是网络与快递物流明显改善,大量青年人才返乡从事电商创业,各大电商平台下乡建设几十万个基层站点,整体发展效果逐渐显露。此外,社交电商和社区电商有望成为农村电商的主要模式。在乡村振兴战略带来的新机遇下,中国农村电商产业将更加"商业化""品牌化"和"本土化",完成农产品产业链重塑,进一步加快发展。2015年被认为是农村电商发展的元年。农村电子商务在中国得到了很大的发展,主要原因有两个:一是淘宝、京东和苏宁等电子商务大平台对农村电子商务的市场推进;二是中国政府为农村电子商务发展营造了很好的政策环境。

1) 电商平台市场推进驱动农村电商发展

淘宝比较早地关注了农村电子商务市场。农村淘宝是阿里巴巴集团的战略项目,通过与各地政府深度合作,以电子商务平台为基础,搭建县村两级服务网络,充分发挥电子商务优势,突破物流、信息流的瓶颈,人才和意识的短板,实现"网货下乡"和"农产品进城"的双向流通功能。加速城乡一体化,吸引更多的人才回流创业,为实现现代化、智能化的"智慧农村"而积基树本。为了服务农民,创新农业,让农村生活更美好,阿里巴巴计划在三至五年内投资100亿元,建立1 000个县级服务中心和10万个村级服务站,至少覆盖到全国1/3的县及1/6的农村地区。

2014年10月13日,全国首个县域电商峰会在杭州阿里巴巴西溪园区隆重召开,揭开了发展农村电商的序幕;签署浙江县域电商合作协议,之后陆续在桐庐、临安等地落地;全国首个农村淘宝县、首个村点都率先在浙江落地生根。农村淘宝,可以用"五个一"来概括:一个村庄中心点、一条专用网线、一台电脑、一个超大屏幕、一帮经过培训的技术人员。2018年7月,阿里巴巴农村淘宝在杭州落地了第一家线下农产品体验店。

随着电子商务在中国的发展,浙江、广东、江苏等地农村出现了一批专业的淘宝村和淘宝镇。阿里研究院对"淘宝村"的认定标准主要包括:①经营场所。在农村地区,以行政村为单元。②销售规模。电子商务年销售额达到1 000万元。③网商规模。本村活跃网店数量达到100家,或活跃网店数量达到当地家庭户数的10%。一个乡镇或街道的淘宝村大于或等于3个,即为"淘宝镇"。

2015年1月初,京东首家大家电"京东帮服务店"正式开业,意味着京东大家电的"最后一公里"触角正式伸到了农村市场。"县级服务中心"也已经在包括江苏省宿迁市、湖南省长沙县、四川省仪陇县、山东省平度市等全国多个市县正式开业,预计年内开业数目将超过500家。

京东希望通过"京东帮",打通农村电子商务的"最后一公里",让农民与电商实现亲密接触。并解决农村五大难题:价格高、品类少、不送货、安装慢、退换难。

2014年起,苏宁通过将原先三、四级市场的代购点、售后服务网点等进行升级改造,推出一大批集销售、物流、售后、客服、招商等功能为一体的苏宁易购服务站,目前在全国已经有1 000多家。这些自营服务站,涵盖了日用、百货、家电、3C、食品酒水、母婴、美妆等多个品类,同时还摆放少量实物商品供当地居民体验试用。除销售商品外,服务站还将同时具备品牌推广、购物消费、金融理财、物流售后、便民服务、招商等六大功能。

2) 各级政府出台政策驱动农村电商发展

从中央到地方,各级政府都非常重视农村电子商务的发展,农村电商的利好政策不断出台。不仅有前面所介绍的中央部委相关政策,还有省市政府出台的政策,如电商村建设、农村电商示范县建设等。几年来,一直在推进电子商务进农村综合示范工作。在"国家乡村振兴战略"利好下,农村电商保持向好发展势头。随着乡村振兴战略为农村电商发展带来新机遇,未来农村电商模式将进一步演化,同时电商扶贫实践路径日益多元化,农村电商将进一步推动农业产业结构升级。事实已经证明,农村电商在推动农业产业转型升级、促进地方经济发展、解决"三农"问题和实施精准脱贫等方面发挥了重要作用,前景依旧可期。

随着互联网的高速发展,近年来,互联网普及率大大提高,网民规模得到进一步扩大。随着互联网持续在农村大面积普及,农村电商也成为各地政府和电商企业谋求新一轮发展和转型的新动能,市场规模稳步扩大。虽然农村人口数量下降,但农村网民总规模仍在稳步增长。农村网民规模不断扩大,融资轮次增多,中国农村电商产业总体处于良好的发展环境。但不可忽视的是,在数字经济时代,乡村振兴战略的实施将面临互联网、大数据、人工智能和实体经济深度融合的经济环境。

3) 有鲜明地方特色的农村电商发展模式

农村电商作为发展"互联网+农业"的重要途径,需要乡村创业者寻求更精准模式发展农村电商,带动农民增收,促进乡村振兴发展。农村电子商务应用对农村地区经济发展起到很好的带动作用,这也是各级政府重视农村电子商务的主要原因。下面介绍几个具有鲜明地方特色的农村电子商务发展典型模式。

(1) 遂昌模式  遂昌县位于浙江省西南部,历史悠久。2010年3月,遂昌成立网店协会,承担起为网店从业者做技能培训等服务功能。同年底,浙江遂网电子商务有限公司成立。2012年遂昌县电商交易达1.5亿元。2012年,在全国所有县,遂昌第一个和阿里巴巴签订战略合作协议。2013年1月淘宝网遂昌馆上线,2014年"赶街"项目启动,全面激活农村电商。遂昌初步形成以农特产品为特色、多品类协同发展、城乡互动的县域电商"遂昌现象"。

在初期的"遂昌现象"之后,遂昌继续探索,逐渐提升为"遂昌模式",即以本地化电子商务综合服务商为驱动,带动县域电商生态发展,促进地方传统产业特别是农产品加工业提档升级,"电商综合服务商+网商+传统产业"相互作用,形成信息时代的县域经济发展道路。紧跟着,遂昌"赶街"项目的推出,推开了农村电商的破局序幕。赶街的意义在于:打通信息化在农村的"最后一公里",让农村人享受和城市一样的网购便利与品质生活,让城市人吃上农村放心的农产品,实现城乡一体。

启示:多产品协同上线,以协会打通产业环节,政府政策扶持到位,借助与阿里巴巴的战略合作,依靠服务商与平台、网商、传统产业、政府的有效互动,构建了新型的电子商务生态,可以助力县域电商腾飞。遂昌模式的核心,就是政府主导,企业运营,社会参与。政府对遂昌农村电商的资金投入主要是通过购买服务、培训等方式进行。

(2) 临安模式　临安区是杭州市辖区,位于浙江省杭州市西部。临安立足自己的优势产品坚果炒货,紧贴杭州,有优越的区位优势,大力推进县域电商发展。

2013年临安各类优质生态农产品产量25万吨,总产值51.5亿元,农产品电商销售突破10亿元。临安积极开展城乡村企联动,其中农产品电商示范村7个,销售额在500万元以上的38家电商企业销售总额达到5.65亿元,形成"两园多点"——临安电子商务产业园、龙岗坚果炒货食品园(城)、多个农产品基地(村)。2014—2016年,临安连续三年荣获"中国电子商务百佳县";2017年,入围阿里巴巴全国"农产品电商50强县"。

启示:线上线下相互配合齐头并进发展,形成"一带一馆+微临安"模式,阿里巴巴临安区坚果炒货产业带("天猫"平台)——中国坚果炒货网上批发第一平台,"淘宝·特色中国—临安馆",微临安——集旅游、传媒、娱乐、生活、服务于一体的具有临安本土情怀的微信平台。

(3) 丽水模式　丽水市地处浙江省西南部,古名处州。县域电商某种程度上就是一个栽梧桐的过程,有梧桐才能有凤凰。丽水的梧桐工程就是全力打造区域电商服务中心,帮助电商企业做好配套服务,让电商企业顺利孵化并成长壮大,这是丽水农村电商的最大特点。电子商务服务中心具备主体(政府部门、企业、个人)培育、孵化支撑、平台建设、营销推广四大功能,承担了"政府、网商、供应商、平台"等参与各方的资源及需求转化,促进区域电商生态健康发展。

作为全国第一个农村电商全域覆盖的城市,丽水市在发展县域电子商务方面全国领先,为中国农村电商发展提供了宝贵经验、丰富素材和典型模式。丽水市成功入选全国"互联网+农业"百家实践案例,成为农业版的"浙江制造""浙江标准"。

启示:丽水的建设模式为"政府投入、企业运营、公益为主、市场为辅",要把政府服务与市场效率有效结合,吸引大量人才和电商主体回流。

(4) 桐庐模式　桐庐是浙江杭州市辖下的一个县,距离杭州市区只有80千米,是浙西地区经济实力第一强县,中国著名的物流之乡、制笔之乡,独特的区位优势为桐庐发展电商提供很好的支撑。桐庐县电子商务发轫于2012年,取得了良好的成绩。2014年10月,阿里巴巴首个农村电子商务试点选择落户桐庐,为桐庐营造了良好的发展电商行业氛围。

桐庐县先后荣获"浙江省电子商务示范县""浙江省电子商务创业创新基地"等称号,连续5年被评为"中国电子商务发展百佳县",培育了米友圈、新拓电子、绵绵羊等一批优质电商企业,形成了良好的电子商务创业氛围,为电子商务的进一步发展奠定了基础。桐庐成功入选"2021年电子商务进农村综合示范县"。

启示:桐庐具有良好的产业基础、电商发展态势,特别是物流方面,有村级单位物流全通的先天优势,也有良好的社会环境以及政府的政策支持,为电商奠定良好环境基础。

(5) 海宁模式　海宁,浙江省辖县级市,由嘉兴市代管,位于浙江省北部。海宁是全国有名的皮草城,也一直追随网络的步伐推动电商发展。到2012年底,海宁网商已经超过10 000家,新增就业岗位40 000余个,网络年销量破百亿大关。海宁成功创建"浙江省首批电子商务示范市"和"浙江省电子商务创新样本",位列"2013年中国电子商务发展百佳县"榜单第3位。

近年来,海宁以成功创建国家电子商务进农村综合示范县为契机,把培养农村电商人才、发展农村电子商务作为乡村振兴的一项重要内容。海宁市还制定出台一系列农村电商人才孵化政策,先后创建农村电子商务学院、电商村孵化中心等培育平台,引进培育农村电商人才2 000多人,其中还有不少"海归"青年人才。

启示:以电商推动转型升级,一是引进人才,转换思维("烧钱"后的反思);二是对接平台,整体出击(稳固国内,加强跨境);三是加强监管,保护品牌;四是园区承载,强化服务(六大园区先后投建);五是管理提升,升级企业(现代企业为主体)。

(6) 清河模式　清河县,隶属于河北省邢台市,位于邢台市东部。清河电商的起步也与2008年的全球金融危机有关。受其影响,清河羊绒的出口额下滑很大。在这种情况下,清河县委县政府实施了许多举措,其中之一是大力发展电子商务,提出了"网上网下互动,有形市场与无形市场互补"的发展思路。

在清河,"电商"成了最具特色的商业群体,清河也成了全国最大的羊绒制品网络销售基地。全县淘宝天猫店铺超过2万家,年销售15亿元,羊绒纱线销售量占淘宝七成以上,成为名副其实的淘宝县。而在之前的传统产业时代,河北清河羊绒产业在竞争中近乎一败涂地,2007年开始在淘宝卖羊绒意外成功,随即成迅猛发展之势。在基础设施建设方面,该县不断加大力度,目前电子商务产业园、物流产业聚集区以及仓储中心等一大批电子商务产业聚集服务平台正在建设之中,清河正在实现由"淘宝村"向"淘宝县"的转型提升。

启示:在爆发中顺势而为,一是协会＋监管＋检测,维护正常市场秩序;二是乳化中心＋电商园区,培训提高,转型升级,全线出击,建成新百丰羊绒(电子)交易中心,吸引国内近200家企业进行羊绒电子交易;三是建立B2C模式的"清河羊绒网"、O2O模式的"百绒汇"网,100多家商户在上面设立了网上店铺;四是实施品牌战略,12个品牌获中国服装成长型品牌,8个品牌获得河北省著名商标,24家羊绒企业跻身"中国羊绒行业百强"。

(7) 博兴模式　博兴县,隶属于山东省滨州市,位于滨州市东南部。当2013年全国只有20个淘宝村的时候,博兴县就有两个淘宝村,这是耐人寻味的现象。2013年两个村电商交易4.17亿元,一个做草编,一个做土布。博兴县将传统艺术与实体经营和电子商务销售平台对接,让草柳编、老粗布等特色富民产业插上互联网翅膀,实现了农民淘宝网上二次创业。作为全国草柳编工艺品出口基地,博兴淘宝村的形成可谓自然长成,不仅货源充足,而且质量和口碑一直不错,电商门槛和成本都不高,更是易学和易模仿。

博兴县扎实推进全国电子商务进农村综合示范项目建设,围绕草柳编、老粗布、木制藤编家具、商用厨具等特色产业,突出建设完善农村电子商务公共服务体系、农产品上行体系、县镇村三级物流配送体系和电子商务人才培训体系,积极打造"品牌＋生态＋智慧"的电子商务进农村博兴模式,进一步畅通了农产品进城和工业品下乡渠道。

启示:一是传统外贸的及时转型;二是要发挥人才的关键作用;三是产业园区与线上的结合;四是政府的及时引导与提升。

(8) 成县模式　成县位于甘肃省南部的陇南市。成县原县委书记李祥,在当地核桃上市前,通过个人微博大力宣传成县核桃:"今年核桃长势很好,欢迎大家来成县吃核桃,我也用微博卖核桃,上海等大城市的人都已开始预订,买点我们成县的核桃吧。"该条微博被网友转评2000余次。从建立农村电子商务,到微博联系核桃卖家,甚至展示成县核桃的多种吃法,在之后的日子里,李祥的微博内容没有一天不提到核桃,被网友戏称为"核桃书记"。在李祥的带动下,全县干部开微博,还是卖核桃,成立电商协会,还是卖核桃。夏季卖的是鲜核桃,冬季卖的是干核桃,正在上线核桃加工品,以核桃为单品突破,打通整条电商产业链,再逐次推动其他农产品电商。

成县电商之所以能够彰显电商速度和电商力量,得益于近年来陇南电商的迅猛发展。成县紧盯内容电商、体验电商和媒体电商等电商发展新趋势,将电子商务发展作为巩固脱贫攻坚成效的重要举措和实施乡村振兴战略的重要抓手,进一步优化电商发展环境,做实电商扶贫,提高综合销量,全面巩固脱贫攻坚成效,以电商发展带动消费扶贫。

启示:一是将电商作为一把手工程,主导电商开局;二是集中打造一个产品,由点到面;三是集中全县人力物力,全力突破。

(9) 通榆模式　通榆县,隶属于白城市,位于吉林省西部。通榆是典型的农业大县,农产品丰富,但受限于人才物流等种种因素。通榆政府根据自身情况积极"引进外援",与杭州常春藤实业有限公司开展系统性合作,为通榆农产品量身打造"三千禾"品牌。同时配套建立电商公司、绿色食品园区、线下展销店等,初期与网上超市"1号店"签订原产地直销战略合作协议,通过"1号店"等优质电商渠道将农产品销售到全国各地;后期开展全网营销,借助电子商务全面实施"原产地直销"计划,把本地农产品卖往全国。值得一提的是,为解决消费者对农产品的疑虑,通榆县委书记和县长联名写了一封面向全国消费者的信——《致淘宝网民的一封公开信》,挂在淘宝聚划算的首页。这一诚恳亲民的做法赢得网友一致称赞,很大程度上提振了消费者对通榆农产品的信任感。

一个国家扶贫开发工作重点县,将发展农产品电商作为"一把手工程"强力推进。经过两年的发展,目前以"原产地直供"为核心理念,以"政府背书＋基地化种植＋科技支撑＋营销创新"为主要特征的"通榆模式",得到了业界的高度认可和社会的关注讨论。

启示:政府整合当地农产品资源,系统性委托给具有实力的大企业进行包装、营销和线上运营,地方政府、农户、电商企业、消费者及平台共同创造并分享价值,既满足了各方的价值需求,又带动了县域经济的发展。

(10) 武功模式　武功县隶属于陕西省咸阳市,位于关中平原腹地。武功是传统农业县,农产品"买难卖难"问题一直困扰着农村经济发展。为破解这一难题,武功县积极发展电子商务,探索"买西北、卖全国"的模式,立足武功,联动陕西,辐射西北,面向丝绸之路经济带,将武功打造成为陕西农村电子商务人才培训地、农村电子商务企业聚集地、农产品物流集散地。

武功县率先发展电子商务并持续加大推进力度,在完善电商服务体系、打造电商集聚区、培育龙头企业、稳定电商供应链和扩大网络销售规模等方面取得了显著成效。目前已经成为陕西省电商示范县,先后吸引西域美农、赶集网等20多家电商企业入驻发展,300多个网店相继上线,全县电商日成交量超万单,日交易额达100多万元,10余家快递公司先后落地,农村电商试点在14个村全面启动,让电子商务真正走进农村,惠及百姓。

启示:一套领导机构,两个协会统筹协调,把握运营中心、物流体系、扶持机制三个关键,搭建电商孵化中心、产品检测中心、数据保障中心、农产品健康指导实验室四大平台,实施免费注册、免费提供办公场所、免费提供货源信息及个体网店免费上传产品、免费培训人员、在县城免费提供Wi-Fi等五免政策。

(11) 沙集模式　沙集是江苏省徐州市睢宁县下辖镇,位于县域东部偏南。沙集镇的村民过去大多从事传统的种植、养殖和粉丝的生产加工,曾有一段时间,回收废旧塑料甚至成为村民们赚钱的主要营生。2006年末,苏北睢宁县沙集镇当时24岁的孙寒在好友夏凯、陈雷的帮助下,尝试在淘宝网上开店创业,后试销简易拼装家具获得成功,引得乡亲们纷纷仿效。随着电子商务在本地的快速发展,不产木材的沙集镇,居然形成了规模可观的家具加工制造业,品类齐全、各式各样的家具这里几乎都能制作。从过去的破烂王到今日的家具大王,从一个村的聚焦到一个镇的繁荣,到2012年6月,沙集镇有淘宝网店3 040家,其中天猫商城126家。据统计,2013年东风村物流快递月出量就达到1 000余吨,近万件。

沙集镇积极抢抓"互联网＋经济"和特色小城市建设机遇,以打造"徐州东大门、宿迁副中心"为目标,以省特色小镇创建为载体,以丰富"沙集模式"内涵为方向,着力促进产业升级、做强城镇建设、深化乡村振兴、改善人民生活,经济社会发展取得了显著成绩。

启示:沙集转型与提升,一是从单打独斗到集团作战,个体为主向企业为主转型;二是看到抄袭有代价,开始建立自主品牌;三是产业链空间大,家具带动配套产业发展;四是由村到镇再到园区,产业模式不断升级;五是竞争没有尽头,小财主向现代企业家转型。

4)我国未来农村电子商务发展主要趋势

中国农村电子商务近年来发展迅速。下面,我们再简单讨论一下未来我国农村电子商务发展的主要趋势。

(1)国家政策大力支持农村电商发展　从2015年开始,国务院及各部委密集出台关于农村电商的重磅文件,力挺农业电商发展。每年的"中央1号文件"都会提及农村电商发展问题。近几年,每年都在推进电子商务进农村示范工作。今后,国家从政策层面,还会继续大力支持农村电子商务发展。

(2)大型电商平台"上山下乡"开拓市场　农村网民规模快速增加,为农村电商发展提供基础条件。在"互联网＋"的浪潮下,如淘宝、苏宁等互联网电商开始向有着巨大人口和市场潜力的农村发展。城市电商市场已日趋饱和,增长空间有限,而农村电商仍是蓝海市场,潜力无穷。相信会有更多的大型电商平台"上山下乡",开拓农村电子商务市场。

(3)品牌农产品电商有广阔市场空间　农产品整体品牌缺位,比其他品类具有更大的品牌打造空间,未来品牌特色农产品电商将有更广阔的市场空间。农产品电商快速发展,物流成本居高不下,导致目前电商产品还主要集中在中高端产品上,而这类产品有着天然的品牌依赖性,没能完成品牌打造的产品,很难在未来的竞争中获得一席之地。

(4)C2B模式将引领农产品电商未来　农产品需求有一个非常重要的特点就是:优质化＋个性化,任何人,只要条件许可,都会追求优质化的农产品和自己喜欢的个性化的农产品,并且个性化偏好是普遍存在的。不仅有消费需求个性化,还有购买方式个性化,从而必然有电商服务个性化。所以,在农产品电子商务中,不仅要重视优质化产品＋优质化服务,还要重视个性化产品＋个性化服务。

另外,在农产品电子商务中,C2B预售和定制将会成为受欢迎的优质农产品电商模式,C2B预售和定制可以有助于解决传统农产品电子商务物流成本居高不下的问题。但是,也要注意到,在农产品的C2B个性化定制中,有很多问题需要解决。

(5)农村互联网金融将释放巨大潜力　我国的农村人口有9亿之多,但我国却并不是一个农业强国,因为在我国现有的1.29亿贫困人口中,其中绝大部分来自农村。传统金融难以满足农村需求是现阶段制约农业发展的主要因素。农村人口获得的金融服务,与他们在经济中的贡献率不成比例。

互联网金融与"三农"的结合,不仅可以给以往以传统金融为主要依托的农村金融体系带来了新的发展模式,而且也为加速发展现代农业提供了新的契机。

(6)农村电商促进乡村产业升级转型　发展农村电商,要促进产业升级转型,促进经济发展。随着农村电商的不断发展,将会不断促进乡村产业升级转型:①农产品电商、农资电商、农村再生资源电商将得到发展;②农村工业商业互联网化升级转型;③农业服务业互联网化升级转型;④乡村旅游业也可能得到发展;⑤农村电商服务业将得到发展;⑥农产品加工业、非农产品加工业也可能得到发展。

## 8.2 农村电子商务物流的发展现状

在电子商务应用中,只要存在实物商品交付,物流服务就至关重要。离开物流服务,电子商务的交易订单就不能完成交付。这一节,首先对农村电子商务的一般物流服务做一个概述性讨论,然后分析农村电子电商物流的总体现状和几类电商物流的基本现状。

### 8.2.1 农村电子商务的物流服务概述

农村电子商务的物流服务,从概念上说,就是农村电子商务应用中面临的物流问题。农村电子商务是指面向农村地区的电子商务应用。很显然,在农村电子商务中,如果涉及实物商品的订单交付,就必须考虑农村电子商务的物流服务。

如前所述,物流服务是从接收客户订单开始到将商品送到客户手中并达到客户要求为止所发生的所有服务活动。物流服务是对客户商品利用可能性提供保证,其目的就是满足客户需求。农村电子商务物流服务,就是在农村电子商务应用中,从接收客户订单开始到将商品送到客户手中并达到客户要求为止所发生的所有服务活动。农村电子商务物流服务,是为农村订单交付服务,是为农村商贸交易的客户在要求的时间、要求的地点交付所需要的商品。

农村电子商务可以是不同类型的应用,如 B2B、B2C、C2C 等,也可能是跨境电商。所以,农村电子商务物流也需要根据电子商务应用类型的不同,分别从 B2B、B2C、C2C 和跨境视角,考虑电子商务物流的服务需求。

在农村电子商务中,交易主体至少有一个属于农村地区。农村电子商务物流是卖家和买家之间由电子商务平台引发商品交易产生的物流活动。农村电子商务物流服务的目的是帮助卖家完成在农村地区或者进出农村交易商品的订单交付,并利用物流服务建立基于电子商务的农村贸易竞争优势。农村物流是现代物流的重要组成部分,是为农村地区内或进出农村货物交易提供的物流运作方式。电子商务使农村物流正面临着前所未有的发展机遇。

### 8.2.2 农村电子商务物流的总体现状

农村是农村电子商务和农村物流服务的特殊性所在。农村地区的经济发展和物流基础设施对农村电子商务物流的影响比较大,在国家政策的大力支持下,农村物流基础设施建设得到全国市县和乡镇的高度重视。下面从三个方面来分析农村电子商务物流的总体现状。

1)农村物流形成县乡两级体系

农村电商物流服务大多是一些快递服务企业提供的。淘宝等电商平台一般是搭建县村两级服务网络拓展农村电子商务市场。各大快递服务企业在农村也是以类似的思路提供配送物流服务:以"县城中心+乡镇代理加盟"形式提供配送物流服务。即快递企业在县城建立物流处理中心,负责县城区域快件揽收及物流配送,同时对快递进行分拣,为乡镇居民提供配送物流服务,而乡镇代理则负责各自区域的快递派送与收揽工作。在县乡两级体系下的配送物流与分拣揽收是"直送直取"。

县级处理中心收到区域分拨中心的快递件后,需要按乡镇代理进行迅速分拣,乡镇代理则会派出车辆前来取快递件,同时将乡镇揽收的快递件交付给县级处理中心,以实现县级处理中心与乡镇代理的双向满车运输。一般而言,乡镇代理每半天会揽收快递件,以保证快递服务的时效性。

但是,在一些偏远地区,居民快递数量不足,无法实现大批量的快递运输,由此带来的快递运输经济问题使得乡镇代理数天才会到县级处理中心揽收快递件,这样可能会影响快递的时效性。所以,上述的县乡两级体系,可以提高快递配送的速度,但仍然不能忽视物流配送运营成本过高的问题。

2) 农村物流覆盖率已大大提升

从电子商务的整体发展势头来看,农村地区电商市场潜力巨大。县级快递业务的发展对电商企业的发展起到了积极的促进作用。2015年10月26日,国务院印发《关于促进快递业发展的若干意见》。该意见指出:到2020年,基本建成普惠城乡、技术先进、服务优质、安全高效、绿色节能的快递服务体系,形成覆盖全国、联通国际的服务网络,快递市场规模稳居世界首位,基本实现乡乡有网点、村村通快递。2016年9月,商务部与国家开发银行合力推进农产品流通设施和市场建设,完善全国农产品流通骨干网。在国家政策支持下,我国主要快递企业不断逐步扩大其配送物流服务网点,配送物流的覆盖率大大提升。

目前,顺丰、中通、圆通、韵达等快递企业已实现县级区域的全覆盖,尤其是东部经济发达地区,甚至已延伸至乡镇。相比而言,我国中西部乡镇地区的物流配送覆盖率仍然较低,这主要是与物流配送距离、运营成本、经济发展、企业利润相关。

3) 农村电商物流服务亟须改进

与实体店消费模式相比,电子商务网购一般具有价格低廉、商品丰富、种类齐全的特点。同时,农村居民是我国人口分布的主要人群,因此农村居民必将成为带动农村电子商务发展的动力。但是,目前的农村电商物流收发件并不方便,快递件往往无法直接送入居民家中,有的居民甚至要前往几千米外的物流网点提取商品。这些物流配送不便利性问题如若不能得到有效解决势必会制约农村地区电商的服务性发展。

随着移动终端和电子商务的发展,农村地区参与电子商务和互联网经济发展越来越频繁。人们通过微店、淘宝、京东等平台销售当地特色农产品,已经成为农村电子商务发展的重要契机,在推动农村经济发展的同时还可以明显增加农民收入,提升农民的生活水平。为了方便特色农产品的网络销售,村级物流服务网点的建设就显得非常重要。

在国家政策支持下,农村物流基础设施建设已得到普遍重视。但是,农产品季节性生产,集中大量上市,导致"卖难""买贵""增产不增收"等现象时有发生。物流技术落后,生鲜农产品冷链运输设施设备缺乏,导致农产品产销衔接不畅,产后损失较大。如何从农村电子商务应用需求出发,提升电子商务物流服务水平,还是任重道远。

### 8.2.3 典型农村物流所面临主要问题

农产品电子商务、农资电子商务和日用消费品电子商务,是农村电子商务中主要领域。下面重点讨论农产品物流、农用生产资料物流和农村日用消费品物流所存在的一些问题。

1) 农产品物流问题

我国农产品市场整体上供给大于需求,消费者对农产品的要求不断提高,市场竞争激烈,农产品向商品的转化难度加大,物流作为农产品进入市场的关键一环,作用越来越大。发达国家农产品产值与农产品加工产值比为1:3到1:4,而我国则为1:1或稍多一些。目前农民收入中,非农业收入已接近50%,工资性收入已占到1/3,非农业与进城务工成了农民增收的主要来源。

生产分散性还造成在农产品运输过程中每次运量不定,运输成本增加,给运输工具和运输技术的选择带来困难。加之很多农产品并没有固定的销售渠道,销售不完的农产品必须返运储存,这都大大增加农民在销售过程中所付出的物流成本。在农产品销售中,储存、运输等环节的操作不当,造成相当一部分农产品的损坏,在非生产环节浪费"增收"的成果。据统计,我国每年仅在运输途中腐烂变质的水果、蔬菜和乳制品等就数量惊人,总损失达到750亿元。果蔬产品发达国家的损耗率为5%左右,美国为1%~2%,而中国高达25%~30%。让农产品在物流环节上的消耗降低到最低程度,农民在不增产的情况下也能增收。

农业生产具有很强的季节性,农产品上市时间相对集中,农民在农产品销售中遇到的一个大问题是集中上市季节农产品价格被压低,没有相应农产品存储设施与技术,导致销售剩余的物资在保管过程中的浪费,最终导致农民"增产不增收"。

2) 农用生产资料物流问题

作为农业生产投入的农用生产资料,目前其流通状况令人担忧。购买生产资料、销售农产品对农民来说并不擅长,"购"与"销"必然要占用农民很大一部分精力,从而降低农业生产效率。

由于农户的分散性与个体性,农业生产资料的采购在量上达不到规模经济,这就增加了农民在农业生产过程中所付出的物流成本。农业生产资料占了农业生产成本的绝大部分。如果能降低农业生产过程中的供应与生产物流成本,就可以减少农民的农业生产开支,从而增加农业收入。

由于种种因素,国家原在农村建立的农用生产资料服务体系正逐步退出或转变,处于一种"网破、线断、人散"的状态,农村市场常常成为假冒伪劣商品的倾销地和批发地。随着国家农用生产资料市场的进一步放开,假种子、假农药、假化肥等坑农害农的事件时有发生。

3) 农村日用消费品物流问题

农村生活消费品的供应状况也存在不少问题。供销合作社在农村的发展步履维艰。农村日用消费品的供应渠道几乎被个体户掌控,市场运作良莠不齐,假冒伪劣乘虚而入。"油盐酱醋在村里,日常用品赶大集,大件商品跑县里",这句话形象地描绘了我国广大农村居民消费现状。数字显示,目前占全国人口2/3的农村居民,只消费了全国1/3的商品,除长期以来农民收入增长缓慢的原因外,消费不方便、不放心也已成为农民购物难的现实。

上述典型农村物流所面临的问题,主要是传统物流问题。在农村电子商务物流服务中,也许还会存在。目前的快递服务企业提供一般物流服务是没问题的,但是不一定能解决农村物流特殊问题。在电子商务环境下,应该思考如何解决这些农村物流所面临的问题。

## 8.3 农村电子商务物流的主要特点

如前所述,农村的特殊性使电子商务应用具有一些特殊性,同时,农村电子商务还有一些特殊的电子商务领域,这些会使农村电子商务物流具有与城市电子商务物流不同的特点。农村电子商务物流的特点一般体现在如下几个方面:

1) 数量大、品种多

中国农村人口多,数量庞大,对日用消费品的需求量大。农业生产对工业的依赖性越来越强,农业生产资料的需求量也很大。粮食、棉花、肉类、禽蛋、糖料、油料、蔬菜、烤烟、茶叶、水果、水产品等物品,除农民自用外,大都会成为商品。所以,农产品物流数量大、品种多。

2) 范围广、小而散

农村物流涉及的地域范围广,单位面积内物流需求较小且比较分散,服务难度大。城市是生产和消费集中的地方,而农村生产和消费都比较分散,因而为农村生产和消费服务的物流活动也势必比较分散。大范围内分散的物流需求,对物流服务提出了更高的要求。

3) 季节性差异大

季节性强,淡季旺季物流需求差异大。由于农业生产的季节性,农用生产资料的需求和农产品的供给,也呈现出季节性。因而,农业相关的物流活动在时间上就很不均衡,如春耕和夏种期间农用生产资料需求旺盛,秋季水果大量上市时期物流需求显著增加。受农村收入来源和消费习惯影响,农村日用消费品需求一般在秋冬季节比较旺盛。这些需求时间不均衡的特点,决定了涉农物流具有很强的季节性。

4) 方向性突出

农村物流服务的方向性突出,运输车辆返空现象严重,迫切需要共同配送来降低物流成本。农产品一般是集货后发往城市或其他消费地,物流方向呈现出由农村单向输出的特点。虽然农用生产资料和农村日用消费品的物流方向是由城市到农村,但其运输条件与农产品的要求有很大的不同,难以利用同样的物流设施实现物流运作。

5) 要求高、难度大

与工业品相比,很多农产品都需要控制适当温度和湿度,否则就会造成大量腐烂变质(或死亡)。同时,农产品多属自然生长,其规格不一,大量初级农产品附加值不高,无包装或包装程度很低。因此,农产品物流运作难度远远大于标准化、包装化、高附加值的工业品。而且,很大一部分农产品是食品或食品加工原料,物流过程对保障食品安全至关重要。除农产品外,作为农用生产资料的种子、苗木等属于有生命的物资,农药属于有毒特种商品,这些商品对包括运输和保管在内的物流过程有较高的要求。所有这些都表明,简单储运的涉农物流不能满足要求。农业生产组织化程度低,物流运作组织难度大。我国农村的生产运作方式决定了农业生产的分散化,而物流运作需要组织化、规模化,这种现实矛盾直接导致涉农物流比城市物流具有更大的组织难度。

上述是农村电子商务物流的主要特点。这些特点决定了农村电子商务物流中会存在一些难题,迫切需要发展专业的涉农物流服务。从支持政策上,应该把涉农物流纳入全国物流业发展规划和地方各级规划;支持农村流通基础设施建设,包括乡乡、村村通公路,新型农用运输车研究,加强粮库、棉库、糖库、保鲜库、冷藏库建设,大力发展农产品加工配送中心等;扶持发展涉农物流主体尤其是双向物流主体;支持各类物流企业开拓农村物流市场,发展城乡一体化物流服务。另外,要重视农产品加工增值物流;建立支持涉农物流体系建设的专项资金;采取促进涉农物流发展的税费支持政策。

## 8.4 农村电子商务物流面临的挑战

在国家政策支持之下,我国农村地区电商行业发展迅速,对农村物流业发展形成了倒逼之势。国家政策支持与各大电商企业深入农村物流市场都为农村电商物流提供了机遇。同时,农村物流基础设施相对落后、农村物流服务技术水平不高、农产品冷链物流服务成本高、农产品供应链可追溯管理难、农村物流"最后一公里"配送难、农村物流专业人才比较缺乏等问题都给农村电商物流带来前所未有的挑战。

1）农村物流基础设施相对落后

农村物流的基础设施建设主要包括农村交通设施建设、农资及农产品批发市场的建设、农产品仓储设施建设、农产品加工配送中心的建设、网络信息平台建设等。

相对于城市物流基础设施，农村物流基础设施还比较落后。随着我国"三农"战略的不断加快，农村地区交通运输、网络通信、农产品研发等方面取得了长足进步，但与城镇发展相比，在基础设施建设方面仍然有不小的差距。尽管国家政策要求推进电子商务进农村和农产品出村进城，推动城乡生产与消费有效对接，加快完善县乡村三级农村物流体系，改造提升农村寄递物流基础设施。在不同的地域空间的影响下，农村地区的经济也参差不齐，一些贫穷的农村，自然条件比较差，地广人稀，交通运输等配套设施落后，运输通道不顺畅。有的村不通公路，即使通公路的村，公路等级也低，质量不好，物流企业不愿意去农村运输农产品。

虽然在政策的指引下，我国部分农村地区已经部署了各个乡镇县在内的互联网通信设施，但是，我国农村地区整体的网络通信设施技术落后，信号不强，带宽不足，农业信息不完整，电商网络运营管理不规范，投资风险较大，仓储管理不到位，这些物流配送基础设施薄弱的环节需要引起人们的高度重视。

网上农产品销售一次销量较小，速度要求较快，快递企业特别适合运输这样的货物。但是目前各快递企业不愿意在村镇设点，因为农村物流基础设施较差，其设点成本较大。农业是许多地区经济的重要支柱产业，政府应该提供相应的政策支持，加强物流基础设施的建设，并鼓励各快递企业在村镇设点。

2）农村物流服务技术水平不高

物流技术是指物流活动中所采用的自然科学与社会科学方面的理论、方法，以及设施、设备、装置与工艺的总称。物流技术概括为硬技术和软技术两个方面。物流硬技术是指组织物资实物流动所涉及的各种机械设备、运输工具、站场设施及服务于物流的电子计算机、通信网络设备等方面的技术。物流软技术是指组成高效率的物流系统而使用的系统工程技术、价值工程技术、配送技术等。

近年来，农村地区信息化建设工程仍在不断深入，农村地区的信息产业取得了飞速发展。但是，从整体而言，农村地区的网络和电脑的使用率依旧处于较低水平。农村信息化建设仍然较为落后。目前，中国农村物流还是采用人工、传统的作业方式。RFID（射频识别）、EDI（电子数据交换）等一些先进的物流信息技术在农村物流中得不到有效运用。另外，农村物流公共信息平台、物流查询网站等物流专业化平台在农村地区也不多见。

与工业品相比，农产品更容易腐烂变质，具有季节性和周期性，对运输、包装、加工等环节提出了更高的要求。由于技术装备落后，我国水果、蔬菜等农产品在采摘、运输、储藏等环节中损失率达25%～30%，农产品每年在流通过程中的损耗价值达到了750亿元。在农村物流服务中，要注重使用一些技术工具和方法，开展精深加工、包装储藏、产后减损、质量检测、冷链冷藏、保质保鲜、信息收集分析等技术的研发和推广应用。

3）农产品冷链物流服务成本高

对于农产品的运输，冷链物流是一种十分有效的物流运输方式。对农产品电商来说，冷链是永远无法回避的问题，不仅仅要建库房，同时还必须要有冷藏+冷冻的混合配送车辆，以及冷藏周转箱及恒温设备。否则，再好的商品，送到客户那里都会成问题商品。对于一些偏远的地区,由于快递送达的时间较长,快递企业基本不敢接单。

冷链物流成为电商之路难以跨越的高门槛。一般初级农产品要通过电商销售,那么较大的亮点就是产地直销,新鲜度高。冷链的投入不是一般的农产品电商企业能够负担得起的,连续的资产投入,投资回报周期长,这都是农产品电商所面临的问题。社会化的冷链物流队伍,集约化、专业化的管理成了整个农产品电商急需的资源。

一家网店店主算了一笔账,以顺丰快递为例,顺丰快递在省内城市的收费标准为首重13元/千克,续重2元/千克,这样算寄5千克的货品在省内需要21元,省外会更贵些;加上冷链包装成本约为7元,冷链物流成本为28元。假设海鲜的入货成本为20元/千克,那么总成本就为128元,冷链物流成本占总成本约为22%。

由于农产品自身的独特性,冷链物流成本始终居高不下,又由于我国冷链物流还没有形成较大规模,因此给农产品冷链物流成本控制带来极大的挑战。冷链物流发展速度受到成本控制问题的制约,冷链物流成本未能得到有效控制,使得冷链农产品销售价格始终保持在偏高水平,进一步给农产品冷链物流发展带来极为不利的影响。

4) 农产品供应链可追溯管理难

产品溯源系统是指追踪农产品进入市场各个阶段(从生产到流通的全过程)的系统。涉及农产品产地、加工、运输、批发及销售等多个环节,有助于质量控制和必要时召回产品。采用农产品可追溯系统可以实现产品源头到加工流通过程的追溯,保证终端用户购买到放心产品,防止假冒伪劣农产品进入市场。

我国农产品溯源系统仍处于试点阶段,各省各市起步时间和系统体制不完全相同,并且农产品溯源系统基本只普及到各试点的超市范围。国内较有影响力的农产品溯源系统平台主要有五个,从识别码、存储信息到网络查询系统等各方面都不完全统一,针对的食品对象也不尽相同。这与国外在记录管理、查询管理、标识管理以及责任管理上都已建立起一个比较完整的制度还有较大差距。

农产品溯源相关法规及制度不完善。没有法律作为支撑,各地的溯源在执行上就缺乏有效的保障,也阻碍了溯源系统的推进。另外,我国溯源系统各环节的具体制度还不够完善,如我国在食品生产环节虽已建立召回制度,但在流通环节召回制度仍是空白。

缺乏消费者对农产品溯源进行监督的平台。现在的溯源途径虽提供了消费者查询、反映的权利,但在监管部门介入处理的过程前后没有一个有效的平台公布信息,缺乏群众监督的力度,致使溯源过程得不到真实的反映。

5) 农村物流"最后一公里"配送难

农村物流"最后一公里"是指农村居民所购买的货物从乡镇物流网点到农村居民手中的最后一段路程,这也是农村配送物流中的最后一个环节。但这个环节与农村居民网购满意与否直接联系,也是农村电商应用中遇到的一大难题。

网购已被广大农村消费者接受,农村网购的快速普及凸显了发展农村快递最后一公里配送的必要性,但是落后的快递物流基础设施,使物品无法被方便快捷地送到购物者手中,有些偏远地区甚至因为无法配送而放弃购买,严重制约了我国经济的可持续发展。

农村寄递物流是农产品出村进城、消费品下乡进村的重要渠道之一,对满足农村群众生产生活需要、释放农村消费潜力、促进乡村振兴具有重要意义。近年来,农村寄递物流体系的建设取得了长足进步,与农村电子商务协同发展效应显著,但仍存在末端服务能力不足、可持续性较差、基础设施薄弱等一些突出问题,与群众的期待尚有一定差距。

目前我国农村"最后一公里"的配送水平与农村电子商务业务增长速度不匹配,配送环节的基础设施不完善,没有形成联系紧密的农村配送网络。客户分散使得配送成本增加,导致快递下乡出现瓶颈,许多快递公司只将包裹配送到乡镇,没有落实到各个村庄。"最后一公里"配送阻碍了快递业在农村的发展,因此农村快递的"最后一公里"的配送问题已成为农村物流服务亟待解决的难题。

6) 农村物流专业人才比较缺乏

物流专业人才的严重缺乏,从业人员素质普遍偏低并且所接受的专业技术培训较少,导致农村地区物流知识的薄弱,在很大程度上制约着农村物流的发展。农村电商属于"新事物",规模化运营还有较长的路要走,快递企业利润薄,员工收入较低、工作强度大,愿意从事农村电商物流的人少,导致专业人才稀缺,缺口大,更不要谈高素质的物流人才了。

电子商务物流这种特殊的性质,决定了它的从业人员既要懂电商,也要懂物流,还要对所经营的农产品有着深刻的认知。随着互联网的快速发展,电子商务发展迅速,与之配套的物流专业人才紧俏。一方面,可鼓励大学生返乡就业、创业,带动农村物流的发展;另一方面,企业可通过集中培训、现场观摩、相互交流等多种形式,加强农村物流人才的管理与培养,提高农村物流经营主体的管理水平。

上面是从一般意义上讨论的农村电商物流所面临的六个方面挑战。一些具体领域或地区的农村电子商务物流,可能还会有一些需要面对的挑战或问题。

## 8.5 农村电子商务与物流典型案例

前面,我们对农村电子商务及其物流服务做了比较深入的讨论。这一节,重点介绍农村电子商务与物流服务的一些典型案例。

### 8.5.1 农村淘宝:阿里巴巴千县万村计划

农村淘宝(https://cun.taobao.com),是阿里巴巴集团的战略项目。阿里巴巴与各地政府深度合作,以电子商务平台为基础,通过搭建县村两级服务网络,充分发挥电子商务优势,突破物流和信息流的瓶颈,实现"网货下乡"和"农产品进城"的双向流通。

在浙江省桐庐县第二届电子商务发展大会上,阿里巴巴和桐庐县政府部门正式签署了《农村发展战略落地桐庐试点项目》。阿里巴巴的农村淘宝有了第一个试点。2014年10月13日,阿里巴巴集团在首届浙江县域电子商务峰会上宣布,启动千县万村计划,在3~5年内投资100亿元,建立1 000个县级运营中心和10万个村级服务站。这意味着阿里巴巴要在今后几年推动农村以线下服务实体的形式,将其电子商务的网络覆盖到全国1/3的县以及1/6的农村地区。有专家认为,未来农村网购市场或将超过城市网购市场。

在我国网购市场规模突破一万亿之后,城市网购市场增速日渐放缓,农村市场已经成为电商行业高速增长的新引擎。阿里巴巴农村工作重心分为投资基础、激活生态、创新服务和创造价值四个要点。阿里巴巴在县村建立运营体系,加强物流,做好基础建设;培养更多买家卖家和服务商,做好人才培养;创新农村代购服务、农村金融、农资电商O2O等;帮助农民提高收入,增加就业。

阿里研究院发布的《农村电子商务消费报告》显示,在过去3年,淘宝农村消费占比不断提升,从2012年第二季度的7.11%上升到2014年第一季度的9.11%。随着农村地区互联网普及率的提升和物流基础设施的完善,10年或者20年后农村网购市场或将超过城市。由于农村市场的特殊性,电商的拓展无法在短时间内一蹴而就。阿里研究院院长高红冰表示,解决农村电商市场发展中的问题,需要电商大平台在技术、理念、商业生态资源等方面全面支持,同时需要政府在基础设施建设、发展环境营造上积极行动。

阿里巴巴农村淘宝于2017年6月1日正式升级,与旗下淘宝、天猫等电商平台实现系统通、商品通、服务通,借以升级村淘战略,"三通"项目的启动意味着农村淘宝平台能够更好地拥抱阿里巴巴的电商生态体系,并利用生态体系的资源让海量的优质商品高效下沉到农村市场,让村民能够享受到和城里人一样的消费和服务体验。升级后的农村淘宝与手机淘宝合二为一,手机淘宝针对农村市场增设了"家乡版"。

从2009年到2019年,中国淘宝村发展走过了波澜壮阔的十年。从2009年第一次出现的3个淘宝村,到2019年全国25个省(自治区、直辖市)的4 310个淘宝村,无论是在数量上还是在分布广度上都发生了质的飞跃。淘宝村集群化发展、裂变式扩散的特征进一步增强。2019年,"淘宝村集群"达到95个,"大型淘宝村集群"达到33个,"超大型淘宝村集群"达到7个。

2019年,跨境淘宝村兴起,有474个淘宝村在阿里巴巴旗下的跨境电商平台"速卖通"上向海外销售商品,年销售额合计超过1亿美元。淘宝村在增加农民收入、带动返乡创业、促进产业兴旺等方面凸显出重要的经济、社会价值。

淘宝村十年的空间分布,呈现出明显的以浙江为中心先向东部沿海省份扩散,进而向中西部地区扩散的特征。2019年,浙江省共有1 573个淘宝村,占比超过总数的1/3,处于绝对的领先地位,紧随其后的是广东、江苏、山东、河北、福建等沿海省份。淘宝镇,将是中西部地区电商发展核心单元。2019年,中西部地区的淘宝镇达到210个,而淘宝村只有156个,淘宝镇数量反超淘宝村数量。这反映出,在中西部地区,电商发展将以镇、乡为核心单元,而不局限于村一级。在基础设施、物流快递、人才、土地等方面,镇乡中心辐射各村,带动各村。展望下一个十年,预计全国淘宝村将超过2万个,将创造超过2 000万的就业机会,让更多的年轻人返乡创业就业。淘宝村的价值创造将更多从商业创新向社会创新发展。

淘宝村的发展历经了"萌芽期(2009—2013年)""扩散期(2014—2018年)""爆发期(2019年至今)"三个发展阶段:①萌芽期:城市的边缘人群接触到电子商务,成为草根创业者,在自家院子里创业,自发成长。②扩散期:淘宝村的财富效应迅速向周边村镇扩散,形成淘宝村集群,政府开始有序引导和支持发展,产业空间的规模化建设与配套设施全面扩张。③爆发期:农村网商的企业家化和电商服务业支撑起的生态大爆发,并伴随着人居环境的全面优化和乡村治理体系的现代化转型。

淘宝村广泛分布在全国398个县(区),这些县(区)人口超过2.5亿。淘宝村在增加农民收入、带动返乡创业、灵活就业、产业兴旺、减贫脱贫、促进乡村振兴等方面凸显出重要的经济、社会价值。

(1)增加农民收入 淘宝村可以形成显著的财富效应。在淘宝村的形成和发展过程中,最主要的发展动力是农户自发的创业致富的内在需求。这种内在的需求,推动着当地农户变身为网商,从无到有、由少到多发展起来,从而摆脱贫困,走向富裕。世界银行的报告指出:淘宝村里的成功故事表明,数字技术能够助力中国农村经济包容性增长,也能够降低所需技能的门槛,便于个人(包括受教育程度较低的人)参与电子商务并实现增收。

(2)带动创业就业 以互联网为基础的数字经济,解决了信息不对称问题。通过技术赋能,为农民提供了全新的上升通道。农民们不用再东奔西走,通过互联网就可以连接全国统一大市场,在家里就可以完成创业就业。淘宝村逐渐集聚创业人才、电商服务、配套政策等,成为创业的热土。可以说,一个淘宝村,就是一个草根创业孵化器。2019 年,全国淘宝村和淘宝镇网店年销售额超过 7 000 亿元,在全国农村网络零售额中占比接近 50%,活跃网店数达到 244 万个,创造就业机会超过 683 万个。以江苏省睢宁县为例,2018 年,睢宁县共有网商 3.37 万人,网店 4.62 万家,网络零售额实现 286 亿元,同比增长 32.8%,电商带动就业人口近 20 万人。

(3) 促进产业兴旺　在淘宝村集聚化发展的县市,电子商务对产业的直接和间接促进作用尤其明显。以超大型淘宝村集群为例,浙江义乌的小商品、山东曹县的演出服、浙江永康的健身器材、浙江温岭的鞋、江苏睢宁的家具、浙江慈溪的小家电、浙江乐清的电工电气产品等,电商年销售额达数十亿元甚至上百亿元,有力地促进企业发展和产业升级。以江苏省睢宁县为例,截至 2018 年底,全县已培育电商家具企业一般纳税人 168 家,通过 ISO9001 质量管理体系认证的电商家具企业近 200 家,电商领域专利授权数近 1 000 件,注册商标 4 339 个,市级以上著名、知名商标 13 件。

(4) 促进减贫脱贫　数据显示,2019 年全国超过 800 个淘宝村分布在各省级贫困县,比 2018 年增加 200 多个;63 个淘宝村位于国家级贫困县,比 2018 年增加 18 个,国家级贫困县的淘宝村电商年总交易额接近 20 亿元。河北省邢台市平乡县是淘宝村数量最多的国家级贫困县,2019 年全县淘宝村达到 21 个,淘宝镇达到 4 个。平乡县的村民们通过电商平台将童车、自行车销往全国 300 多个城市,21 个淘宝村年总交易额超过 10 亿元。

2019 年,山东省菏泽市共有 307 个村成为淘宝村,其中 57 个省定贫困村发展成为淘宝村,实现了整村脱贫。全市有 48 万余人通过淘宝村产业链的延伸,实现就近就业。全市因电商产业发展带动 6 117 户建档立卡贫困户实现脱贫。贫困地区的淘宝村发展起来后,村民们获得多样的就业、创业机会,收入持续增加,最终实现脱贫致富。

(5) 促进乡村振兴　淘宝村已经成为中国乡村振兴战略的先行者。淘宝村吸引进城务工的农民返乡创业,使村庄重现了生机与活力,淘宝村里几乎见不到留守儿童和空巢老人。回到农村的创业者借助互联网平台、电商生态系统,将产品卖到全国各地,推动当地产业兴旺发展。人人有事做,犯罪率变低了,村里人都安居乐业,很多问题都因为经济发展而得到解决。农民增收,过上富裕的生活,进一步对住房、交通、医疗、教育、环保等有了更高的追求。富裕起来的农民亦有参与推动生态宜居、治理创新、文明乡村建设的积极性,当地政府更愿意想方设法留住这些成长起来的企业和企业家,他们共同推动了农村地区信息基础设施、生活基础设施的提升。

淘宝村,变成了宜居的淘宝村,变成了美丽的淘宝村。

### 8.5.2　汇通达:立足于农村市场的产业互联网平台

汇通达(http://www.htd.cn),全称汇通达网络股份有限公司,成立于 2010 年 12 月,是中国领先的立足于农村市场的产业互联网平台,总部设在南京。汇通达以 B2B 为核心,以平台为载体,以全产业链交易为切入点,整合产业会员和零售会员,构建了线上线下相融合的产业服务平台。汇通达聚焦中国农村市场,集渠道分销和连锁经营之经验,融合互联网精神,创新独特的农村电商模式,以全方位平台服务为核心能力,快速汇聚整合乡镇零售网点,并转化为汇通达乡镇会员店,形成服务于农村消费者的网络,是中国农村生态电商服务平台创领者。

汇通达首创了连而不锁的"会员店"模式,即为成为会员的夫妻店开发管理进销存等业务的后台系统,将所有会员店的后台连接起来,整合其需求信息,统一向上游厂商采购商品;前端仍充分保持其灵活性,不要求统一门头、标志、价格。为了提升加入意愿,会员制的核心理念是"只做加法不做减法""只服务不管理"。

汇通达整合多方资源,围绕会员店需求,帮助会员店构建线上平台和顾客粉丝群,增加顾客黏度,解决互动难题,获取和运用消费者数据,培育和提升广大乡镇会员店的线上经营能力、线下服务能力和后台管理能力,让会员店快乐经营、轻松赚钱。汇通达准确把握农村家电消费特点,创新高效的互联网供应链模式,打破城乡商品流通障碍,解决农村"最后一公里"的物流和售后难题,让优质商品以最快的速度、最低的成本和最好的服务到达农村消费者手中,让农村消费者同步享受与城市一样的商品和服务。

汇通达凭借在产业供应链和智能零售领域的长期积累和深刻洞察,为会员提供包含商品、技术、营销、数据、物流等一站式综合服务解决方案,推动产业链各环节转型升级,尤其是农村零售终端的数字化转型,降低成本、提高效率、提升价值,促进城乡经济社会一体化发展;构建多行业、全链路、全闭环的交易和服务场景,助力行业降本增效。

在汇通达看来,做农村电商不是"去中间化、赢家通吃",而是做镇级经济的"造血机":把农村现有存量资源整合起来,充分发挥其作用;把农村已有的流通实体变成电商主体。汇通达正在从单纯的电商下乡,转变为将"让农民生活得更美好"作为企业使命进行生态服务的建设者。

汇通达公司致力于通过业务模式创新和数字化能力以及会员制形式整合产业链供应端到零售端,为产业链中相关企业客户提供一站式服务解决方案,为乡镇零售店及零售产业链相关参与者提供线上线下相结合的供应链解决方案、门店 SaaS+服务、商家解决方案等综合服务。依托汇通达的 SaaS+服务,以前的一个乡村小店,变成了线下、线上与社群的一店三开,一个覆盖线上线下,可以随时随地进行经营的新型"交易场"就这样出现在了乡镇居民的日常生活中。

2019 年,汇通达开启产业互联、数智零售"双轮"战略——产业互联网的"左轮"重在重构产业链,实现供给侧提效降本;数智零售的"右轮"推进零售数智化,实现需求侧深耕"单客"。截至 2020 年 12 月 31 日,公司业务已覆盖中国 21 个省及直辖市、超 19 000 个乡镇,连接超过 140 000 家会员零售门店、10 000 家供货商及 18 000 家渠道合作客户,惠及超过 3 亿农民消费者。

### 8.5.3 中粮我买网:打造网上食品专业大卖场

中粮我买网(www.womai.com,以下简称"我买网")是由中粮集团于 2009 年 8 月投资创办的食品类 B2C 电子商务网站。该网站销售商品包括休闲食品、粮油、冲调品、饼干蛋糕、婴幼儿食品、果汁饮料、酒类、茶叶、调味品、方便食品和早餐食品等。

中粮我买网在北京、上海、广州建立了分公司,三地建有食品专属仓储中心,拥有 50 000 平方米常温仓,6 000 平方米生鲜仓,3 000 平方米红酒窖,配送覆盖全国 31 个省、自治区、直辖市,部分地区可实现当日达和一日两送的配送服务。我买网致力于打造中国最大、最安全的食品购物网站,是办公室白领、居家生活和年轻一族的首选食品网络购物网站。

作为中国最大的粮油食品进出口公司和食品生产商,中粮集团全产业链的供应优势和品牌效应为我买网打造食品 B2C 网购平台奠定了基础。我买网在成立伊始即明确了"食品网购专家"的定位,坚持自营模式,通过对采购、仓储、配送等关键环节的强效把控,形成整体竞争力,实现食品安全可追溯。随着经济高速发展,人们生活水平不断提高,人们对食品问题日益关注。为保障食品安全,我买网委托中国检验认证集团对供应商的各项资质进行审核,我买网的质量部门会定期随机选取一些供应商进行现场检查。同时,我买网建立了以商品安全品质保障为主的"安全保障体系",对商品的保质期、失效期等严格管理,所有商品均须带有"QS"食品质量安全认证标志,商品的保质期超过 1/3 的不进库,超过 2/3 的不出库。

生鲜食品是消费频次较高的品类,中国庞大的人口数量使生鲜食品拥有极其庞大的市场规模。但生鲜食品易于腐败变质,需要低温保存,且不同品类的食品对于温度的要求也不尽相同。因此生鲜电商对食品品质的保障非常困难,主要面临两个问题:一是冷藏,二是冷链配送。为保障产品品质,我买网对生鲜食品采用分类仓储管理和全程冷链配送等方式进行物流管理。冷藏方面,我买网按照不同产品品类,建设了 8~12 ℃的恒温库、0~5 ℃的低温冷藏库和零下 18 ℃的冷冻库,保证所售出的生鲜食品可以按照自身的存储要求存放于不同仓库,以保障食品质量。

冷链配送方面,我买网采用"在仓储中心建生鲜仓,冷藏车运输,配送站配备冷柜,在隔温配送箱里配备冰板"等方式保障全程冷链。消费者订购生鲜食品后,我买网首先在冷库中对订单进行分拣、包装,然后用冷藏车送到配送点,再在配送点用冰箱、冰柜保存,最后一公里配送采用保温箱,实现全程冷链,以保证食品的鲜活、品质的安全,最大限度降低食品在运送过程中营养流失。考虑到生鲜食品易腐烂变质的特性及消费者的实际需要,我买网实施了生鲜食品 24 小时无条件退换货政策。在配送模式上,采用了"自建配送和顺丰速配相结合"的方式。推出了"半日达"、晚间配送、预约配送等生鲜配送服务,使配送服务更加及时、精准,更加人性化。

随着生活水平的提高,人们对食品的要求也日益提高,由于进口食品的信誉度相对国内食品较高,很多消费者开始考虑购买进口食品,同时,越来越多的国内特色食品也受到消费者的欢迎。为了让消费者买到货真价实的产品,我买网着力打造进口食品海外直采和国内特色食品产地直送的经营模式,从源头控制,保障产品品质。

针对进口食品,我买网利用母公司中粮集团在全球设有分支机构和全球供应链的优势,组建了海外直采团队,直接从海外厂商处采购。其流程为:海外原产地—我买网采购(严格履行国家相关部门的备案、报关、质检等手续)—我买网销售—网购消费者。我买网在采购前对海外供应商进行实地考察,选择最优质的产品,并监督商品的生产过程,通过包机运输等方式,杜绝二次分装,以确保运输过程中的品质及安全。海外直采不经过产销商和分销环节,大大缩短了供应链,提升了采购效率,降低了采购成本,给消费者带来更多优惠。

针对国内特色食品,我买网采购团队综合媒体信息,找出各地名优产品。与产地供应商签订合同前,我买网派专业人员到供应单位考察,实地检验原产地食品安全规范制度执行情况,审验相关资质证书。在产品质量符合我买网要求的基础上,与优质供应商合作,将供应商产品放到我买网上销售。产品从产地直发,为消费者提供具有浓郁地方特色、味道纯正、安全放心的特色食品。

作为中粮食品电商平台品牌运营商,中粮我买网以"中粮制造+中粮优选"服务新兴中产阶级家庭;以现代国际贸易和供应商的有效管控获取好原料;以我买网 7C 质量安全"放心链"

管理体系为优选保障;以持续研发创新提供好产品解决方案为核心驱动力;以国外加工厂、集团系统加工厂、代管工厂及国内优秀OEM工厂委托加工制造好产品;以我买网、加工餐饮、现代商超、企业采购等线上、线下渠道为路径,将优质全球美食传递给每一位终端消费者。中粮我买网将坚持高质量发展,做好中粮集团食品电商平台品牌运营商,打造"全球产业链 用心好产品",力争成为最专业、最有影响力的食品电商行业领导者。同时,通过进口商、品牌商、零售商、服务商的全价值链布局,实现价值协同"共好"模式。

### 8.5.4 沱沱工社:垂直生鲜电子商务平台

沱沱工社(http://www.tootoo.cn)始创于食品安全事件频发的2008年。创业团队出于强烈的责任心,希望能为更多的中国人提供安全的食品,于是以有机农业为切入点,建立起从事"有机、天然、高品质"食品销售的垂直生鲜电商平台。凭借雄厚的资金实力,沱沱工社整合了新鲜食品生产、加工、网络销售及冷链日配等各相关环节,成为中国有名的生鲜电商企业之一,满足了北京、上海等一线城市的中高端消费者对安全食品的需求。沱沱工社自建有近万平方米集冷藏、冷冻库和加工车间为一体的现代化仓储配送物流中心,采用冷链物流到家的配送运作模式,承诺将新鲜的食品精准交付给消费者。沱沱工社承诺所售新鲜食品3天内,如有质量问题,无条件退货!

沱沱工社整合了全球食品行业优质的供应资源,致力向中国消费者提供具有质量和信誉保障的高端食品和生活用品。从商品组织、供应商评估到物流配送,沱沱工社确保每一件送达客户手中的正规商品均经过沱沱工社层层把关。

在满足消费者更多细微需求,帮助城市白领家庭找到自己偏爱的生活方式的使命召唤下,沱沱工社为消费者供应农场直送新鲜蔬果、特色美味、母婴营养搭配、有机美食、生活必需品等在内的16个大类、上万种商品。

沱沱工社通过构建有机种植、严格采购、电商模式与冷链配送为一体的健康产业链,首次实现了农业电商从源头到消费者的全程安全管理体系,凭借其安全可靠的品质,沱沱工社已成为唯一一家具有"北京蔬菜供港资格"的农业电商,俨然成为中国农业电商行业的领导者。

早在2008年,沱沱工社就斥巨资在北京平谷自建了1 050亩(1亩≈666.67平方米)的种植大棚,自营种植有机蔬菜、养殖有机家禽、家畜。此后,为了保证有机蔬菜的新鲜,自建农场后需要一个信得过的配送机制,沱沱工社相继又投资5 000多万元,建立自营配送中心和冷链物流体系。打造了农业电商行业唯一的一条全产业链结构。

沱沱工社的"3+"承诺:

(1) 1+ 新鲜食品无条件退货,售后有保障。沱沱工社所售新鲜食品,签收商品时或签收后3天之内商品出现质量问题,可享受无条件退货。

(2) 2+ 冷链配送,精准交付,新鲜有保障。沱沱工社专配冷链物流车,用于配送果蔬及冷冻、冷藏类商品,保障新鲜食品天天送。顾客可选择适合的交付时间窗口,沱沱工社将实现精准配送,顾客不必在未知中等候。

(3) 3+ 优选多样商品品质口味有保障。沱沱工社汇集正规、品牌、有机、天然、特色商品上万余种。所经销的有机产品均经过国际国内权威认证机构认证。天然、有机食品口味独特,回味悠长。

### 8.5.5 义乌:国家级电子商务进农村综合示范县

义乌市(http://www.yw.gov.cn),浙江省辖县级市。义乌是浙江省第一批电子商务进农村试点县(市),也是全省农村电商经营主体及网店最活跃的地区,2020年获评国家级电子商务进农村综合示范县,可以说义乌农村电商一直在创新引领中加快发展。2021年全国淘宝村数量突破7 000大关达到7 023个,较上年增加1 598个,连续第四年增量保持在1 000个以上。义乌作为浙江乃至全国电商发展最快、最好的城市之一,在农村电商方面始终走在浙江省前列,淘宝村由去年169个增至今年197个,无论从数量、质量、体量来看,均呈现高质量发展态势,成为全国最大的淘宝村集群,连续多年均居全省第一。

目前,义乌建成农村电子商务服务站496个,示范服务站87个,实现全市农村电商服务全覆盖率,通俗来讲,就是义乌以"邮快共配"方式实现主要快递品牌全部进村,让农村居民享受与城市居民同等的高效便捷的快递物流体验。作为电商专业村数全省第一、快递业务量全国第二、网络零售额位列全省第一的电商大市,义乌淘宝村发展具有先发优势。义乌以数字赋能、整体智治为重要路径,推动电子商务与义乌制造、义乌市场深度融合,依托义乌产业集群和专业市场优势,围绕"中国众创乡村"主题定位,开辟农村产业振兴新路径。

义乌是全国重要的物流枢纽城市,快递业务量常年位居国内前列。即便如此,部分偏远农村依旧无法高效地收寄快递。赤岸镇地处义南地区,离城区较远,并且碍于偏远山区人少,快递业务分散,单一快递公司进村成本高、盈利难等原因,始终无法实现"快递直达"。随着网络购物及电商行业的快速发展,偏远乡村的百姓对于快递直达的需求越来越强。杨梅、葡萄、香榧、覆盆子、火龙果、西瓜……近年来,凭借良好的土壤环境与地理位置,赤岸镇特色农产品的发展越来越好。然而,受限于之前较弱的快递物流基础,这些特色农产品不得不面对走出去难、影响力有限的现状。

为了将快递进村工作引向产业富民的更深层次,赤岸积极实施"政府引导、企业参与、平台支持、物流保障"四位一体的乡村电商发展战略。如在镇级层面引导打造"蒲墟南货"赤岸特色产品公共电商品牌,整合24家本地企业的100余种特色产品加盟,聚星成火以扩大影响力,线下结合镇快递进村共配中心打造"蒲墟南货"品牌馆,线上积极争取与邮乐购、稠州优品等平台达成合作意向,全方位宣传引流、展示销售赤岸特色产品。为加快推动全国电子商务进农村综合示范县建设,按照"政府推动、企业主体、资源整合、市场运作"思路,构建市、镇、村三级快递物流服务体系,实现"农产品进城"和"工业品下乡"的双向便捷流通,义乌市在赤岸、大陈、上溪3个有偏远农村的镇,建设镇级农村电商快递物流服务中心。随着"快递进村"通路全覆盖建设,补齐农村快递物流的基础设施短板,为赤岸发展农村电商积累更多有利因素。

义乌交通部门与邮政部门从促进产业发展、提升民生服务能力大局出发,在商旅服务、支线运输、广告代理、农村物流、信息平台等方面推进资源共享共用;在政策支持、资源倾斜等方面实现互利共赢。努力提升邮政普遍服务水平,拓展思路,大胆探索,通过"快递进村"、"两进一出"、"村村通"工程、"四好农村路"、三级物流网络建设等多项目的合作发展,真正打通工业品下乡和农产品进城的双向通道;通过政府引导,"快递出海"与四港联动相结合,打造国际快递物流体系布局,逐步建设一批交邮合作共赢的示范工程,逐步构建大交通发展格局。义乌交通部门与邮政部门共同推出了"公交邮路"试点,即通过538路公交车搭载快递业务,在赤岸镇慈溪村试点建立村级驿站,推进公交运邮业务,提高农村物流"最后一公里"配送效率。年内争取在更多的线路上尝试推广，整合客货运、物流、邮政、快递、电商、农产品销售等多种综合服务功能，推进"多站（点）合一、一站（点）多用"乡镇运输服务站及农村物流服务点建设。同时，赤岸镇计划依托"邮快共配"通路，积极开通生鲜专线，让更多赤岸特色农产品从农村直接运到城市，从田间直接上餐桌。目前，在"邮快共配"以及各平台的保障加持下，赤岸镇已催生山地小菜等多个本土"万单"特卖产品，逐步开拓金色销路，助推全民共同富裕。

自 2020 年 12 月以来，在义乌市场发展委、义乌邮管局和赤岸镇政府指导和支持下，各快递企业通力配合，义乌市邮政分公司以村邮站为依托，搭建了"统一投递，统一揽收"快递共配服务平台暨中邮驿站快递共配点，打通义乌城乡快递配送微循环，畅通农村地区快递服务堵点，满足了百姓用邮需求，全面降低社会物流成本。截至 2021 年 6 月底，共配送快递企业包裹27.7 万件，日均投递 1 320 件，6 月日均量超 1 600 件。

赤岸镇作为义乌南部的后花园，相对薄弱的交通区位和多山地形，阻碍了快递进村的通路。另外，单一快递公司进村成本高、效率低、覆盖难，使村民就近取件成为难题。赤岸镇在全省率先打造了以"快递到镇，邮政到村，党员到户"的接力模式，构建农村快递共配中心，这不仅有效提升了农村居民的幸福感，推动美丽城镇建设，更为农村电商产业发展注入关键动能。

上述对典型案例的介绍，参考了相关企业的官方网站。若要了解更多典型案例企业在电子商务和物流服务方面的最新发展动态，可以进一步访问和研究相关官方网站。

**【本章小结】**

（1）农村电子商务，简称农村电商，英文叫 Rural E-commerce，从概念上说，是指农村地区的电子商务应用，是电子商务对农村商贸行为或交易活动的服务或赋能。农村电商是相对于城市电商（Urban E-commerce）的概念，是为农业生产和农村居民生活服务的电子商务应用。

（2）按照市场主体的属性分类，农村电子商务可以分为：农村 B2B 电子商务、农村 B2C 电子商务、农村 C2C 电子商务等；按照涉农方面或领域分类，农村电子商务一般可以分为：农业电子商务、畜牧养殖业电子商务、农产品电子商务、农资电子商务、非农电子商务等。

（3）农村电子商务一般需要考虑如下一些关键问题：农产品的标准化和质量控制、生鲜产品的冷储与冷链运输、农产品配送的物流成本控制、农产品的品牌打造与信用管理、农村的交通与物流基础设施、农村电商与经济发展的关系、农村地区电子商务人才培养。

（4）我国政府十分重视农村电子商务和农业电子商务，国家大力扶持农村电子商务发展，出台一系列促进和规范农村电子商务应用发展的相关法规和政策。从培育农村电子商务供应链、促进产销对接到开展"电子商务进农村综合示范工作"，国家政策针对农村电商发展的措施越来越明确，目标也越来越清晰。

（5）2015 年被认为是我国农村电商发展的元年。农村电子商务在中国得到了很大的发展，主要原因有两个：一是淘宝、京东和苏宁等电子商务大平台对农村电子商务的市场推进；二是中国政府为农村电子商务发展营造了很好的政策环境。

（6）未来我国农村电子商务发展的主要趋势：国家政策大力支持农村电商发展；大型电商平台"上山下乡"开拓市场；品牌农产品电商有广阔市场空间；C2B 模式将引领农产品电商未来；农村互联网金融将释放巨大潜力；农村电商促进乡村产业升级转型。

（7）农村的特殊性使农村电子商务物流具有与城市电子商务物流不同的特点。农村电子商务物流的特点一般体现在如下几个方面：①数量大、品种多；②范围广、小而散；③季节性差异大；④方向性突出；⑤要求高、难度大。

（8）在国家政策支持下，农村物流基础设施建设已得到普遍重视。但是，农产品季节性生产,集中大量上市,导致"卖难""买贵""增产不增收"等现象时有发生。物流技术落后,生鲜农产品冷链运输设施设备缺乏,导致农产品产销衔接不畅,产后损失较大。如何从农村电子商务应用需求出发,提升电子商务物流服务水平,还是任重道远。

(9)在国家政策支持之下,我国农村地区电商行业发展迅速,对农村物流业发展形成了倒逼之势,同时我国农村电商物流发展也面临前所未有的挑战。农村物流基础设施相对落后、农村物流服务技术水平不高、农产品冷链物流服务成本高、农产品供应链可追溯管理难、农村物流"最后一公里"配送难、农村物流专业人才比较缺乏等问题是目前农村电商物流发展所面临的六大主要挑战。

**思考与练习**
1. 如何理解农村电子商务的概念和内涵?
2. 农村电子商务应用一般可分成哪几类?
3. 农村电子商务应用的关键问题有哪些?
4. 请列举国家扶持农村电子商务的政策。
5. 列举5个以上特色农村电商发展模式。
6. 淘宝是如何推进农村电子商务市场的?
7. 未来我国农村电子商务发展趋势如何?
8. 农村电子商务物流通常会有哪些特点?
9. 我国农村电子商务物流面临哪些主要挑战?

# 参 考 文 献

[1] 范胡斯.电子商务经济学[M].刘悦欣,孙洪墨,译.北京:机械工业出版社,2003.
[2] 奥布赖恩,马拉卡斯.管理信息系统[M].李红,姚忠,译.北京:人民邮电出版社,2007.
[3] Kalakota R, Whinston A B.电子商务管理指南[M].陈雪美,译.北京:清华大学出版社,2000.
[4] Ravi Kalakota, Marcia Robinson.电子商业(e-Business)通往成功之路[M].潇湘工作室,译.北京:人民邮电出版社,2000.
[5] Deise M V, Nowikow C, King P,等.电子商务管理者指南:从战术到战略[M].黄京华,等译.北京:清华大学出版社,2002.
[6] 雷波特,杰沃斯基.电子商务导论[M].时启亮,杨坚争,译.北京:中国财政经济出版社,2004.
[7] 特班,金,维兰,等.电子商务:管理视角[M].4版.严建援,等译.北京:机械工业出版社,2007.
[8] 特班,金,麦凯,等.电子商务:管理视角[M].5版.李在奎,维兰,严建援,等译.北京:机械工业出版社,2010.
[9] 芬格,库玛,萨尔玛.企业电子商务[M].董春连,吴宇昕,译.深圳:海天出版社,2001.
[10] 德鲁克.下一个社会的管理[M].蔡文燕,译.北京:机械工业出版社,2006.
[11] 黄敏学.电子商务[M].2版.北京:高等教育出版社,2004.
[12] 张宽海,梁成华.电子商务概论[M].北京:电子工业出版社,2003.
[13] 覃正.电子商务商业建模[M].西安:西安交通大学出版社,2005.
[14] 甘嵘静,陈文林.电子商务概论[M].北京:电子工业出版社,2006.
[15] Laudon K C, Traver C G.电子商务:商业、技术和社会(翻译版)[M].劳帼龄,等译.北京:高等教育出版社,2004.
[16] 吴应良.电子商务原理与应用[M].广州:华南理工大学出版社,2002.
[17] 孙杰,张建三.电子商务实务[M].北京:清华大学出版社,2002.
[18] 祁明.电子商务实用教程[M].北京:高等教育出版社,2000.
[19] 章学拯.电子商务[M].上海:上海人民出版社,2001.
[20] 方美琪.电子商务概论[M].2版.北京:清华大学出版社,2002.
[21] Kienan B.电子商务管理实务[M].健莲科技,译.北京:清华大学出版社,2002.
[22] Kienan B.电子商务[M].天宏工作室,译.北京:北京大学出版社,2001.
[23] 张福德.电子商务概论[M].北京:清华大学出版社,2004.
[24] 彭欣,李新仕.电子商务实用教程[M].北京:中国宇航出版社,2003.
[25] 克里希纳默西.电子商务管理:课文和案例[M].李北平,李文耀,肖爽,等译.北京:北京大学出版社,2005.
[26] 王学东.企业电子商务管理[M].北京:高等教育出版社,2002.

[27] 王学东.电子商务管理[M].北京：高等教育出版社，2005.

[28] 斯蒂芬·陈.电子商务战略管理[M].王刊良，译.北京：北京大学出版社，2006.

[29] 杰拉希.电子商务战略：概念与案例[M].李洪心，译.大连：东北财经大学出版社，2006.

[30] 奥佛尔，得希.互联网商务模式与战略理论和案例[M].李明志，郭春磊，史晓珣，译.北京：清华大学出版社，2002.

[31] 普兰特.电子商务战略制定[M].李璐璐，张福德，曲虹，等译.北京：机械工业出版社，2003.

[32] 戴斯，拉普金.战略管理：创建竞争优势[M].邱琼，刘辉锋，译.北京：中国财政经济出版社，2004.

[33] 波特.竞争优势[M].陈小悦，译.北京：华夏出版社，2005.

[34] 张宽海.电子商务概论[M].北京：机械工业出版社，2008.

[35] 吴清烈.电子商务：理念、误区与未来[J].南京邮电大学学报（社会科学版），2010，12（2），55-63.

[36] 安德森.长尾理论[M].乔江涛，译.北京：中信出版社，2006.

[37] 泰普斯科特，威廉姆斯.维基经济学：大规模协作如何改变一切[M].何帆，林季红，译.北京：中国青年出版社，2007.

[38] 皮尔斯二世等.战略管理：制定、实施和控制[M].8版.北京：中国人民大学出版社，2005.

[39] 克兰多.战略化的电子营销：管理电子商务[M].劳帼龄，译.北京：机械工业出版社，2001.

[40] 斯特劳斯，弗罗斯特.电子营销[M].李欣，刘薇，译.北京：社会科学文献出版社，2003.

[41] 邓肯.直复营销：互联网、直递邮件及其他媒介[M].杨志敏，杨建民，译.上海：上海人民出版社，2003.

[42] Richard，Metters，Kathryn，et al.服务运营管理[M].金马，译.北京：清华大学出版社，2004.

[43] 布伦乔尔森，厄尔本.成功的第二代电子商务战略：如何建立持续赢利的商业模式[M].李一军，等译.北京：高等教育出版社，2006.

[44] Awad E M.电子商务：从愿景到实现（英文注释版）[M].3版.北京：人民邮电出版社，2009.

[45] 秦成德，王汝林.移动电子商务[M].北京：人民邮电出版社，2009.

[46] 韦曼.云经济学：企业云计算战略与布局[M].赛迪研究院专家组，译.北京：人民邮电出版社，2014.

[47] 特班，金，李在奎，等.电子商务：管理与社交网络视角[M].7版.时启亮，陈育君，占丽，等译.北京：机械工业出版社，2014.

[48] 冯晓宁，梁永创，齐建伟.跨境电商：速卖通搜索排名规则解析与SEO技术[M].北京：人民邮电出版社，2016.

[49] 杨天翔.电子商务概论[M].2版.上海：复旦大学出版社，2013.

[50] 刘业政，何建民，姜元春.电子商务概论[M].4版.北京：高等教育出版社，2020.

[51] 刘磊，梁娟娟，曾红武.电子商务物流[M].3版.北京：电子工业出版社，2020.

[52] 周曙东.电子商务概论[M].5版.南京：东南大学出版社，2019.

[53] 谢菲.大物流时代：物流集群如何推动经济增长[M].尤西，岑雪品，王微，译.北京：机械工业出版社，2019.